La 1re Année de Bébé

POUR LES NULS

La 1re Année de Bébé POUR LES NULS

Docteur James Gaylord et Michelle Hagen

Docteur Éric Saban, pédiatre
Pour l'adaptation française

FIRST
Editions

La 1re Année de Bébé pour les Nuls

Titre de l'édition américaine : *Your Baby's First Year for Dummies*

Publié par
Wiley Publishing, Inc.
111 River Street
Hoboken, NJ 07030 – 5774
USA

12, avenue d'Italie
75013 Paris – France
Tél. : 01 44 16 09 00
Fax : 01 44 16 09 01
Courriel : firstinfo@efirst.com
Inernet : www.editionsfirst.fr

ISBN : 978-2-7540-1511-0
Dépôt légal : 2e trimestre 2010
Imprimé en France par Hérissey à Évreux (Eure) - N° 121506

Traduction : Lakshmi Bories
Mise en page : IndoLogic, Pondichéry, Inde
Couverture : KN Conception

Sommaire

Troisième partie : Remuer, bouger, grandir........................ 137

Introduction

Lorsque l'on est enceinte et que l'on pense à l'avenir avec Bébé, on se prend souvent à prévoir un emploi du temps soigneusement agencé pour les repas, les siestes et le travail. Puis, le rêve devient réalité, Bébé arrive, et l'on se rend compte que finalement, Bébé a son propre programme, lequel ne coïncide pas forcément avec le vôtre.

Pour certains, accueillir Bébé à la maison ne pose pas de réels problèmes ; l'enfant est tranquille, serein, un vrai bonheur à voir grandir au cours de sa première année (et au-delà, bien entendu). Mais pour les parents d'un enfant moins facile (qui ne dort pas, par exemple), l'expérience est totalement différente. Dans la salle d'attente du pédiatre ou à la garderie, on se met à discuter avec d'autres nouveaux parents, et on finit par croire que les parents de cet enfant calme et facile ont une formule magique secrète pour élever un enfant aussi sage. C'est le début de la culpabilité parentale et d'un sentiment croissant d'impuissance.

Il y a forcément des jours, au cours de la première année avec Bébé, où l'on a l'impression d'être des super parents : Bébé dort tranquillement, mange bien, franchit chaque étape en son temps, et l'on arrive à s'en occuper très bien tout en travaillant et gérant la maisonnée. Mais il y a aussi le revers de la médaille. Forcément, il y a des moments où l'on ne gère plus du tout ce qui se passe et où l'on se demande ce qui a bien pu nous prendre de penser un jour que l'on arriverait à assumer une telle responsabilité.

Dans ces moments-là, faites une pause. La première année est un long apprentissage, pour vous comme pour l'enfant. Bébé va franchir mois par mois de nouvelles étapes (détaillées dans ce livre), et vous serez là pour le féliciter, en adaptant votre propre vie à ses besoins et à ses désirs. Il y aura les jours de triomphe, son premier sourire, ses premiers gazouillis, son premier éclat de rire ; il y aura aussi les jours que l'on préfère oublier : les dents… inutile d'en dire plus. *Tous* ces jours fileront tellement vite que, avant que l'on s'en rende compte, Bébé aura trois mois, six mois, neuf mois puis un an. Hier encore vous étiez enceinte et hop ! votre bébé est déjà un enfant et vous une mère sereine et bien dans ses Converse®.

Ce livre a été écrit dans le but de donner à de nouveaux parents une idée réaliste de ce que peut être la première année avec Bébé. C'est une période où s'instaure une complicité indéfectible, tandis que se construit sa personnalité et que vous découvrez l'état de parent.

À propos de ce livre

Ne vous attendez pas, par exemple, à trouver des statistiques dans ce livre. Pour être franc, cela ne vous aidera guère de savoir que tel pourcentage de bébés fait ses nuits à partir de trois mois, si *votre* petit bout de trois mois se réveille encore trois fois par nuit. Il vous sera beaucoup plus utile de savoir comment l'aider à faire ses nuits plutôt que de comparer votre expérience à des chiffres. Vous trouverez donc ici des conseils simples, avec des mots simples, dans un format facile à manier.

Nous savons qu'il est difficile d'être parent ; les docteurs Gaylord et Saban ont rencontré beaucoup, beaucoup, beaucoup de parents désespérés. Nous en avons tiré quelques informations simples et surtout, nous avons essayé d'enlever nos lunettes teintes en rose pour écrire : la première année, magique, merveilleuse, inoubliable (et beaucoup trop rapide) comporte inévitablement des moments d'exaspération et de confusion. Il faut que les jeunes parents sachent qu'ils ne sont pas seuls et qu'il est normal de passer par là : cela ne fait pas de vous un mauvais père, ni une mère indigne. Cela fait tout simplement de vous un être humain. On n'est pas des machines !

Conventions d'écriture

Pour vous aider à vous repérer dans ce livre, nous avons établi les conventions suivantes :

- L'*italique* est utilisé pour souligner ou mettre en valeur les mots nouveaux et leur définition.
- La police `courrier` indique les adresses Internet.
- Les encadrés gris contiennent des informations intéressantes, mais qui ne sont pas indispensables pour comprendre le sujet.

La logique de Bébé peut rendre fous ses pauvres parents. Nous avons voulu faire un chapitre par mois pour être le plus clair possible. Gardez en tête que, lorsque l'on parle d'un « bébé d'un mois » ou d'un « bébé de presque un mois », il s'agit d'un bébé dans le premier mois de sa vie ou qui approche de sa quatrième semaine.

Ce que vous n'êtes pas obligé de lire

Les encadrés de ce livre sont des « extras » : un zoom pour approfondir certaines questions. Il peut s'agir du développement de Bébé, d'études récentes : aucun n'est indispensable pour comprendre le livre. Lisez-les si vous le souhaitez ; zappez-les, si cela ne vous intéresse pas. On ne vous en voudra pas.

Pour enfoncer les portes ouvertes

Nous supposons que vous avez acheté ce livre pour une ou plusieurs des raisons suivantes :

- Vous êtes enceinte et vous vous demandez à quoi vous attendre pour la première année avec Bébé.
- Vous venez d'accoucher et vous lisez tout ce qui vous tombe sous la main concernant les mois à venir.
- Vous venez d'accoucher et vous cherchez un livre qui, de préférence, ne vous explique pas que vous ne servez à rien, tout ça parce que vous avez quelques difficultés à réaliser que vous êtes mère.
- Vous êtes un couple inexpérimenté et vous cherchez un guide pour vous aider à comprendre ce qu'est la première année de votre futur bébé ou de votre nouveau-né.
- Vous êtes un papa attentionné et pragmatique, et même si vous avez toute confiance en la Maman pour que Bébé s'adapte bien (et que vous vous adaptiez à lui et à votre nouvelle vie), vous vous dites qu'un « mode d'emploi » pourrait être fort utile.

Vous cherchez probablement des conseils pour gérer cette première année ; vous savez qu'elle ne va pas être facile ; vous voulez être le meilleur parent possible et, surtout, vous voulez vous débarrasser des idées préconçues qui traînent partout sur ce que ces douze premiers mois *doivent* être. C'est tout.

En deux mots, si vous vous reconnaissez dans un ou plusieurs de ces points, ce livre est fait pour vous.

Comment ce livre est organisé

Nous l'avons divisé en vingt-quatre chapitres. Chaque mois a son propre chapitre : celui-ci contient une liste des étapes que Bébé va probablement franchir, un résumé de ce qui se passera chez le pédiatre, ainsi que quelques astuces pour la sécurité de Bébé et le franchissement des étapes de son développement. Ces chapitres sont groupés dans différentes parties.

Première partie : pour un début dans la joie et la bonne humeur

Ces premiers chapitres traitent de votre préparation de la maison pour Bébé, de ce qui se passe à la maternité, du choix de la méthode pour nourrir Bébé et du retour à la maison. Nous verrons aussi la façon de voyager avec un nouveau-né, ainsi que les diverses questions à prendre en compte pour décider de retourner au travail ou de rester à la maison. Des sujets très divers, donc, mais qu'il faut avoir étudié avant l'accouchement pour ne pas se retrouver à devoir improviser !

Deuxième partie : et maintenant, Bébé !

Ces chapitres traitent des premiers mois de Bébé. Nous évoquerons, non sans lucidité, les difficultés que pourront rencontrer les jeunes parents, bien sûr, et le nouvel arrivant dans la maison, Bébé. Reportez-vous aux étapes décrites au début de chaque chapitre pour savoir de quels prodiges Bébé va se montrer capable pendant cette période.

Troisième partie : remuer, bouger, grandir...

Cette partie couvre la croissance de Bébé du quatrième au sixième mois : sa personnalité commence à se dessiner et il parvient à remuer, à saisir les objets. Chaque chapitre de cette partie contient des informations sur le régime alimentaire de Bébé, régime qui peut influencer ses nuits et ses habitudes. On discutera aussi du fait de le laisser pleurer, ou non.

Quatrième partie : le monde au-delà de maman

Au cours de la seconde partie de sa première année, Bébé devient plus mobile et commence à saisir quelques principes de communication. Il devient une petite personne et dans ces chapitres, nous vous expliquerons comment l'aider à développer son langage et le protéger des conséquences de son irrésistible besoin d'explorer le monde. Nous évoquerons aussi les personnes de votre entourage : les amis qui comparent votre enfant au leur, la famille qui refuse de suivre vos indications lorsqu'ils gardent Bébé... Vous trouverez dans cette partie quelques astuces pour gérer ces individus bien intentionnés mais parfois très irritants pour le jeune couple, et surtout pour la jeune maman !

Cinquième partie : le lien avec Bébé

Au cours des trois derniers mois de sa première année, Bébé se met vraiment à bouger : qui sait s'il ne va pas se lever et faire quelques pas pour son premier anniversaire ? Il commence à articuler quelques syllabes, ou peut aussi bien rester tranquillement assis sur ses couches sans dire un mot. Vous trouverez dans cette partie quelques astuces pour ne pas devenir chèvre avec un bébé très tonique et actif, ainsi que des conseils pour les parents dont les bambins n'ont pas franchi les étapes habituelles. Il sera aussi question du sevrage : quelques conseils peuvent rendre cette période plus facile pour la maman. Vous y trouverez aussi une liste de jouets, au cas où vous manqueriez d'inspiration à l'approche du jour J.

Sixième partie : la santé et la sécurité de Bébé

Ces chapitres vous proposent un tour d'horizon des vaccins et des maladies courantes la première année. Comment gérer un enfant malade ? À quel moment faut-il appeler le médecin ? Vous trouverez aussi des conseils de premier secours et quelques idées pour rendre la maison plus sûre (et éviter des blessures banales et surtout les accidents domestiques). Et enfin quelques aides pour les bébés qui ont des besoins particuliers.

Septième partie : la partie des Dix

Tous les livres de la collection Pour les Nuls contiennent une partie faite de chapitres courts, qui résume les bases de façon efficace. Dans *La 1ère Année de Bébé pour les Nuls*, vous trouverez des « trucs » pour gérer les premières semaines après la naissance, pour survivre en étant papa la première année ; nous vous dressons aussi une liste de situations et de maladies qui justifient un coup de fil à un pédiatre, et de celles qui ne le justifient pas.

Les icônes utilisées dans ce livre

Les icônes utilisées dans ce livre indiquent les petites astuces qui vous faciliteront la vie ou vous aideront à protéger Bébé.

Certaines situations demandent l'avis d'un professionnel. Cette icône indique une situation qui mérite un avis médical. Cet avis ne peut servir qu'à vous rasséréner.

Cette icône vous signale les idées à retenir qui vous seront probablement utiles pour mieux passer la première année avec Bébé.

Lorsque nous entrons dans les détails médicaux ou que l'on approfondit un sujet, nous le signalons par cette icône. Cela signifie que vous pouvez sauter cette information sans mettre en péril la vie de Bébé.

Cette icône vous indique les astuces pour gérer une nouvelle situation avec Bébé et pour vous simplifier la vie.

Est-il nécessaire d'en dire plus ? Ne sautez pas ces paragraphes, ils sont importants.

Par où commencer ?

Tous les *Pour les Nuls* sont écrits de façon que chaque chapitre soit indépendant des autres. Vous n'avez pas besoin de lire les chapitres introductifs pour comprendre les autres. Chaque chapitre contient des conseils spécifiques à tel mois et tel sujet : vous pouvez choisir l'un et l'autre selon vos besoins sans être perdu. Commencez là où vous estimez que c'est nécessaire. Si vous avez attendu le quatrième mois pour acheter ce livre, passez directement au chapitre 9. Si vous êtes encore enceinte, commencez par le début et vous choisirez ce qui vous semble le plus important. Nous savons pertinemment que vous n'êtes pas dans une période de profonde oisiveté; nous vous avons donc épargné les informations soporifiques : chaque chapitre vous donnera des informations pertinentes utiles à toutes les étapes de la croissance de Bébé.

Première partie

Pour un début dans la joie et la bonne humeur

«Vous voyez ça ? Et dire que je l'ai connue trop coincée pour se servir d'un portable en public !»

Dans cette partie...

Les multiples changements qui vont jalonner cette première année de Bébé sont d'autant plus faciles à vivre que l'on y est préparé. Nous allons voir ici comment arranger la maison pour Bébé et prévoir de voyager avec lui, et où trouver les meilleures garderies ; vous aurez aussi droit à un petit survol de ce qui se passe à l'hôpital.

Ce sont des sujets très divers mais, que vous le croyiez ou non, vous aurez probablement à tous les traiter lors du premier mois de Bébé. Imaginez ce que ce sera pour toute l'année !

Chapitre 1

Se préparer à accueillir Bébé

Dans ce chapitre

- Faire des projets
- Rester souple
- Appeler le docteur miracle
- Être parent d'un bébé adopté
- Les grands moments de Bébé en bref

Vous vous demandez à quoi va ressembler votre quotidien lorsque Bébé aura rejoint la famille ? Allez-y, faites des projets, mais laissez-vous une marge de manœuvre. Si vous comptez sur Bébé pour se conformer à un emploi du temps établi des mois avant la naissance (qu'il s'agisse du travail, des vacances, du temps de sommeil ou même d'une journée sympathique), c'est comme si vous choisissiez une date au hasard dans le calendrier et que vous décidiez que ce jour-là, il fera beau. Vous n'en savez rien. Et vous n'en saurez rien tant que ce jour-là ne sera pas arrivé. Prévoyez des plans B pour les premières semaines de Bébé à la maison, des issues de secours.

À RETENIR

La première année est un temps de croissance et de développement incroyables : votre pédiatre en prendra note à chaque visite. Comment imaginer que la crevette nichée au creux de votre bras sera douze mois plus tard sur ses deux jambes, capable de clamer quelques mots, de casser la croûte et de faire preuve de caractère (tempérament rappelant le vôtre ou celui de votre partenaire, pour le meilleur ou pour le pire…) ?

Les parents adoptifs font face aux mêmes défis et aux mêmes questions, mais rencontrent aussi des problèmes liés à leur situation particulière. Ce livre est une sorte de guide pour quiconque décide de se donner à fond dans l'éducation de son enfant.

Ce chapitre vous donne une idée de ce qui vous attend ; il vous explique où chercher les informations.

Rassembler ses forces pour le changement à venir

Bon, tout est prêt, vous allez bientôt accueillir Bébé et entrer dans ce tourbillon qu'est la première année. Vous y pensez depuis… depuis toujours en fait. Vous vous êtes préparé psychologiquement, vous savez que votre vie va être radicalement différente, et c'est tant mieux.

Que vous l'attendiez depuis des années ou qu'il arrive par surprise, ce moment de votre vie n'est pas prévisible : tant que vous ne l'avez pas vécu, vous ne pouvez pas savoir ce que cela va être. Peut-être amènerez-vous à la maison un bébé tranquille, serein, facile à vivre, comme vous pouvez avoir le sentiment d'héberger sous votre toit un gnome envoyé pour vous faire payer tout ce que vous avez fait subir à vos propres parents.

S'équiper

Les choses seront beaucoup plus faciles si vous avez le matériel adéquat et les bonnes personnes dans votre entourage, les jours où vous aurez besoin d'un coup de main. Si vous avez eu un accouchement difficile ou que votre bébé n'a pas le rythme de sommeil que vous attendiez, il est très important que vous ayez du soutien pour accepter les choses telles qu'elles sont et les prendre avec souplesse; il n'est pas facile de se retrouver brutalement responsable d'une personne, aussi petite soit-elle.

Commencez le plus tôt possible votre liste et notez ce que vous avez, ce qui vous manque et ce que vous devez absolument avoir avant l'accouchement. Le chapitre 2 vous propose une liste des objets indispensables pour les jeunes parents, depuis les sièges auto jusqu'au berceau.

Rester ouverts

Le meilleur conseil que l'on puisse donner à de jeunes parents est le suivant : soyez souples! Même s'il est important de se préparer à la venue de Bébé au cours de la grossesse, il vaut mieux éviter de se faire une idée trop précise des choses.

Les bébés sont totalement imprévisibles. La première semaine peut être formidable : vous vous reposez pendant que Bébé somnole dans vos bras, tendrement. Puis, sans que vous compreniez pourquoi, il devient insupportable pendant des semaines. Vous avez prévu de retourner travailler au bout d'un mois? Après une semaine de sommeil chaotique, de journées à promener Bébé pour le rendormir, vous finissez par vous dire que cela va être totalement impossible. Nous abordons cette question dans le chapitre 4. Quand on transporte un nouveau-né, la plus banale des courses peut tourner au parcours du combattant, et lorsque la fatigue et l'exaspération s'en mêlent, on peut être tenté de baisser les bras. Inutile d'en arriver là : il faut prendre le temps de souffler, de recharger ses batteries, de voir ce qui marche et ce qui ne marche pas.

Devenir parents

Le lien que vous allez établir avec votre enfant (plus détaillé dans les chapitres 2 et 6) peut prendre deux formes : dès la naissance, il est absolu et immédiat. Mais il peut aussi se tisser progressivement. Et ce n'est pas un problème si vous appartenez plutôt à la seconde catégorie. Bien sûr, vous vous attendiez peut-être à ressentir une complicité immédiate avec votre enfant ; mais n'oubliez pas : c'est un étranger. Inutile de culpabiliser si vous ne vous sentez pas parent immédiatement. Ça va venir, c'est certain : une fois que ce sera le cas, vous vous demanderez ce que vous avez fait pour mériter un aussi joli bambin.

Si votre bébé naît avec des besoins particuliers, qu'il est malade, qu'il présente un handicap ou une fragilité quelconque (naissance prématurée, par exemple), le défi à relever est encore plus important (mais, croyez-moi, vous êtes tout à fait à la hauteur). Reportez-vous au chapitre 18 qui vous expliquera comment vous occuper de Bébé quand tout ne va pas comme sur des roulettes.

À RETENIR

Un bébé, c'est une responsabilité parfois très lourde, surtout au cours de cette année pleine de premières fois. Même si son arrivée à la maison provoque un nombre important de changements, rien n'est impossible à gérer. Répétez-vous cette phrase tous les matins, le midi et la nuit si vous en avez besoin : c'est fondamental.

Prévoir la vie avec Bébé

Vous avez acheté le berceau et le transat pour vous préparer au grand jour et accueillir Bébé dans votre foyer : c'est un bon début. Mais il y a beaucoup d'autres questions à se poser avant que le petit bout n'entre en scène :

- Comptez-vous l'allaiter ou le nourrir au biberon ? (Reportez-vous au chapitre 2 : le sujet y est détaillé.)
- Lequel des deux parents s'occupera de Bébé ? Si vous travaillez tous les deux à plein temps, qui fera les courses ? Allez-vous vous partager les tâches ou trouver une autre solution ? (La question est abordée au chapitre 4.)

- Y a-t-il une attitude préventive à avoir pour éviter la mort subite du nourrisson ? (Vous trouverez au chapitre 20 des conseils sur la question.)
- Comptez-vous voyager avec Bébé ? (Dans le chapitre 3, quelques astuces qui rendront les voyages plus agréables.)
- Avez-vous entendu parler de la manœuvre de Heimlich pour les bébés ? Connaissez-vous la réanimation cardio-pulmonaire (RCP) ? (Le chapitre 20 traite de ces questions.)
- Si vous retournez au travail, comment allez-vous faire pour garder Bébé ? (Encore une fois, chapitre 4.)
- De qui acceptez-vous de l'aide ? Qui refusez-vous viscéralement ? (Vous trouverez des conseils à ce sujet au chapitre 5.)
- Comment réagir si votre famille n'est pas d'accord avec vos méthodes éducatives ? (Voir chapitre 14.)
- Êtes-vous pour ou contre la fessée ? Qu'en pense votre partenaire ? (Vous trouverez au chapitre 17 des conseils pour gérer les questions de discipline en fonction de l'âge de Bébé.)
- Quand commencerez-vous à préparer la maison pour qu'elle ne présente aucun danger pour Bébé ? Il va ramper, traîner à quatre pattes et mordiller tout ce qui lui tombe sous la main plus tôt que vous ne le pensez. (À ce sujet, reportez-vous au chapitre 20.)

Bien sûr, il y a bien d'autres choses à considérer pour vous préparer, et préparer votre vie comme votre maison, à l'arrivée de Bébé. Ces points principaux ne sont que la partie émergée de l'iceberg : vous vous en rendrez compte bien assez tôt.

Choisir son pédiatre

Dans les Pages Jaunes ? Pourquoi pas, mais ce n'est pas parce qu'il est dans l'annuaire qu'il est compétent : de toute façon, la publicité est interdite aux médecins. En se donnant un petit peu de mal, il est facile de trouver la bonne personne. Le pharmacien ou d'autres parents plus expérimentés peuvent être de bon conseil.

ASTUCES

Il faut avant tout savoir quel genre de médecin vous cherchez. Vous avez le choix :

- **Le pédiatre** traite seulement les enfants. Il a fait sept années d'études à la faculté de médecine avec une spécialisation de quatre ans pour le diagnostic et le soin des bébés, des enfants et des adolescents. Le médecin qui a une plaque de pédiatre a passé un concours national pour tester ses vastes connaissances quant à la santé et au bien-être de ses patients à venir.

- **Le généraliste** traite plusieurs types de patients et peut, le cas échéant, soigner toute la famille (ce qui n'est pas négligeable si vous êtes souvent malades). En revanche, il en saura peut-être moins sur les maladies propres au nourrisson (quoi que, s'il en voit beaucoup dans son cabinet, il peut être très bien informé).

Demandez leur avis à vos amis, voisins et collègues ; une personne de confiance, votre gynécologue ou votre sage-femme par exemple, finira par vous donner les coordonnées d'un bon pédiatre.

Assurez-vous que le médecin que vous sélectionnez est conventionné, c'est-à-dire que le montant de ses consultations est, au moins en partie, remboursé par la Sécurité sociale. Sinon, demandez ses tarifs au moment de prendre rendez-vous.

Essayez de faire parler la secrétaire médicale :

- **Où a-t-il fait ses études ?** A-t-il fait ses années de médecine à l'étranger, par exemple ? Assurez-vous que sa formation a été aussi rigoureuse qu'elle l'eût été en France. Si vous voulez que votre bébé soit suivi par un pédiatre, assurez-vous que vous avez bien affaire à un pédiatre : le terme « pédiatre » doit être inscrit sur sa plaque et sur ses ordonnances, et oblige ce praticien à l'exercice exclusif de la pédiatrie. Bien sûr, il peut faire des ordonnances pour des proches adultes à qui il veut rendre service, mais pas de façon rémunérée.

  Méfiez-vous des médecins qui inscrivent sur leur plaque « maladies des enfants » et qui disent qu'ils sont pédiatres. Ce sont en fait des généralistes qui ont parfois fait une année de pédiatrie et obtenu une attestation de Pédiatrie et de Puériculture. En revanche, de nombreux généralistes ont les compétences en matière de petite enfance, surtout en province, où il y a moins de pédiatres que dans les grandes villes.

  Si le praticien semble à l'aise avec Bébé, s'il lui parle, s'il prend son temps et n'écarte pas vos questions, c'est bon signe ! Un pédiatre attaché à une consultation de pédiatrie à l'hôpital est généralement un gage de sérieux.

- **Est-il minutieux, prend-il son temps pour l'interrogatoire ou se précipite-t-il sur le bébé dès le début de la consultation ? Voit-il deux enfants par heure, ce qui est rassurant pour les parents, ou trois ou quatre de façon expéditive ?**

  N'oubliez pas de préparer une liste des différentes questions que vous vous posez pour ne pas vous dire à la fin de la consultation : « Zut, j'ai oublié de demander ceci ou cela. »

- **Se tient-il à jour de ses connaissances, participe-t-il à des congrès ou à des « enseignements post-universitaires », est-il abonné à des revues de pédiatrie ?**

  Vous ne pouvez évidemment pas lui poser la question de but en blanc, mais vous vous rendrez vite compte s'il est « dans le coup » ou pas.

En revanche, quand la relation sera établie avec votre pédiatre, faites-lui confiance : inutile de demander leur avis aux copines ou de surfer sur Internet, vous n'obtiendrez que des avis divergents et serez aussi perdus qu'avant d'avoir posé la question.

- **Quelles sont ses idées sur l'éducation ?** Correspondent-elles aux vôtres ?
- **Que pense-t-il de l'usage des antibiotiques ?** Aujourd'hui, certains médecins prennent leur temps avant de prescrire des antibiotiques, notamment pour les bronchites, par exemple, ils préfèrent laisser le système immunitaire de l'enfant le guérir seul. Vous pouvez ne pas être d'accord avec cette approche. Mieux vaut savoir maintenant comment il traitera une bronchite pour ne pas tomber des nues lorsque l'occasion se présentera.
- **Combien y a-t-il de médecins dans le cabinet ?** Pourrez-vous voir le même médecin à chaque visite ? Qui verra Bébé lorsqu'il sera malade ? Peut-être souhaitez-vous voir toujours le même médecin. Ce n'est pas forcément le cas dans tous les cabinets. En urgence, peut-être tomberez-vous sur quelqu'un que vous ne connaissez pas.
- **Quels sont les horaires du cabinet ?** Si vous travaillez à plein temps, il est préférable d'avoir un cabinet qui vous propose des rendez-vous le soir et le samedi pour les contrôles de routine de Bébé. De nombreux cabinets ont des horaires où un médecin ou une infirmière répondent aux questions usuelles sans que cela nécessite un rendez-vous (conseils de puériculture par exemple, concernant le sommeil et l'alimentation, conseils en cas de fièvre modérée).

  Renseignez-vous pour savoir s'il y a, le week-end ou la nuit, une permanence pédiatrique. Dans les grandes villes, les pédiatres s'arrangent pour que l'un d'entre eux soit de garde ou de permanence pendant tout ou une partie du week-end.

  De la même façon, demandez à votre pédiatre de vous recommander un service d'urgences pédiatriques, le plus compétent et le plus proche de votre domicile, en cas d'urgence la nuit ou le week-end.
- **S'il est seul à son cabinet, qui gère sa clientèle lorsqu'il part en vacances ?** Mieux vaut être sûr que vous avez quelqu'un de confiance à aller voir si Bébé est malade et que le médecin est absent.
- **Quelles sont ses disponibilités ?**

  Une qualité essentielle de votre futur pédiatre ou généraliste doit être sa DISPONIBILITÉ, surtout pour gérer les urgences, réelles et ressenties comme telles par des parents inquiets. Il faut au moins pouvoir le joindre téléphoniquement, en personne si possible, pour obtenir un conseil ou une consultation urgente, ce qui n'est pas simple, car les pédiatres libéraux sont de moins en moins nombreux, et ils sont souvent débordés. En revanche, organisez-vous pour prendre rendez-vous bien à l'avance pour les visites systématiques et les vaccinations : il ne faut pas attendre d'avoir accouché pour prendre le premier rendez-vous, et il faut s'en occuper dès la fin de la grossesse en fonction de la date présumée de l'accouchement. La visite systématique au cours des huit premiers jours est généralement effectuée par le pédiatre de la maternité, par la suite, il est conseillé de montrer votre bébé au médecin de ville ou au pédiatre à l'âge de trois semaines environ quand tout va bien, plus tôt en cas de problème.

Parlez-en avec le médecin si vous avez des questions au sujet des vaccins. Certains médecins refuseront de prendre en charge un enfant qui n'a pas été vacciné. (Pour plus de détails sur la vaccination, reportez-vous au chapitre 18.)

Autre donnée importante : le cabinet est-il proche de chez vous ? Aujourd'hui, vingt minutes de voiture sont une partie de plaisir, mais quand Bébé sera malade, vous n'aurez qu'une envie, l'amener chez le médecin, et rentrer chez vous le plus vite possible. Si, en plus, vous comptez avoir d'autres enfants dans les années à venir, traîner deux ou trois gamins malades à travers la ville pour un rendez-vous chez le médecin relève de l'aventure. Sachez aussi qu'au cours de la première année de Bébé, la salle d'attente du médecin deviendra votre deuxième maison : les contrôles de routine sont obligatoires au cours de la première semaine, puis au cours du neuvième et du vingt-quatrième mois, mais il est conseillé d'y aller tous les mois jusqu'à 6 mois et ensuite tous les trois mois jusqu'à l'âge de 2 ans, puis tous les 6 mois jusqu'à l'âge de 6 ans.

L'adoption

Même si certains conseils donnés dans ce livre sont plus particulièrement destinés aux jeunes mamans après la naissance, ils n'excluent pas les parents adoptifs. Vous endossez exactement le même rôle que n'importe quels jeunes parents et faites face aux mêmes problèmes au cours de la première année.

Aujourd'hui, les mères adoptives ont le droit de s'informer de la croissance, de l'éveil psychomoteur et du bien-être de Bébé. Ce n'est pas une mauvaise chose pour lui : cela ne fait qu'augmenter le nombre de personnes en adoration devant lui (nombre qui n'est jamais trop élevé !) ; ensuite, vous n'aurez jamais à répondre à des questions embarrassantes sur ses origines si sa maman biologique fait partie de son environnement familier. En revanche, beaucoup plus tard, c'est vous et votre conjoint qui lui révélerez le secret de ses origines, au moment que vous jugerez le plus favorable pour cela.

Pour des parents adoptifs, cela peut paraître difficile de créer un véritable lien avec l'enfant. Mais ça l'est aussi pour des parents biologiques. Au cours de cette première année, nous avons tous les mêmes problèmes : que Bébé fasse ses nuits, qu'il mange correctement et qu'il développe ses activités psychomotrices. Une chose est sûre : en tant que parent, nous sommes tous dans le même bateau lorsqu'il s'agit de nos enfants.

À quoi faut-il s'attendre ? La première année de Bébé en deux mots

Vous serez surpris par les progrès que Bébé accomplira au cours de cette première année. Sous vos yeux, le nouveau-né sans défense qui passe le plus clair de son temps à dormir et à s'alimenter va devenir un bambin indépendant, curieux, qui parle, se déplace et est capable de vous dire non, ou du moins de vous montrer qu'il n'est pas d'accord (entre trois et huit semaines). Du nourrisson à l'enfant, Bébé franchira les étapes suivantes :

- Il vous fait fondre avec son **premier sourire « réponse »** au bout de six semaines.
- Il fera **enfin ses nuits** au bout du deuxième mois (ou lorsque son poids aura atteint entre 4,5 kg et 5 kg).
- Vers 2 ou 3 mois, il commence à **gazouiller**. À votre grand dam, c'est aussi la période des **coliques**.
- Vos oreilles se délecteront de son premier **éclat de rire** vers 3 mois et demi - 4 mois.
- Au cours du quatrième mois, vous le verrez **redresser la tête** par instants ; il va aussi commencer à **tout mettre dans sa bouche**.
- À 5 mois, Bébé affirme sa petite personnalité et **exprime différentes émotions** au cours de la journée : il est content (il sourit et rit), en colère (il se met à crier lorsque vous retirez un objet), et il s'intéresse (en essayant par exemple d'imiter votre voix). Il saisit bien les objets de façon volontaire et se tourne du dos sur le côté et même sur le ventre.
- Vers la fin du sixième mois, Bébé est capable de **s'asseoir sur ses couches** et parfois de se déplacer **à quatre pattes,** pour les plus toniques d'entre eux (ou de se mouvoir au sol d'une autre façon improbable).
- Au cours du septième mois, Bébé développe ses talents d'orateur et commence à **babiller**. Il peut commencer à tenir debout avec appui.
- Sa mobilité s'améliore nettement pendant le huitième mois : il se déplace à quatre pattes, rampe et se promène ainsi dans tout le salon.

- Autour de 9 mois, vous remarquerez que Bébé **s'accroche à un jouet**, une couverture ou autre doudou : il commence à réaliser qu'il ne fait pas partie de *vous*.
- Pendant son dixième mois, Bébé montre qu'il **comprend ce que vous dites,** ou du moins, d'après le ton que vous utilisez, il sait si vous êtes content ou non.
- Au cours des onzième et douzième mois, Bébé **affine** ce qu'il a déjà appris : le **langage** et la **locomotion**.

Chapitre 2

Devenir parent... en douceur

Dans ce chapitre :

- Savoir ce dont Bébé a besoin
- Que faut-il emporter à l'hôpital ?
- Se préparer à l'après-naissance
- Ce qui se passe à la maternité
- Allaitement ou biberon ?
- Quelques situations qu'il faudra bien affronter
- Le retour à la maison

À la fin de la grossesse, les choses se précisent. Le grand changement approche et vous vous demandez si vous y êtes préparée, affectivement et physiquement. Dans ce chapitre, nous expliquons comment se préparer à l'arrivée de Bébé, ce que vous allez vivre à la maternité et, en bref, comment passer de l'attente de la grossesse au tourbillon que représente la venue de Bébé.

Préparer la chambre de Bébé (et toute la maison)

La majorité des femmes enceintes passent par une phase de *nidification* à la fin de la grossesse, phase au cours de laquelle elles ont bien du mal à penser à autre chose qu'à tout ce dont Bébé aura besoin à la maison. C'est en soi une excellente chose : vous n'allez pas en croire vos yeux (ni votre portefeuille...) lorsque vous constaterez tout le matériel dont Bébé a besoin, sans compter les cadeaux qui vont pleuvoir au cours des premières semaines. Votre foyer, autrefois sanctuaire des objets auxquels vous êtes attachés, va devenir le garde-meuble de Bébé. Très bientôt, vous allez subir un raz-de-marée de layettes, couches, jouets, biberons, tétines, poussettes et autres berceaux. Heureusement, cela fait votre bonheur !

Bien sûr, il ne faut pas confondre le matériel indispensable à Bébé et tout le bric-à-brac que l'on voit dans les magasins. Cette partie du livre vous propose une liste des objets qu'il vous faudra avoir sous la main pour le retour de Bébé à la maison.

Maintenant que vous peaufinez la liste du matériel à acheter, il faut garder le sens des priorités. Outre les babioles que vous avez toujours rêvé d'acheter pour votre bébé (la veilleuse en céramique rose ou bleue, les minuscules chaussons argentés, le hochet d'argent fin et la petite cuillère), il ne faut pas oublier les vrais indispensables (biberons, bavoirs, chaussettes…).

Les courses avant le jour J

Lorsque vous serez rentrés de la maternité avec Bébé, il faut être prêts à valser avec les couches et les barboteuses (en fait, il sera impossible de rentrer à la maison sans le siège auto : mettez-le en haut de la liste!). La liste suivante rassemble les objets dont vous aurez forcément besoin au cours des premiers jours et des premières semaines :

Le matériel

- **Le siège auto** (face à l'arrière) : ne soyez pas radin, Bébé a besoin de quelque chose de solide, qui tienne au moins les deux premières années.
- **La poussette :** inutile de se voiler la face, vous mourez d'envie d'aller montrer Bébé au voisin et de lui faire prendre l'air.
- **Le lit d'enfant :** il y en a de toutes sortes; sachez ce que vous voulez avant de vous précipiter au magasin. Si vous prévoyez d'avoir d'autres enfants, par exemple, cherchez quelque chose de solide, qui pourra resservir (encore et encore).
- **La table à langer :** il est pratique d'avoir un endroit particulier pour changer les couches au cours des premières semaines. Rangez dessous les stocks de ce dont vous aurez besoin (voir le paragraphe « Les fournitures »).
- **Le porte-bébé ou le sac kangourou :** il permet de porter l'enfant tout contre soi et de l'allaiter discrètement. Un câlin permanent!
- **La chaise haute :** elle vous sera très utile pour installer Bébé pendant que vous faites chauffer son biberon ou que vous pliez le linge.
- **Couffin ou « cosleeper » :** la plupart des nourrissons ont besoin d'être nourris très fréquemment au cours des premières semaines; il est donc plus simple d'avoir Bébé dans votre chambre. Le couffin est facile à transporter : vous pouvez le passer d'une pièce à l'autre pendant la journée. Les couffins qui s'accrochent au lit des parents s'appellent *cosleepers*, reportez-vous au chapitre 6.

- **La baignoire bébé :** dès que le nombril sera cicatrisé, Bébé pourra prendre ses bains dans une sorte de cuvette posée dans l'évier ou dans le lavabo.

Les vêtements

- **Les vêtements une pièce :** choisissez entre les grenouillères (manches longues, jambes longues) et les barboteuses (manches courtes, jambes courtes), en fonction de la saison et du climat. Prenez-en huit ou dix : les bébés ont une fâcheuse tendance à se salir fréquemment.
- **Les pyjamas à cordon :** ils sont plus faciles à manipuler pour changer Bébé que les vêtements à boutons-pression, mais ils sont plus difficiles à trouver.
- **Les sous-vêtements une pièce, le « body » :** ce sont comme des barboteuses, avec des manches courtes, pas de jambes et des boutons-pression à l'entrejambe. Ce type de sous-vêtement ne risque pas de se retrousser sous les vêtements. Mieux vaut en avoir au moins huit sous la main.
- **Les vêtements d'extérieur :** un bébé né à Chamonix fin novembre va probablement avoir besoin d'un manteau, d'un bonnet et de moufles d'extérieur.
- **Les chaussettes :** pour les pieds, cherchez des élastiques qui tiennent bien les chevilles. Les bébés qui gigotent beaucoup sont souvent pieds nus pendant que maman cherche à quatre pattes une chaussette qui a glissé.

Les fournitures

- **Couches et compagnie :** sous la table à langer, vous stockerez les couches, un matelas imperméable, des lingettes, de la vaseline, des crèmes hydratantes, du lait pour le change et une poubelle.
- **Bavoirs et bavettes :** attention aux renvois « yaourteux » sur votre tailleur Chanel. Ayez toujours sous la main quatre petites serviettes et six bavoirs.
- **Biberons et lait :** pendant les premiers mois, si vous n'allaitez pas, vous utiliserez quatre à six biberons de 120 g à 150 g. Quand Bébé deviendra plus glouton, utilisez des biberons de 250 g. Prévoir une brosse à biberon et un égouttoir.
- **Stérilisateur** : bien sûr, les biberons et tétines peuvent être stérilisés au bain-marie (à l'ancienne), mais le stérilisateur que l'on met au four à micro-ondes est beaucoup plus pratique.

- **Le tire-lait :** lorsque l'allaitement aura bien commencé, au bout de six semaines environ, vous pouvez commencer à tirer votre lait : le papa peut ainsi vous relayer pour nourrir le garnement de temps en temps, au biberon, avec votre lait.
- **Les lingettes absorbantes pour les montées de lait intempestives :** vous verrez, c'est très utile.
- **Le sac à couches :** bien sûr, on n'en utilise qu'une à la fois, mais on n'en a jamais trop. On fabrique maintenant des sacs très tendance si vous craignez de saboter votre image de parent dans le vent avec un affreux sachet en vichy.
- **Pour le bain** : pour faire la toilette de Bébé, vous aurez besoin d'un savon et d'un shampooing, d'un petit matelas imperméable, de Cotons-Tiges (pour les yeux), d'un petit coupe-ongles (ou d'une paire de ciseaux), d'un peigne, d'un thermomètre de bain et d'un petit bol.
- **Les tétines-sucettes :** certains bébés les adorent, d'autres les exècrent, d'autres encore sont très difficiles quant au type de matière. Vous en avez de différentes sortes, si cela fonctionne pour calmer Bébé.
- **La literie :** prenez au moins quatre draps pour le berceau, un édredon ou une couette, un tour de lit (pour protéger le crâne de Bébé du rebord du berceau), un plaid (pour poser Bébé sur une surface non protégée, comme le sol), des petites serviettes et des gants de toilette.

Les premiers secours

Vous êtes déjà perdu(e) ? Attendez, ce n'est pas fini. Il y a quelques objets indispensables en pharmacie :

- **Le thermomètre :** les thermomètres auriculaires sont peu fiables avant l'âge de 6-7 ans. De toute façon, pour un nourrisson, mieux vaut prendre la température rectale (thermomètre électronique, car les thermomètres au mercure ne sont plus fabriqués).
- **La vaseline :** pour aider à prendre la température.
- **Le mouche-nez :** cette grosse seringue peut être utile pour déboucher le nez de Bébé. Pouah ! Vous ne feriez pas ça pour quelqu'un d'autre.
- **L'inhalateur :** même si vous adorez les inhalations de vapeur, il faut bien reconnaître qu'elles peuvent être dangereuses pour un bébé : choisissez un inhalateur à froid, c'est plus prudent.
- **La seringue et la cuillère :** pour bien mesurer les doses de médicaments.
- **Pansements, antiseptiques, pince à épiler, crèmes anti-irritation :** soyez prêt(e), les bébés ont souvent des coupures, des éruptions et des petits boutons.

Au cas où on en aurait oublié

Si vous n'en avez pas encore assez, voici quelques autres objets dont vous aurez besoin au cours de la première année de Bébé :

- **Des vêtements, de toutes les tailles :** les tailles sont 0 à 3 mois, 3 à 6 mois, 6 à 9 mois et 9 à 12 mois. Il est très tentant de tout acheter maintenant, mais peut-être préférable d'attendre de voir comment Bébé grandit. Il n'est pas rare qu'un beau bébé de 6 mois porte du 9 à 12 mois.
- **Les jouets :** Bébé apprend tout le temps, et même en jouant. Le mobile, par exemple, est un bon début. Suspendu au-dessus de Bébé, il est fait d'objets de couleurs vives qui attirent l'œil et encouragent ainsi le développement de sa coordination.
- **La bouée de bain :** quand Bébé est capable de s'asseoir (ou presque), il est prêt pour la grande baignoire. Cette bouée l'aide à se tenir droit (même s'il ne faut *jamais, jamais* le laisser sans surveillance).
- **Le coussin d'allaitement :** il vous servira à maintenir Bébé pendant l'allaitement, à le soutenir tout petit et l'aider à se tenir assis avec appui vers l'âge de 5 mois et demi ou 6 mois.
- **Le parc** : si vous avez un bébé très tonique et mobile, pas d'autre solution que de le mettre dans le parc pendant que vous préparez le déjeuner. Il y sera en sécurité loin des escaliers, prises de courant et autres dangers.
- **Pour faire de l'exercice** : certains pédiatres déconseillent les trotteurs, dangereux pour dévaler les escaliers. Si votre appartement n'est pas sécurisé, cherchez plutôt un Jolly Jumper : Bébé peut gigoter tant que le cœur lui en dit mais ne peut pas se déplacer.

Et si on faisait simple ?

La surconsommation effrénée vous rend morose, sachant que la moitié des mères de la planète s'en sortent avec juste quelques linges ! Si vous avez surtout besoin de vous rassurer, inutile de céder à une frénésie d'achats. Assurez-vous simplement que, quand votre Bébé sera là, vous disposerez du minimum :

- un siège auto tourné vers l'arrière ;
- le matériel pour le changer (listé plus haut) ;
- des vêtements adaptés au climat et à la saison ;
- un endroit pour dormir, par exemple un transat pour l'emporter partout ;
- des biberons et du lait, à supposer que vous ne l'allaitiez pas vous-même ;
- des bavoirs.

En route pour la maternité

Vous pensez que vous n'avez pas besoin de grand-chose pour ce petit séjour ? Finalement, il ne s'agit que d'accoucher et de regagner ses pénates. Mais, euh, discutons-en… La façon dont va se passer le travail détermine la liste des choses dont vous allez avoir besoin ; malheureusement, nous avons beau être très compétents, impossible de vous dire si le vôtre sera rapide et facile ou long et pénible. Mieux vaut prendre trop de choses que se rendre compte, trop tard, que vous avez oublié l'accessoire indispensable qui vous aurait beaucoup aidé.

ASTUCES

Surtout, n'oubliez pas :

- Votre carte Vitale et une pièce d'identité.
- Une montre à cadran numérique ou un chronomètre pour les contractions.
- De la monnaie pour les distributeurs automatiques.

  L'hôpital vous demandera peut-être de payer la télévision et le téléphone en espèces. Renseignez-vous auparavant. Si ce n'est pas le cas, vous n'aurez besoin que de petite monnaie : il est plus sage de laisser les grosses coupures et les objets précieux à la maison. En revanche, n'oubliez pas votre carte bancaire et votre chéquier (ou au moins un chèque, car un chèque de caution peut vous être demandé à l'arrivée).
- La liste des numéros de téléphone de votre entourage. Ils attendent des nouvelles !
- Des chaussettes et des chaussons.
- Un vêtement ample (les chemises d'hôpital ne cachent pas vraiment le côté pile de votre anatomie), au cas où vous souhaiteriez déambuler dans les couloirs pendant le travail, puis pour aller et venir à la nurserie.
- Vos lunettes, le cas échéant.
- Savon, shampooing, rasoir, brosse à dents, brosse à cheveux, crème hydratante, déodorant, sèche-cheveux… L'attirail qui vous fera vous sentir bien. L'hôpital vous fournira des serviettes périodiques après l'accouchement.
- Livres, magazines, tricot, sudoku, pour le début du travail et, peut-être, après la naissance.
- Une tenue pour rentrer à la maison, pour vous comme pour Bébé. Évitez de prendre le jean que vous portiez la semaine où vous avez conçu l'enfant : même si certaines y arrivent, vous aurez probablement du mal à rentrer dedans pendant quelques mois. Choisissez une tenue confortable et ample. S'il fait froid, n'oubliez pas que Bébé devra être soigneusement emmitouflé pour rentrer à la maison.

Laissez tomber l'idée d'acheter cette magnifique nuisette que vous convoitez depuis si longtemps pour la maternité. D'une part, il faudra gérer les serviettes périodiques, et d'autre part, vous allez nourrir un nouveau-né qui n'hésitera pas à régurgiter sur ce magnifique satin, mais peut également faire son rot sans régurgiter ! Utilisez une ancienne chemise de nuit ou celle qui est fournie par l'hôpital ; quoi qu'il en soit, privilégiez le confort.

Vous aurez aussi peut-être besoin de :

- Sucettes, pour éviter d'avoir la bouche sèche. Des bonbons acidulés peuvent faire l'affaire, mais ce serait dommage que vous vous étouffiez avec pendant le travail.
- Les balles de tennis ou des accessoires de massage pour les reins. Si vous voulez que votre mari vous masse pendant le travail, prenez aussi une huile de massage.
- Une serviette. Vous pourrez probablement vous rafraîchir avec une serviette humide : chacun ses microbes !

N'oubliez pas que vous allez arriver à la maison avec un nouvel invité. Peut-être est-il utile d'avoir déjà un paquet de couches prêt avant d'aller à l'hôpital, pour être sûre de maîtriser la situation. Reportez-vous au chapitre 3 pour voir ce dont vous aurez besoin avec les couches.

Colis spécial ! L'arrivée de Bébé

Neuf mois que vous attendiez cela… Et ça y est, Bébé est là. Rien ne peut vraiment vous préparer à ce face-à-face ; vous allez être surpris par le tourbillon qui va suivre la naissance de Bébé. Cette partie vous donne un petit aperçu de ce à quoi il faut s'attendre pendant les heures et les jours qui suivent sa naissance.

Ouiiiiiiiin ! Bébé veut retourner dans le ventre de sa maman !

Pourquoi tant de bébés pleurent-ils à la naissance ? Parce qu'ils ont mal et peur, tout simplement. Mal parce que leurs alvéoles pulmonaires s'ouvrent brutalement, et peur car on les projette dans un tintamarre violemment éclairé, froid, où de véritables étrangers s'empressent de l'essuyer, de le balader d'un endroit à un autre, de le tripoter et de le pincer. Imaginez, l'adaptation à la vie extra-utérine doit se faire en quelques secondes, il y a de quoi pleurer !

La batterie de tests à la naissance

À peine Bébé est-il né que la sage-femme va se précipiter sur lui : vous allez entendre des bribes de conversation, des « scores d'Apgar », des « prises de sang », des « mesures »... Qu'arrive-t-il à votre petit bout et qu'est-ce que cela veut dire?

Le *score d'Apgar* est une évaluation de l'état de Bébé faite une minute après la naissance, puis cinq minutes après. La première fois, il rend compte des conséquences de la naissance sur le nouveau-né. La seconde est une première évaluation de l'adaptation de l'enfant à la vie extra-utérine. Les nouveau-nés qui obtiennent entre 7 et 10 à ce second test sont en bonne forme; ceux qui ont entre 4 et 6 sont un peu faibles, ceux qui ont moins de 4 sont en péril et ont besoin de soins immédiats. Pour une explication plus complète, reportez-vous au tableau 2-1, ci-dessous.

Dans le score d'Apgar, les meilleurs résultats sont ceux des bébés qui hurlent « vigoureusement ». Or un bébé sain ne pleure pas si l'on attend pour couper le cordon que celui-ci soit dégonflé, et qu'il règne dans la salle pénombre et calme. Tout au plus aura-t-il un petit cri d'étonnement (il y a de quoi!), les yeux grands ouverts.

Tableau 2-1 Score d'Apgar

Signaux	*0 point*	*1 point*	*2 points*
Fréquence cardiaque	Pas de rythme détectable (en dessous de 80)	Lente (en dessous de 100)	Au-dessus de 100
Respiration	Absente	Lente ou irrégulière	Pleurs importants
Coloration	Cyanosé (bleu) ou pâle	Extrémités bleues, corps rose	Rose
Réactivité à la stimulation	Pas de réaction	Grimace faciale	Pleurs vigoureux
Tonus musculaire	Hypotonie globale	Flexion des bras et des jambes	Mouvements actifs

Les tests après la naissance incluent aussi :

- **Les mesures** : dans la salle d'accouchement, on va mesurer la taille, le poids et les mensurations de la tête et du torse de Bébé. Les tailles moyennes varient entre 45 cm et 55 cm; le poids varie de 2,5 kg à 4,5 kg; la circonférence du crâne est d'environ 35 cm.
- **La vitamine K :** on injecte à Bébé une dose de vitamine K, pour favoriser la coagulation.

- **Les gouttes pour les yeux :** on met quelques gouttes de collyre antibiotique dans les yeux de Bébé pour éviter les gonocoques et les chlamydiae (infections courantes).
- **Le test de Guthrie :** on prélève un échantillon de sang au talon pour dépister la *phénylcétonurie* (désordre métabolique), et l'hypothyroïdie congénitale. Depuis quelques années, le dépistage précoce de la mucoviscidose se fait également.
- **Le prélèvement de sang :** on vérifiera le groupe sanguin de Bébé si sa maman est de groupe O ou de rhésus négatif. Si c'est le cas, la mère et l'enfant peuvent avoir des groupes sanguins incompatibles et Bébé risque de développer une jaunisse (appelée ictère) et/ou une anémie.

Le sang du cordon ombilical contient des cellules souches (cellules du système immunitaire capables de se développer dans d'autres types de cellules) : vous en avez probablement entendu parler dans l'actualité. Ces cellules peuvent être conservées pour le traitement de certains cancers ainsi que des maladies immunitaires ou génétiques. Si vous souhaitez donner ces cellules souches, demandez à votre médecin ; malheureusement, les maternités habilitées à recevoir les dons de sang de cordon sont encore peu nombreuses en France. Pour plus d'informations, le pour et le contre de cette décision, faites une recherche sur Internet.

- **Un prélèvement sanguin** (Numération formule sanguine = NFS) et **un dosage de la CRP** (C. Réactive Protéine) peuvent être demandés en cas de suspicion d'infection materno fœtale, soit si l'enfant présente des symptômes possiblement infectieux (il tète mal, il a de la fièvre, il est geignard ou hypotonique), soit en cas de contexte infectieux dans la période périnatale (liquide amniotique teinté, fièvre maternelle, mère porteuse de streptocoque B dans la flore vaginale). En cas de suspicion d'infection, des prélèvements périphériques sont également pratiqués au niveau du nez, des oreilles, de l'anus, du liquide gastrique, de la peau.

Éloignez les paparazzi, maman veut avoir la paix !

En général, après un accouchement, on n'est pas très fraîche. Cela dit, pas étonnant. Une jeune accouchée vient de vivre une expérience épuisante et hautement sportive ; elle a peut-être subi des interventions, comme une *épisiotomie* (incision à la base du vagin qui évite que celui-ci ne se déchire) pendant l'accouchement ou doit supporter l'apparition ou l'aggravation d'hémorroïdes. La jeune accouchée a probablement les yeux rouges et quelques vaisseaux éclatés sur les paupières appelé « purpura traumatique » (voilà ce que c'est, de pousser autant !) ; ses membres flageolent : c'est du travail, de faire sortir ce petit bout de chou hors de son corps ! Que la naissance ait été naturelle ou par césarienne, la jeune maman est souvent fatiguée et un peu angoissée après la naissance.

Les contrecoups d'une naissance sont temporaires, mais si vous n'aimez pas vraiment qu'on vous prenne en photo, demandez à la famille d'attendre un jour ou deux. Lorsque vous les reverrez, vous préférerez évoquer le bonheur que ça a été de tenir Bébé dans ses bras plutôt que de revoir votre triste mine.

Bébé a la bouille un peu chiffonnée ? Pas de panique !

Le travail est au moins aussi dur pour Bébé que pour sa maman. Certains nouveau-nés passent comme une lettre à la poste, mais d'autres se font un peu désirer : ils sortent avec un crâne en obus de canon (qui reprend sa forme en quelques jours), le visage tuméfié et une allure bien surprenante (pour ne pas dire décevante) juste après la naissance. Un bébé que l'on a sorti aux forceps a parfois des petites plaies ou des hématomes.

Bonne nouvelle : le charmant minois de Bébé va faire son apparition au cours des semaines suivant la naissance, et il finira enfin par être la magnifique petite chose que vous attendiez.

À la naissance, Bébé est recouvert d'une matière épaisse, visqueuse, que l'on appelle le *vernix caseosa*, qui protégeait sa peau fragile *in utero*. Un petit bain d'eau tiède permet un nettoyage rapide.

La peau de Bébé sera probablement marbrée et, parfois, ses mains et ses pieds violacés. Cela est dû à une circulation périphérique de mauvaise qualité pendant les deux ou trois premières semaines de vie, parfois plus (six à huit semaines). De la même façon, les pieds et les mains des nouveau-nés sont plus froids que le reste du corps : cela ne signifie pas pour autant que Bébé a froid et il faut se garder de le couvrir davantage.

Beaucoup de jeunes mamans sont consternées lorsqu'elles réalisent que la chose qu'elles viennent de mettre au monde n'a rien à voir avec les bébés roses et joufflus des magazines et des séries télévisées. Rassurez-vous : ces derniers ont quelques mois de plus ; ils ont largement eu le temps de se remettre du contrecoup de la naissance.

L'amour filial : un défi ?

Le lien entre une mère et son nouveau-né est vieux comme le monde ; *a priori,* la nature vous a pourvue de tout ce qu'il faut pour que l'espèce se perpétue. Au cours de la grossesse, vous avez développé une intimité particulière avec votre enfant, bien sûr, mais ce lien devient encore plus prononcé après la naissance.

Nous y voilà, vous venez d'accoucher. Comme vous avez porté cette petite chose pendant neuf mois, vous serez d'emblée sensible à chaque pleur, vous chercherez comme personne à savoir ce que cela veut dire lorsqu'il secoue la tête, comme s'il cherchait quelque chose. Faites-vous confiance comme votre bébé vous fait confiance : déjà, vous avez quelques intuitions sur sa personnalité future...

Il y a des exceptions. Même des parents qui s'assument complètement traversent des crises où ils sont un peu perdus. Et beaucoup de parents sont complètement débordés dès le début : ils se fient plus à leur savoir qu'aux messages simples que leur adresse leur enfant. Pour devenir le Parent Extraordinaire dès la naissance, prenez conseil quand vous en sentez le besoin, mais c'est en forgeant que l'on devient forgeron : les parents attentifs en apprennent chaque jour un peu plus sur leur rejeton et cela ne fait qu'augmenter l'amour qu'ils lui portent. Faites confiance à votre instinct de parent et n'écoutez pas trop votre entourage.

À RETENIR

Ne vous inquiétez pas si vous avez le sentiment d'avoir donné naissance à un total étranger. *C'est le cas*. Intéressez-vous à lui autant que vous pouvez : il a des tas de choses à vous dire.

Vous pouvez tout à fait être un parent formidable même si vous n'avez jamais joué à la poupée et que vous n'avez jamais fait de baby-sitting ni adoré les enfants. Et même si vous ne vous sentez pas la fibre maternelle, les choses changeront avec votre propre enfant : ce changement ne sera peut-être pas immédiat, mais il arrivera forcément. Vous avez du mal à croire quelqu'un qui vous dit qu'il donnerait sa vie pour son enfant ? Rendez-vous dans deux mois : vous vous demanderez comment vous avez pu penser autrement.

Vous n'avez peut-être pas la moindre idée des soins que Bébé va nécessiter. Certains couples sont terrifiés à l'idée de se retrouver seuls avec Bébé à la maison. Dans ces cas-là, il ne faut pas hésiter à demander de l'aide. Les puéricultrices (infirmières spécialisées en pédiatrie), les infirmières et les sages-femmes que vous allez voir sont en contact tous les jours avec de nouveaux parents : elles savent tout sur tout et il y a de fortes chances pour qu'on leur ait déjà posé les questions qui vous taraudent. Elles n'ont qu'un désir : vous voir rentrer à la maison contents et sûrs de vous. Profitez-en.

Beaucoup de maternités proposent des cours pour jeunes parents en même temps que les cours sur la naissance ainsi que sur l'allaitement. Profitez de ces occasions. Pour d'autres informations sur le lien avec votre enfant, reportez-vous au chapitre 6.

Direction : la nurserie

Une fois Bébé sorti sain et sauf des mains du médecin, de la sage-femme ou de la puériculture qui a participé à la naissance et lorsque vous êtes prête à retourner dans votre chambre, Bébé sera conduit à la nurserie, où le personnel médical va prendre soin de lui. Notez que c'est de lui qu'il s'agit :

pas question de répondre aux caprices de la maman. Le personnel médical n'est pas une équipe de domestiques. Grâce à l'équipe soignante, vous apprendrez à soigner et à faire les premières toilettes à votre bébé.

Garder Bébé avec soi

Dans la plupart des hôpitaux, on vous laisse le choix quant à savoir si Bébé dort avec sa maman ou à la nurserie. Cela peut être paradisiaque comme infernal. Si vous avez eu un accouchement long et difficile ou même si vous êtes tout simplement éreintée, vous avez peut-être envie de sombrer dans le sommeil quelques heures tranquillement, surtout si Bébé est surexcité. Si vous lui donnez le sein, les infirmières vous l'amèneront régulièrement de toute façon. Et il y a toutes les chances pour que vous vous assoupissiez tous les deux, en fin de tétée : elle n'est pas belle, la vie ?

Si vous êtes en forme et que Bébé est comme un coq en pâte, ce sera un bonheur inoubliable que de l'avoir à vos côtés, comme une chance unique de tisser votre lien avec lui. À ce sujet, voyez plus haut, la partie « L'amour filial, un défi ? ».

Le personnel médical

Même si on peut être à peu près certain que les sages-femmes et les infirmières qui travaillent dans ce secteur adorent les bébés, une infirmière de maternité est une personne très occupée. Elle doit surveiller et contrôler votre santé et vous donner toutes les informations nécessaires sur Bébé et votre rétablissement avant le grand retour à la maison. Elle doit aussi surveiller de près l'état de l'enfant. Et, le budget de la santé étant ce qu'il est, il y a de fortes chances pour qu'elle ait d'autres patients, ce qui est amplement suffisant pour l'accaparer toute la journée.

Que peut-on donc attendre raisonnablement du personnel médical de la maternité ? Quelles requêtes seront accueillies avec un sourire pincé ou un refus glacial ? L'infirmière est là pour vous aider à prendre soin de vous-même et de votre bébé. Appelez-la dans les situations suivantes :

- **Vous avez besoin de temps pour vous.** Vous avez choisi de garder Bébé à vos côtés, mais il vous empêche de dormir. Appuyez sur le bouton d'appel et demandez à faire conduire Bébé à la nurserie. Sera-t-il dorloté ? Sincèrement, cela dépend du personnel disponible. Tant mieux si le papa ou la grand-mère sont là pour arpenter les couloirs avec leur rejeton.
- **Vous avez besoin d'aide pour l'allaitement.** Vous pouvez en parler avec votre infirmière ; elle vous donnera des astuces pour faciliter l'allaitement – ou la préparation des biberons – de Bébé. Le médecin spécialiste est là pendant la journée, mais s'il est 3 heures du matin, une infirmière peut très bien vous renseigner.

- **Vous avez des inquiétudes ou des douleurs.** Après l'accouchement, votre santé est à surveiller. Il peut y avoir des complications locales, des infections ou des hémorragies. L'une des principales responsabilités de votre infirmière est de surveiller votre rétablissement, ce qui inclut la gestion de la douleur. Elle est tout à fait prête à parler des antalgiques (médicaments antidouleur) que l'on vous a prescrits et à répondre à toutes vos questions à ce sujet. Elle vous rassurera quant à la possibilité de prendre certains antalgiques, même si vous allaitez.
- **Vous avez des questions au sujet des soins de Bébé.** Ce bébé que la nature vous a donné, dites-vous que vous êtes foncièrement capable de le faire survivre dans de bonnes conditions. Mais n'hésitez pas à appeler votre infirmière si vous avez le moindre doute quant aux soins à lui apporter.

  Avant de rentrer chez vous, votre infirmière va vous donner des instructions précises : elle vous expliquera comment lui soutenir le cou, l'habiller et le laver, le protéger et comment gérer votre propre rétablissement. Écoutez attentivement et posez toutes les questions qui vous viennent à l'esprit.

Attention, votre infirmière ne va pas répondre à des requêtes personnelles. Ne comptez pas sur elle pour descendre à l'épicerie du coin pour vous. Elle attend de vous que vous respectiez le règlement de l'hôpital, à juste titre. Elle peut tolérer l'introduction d'un membre de la famille, mais elle ne répondra plus de rien si tout le clan déboule. Elle est même habilitée à limiter le nombre de visiteurs. Bébé (et vous aussi) a besoin de calme.

Si vous avez des amis et de la famille qui viennent vous rendre visite, envoyez-les se restaurer à la cafétéria : votre infirmière n'est pas serveuse et a suffisamment de choses à faire pour s'occuper. La plupart des maternités ont une salle de détente à l'étage et le personnel se fera une joie de vous l'ouvrir, ainsi qu'à votre compagnon.

Le quotidien d'une nurserie

Alors, que se passe-t-il à la nurserie de l'hôpital ? Cela semble calme et silencieux (bon, sans compter les cris des bébés), mais c'est en réalité un endroit qui bruisse d'activités.

C'est à la nurserie que le pédiatre va procéder au premier examen médical complet de Bébé ; si vous n'avez pas encore choisi de médecin, le pédiatre de la maternité s'occupera de cet examen. (Pour choisir votre pédiatre, reportez-vous au chapitre 1.) C'est un examen minutieux, qui comprend :

- **L'aspect général :** bébé rose, tonique, au cri vigoureux.
- **Les mesures (taille, poids) :** il est normal qu'un nouveau-né perde quelques grammes entre la naissance et le retour à la maison. La

mesure de sa taille est souvent différente de celle effectuée en salle d'accouchement pour la simple raison que les bébés sont rarement immobiles.

De plus, à la naissance, il est difficile de mettre le nouveau-né en extension complète.

- **L'auscultation cardiaque :** le médecin écoute les bruits du cœur à la recherche d'un souffle cardiaque et apprécie le rythme et la fréquence cardiaques.
- **L'auscultation pulmonaire** : le rythme respiratoire d'un bébé est souvent irrégulier, mais varie normalement entre 30 et 40 respirations par minute.
- **La cicatrisation du nombril :** y a-t-il des signes d'infection ? Les soins du cordon devront s'effectuer à chaque change, et se poursuivre pendant deux à trois jours après la chute du cordon.
- **Palpation de l'abdomen (le foie, la rate, les reins)** : le médecin appuie légèrement sur l'abdomen de Bébé pour sentir ses organes et s'assurer qu'aucun n'est trop gros.
- **L'examen orthopédique** comprend l'examen des hanches, à la recherche d'une dysplasie (décalage entre la tête du fémur et l'os de la hanche), des pieds (à la recherche d'une malposition facilement réductible à cet âge par quelques séances de kinésithérapie).
- **Les organes génitaux** : sont-ils bien formés ? N'y a-t-il pas d'anomalie congénitale ? Les testicules sont-ils en place ?
- **L'examen neurologique** : apprécie le tonus du cou et du dos (tonus axial) et le tonus périphérique (tonus des membres), l'éveil et la vitalité du nouveau-né, et des réflexes dits « réflexes archaïques » présents dès la naissance et qui disparaissent à 2 mois et demi (le plus connu d'entre eux est la « marche automatique »).
- **L'examen de la peau** à la recherche d'angiomes et de petites dermatoses banales du nouveau-né qui disparaissent spontanément en quelques jours : érythème toxi-allergique, acné, desquamation des extrémités, milium du nez.

On veut du lait !

Bébé doit être nourri. Au sein ou au biberon ? Quels sont les avantages et les inconvénients de l'un et de l'autre ? Quel est le plus simple ? Quel est le meilleur pour Bébé ? Cette partie vous propose un éventail d'arguments pour choisir entre le sein et le biberon et des astuces pour que l'un ou l'autre soit réussi.

Am stram gram… Le sein ou le biberon ?

Au cours des jours suivant l'arrivée de Bébé, vous allez prendre beaucoup de décisions, notamment celle de nourrir au sein ou au biberon le petit ange.

Mieux vaut prendre cette décision *avant* l'arrivée de Bébé, car il risque d'avoir faim dès la salle d'accouchement. Si vous avez décidé de l'allaiter, mettez-le au sein dès que possible, pour stimuler la lactation.

Certaines femmes veulent absolument allaiter, d'autres ont plus de mal. Essayez de garder un esprit ouvert sur toutes les possibilités. Si vous penchez pour le biberon parce que vous avez du mal à considérer votre poitrine comme un self-service, réfléchissez-y à deux fois : cela vaut peut-être la peine de tenter le coup. Vous serez peut-être surprise par la facilité avec laquelle Bébé prend le sein et vous pourriez constater que finalement, ce n'est pas désagréable. En revanche, si l'allaitement vous répugne, ne culpabilisez pas.

Pour l'allaitement :

- Pas la peine de faire un biberon ou de le réchauffer : c'est un avantage non négligeable quand Bébé pleure à 2 heures du matin.
- C'est gratuit.
- Il est très rare de voir se développer des réactions allergiques chez le bébé allaité.
- Les études montrent que l'allaitement renforce le système immunitaire de Bébé (vous lui fournissez une bonne dose d'anticorps à chaque tétée).
- Les bébés allaités souffrent moins de constipation et de gaz, du moins pendant les premières semaines de l'allaitement.
- C'est une façon formidable de développer le lien avec son bébé.

Contre l'allaitement :

- Cela peut être douloureux, au début. À la montée de lait, on a souvent l'impression d'avoir deux cailloux à la place des seins et, jusqu'à ce que vos mamelons soient faits à la tétée, ils sont douloureux.
- Il y a un risque d'infection du mamelon et du sein (mastite) dès lors qu'il y a irritation. Si vous avez des crevasses, vous serez plus vulnérable aux microbes que Bébé a dans la bouche.
- Vous êtes la seule personne à pouvoir nourrir votre enfant, sauf à rémunérer une nourrice (ce qui se faisait beaucoup jusqu'au XIXe siècle) : c'est une occupation à temps plein, surtout pendant les premières semaines, où il faut nourrir Bébé huit à dix fois par jour.

- Attention : la caféine et l'alcool passent aussi dans le lait ; mieux vaut en restreindre la consommation pendant que vous allaitez. Sinon, mangez tout ce qu'il vous plaira, en donnant la préférence au cru sur le cuit, et au bouilli sur le grillé. Vos aliments parfument votre lait ; certains sont plus au goût de Bébé, d'autres moins : c'est normal, rien à voir avec la « monotonie » du lait artificiel.
- Il faut gérer les fuites de lait. Pour cela, la meilleure solution est d'investir dans des coussinets d'allaitement et quelques hauts sombres.

L'allaitement reste le meilleur moyen de nourrir Bébé, mais ce n'est pas toujours possible, pour de multiples raisons. Si la maman est sous médicaments après l'accouchement, elle ne peut pas toujours allaiter. Elle peut aussi avoir un ou deux mamelons ombiliqués (qui rendent la tétée difficile) ou tout simplement manquer de lait. Rien de grave. Bébé peut tout à fait être nourri au biberon.

Pour le biberon :

- Vous n'êtes pas la seule à nourrir votre enfant. Votre compagnon n'a aucune excuse pour ne pas se lever pour nourrir Bébé de temps en temps.
- Vous savez exactement les quantités que Bébé a ingurgitées, cela est primordial en cas de régurgitation.
- Les bébés nourris au biberon font leurs nuits complètes plus tôt que les bébés allaités. (Pour les détails à ce sujet, reportez-vous au chapitre 8.)
- Les problèmes pour le nourrir sont moins importants. Il est très rare qu'un bébé refuse un biberon alors qu'un bébé au sein refuse parfois complètement la tétée.

Contre le biberon :

- Le lait coûte cher.
- Le bébé ne bénéficie pas des anticorps de la maman.
- Cela demande plus d'organisation : avoir toujours un biberon dans son sac et du lait à la maison.
- Vous serez en permanence en train de nettoyer des biberons et des tétines.

Au secours, le lait monte !

Que vous ayez décidé d'allaiter ou non, vous aurez une montée de lait le troisième jour après la naissance. Si vous allaitez : vous pouvez commencer à donner le sein dès que Bébé a faim, mais avant la montée de lait, il ne tètera que du *colostrum,* qui lui fournit les si précieux anticorps.

Le jour de la montée de lait, vous aurez l'impression d'avoir deux pierres à la place des seins. Ils seront gorgés de lait. Ils pourront parfois brûler, être douloureux, rouges. Vous risquez aussi d'avoir quelques problèmes d'écoulement. Et quand Bébé se mettra à téter, il est possible que vous fassiez la grimace. C'est à ce moment-là que vous vous demanderez quelle idée vous êtes allée vous fourrer dans la tête d'allaiter et pourquoi diable vous n'avez pas été prévenue. Heureusement, la douleur ne dure pas ; c'est l'affaire d'un jour ou deux.

ASTUCES

Ayez sous la main quelques sacs de légumes surgelés dans votre frigo, pour vous en faire des compresses, quand vos seins menaceront d'exploser. Tentez aussi de nourrir Bébé le plus souvent possible (environ toutes les deux heures et demie - trois heures) pour calmer l'engorgement.

Le problème se posera même si vous optez pour le biberon. Pour gérer la douleur due aux seins trop pleins, reportez-vous à la partie sur le sevrage, au chapitre 16.

Commencer l'allaitement

Lorsque vous donnerez le sein pour la première fois, une infirmière ou un spécialiste sera là pour vous aider. La sage-femme ou la puéricultrice est là pour répondre à toutes vos questions sur le sujet et pour s'assurer que vous êtes en confiance avant de quitter l'hôpital. Même si les choses se passent plutôt bien, prêtez une oreille attentive aux conseils qu'ils vous donnent : une fois rentrée à la maison, vous aurez moins d'aide et vous aurez besoin de vous sentir sûre de vous et détendue face à ces personnes de votre entourage qui, à coup sûr, vous conseilleront de coller un biberon dans la petite bouche de Bébé si la tétée ne se passe pas si bien que ça.

ASTUCES

Si vous en avez besoin, vous pouvez toujours demander l'aide d'une sage-femme libérale ou d'une infirmière après être rentrée chez vous. Certaines d'entre elles seront prêtes à vous rendre visite dans les jours et les semaines suivant la naissance pour s'assurer que l'allaitement se passe bien et pour vous donner quelques conseils pour que cela aille encore mieux. Il existe aussi des groupes qui proposent conseils et encouragements aux mamans qui allaitent. Si cela vous intéresse, adressez-vous à votre hôpital ou à un pédiatre. Votre pédiatre peut être aussi de bon conseil. La PMI (Protection maternelle infantile) est une structure implantée partout en France qui organise des consultations gratuites pour les enfants de 0 à 6 ans, en présence d'un pédiatre ou d'un généraliste, d'une puéricultrice, d'auxiliaires de puériculture et parfois d'une sage-femme. Ces consultations sont rapides car en général très demandées, mais votre bébé sera pesé et vous pourrez recueillir des conseils concernant l'allaitement.

La puéricultrice vous dira si Bébé grossit suffisamment ou non. Si vous sortez de la maternité et que votre premier rendez-vous chez le pédiatre n'est prévu que lorsque Bébé aura 3 ou 4 semaines, la consultation de PMI est une bonne alternative, avec du personnel le plus souvent attentif et compétent.

Le plus important à propos de l'allaitement est de savoir que plus on est détendue, plus on a de chance de réussir, surtout quand le papa est d'accord. Même si, pour certaines mères et certains nourrissons, ce n'est pas toujours évident, ce n'est pas non plus radicalement impossible. Les débuts sont parfois un peu compliqués ; surtout, il ne faut pas se décourager si Bébé ne tète pas comme un pro. Vous aurez tout le temps de vous y faire ; il est important de rester positif durant ces premiers jours.

Bébé tète d'instinct, dès la naissance ; il faut lui faciliter le travail. Quelques astuces :

- Essayez de nourrir Bébé le plus tôt possible après la naissance. Il a probablement faim et devrait se montrer très coopératif. Au cours des heures et des jours suivant la naissance, il risque d'être très somnolent et d'avoir moins le courage de fournir cet effort (car le fait de boire représente pour lui un effort).
- Tenez votre sein en coupe dans une main et posez le mamelon sur les lèvres de Bébé pour stimuler son réflexe de succion qui lui fait suivre tout ce qui touche sa bouche.
- Pressez votre sein pour obtenir une goutte de colostrum et tenez-la prête pour Bébé.
- Lorsqu'il ouvre la bouche, donnez-lui le sein. Ne le lui retirez pas. Soyez aussi détendue que possible.
- Assurez-vous qu'il respire correctement par les narines. Vous savez qu'il tète convenablement par les mouvements de sa bouche, les bruits de déglutition et, surtout, son calme (il ne lutte pas pour se nourrir). Vous sentirez votre sein se détendre.

Qu'est-ce que ça fait d'allaiter ?

Au début, c'est sûr, c'est un peu bizarre : c'est bouleversant de réaliser que son propre corps fournit toute sa nourriture à son enfant. Les premiers jours, ce n'est pas forcément très agréable : il faut le temps que les mamelons « se fassent » et il faut s'habituer à se mettre seins nus fréquemment. Mais, une fois que vous y serez habituée, l'allaitement vous paraîtra tout à fait naturel et très facile.

Laissez-le téter aussi longtemps qu'il le souhaite ; il découvre une nouvelle technique et un moment privilégié avec vous. Faites-lui faire son rot après chaque tétée. S'il a du mal à finir un sein ou les deux, c'est qu'il faut lui faire faire son rot plus souvent.

Vous avez le choix entre différentes positions : la position en berceuse et la position dite en ballon de rugby sont les plus répandues. Mais sentez-vous libre de choisir celle qui vous convient le mieux.

Les débuts du biberon

Quel est le meilleur pour Bébé ? Cela dépend vraiment de ce qui vous convient le mieux. Le biberon standard est facile à remplir, mais il risque de lui faire avaler des bulles : cela lui donne des gaz, le rend grognon et peut le faire vomir. Les biberons flexibles à valve éliminent l'air dans la bouteille, mais ils sont plus longs à remplir et à préparer (vous devez enlever l'air hors du goulot).

Si vous achetez de l'eau de source en bouteille, inutile de la faire bouillir pour préparer les biberons. Évitez l'eau du robinet. Ne vous contentez pas de laver les biberons dans de l'eau chaude savonneuse ni, pire, au lave-vaisselle : stérilisez-les.

Les biberons flexibles sont vendus avec leurs tétines, censées imiter de vrais mamelons. Il en va de même pour les biberons standard, mais vous savez probablement déjà qu'il y a toutes sortes de tétines de remplacement. Si votre enfant apprécie une tétine en particulier, inutile d'essayer les autres. S'il a du mal à prendre son biberon, il est probablement temps d'en essayer une autre. Il n'y a pas vraiment de règle quant au type de tétine préférée par les bébés. Il faudra en tester plusieurs avant que Bébé arrête de se tortiller et prenne son biberon sans rechigner. En revanche, la vitesse avec laquelle il boira son biberon est importante : il ne doit pas boire trop vite

Quel type de lait allez-vous choisir ? Demandez l'avis de votre pédiatre, mais il vous dira probablement que tous les laits se ressemblent et qu'il vous appartient de choisir le plus pratique. Les laits prêts à consommer ne requièrent aucun mélange. Ce sont des sortes de fast-food pour bébés. Attention, ce sont les plus chers. Les laits concentrés liquides sont un peu moins chers, il faut les mélanger avec de l'eau. Ils restent plus chers que les laits en poudre, qu'il faut aussi mélanger avec de l'eau. C'est la solution la moins onéreuse.

Lorsque Bébé prend son biberon, sa tête doit être plus haute que le reste de son corps. Ne le laissez pas allongé lorsqu'il tète, cela augmente les risques d'infection de l'oreille et, surtout, il serait dommage de rater ce moment de tendresse, important pour renforcer le lien avec l'enfant.

Un nouveau-né tète 60 à 120 g toutes les deux à quatre heures. Il n'a que faire de vos nuits de huit heures et de votre rythme de sommeil. Il a son rythme à lui. Il se peut qu'il mange plus le jour et moins la nuit, ou inversement. Laissez-le établir son propre rythme et suivez-le.

Recommandations :

- Le biberon et sa tétine doivent être parfaitement propres.
- Utilisez la cuillère doseuse fournie avec le lait en poudre. Suivez toujours les instructions à la lettre. N'essayez en aucun cas de fabriquer un lait super enrichi en ajoutant plus de lait et moins d'eau ; inversement, ne diluez pas le lait dans trop d'eau.
- Ne faites qu'un biberon à la fois, sauf exception. Si vous êtes obligée d'en faire plusieurs au même moment, stockez-les au réfrigérateur. Et bien sûr réchauffez-les soigneusement, fût-ce au bain-marie, avant de les donner à Bébé.
- Les bouteilles de lait ouvertes doivent être stockées au frigo et consommées dans les quarante-huit heures. Les boîtes de lait en poudre doivent être couvertes, rangées dans un placard frais et sec et utilisées dans le mois.
- Jetez le contenu des biberons oubliés à la température ambiante pendant plus de deux heures.

Faites faire à Bébé son rot au moins au milieu de chaque biberon et tout de suite après. Vous finirez par savoir quand il a besoin de le faire. S'il ralentit le rythme alors qu'il reste beaucoup de lait, il y a des chances qu'il ait une bulle dans l'estomac. Gardez une serviette sous la main et posez-le sur votre épaule en lui tapotant doucement le dos ou tenez-le d'une main, assis sur vos genoux. Pour trouver quelques positions commodes, reportez-vous à la figure 2-1.

Nourrir un bébé qui dort

Bébé est fatigué. Très, très fatigué. Tellement qu'il n'a aucune envie de se réveiller pour manger. Que faire ? Le laisser dormir, évidemment. Toutefois, il y a des circonstances dans lesquelles il faut absolument le nourrir, de gré ou de force. Encore faut-il avoir la manière.

À l'hôpital, l'infirmière vous amènera Bébé, qu'il soit éveillé ou non. Elle vous montrera quelques astuces pour stimuler le paresseux, par exemple :

- **Le déshabiller :** tant que Bébé est au chaud, emmitouflé dans son pyjama et ses couvertures, il n'a pas envie d'être dérangé. C'est le bon moment pour changer la couche ou les vêtements : en général, c'est suffisant pour l'éveiller. Le fait de lui enlever sa couche l'agite juste assez pour qu'il réalise qu'en fait il a *vraiment* faim.

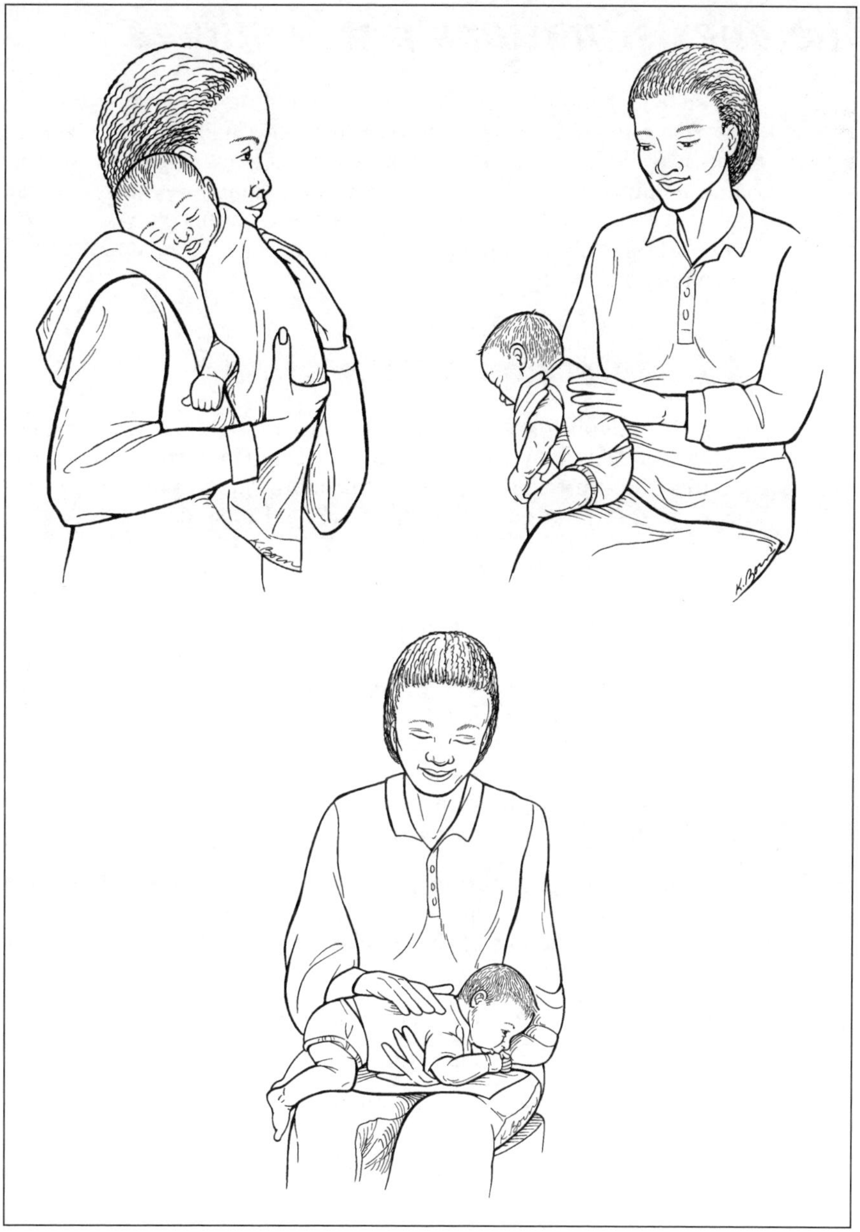

Figure 2-1 : Quelques exemples de positions pour stimuler le rot.

- **Le chatouiller :** du bout du doigt, caressez-lui la plante du pied ou le menton, ou encore les lèvres, ce qui stimulera son réflexe de succion. Cela peut suffire à le tirer des bras de Morphée.

Quelques situations particulières

On se trouve parfois dans des situations et/ou des émotions auxquelles on n'est pas préparé. Vous pouvez lire toute la littérature disponible sur la grossesse et la naissance, cela ne vous dispense pas de faire preuve de bon sens et d'observer avec amour les signaux que Bébé vous adresse. Cette partie vous donne quelques conseils sur la manière de gérer le *baby blues*, de faire face à des jumeaux ou même des triplés ou plus encore, et de s'occuper d'enfants malades.

La dépression post-partum

L'infirmière vous expliquera certainement les signes avant-coureurs du *blues des accouchées* avant que vous ne quittiez la maternité. Mais, en quelques heures vous aurez beaucoup d'informations à intégrer et serez certainement trop fatiguée pour en retenir la moitié : parlons-en.

Il faut savoir que beaucoup, beaucoup de jeunes mamans (la majorité, selon certaines études) souffrent d'un *baby blues* au cours des deux semaines suivant la naissance : cela consiste en des crises d'angoisse, un état de tristesse général et des sautes d'humeur. Si vous ressentez cela, parlez-en à votre mari, votre mère, une amie, un médecin ou le pédiatre de l'enfant. Vous êtes loin d'être la seule femme à vivre cela ; on ne vous jugera pas. C'est une période de changement majeur dans votre vie, émotionnellement comme physiquement (vos hormones, en particulier, sont toutes chamboulées). Le sevrage d'endorphines diminue vos capacités normales à faire face aux problèmes.

Les dépressions *post-partum* graves ont tendance à débuter progressivement et durer pendant des semaines. Si vous avez les symptômes suivants au cours des semaines après la naissance, il faut appeler le médecin rapidement :

- vous pleurez en permanence, parfois toute la journée ;
- vous avez des pulsions contre l'enfant et contre vous-même ;
- vous êtes épuisée ou insomniaque ;
- vous n'avez aucune envie de vous occuper de vous-même ni de Bébé, ni du reste de l'humanité, d'ailleurs ;
- vous vous sentez désespérée et/ou impuissante.

La dépression *post-partum* est un fait bien réel, mais qui se soigne. Il n'y a pas de honte à demander de l'aide lorsqu'on en a besoin : n'essayez pas de gérer cela seule.

Heureuse mère : les jumeaux

Si vous êtes une primipare qui donne naissance à plus d'un enfant, vous ne pouvez faire de comparaison. Tant mieux. Avoir deux nourrissons ou plus à la maison, c'est évidemment beaucoup plus prenant que de ne ramener qu'un petit bout de chou. Mais, à coup sûr, vous allez trouver le moyen de gérer votre temps et de donner à chacun tout l'amour et l'attention dont il a besoin. Cela prendra le temps nécessaire, mais chacun finira par trouver sa place et tout le monde y trouvera son compte.

Ceci étant dit, assurez-vous d'avoir beaucoup de soutien pour le premier mois à la maison. Vous allez devoir jongler entre les bébés tout en vous remettant de l'accouchement : pas simple. En plus, il y a toute la logistique à gérer (quelle est la technique la plus rapide et la plus simple pour installer les bébés dans leur siège auto avant que l'un ou l'autre ne décide qu'il a faim ?). Cela vous facilitera amplement la tâche d'être bien entourée au cours des premières semaines.

Quand Bébé a besoin de soins particuliers

À RETENIR

Lorsqu'un enfant naît avec des problèmes de santé, c'est une grande épreuve. Heureusement, nous vivons une époque de progrès scientifiques stupéfiants : les enfants qui naissent avec des besoins particuliers sont bien souvent identifiés et traités plus tôt qu'autrefois. Cela augmente considérablement leurs chances de mener un jour une vie normale.

À la naissance, en cas de complication pour votre bébé, il est possible qu'il soit rapidement transféré dans un service de néonatalogie pour des examens et un éventuel traitement. Pour savoir ce qui s'y passe et ce à quoi il faut s'attendre, reportez-vous au chapitre 18.

Aargh ! Retour à la maison

Ça y est : Bébé est dans vos bras. Vous réalisez combien il est fragile. Sa petite tête dodeline si vous ne la tenez pas et ses orteils et ses doigts sont tellement minuscules que vous avez peur de les écraser. Est-ce que le personnel de l'hôpital va vraiment vous laisser l'emmener ? Est-ce que vraiment il va falloir l'habiller et le changer vous-même ? Mais, bon sang, ils ne se rendent donc pas compte que vous avez besoin d'aide ?!

On se détend. Bien sûr que vous pouvez le faire : vous avez su le faire et le mettre au monde, le reste suivra. Dans cette partie, nous allons vous expliquer les premiers pas. Simplement, n'oubliez pas de prendre avec vous le sac à couches de Bébé (pour plus de détails, reportez-vous au chapitre 3).

Habiller Bébé

Lorsque vous habillez Bébé en partant de l'hôpital (et à chaque fois, en fait), il faut des vêtements appropriés à la météo. Certaines mamans vous recommanderont d'habiller votre enfant comme vous (en gros, cela signifie que si vous êtes en short, il faut éviter d'emmitoufler Bébé dans un manteau de laine). C'est un assez bon pifomètre mais si par exemple, vous avez toujours chaud, même en plein hiver, vous n'êtes peut-être pas à même de juger pour Bébé. En plus, les nourrissons ne régulent pas la température de leur corps comme les adultes : il faut être sûr que l'enfant n'est pas trop couvert ou qu'il n'a pas froid.

C'est bien pour cela que la meilleure solution est de le couvrir de plusieurs épaisseurs de vêtements. Vous pouvez dire que Bébé a trop chaud s'il transpire, notamment sur la nuque. C'est le moment d'enlever une épaisseur. S'il est un peu frais au toucher, mettez-lui un pull ou une couverture.

À RETENIR

Lorsque vous bougez Bébé, veillez toujours à bien lui tenir le cou. Il ne sera capable de le faire qu'au bout de quatre bons mois.

Pour les vêtements eux-mêmes, le plus simple est d'en avoir avec des pressions. Cela peut vous paraître fastidieux, mais si vous pouvez éviter d'étouffer Bébé à chaque fois que vous voulez lui enfiler un T-shirt, c'est aussi bien. Veillez à bien fermer les boutons-pression le long des jambes des vêtements pour qu'il ne s'y coince pas les orteils en remuant.

Prêt à embarquer… L'automobile de papa-maman

Si l'idée d'habiller Bébé pour la première fois est intimidante, la perspective de l'emmener faire sa première balade en voiture est complètement dingue. (Elles sont folles, ces infirmières de vous faire confiance! Elles ne se rendent donc pas compte que vous n'avez jamais fait ça de votre vie?!)

C'est sûr, ça fait bizarre, lorsqu'on sort de l'hôpital, son bébé dans les bras, pour rentrer à la maison. Vous vous dites que quelqu'un de l'hôpital devrait venir, pour être sûr que vous ne faites pas de bêtise et pour vous donner des conseils, afin d'aller, sains et saufs, du point A au point B. Si vous pensez vraiment ainsi, vous allez faire le trajet le plus prudent de toute votre vie.

À RETENIR

De toute façon, aucun hôpital ne vous laissera partir avec Bébé sans être sûr que vous avez un siège auto. C'est la loi : tous les bébés en voiture doivent être dans un siège, et c'est tant mieux. Vos bras peuvent être très tendres, mais ne protégeront pas votre enfant en cas d'accident. Il a besoin d'un bon support, bien solide, tout le temps.

Les sièges auto s'installent de toutes les façons possibles. Malheureusement, beaucoup de rapports indiquent que la *majorité* des sièges auto sont mal installés. L'idéal serait que vous installiez le siège avant la naissance de Bébé, pour vérifier qu'il n'y a pas d'incompatibilité. Si vous n'êtes pas sûr de l'installation, appelez une auto-école, un commissariat, votre maternité ou le pédiatre de Bébé pour qu'un conseiller en siège auto vous fasse une démonstration.

Prévoir le départ

Bébé est nourri et changé, en voiture ! Notez bien ce que cela veut dire : inutile d'installer Bébé dans son siège auto dix minutes avant l'heure de la tétée ou avec une couche sale. Certes, certains bébés s'endorment quoi qu'il arrive en voiture, mais ce n'est peut-être pas le cas du vôtre. Même pour le conducteur le plus prudent, un bébé qui pleure est une distraction majeure. Il est de l'intérêt de tout le monde de s'assurer que les besoins de Bébé sont comblés avant de mettre le contact.

L'arrivée à la maison

Hop, un petit créneau, vous êtes dans votre garage ou votre place de parking… Incroyable, vous l'avez fait, Bébé est sain et sauf, à la maison !

Et donc ?

Ne prévoyez pas de recevoir quiconque lorsque vous arrivez avec Bébé. Même si tout le monde meurt d'envie de voir votre petite merveille, établissez des limites fermes (en disant par exemple que vous ne recevrez pas d'invités pendant deux jours ou une semaine – et non, votre mère n'est *pas* une invitée, et si vous avez besoin d'aide, vous n'avez pas à vous en justifier devant votre belle-mère). Vous venez d'être soumise à rude épreuve ; vous avez besoin de repos, même si vous vous sentez fraîche comme une rose.

Vous avez aussi besoin de temps pour prendre vos nouvelles habitudes. Votre vie ne sera plus déterminée par ce dont vous et votre mari avez envie : il s'agit de Bébé maintenant, et c'est lui qui fera votre planning (qui risque d'être irrégulier pour les mois à venir). C'est votre instinct qui vous habituera à être tournée en permanence vers un autre individu : écoutez-le. C'est normal. Et cela sera beaucoup plus facile si vous n'êtes pas obligée de recevoir tout le voisinage et de leur servir un café.

Chapitre 3

Attention : Bébé à bord !

Dans ce chapitre

- Ce qu'il faut emporter
- Survivre à un voyage avec Bébé
- Redéfinir le concept de vacances
- Assurer la sécurité de Bébé

Vous savez maintenant que le fait de s'occuper de Bébé à la maison est prenant. Imaginez-vous la même chose, mais sur la route et sans préparation : ça, c'est stressant !

Cela peut être une partie de plaisir de voyager avec votre enfant ; mais cela peut aussi être un cauchemar. Le secret pour ne pas devenir chèvre ? Concevez chaque voyage comme un apprentissage pour le *suivant.*

Préparer le voyage

Vous voulez être sûr(e) de n'avoir rien oublié d'indispensable en quittant la maison. Cela dit, si vous restez en France, vous aurez probablement la possibilité d'acheter sur place tout ce que vous avez oublié, une fois arrivés.

Petite liste pour voyager avec un bébé :

- **Le sac à couches :** c'est peut-être le plus indispensable pour réussir votre voyage. Mettez tout ce que contient votre table à langer dans ce sac, c'est-à-dire :
  - **Couches :** prenez-en beaucoup. On n'en a jamais assez.
  - **Lingettes :** encore une fois, on ne lésine pas. Vous en aurez besoin pour les changements de couches et pour vous nettoyer les mains. Vous trouverez en grande surface des petits paquets très pratiques.

- **Crème pour érythème fessier :** lorsqu'il reste longtemps assis dans son siège auto, Bébé finit parfois par avoir les fesses irritées.
- **Biberons, lait et eau :** au cas où vous nourrissez au biberon ou si vous tirez votre lait.
- **Serviettes :** prenez-en au moins deux. Une serviette de table ne suffira pas s'il vous vomit dessus à l'aéroport.
- **Bavoirs** : cela vous évitera d'avoir à changer un bébé nourri au biberon ou qui mange du solide à quelques dizaines de kilomètres d'altitude.
- **Tétines, si Bébé aime ça :** rien n'est trop beau pour avoir la paix!
- **Tenues de rechange :** deux, voire trois. Malgré le mal que vous allez vous donner pour qu'il reste propre, Bébé finira par sentir bizarre au bout d'un moment. Pensez à prendre aussi des sacs étanches pour jeter les couches usagées (inutile de faire profiter tout l'avion de l'odeur) et pour conserver les vêtements salis.
- **En-cas, si Bébé est assez grand :** il doit être simple et facile à transporter : rien de collant ni de gras. Faites preuve d'imagination : prenez plusieurs petits sacs de différentes choses (par exemple une compote de fruits, un boudoir) au lieu d'un gros paquet de barres chocolatées.
- **Jouets :** prenez les préférés de Bébé, mais ayez aussi sous la main des nouveautés pour le distraire. Plus ses jeux sont calmes, plus vous le serez pendant un long voyage (et vos compagnons de voyage vous en seront reconnaissants).

✔ **Des vêtements adaptés à votre destination** : encore une fois, ne soyez pas chiche. Si vous allez chez vos parents, ce sera facile de faire quelques machines. Si vous êtes à l'hôtel, le mieux est d'avoir suffisamment de vêtements pour tenir tout le séjour. Ce serait dommage de passer quinze jours dans une laverie automatique.

✔ **Un petit paquet de lessive :** pour laver à la main ou faire un prélavage sur une tache.

✔ **La poussette :** la plupart peuvent être enregistrées avec les bagages à l'aéroport. Si vous avez une poussette qui fait aussi siège auto, appelez votre compagnie pour savoir si vous pouvez la prendre avec vous dans l'avion ou s'il faut la mettre en soute.

✔ **Le sac kangourou :** si vous prévoyez de beaucoup marcher et que vous ne voulez pas vous coltiner la poussette tout le temps, prenez un sac kangourou ou un porte-bébé dorsal (pour les bébés plus âgés *uniquement*).

- **Le berceau portatif :** si vous logez dans un hôtel, appelez avant pour réserver un berceau. Si vous allez chez votre sœur, prenez le berceau.
- **Les médicaments :** vous partez en vacances et Bébé, qui a un sens merveilleux de l'à-propos, se met à faire ses dents au milieu de la nuit. Avez-vous vraiment envie de sortir pour chercher une pharmacie ? Prenez tous les médicaments contre la douleur et les rhumes qui ont déjà été prescrits à Bébé. S'il n'en a jamais eu besoin, demandez une ordonnance à votre pédiatre avant de partir, pour savoir ce qui est le mieux et quelles sont les doses recommandées.
- **Une montre à l'heure de la maison** : les bébés ne sont généralement pas très compréhensifs pour ce qui est du décalage horaire ; quand ils ont faim, ils veulent manger. Avec une montre réglée sur *son* rythme, il vous sera plus simple de prévoir le programme de la journée.
- **Votre siège auto :** vous pouvez le mettre en soute si vous prenez l'avion. Les compagnies de location de voitures n'ont pas souvent les sièges les plus modernes ; ils ont parfois des défauts de sécurité et coûtent très cher. En plus, vous avez l'habitude de votre siège auto et vous savez comment mettre Bébé en sécurité. C'est vrai, c'est la galère, mais c'est quand même mieux de prendre le vôtre.

Voyager avec Bébé

Voyager avec Bébé, c'est beaucoup de défis à relever. Juste quand vous pensez tenir le truc, Bébé grandit et change, et présente plein de nouvelles façons de tester votre zen attitude.

À RETENIR

Vraiment, ce n'est pas impossible d'organiser un petit voyage avec votre nourrisson : en réalité, Bébé sera beaucoup plus actif dans très peu de temps. C'est donc une occasion en or de partir avec votre enfant sans avoir à le poursuivre en permanence.

Lorsque Bébé aura dépassé le stade du nourrisson, vous verrez, voyager devient un peu plus compliqué. À un mois, quand il pleurait, c'est qu'il avait faim ou qu'il s'était sali. Mais, au fur et à mesure qu'il devient plus attentif à son environnement, il faut le distraire même au cours de longs voyages. S'il affirme des préférences claires en matière de nourriture, il est fortement recommandé d'avoir ses péchés mignons sous la main, pour éviter les pleurnicheries. Et s'il déteste être assis dans son siège auto, pourrez-vous voyager avec lui avant qu'il n'atteigne l'âge de la ceinture de sécurité adulte ?

À RETENIR

Peu importe où et quand vous voyagez : le maître mot est la flexibilité, pour supporter, voire profiter du voyage.

« Rien ne sert de courir... »

Peu importe que vous alliez à l'autre bout de la planète ou chez bonne maman : calculez toujours large en ce qui concerne le temps. Les bébés sont imprévisibles et n'ont pas la notion de l'heure. Prévoyez, pauvres jeunes parents épuisés, d'avoir à courir dans toute la maison à la dernière minute, pour chercher sous la table et derrière le lit le doudou sans lequel Bébé refuse catégoriquement de quitter la maison.

Établissez une liste de tout ce dont vous allez avoir besoin pour le voyage. Commencez les bagages tôt. Le métier de parent est à temps plein : vous découvrirez suffisamment vite que la fatigue liée à cette expérience merveilleuse et survoltante peut rendre distrait. Vous risquez de vous retrouver en voiture, à farfouiller dans le sac à couches en sachant très bien que vous vouliez prendre un autre paquet de lingettes, mais que vous l'avez oublié.

Bébé est un être d'habitudes : assurez-vous d'être en mesure de pourvoir à ses besoins à heure précise, ou ajustez légèrement ses horaires en votre faveur. Cela vous simplifiera la vie de le nourrir avant de faire la queue à l'aéroport, même si son prochain repas était normalement prévu dans la demi-heure suivante (pile au moment où vous seriez toujours en train de faire la queue une demi-heure *après* l'heure supposée de son repas). Ce genre de petit ajustement doit être programmé ; chose difficile à faire lorsque l'on court à l'aéroport.

Même si votre maman, elle, peut repousser le repas de vingt minutes si vous êtes en retard, ce ne sera pas le cas dans l'avion. Ils ne vont pas retarder le vol parce que Bébé a sali sa couche au moment où vous sortiez de chez vous. Même si vous n'avez jamais été ponctuelle – en fait, *surtout*, si vous n'avez jamais été ponctuelle –, prévoyez des délais larges lorsque vous voyagerez avec Bébé.

Si vous entreprenez un long voyage en voiture, prévoyez de vous arrêter fréquemment pour sortir Bébé de son siège, pour des raisons de confort, changer sa couche ou le nourrir. Ces arrêts peuvent faire durer six heures et demie un voyage qui dure normalement cinq heures. Il est extrêmement important de rester positif malgré la longueur d'un voyage avec Bébé. Il n'y a vraiment rien à faire : un bébé a besoin de manger, d'être changé et sorti de son siège de temps en temps.

Évitez de trop planifier votre voyage, par exemple en notant exactement où et quand vous comptez vous arrêter. Les bébés sont imprévisibles. Avec un peu de chance, votre petit bout dormira tout le long du trajet. Mais il peut aussi se mettre à pleurnicher avant le premier arrêt prévu.

Quant à maman, on lui recommande de faire quelques pas toutes les deux heures, qu'elle soit en voiture ou en avion. Une station assise prolongée augmente le risque de varices dans les jambes au cours de la période *post-partum*.

Nourrir Bébé en route

Avec les bagages et toutes les listes des choses à faire en partant, il vous a peut-être échappé que vous allez devoir faire une place aux repas de Bébé dans votre emploi du temps. Si vous allaitez, est-ce que cela vous pose un problème de le faire publiquement ? Si Bébé est au biberon, il faut prévoir du lait à disposition sur la route et une fois à destination.

L'allaitement

Il y a des femmes qui rougissent à l'idée d'allaiter dans un terminal d'aéroport.

Si vous vous dites « et alors ? », le voyage se fera comme sur des roulettes. Si vous avez pensé « Au secours, pire, tu meurs ! », il est peut-être temps de songer à une autre façon de nourrir votre enfant pendant le voyage.

Allaiter en public n'est en aucune façon un attentat à la pudeur. Cependant, il est des mères qui se sentent un peu gênées à l'idée de donner le sein devant tout le monde. Et lorsque l'on voyage, on n'a pas toujours le loisir de s'isoler.

Servez-vous de la petite couverture de Bébé pour vous couvrir. Elle est suffisamment légère pour que Bébé ne cuise pas en dessous et suffisamment large pour bien vous envelopper. Sinon, il y a aussi la solution du sac kangourou (là où c'est possible : les bébés ne peuvent être transportés dans un sac pendant un vol. La partie suivante vous l'expliquera). L'avantage est que personne ne se doutera que Bébé tète tranquillement.

Certains aéroports ont un salon pour les mamans qui allaitent. Il peut être à côté de la salle d'attente : vous trouverez là un siège et, surtout, du calme.

L'allaitement est, littéralement, la chose la plus naturelle au monde. Si cela ne vous gêne pas, vous, de nourrir Bébé quand il en a envie, n'hésitez pas à le faire, où que vous soyez. Après tout, s'il y a des gens que cela dérange, qu'ils aillent s'asseoir ailleurs. Il est tout à fait légal de donner le sein à votre Bébé. Ignorez les grincheux qui vous disent le contraire, ou renseignez-les.

Le biberon

Pour voyager avec un bébé nourri au biberon, il faut être un peu prévoyant. Le plus simple est d'emporter des biberons dans le sac à couches, rempli à moitié de lait concentré, et d'avoir sous la main de l'eau minérale pour le diluer : il est préférable de ne pas prendre n'importe quelle eau pour faire son biberon. Ne prenez pas de risques avec l'eau du robinet, où que vous alliez. Si vous partez en camping, ou si les seuls points d'eau que vous venez à croiser sont dans les aires d'autoroute, emportez des bouteilles d'eau minérale pour le biberon de Bébé. Comme cela, pas de question à se poser quant à la qualité de l'eau.

N'utilisez jamais d'eau de puits pour les biberons de Bébé ou pour sa nourriture, elle est souvent polluée aux nitrates : cela peut provoquer ce que l'on appelle le syndrome du bébé bleu (plus de détails au chapitre 10).

Enfin, assurez-vous d'avoir pris assez d'eau et de lait si jamais vous êtes retardés quelque part.

La sécurité dans l'avion

Hop, Bébé est né, vous décollez pour New York? Attention, la majorité des compagnies n'autorisent pas les bébés de moins de sept jours à prendre l'avion; certains médecins vous recommanderont de garder Bébé sur le plancher des vaches jusqu'à deux ou trois mois. Apparemment, les avions sont de véritables nids à microbes : un petit nourrisson est non seulement plus fragile face aux rhumes (parce que son système immunitaire est encore balbutiant), mais il risque aussi d'être plus sérieusement malade qu'un bébé plus âgé (et c'est vraiment la dernière chose dont vous avez envie lorsque vous n'êtes pas chez vous).

En général, vous aurez à payer 10 % du prix du billet adulte pour voyager avec un enfant de moins de 2 ans, mais il n'aura pas de siège et il vous faudra le garder sur vos genoux. Nous vous déconseillons vivement cette pratique. Pas besoin d'un atroce crash pour blesser un bébé qui n'est pas dans un siège adapté pendant le vol; quelques trous d'air sont suffisants. Les nourrissons ont besoin en permanence d'un soutien sous la nuque. De fait, vos bras ne sont pas suffisamment forts pour protéger dans un avion en cas de turbulences violentes, d'atterrissage mouvementé ou d'accident. En plus, en cas de dépressurisation, *un seul* masque à oxygène descend du siège. Inutile d'en dire plus.

Réservez un siège de plus et offrez à Bébé son propre siège, ne serait-ce que pour avoir la conscience tranquille pendant le vol. Vous avez souvent des réductions sur les sièges pour enfants en dessous de 2 ans : les compagnies aériennes font leur part pour la sécurité de Bébé. Faites la vôtre.

Vous vous demandez peut-être s'il est prudent de transporter Bébé dans un sac kangourou pendant le vol. Là, au moins, il est contre vous quoi qu'il arrive et vous ne vous reposez pas uniquement sur votre propre force pour le protéger. Mais, encore une fois, nous le déconseillons. D'une part, certaines compagnies n'autorisent pas ce genre de sac pendant les vols; d'autre part, il y a toujours le problème de la nuque fragile de Bébé. Le sac kangourou et la poussette n'offrent pas le même support qu'un siège auto dans des conditions extrêmes. Pourquoi prendre ce risque?

Et si Bébé n'aime pas les sièges auto ?

Bébé se cambre, il se met à hurler. Son visage et toute sa petite tête deviennent rouges à force de crier. La guerre au siège auto est déclarée.

Quelle que soit la longueur du voyage, ne vous précipitez jamais pour sortir Bébé de son siège lorsque vous êtes en voiture ou dans l'avion. Il est beaucoup plus en sécurité dans son siège, même s'il n'a pas l'air de le comprendre. Les accidents sont vite arrivés et ne préviennent pas. Bien sûr, vous voulez le calmer et le réconforter en le prenant dans vos bras, mais il est alors plus exposé aux dangers du voyage.

Évidemment, les pleurs de Bébé dans une voiture sont un danger en eux-mêmes et vous pouvez être sûre que vos compagnons de voyage finiront par perdre patience, au bout de quelques heures, en étant optimiste.

Commencez à établir le diagnostic avec les questions suivantes :

- A-t-il faim ?
- Faut-il changer sa couche ?
- Est-ce le moment de la sieste ?
- A-t-il trop chaud ?
- Y a-t-il quelque chose qui le gêne ou le gratte ? Le pauvre petit a peut-être une étiquette dans sa chemise qui le rend fou.

Si Bébé est simplement très malheureux parce qu'il est injustement attaché à son siège et que ce n'est absolument pas l'heure de la sieste, faites au mieux pour le distraire et le calmer. C'est exactement pour cela que vous avez un bagage cabine plein à éclater. Sortez les jeux, et donnez-les-lui progressivement : doucement, ne l'étouffez pas sous la surprise, cela risque de l'énerver encore plus. Son jouet favori ou son doudou peuvent faire l'affaire, ou vous offrir au moins quelques minutes de repos. Quelque chose à grignoter peut aussi lui rendre le sourire. Lisez-lui un de ses livres préférés, jouez avec vos doigts ou chantez-lui la berceuse qu'il aime. Il peut s'agir aussi de ses oreilles, qui se sont débouchées avec le changement d'altitude. Un biberon peut aider à faire passer ce désagrément (la tétine est insuffisante pour éliminer la sensation d'oreille bouchée). Pour éviter les otites dites « barotraumatiques », dues au changement de pression atmosphérique dans l'avion (dépressurisation de la cabine), il est recommandé de faire boire Bébé au moment du décollage et surtout au moment de l'atterrissage, car plus il est petit, plus ses trompes d'Eustache sont étroites et risquent de s'obstruer.

Même si l'heure de la sieste approche à grands pas, n'espérez pas que le sommeil vienne prendre votre petit voyageur. Il n'est pas dans son berceau et il est soumis à toutes sortes de nouveaux *stimuli* : il risque de lutter contre le sommeil. S'il est tout à fait éveillé alors qu'il devrait dormir depuis un moment, caressez-lui doucement la tête. Proposez-lui une tétine. Si vous attendez un vol, prenez-le dans vos bras et tapotez son dos en le berçant. S'il ne s'endort pas, cela aura au moins le mérite de le calmer, et c'est mieux que rien.

Restez calme, même si vous vous sentez plus proche que jamais de la crise de nerfs alors que Bébé revendique son droit à la liberté. Concentrez-vous sur n'importe quoi : respirez profondément, comptez jusqu'à 10, regardez par la fenêtre ou contemplez le bout de votre chaussure, peu importe ; le tout est de ne pas réagir par la colère. Bébé n'est pas assez grand pour comprendre. Il ne hurle pas dans le but précis de vous casser les oreilles. Il veut juste sortir de ce siège, *tout de suite*. Cela ne ferait qu'aggraver la situation que d'élever la voix. Avoir de la patience est l'une des plus grandes vertus parentales. Prenez ça comme une occasion de pratiquer ces vertus. Non, *vraiment*.

Vacances ? Quelles vacances ?

Avant de faire des projets de vacances, il faut se mettre dans la tête que vos voyages ne seront plus jamais les mêmes. Finies, les grasses mat' jusqu'à 10 heures, la plage jusqu'à 16 heures, la sieste jusqu'à 19 heures et le *dance floor* jusqu'à 3 heures du matin. En fait, partir en vacances avec des bébés et des enfants consiste plutôt à déplacer votre vie habituelle dans un cadre un peu plus pittoresque. L'enfant dirige les choses jusqu'à ce qu'il soit suffisamment grand pour accepter qu'il n'est pas le centre de l'univers (d'ici vingt ans, *grosso modo* !).

La fatigue, les changements de couche et les réveils à 2 heures du matin pour le biberon font désormais partie de vos vacances. Il y a peu de chance que vous alliez dans des restaurants gastronomiques ou que vous traîniez Bébé à ce défilé tellement cool. Vous choisirez désormais vos restaurants d'après les critères de *rapidité* (malheureusement, cela ne passionne pas Bébé de vous regarder manger) et vous extasierez sur les girafes du zoo local.

Peut-être arriverez-vous à inclure vos activités préférées en partant en vacances avec Bébé, mais certaines seront totalement sans intérêt avec un nourrisson sous le bras. Par exemple, si vous êtes passionnée de randonnée, il sera possible de promener Bébé pour un petit trek dans un sac kangourou, mais si vous adorez vous promener et faire du tourisme toute la journée, il faudra probablement laisser tomber : les goûts et l'horloge interne de Bébé vont vous dicter le programme. S'il a besoin d'une sieste de deux heures l'après-midi et qu'il se couche à 19 heures tous les soirs, il faudra arranger votre emploi du temps en fonction de cela. *Idem* pour les repas. Et s'il déteste rester assis dans sa poussette, autant oublier tout type de vacances où vous espériez marcher.

Choisissez une destination qui reflète le niveau d'activité de Bébé. S'il aime courir, arrangez-vous pour être près d'un parc. S'il préfère rester assis et contempler son entourage, promenez-le dans une grande ville. Ne vous attendez pas à ce que Bébé se conforme à *votre* style de vacances. Il faudra adapter vos activités pour répondre à ses besoins.

ASTUCES

En général, il est plus facile de partir en vacances avec Bébé dans un endroit où vous pouvez recréer l'environnement et le confort de la maison. Pour cela, la meilleure solution est de louer une maison ou un appartement. Là, il est possible de coucher Bébé dans sa propre chambre sans avoir à chuchoter et à marcher sur la pointe des pieds dans la chambre d'hôtel pour ne pas le réveiller.

Malgré les contraintes et les soucis potentiels, cela vaut vraiment la peine de voyager avec Bébé. Chaque expérience est un entraînement pour le voyage suivant et une occasion formidable d'apprendre à mieux connaître votre enfant.

À RETENIR

Un bébé nourri au biberon peut être laissé aux mains de quelqu'un de confiance si la maman ressent le besoin de faire une petite escapade toute seule ou en amoureux pour quelques jours. Mais lorsqu'une jeune maman laisse son bébé derrière elle, elle est toujours surprise du temps qu'elle passe à s'inquiéter et à penser à son petit bout.

Retravailler le concept de vacances

Partir en vacances avec un tout-petit peut paraître trop compliqué pour en valoir la peine, surtout si l'on a l'habitude de ne s'occuper que de soi. Cela aide beaucoup de se montrer souple et adaptable. Pour l'anecdote, lorsque leur fille Abby était toute petite, le docteur Gaylord et sa femme l'ont emmenée en camping. Les coliques du bébé furent de la partie. Au lieu de remballer leurs affaires et de rentrer à la maison, les Gaylord se retrouvèrent à fabriquer un hamac de fortune pour bercer et apaiser leur petite (et aussi éviter de se faire lyncher par les autres campeurs). Finalement, la famille s'en est très bien sortie et en garde des souvenirs inoubliables. Avant de se retrouver dans cette situation, impossible d'imaginer que vous accepteriez la montagne de contraintes que supposent des vacances avec un enfant tout en étant capable de prendre du plaisir. Bien sûr, ce sont de nouvelles règles du jeu, mais le bonheur que l'on en tire l'emporte largement sur les inconvénients. À chaque fois que vous partez avec votre enfant, il est exposé à de nouvelles situations et vous aussi. En fait, il apprend à s'adapter à un nouvel environnement et vous, vous en apprenez beaucoup sur lui, sur vous (et vos vraies limites) et sur la dynamique familiale.

La sécurité de Bébé loin de la maison

Pour se faire une idée à peu près exacte de ce que vont être ces vacances avec votre enfant, il faut se faire un peu peur : que pourrait-il arriver ? Va-t-il bien dormir ? Peut-il tomber malade ? Lequel restera à l'appartement (ou à l'hôtel) pendant qu'il dort, et lequel pourra s'offrir un après-midi de balade ? Réglez un maximum de détails avant de partir, et prenez des « mesures préventives » : emportez des médicaments pour lutter contre la fièvre (paracétamol, aspirine ou ibuprofène) et pour soulager un « nez bouché » (sérum physiologique, mouche-bébé) ; vous serez beaucoup moins stressée en arrivant à destination.

Voici quelques astuces pour que Bébé reste en sécurité lorsque vous partez en voyage :

- **Pensez aux dangers potentiels pour Bébé en arrivant, et préparez-vous à y remédier**. Vous pouvez par exemple emporter quelques cache-prises et mettre les fils électriques hors de portée.
- **Pensez à l'écran total**. Tartinez-le souvent et généreusement. Les bébés de moins de 6 mois doivent être complètement protégés du soleil.
- **Attention aux vagues**. Même si la mer est calme, une vague que l'on n'attend pas peut toujours atteindre Bébé et le basculer dans l'eau. Évitez de le mettre dans l'eau, même si vous le portez. Si une vague vous heurte, vous pourriez le lâcher. Tenez-vous bien sur le bord et restez en contact physique constant avec lui.
- **Ne laissez jamais Bébé sans surveillance**. Que ce soit en voiture, à l'aéroport, à l'hôtel : pas un instant. Une voiture surchauffée est mortelle en moins d'une heure et, même s'ils sont rares, les enlèvements n'arrivent pas qu'aux autres.
- **Renseignez-vous pour connaître quel est l'hôpital ou le service d'urgences le plus proche**. En cas de maladie ou de blessure, chaque minute compte.

Chapitre 4

Retourner au travail

Dans ce chapitre

- Prendre la décision qui vous convient
- Trouver le meilleur mode de garde

Lorsque vous étiez enceinte, vous vous êtes probablement dit que cela ne poserait aucun problème de retourner au travail après la naissance. Après tout, aucun diplôme ne valide votre capacité à être parent alors que vous en avez qui certifient de vos compétences au travail. Y retourner ne représente aucun défi.

Sauf qu'il va falloir trouver quelqu'un de qualifié capable de s'occuper de votre enfant comme vous vous en occuperiez vous-même. Et il va falloir laisser Bébé, et ça, ce n'est ni facile ni drôle.

Chercher une garderie ou une nourrice peut sembler, sans jeu de mot, un jeu d'enfant. À la fin de ce chapitre, nous espérons que vous considérerez cela comme une décision sérieuse et réfléchie.

Sauter le pas

À RETENIR

Toutes les mères travaillent, et ce n'est pas une formule politiquement correcte. Cela dit, certaines mères doivent choisir de travailler ou non à l'extérieur. Pour la plupart d'entre elles, cette décision se profile à la fin du deuxième mois de Bébé, lorsque le congé maternité de six ou huit semaines touche à sa fin. Certaines jeunes mamans doivent même s'y prendre un peu plus tôt, pour des raisons financières ou tout simplement parce qu'elles n'ont pas de congé maternité.

Sachez pour commencer que toute médaille a son revers. Les mamans qui travaillent hors de chez elles souffrent parfois d'avoir à abandonner leur enfant ; celles qui restent à la maison ont parfois le sentiment de ne pas être reconnues par la société, ni même par leur famille.

ASTUCES

Retourner au travail ? La réponse ne peut se limiter à oui ou non. Peut-être que ce qui vous conviendrait le mieux serait un emploi à temps partiel ; peut-être préférerez-vous prendre un congé de six mois ou d'un an. Il est aussi possible de quitter votre travail actuel et d'en rechercher un autre lorsque vous serez prête à revenir sur le marché du travail. Montrez-vous inventive : résistez à la tentation de suivre simplement le même chemin que les jeunes mères de votre connaissance. Il faut savoir ce qui *vous* conviendra le mieux, en tant que parent *et* en tant que personne, en vous demandant de quoi vous avez le plus besoin. Pour être comblée, avez-vous besoin d'être à la maison avec Bébé ou de vivre en société, pour votre carrière ? Les choses ne sont pas très compliquées : les parents heureux ont des enfants heureux.

À un moment ou à un autre, toutes les mères finissent par arriver à la conclusion qu'elles seront mal vues, qu'elles retournent au travail ou non. La meilleure chose à faire est de prendre cette décision avec votre compagnon, en vous concertant sur ce qui est le mieux pour votre famille ; il y aura toujours des gens pour vous contredire et pour vous expliquer que vous avez fait le mauvais choix. La Fontaine déjà écrivait : « Prenez femme, abbaye, emploi, gouvernement, les gens en parleront, n'en doutez nullement. » Ignorez vos beaux-parents, résistez à la tentation d'écouter ce que vous disent vos collègues (qui ne tiennent pas du tout à ce que vous partiez), zappez les émissions télévisées qui vous montrent de jeunes mères épanouies qui travaillent et des mères au foyer dépressives. Pensez à *vous*.

Retour au travail : pour ou contre ?

Dans quelle mesure est-ce qu'un retour au travail affectera votre nourrisson ? Honnêtement, pas beaucoup si vous arrivez à mettre la main sur une bonne nourrice et que la transition se fait progressivement. Évitez par exemple de faire coïncider sevrage de l'enfant et reprise du travail. L'angoisse de la séparation serait pire après la première année de Bébé. Pour prendre une décision raisonnable, demandez-vous plutôt dans quelle mesure est-ce que cela vous affectera, *vous*.

ASTUCES

Voici quelques éléments à prendre en compte :

- **Le stress du travail :** vous en demandera-t-on beaucoup ? Combien d'heures par semaine comptez-vous travailler ? Vous arrivera-t-il souvent de finir tard ?
- **Bébé, et tous ses besoins :** êtes-vous prête à sortir du bureau après une journée exténuante pour entamer le second round à la maison (nourrir Bébé, changer ses couches, lui faire prendre son bain) ? Il est tout à fait possible de continuer à allaiter Bébé en retournant au travail, mais cela demande un peu d'organisation. Nous traitons le sujet en détail plus loin dans le chapitre.

- **Nourrir et vêtir la famille** : comment allez-vous gérer les repas et les lessives, deux lourdes tâches communes à toutes les mamans ? Le papa est-il prêt à vous prêter main forte de façon suivie ?
- **Les dépenses générales** : financièrement parlant, avez-vous besoin de retourner au travail ? Même si certaines jeunes mamans retournent au travail pour leur épanouissement personnel, certaines ne le font que pour des questions d'argent et sont parfois surprises de se rendre compte qu'elles dépensent plus qu'elles ne gagnent en retournant travailler. Nous développons cela dans la sous-partie suivante.

Certaines femmes sont capables de retourner au travail sans problèmes : dès le début, tout va comme sur des roulettes. Certaines se rendent compte que c'est beaucoup plus difficile que prévu. Votre capacité d'organisation et celle à gérer les imprévus (au moins de temps en temps) auront forcément des effets sur votre probable retour au travail.

Faire les comptes

Si vous avez les moyens de joindre les deux bouts sans retourner au travail et que vous n'avez aucune envie de remettre les pieds au bureau, la décision n'est pas difficile à prendre. Cependant, si vous êtes un peu sur la corde raide, calculez bien ce que vous coûterait un retour au travail et assurez-vous que cela ne vous fera pas perdre d'argent :

- **La garde-robe :** combien dépensez-vous en collants, chaussures et autres tailleurs en un mois ?
- **Les repas :** vous faites-vous votre petite salade maison ou avez-vous tendance à suivre les collègues au restaurant ? Est-ce que votre trajet quotidien comprend un arrêt pour un petit déjeuner hors de prix ?
- **Les transports :** tenez aussi compte de vos dépenses d'essence et d'entretien pour la voiture. Dans certains cas, vous risquez tout simplement d'avoir besoin d'une nouvelle voiture.
- **La garderie :** baby-sitter, garderie, nourrice… Tout cela a un prix.
- **À emporter :** à la fin de la journée, vous préférerez peut-être commander les repas pour passer plus de temps avec Bébé.

À RETENIR

Maintenant que vous avez fait ces calculs, soyez honnête. Ne vous dites pas que vous n'allez dépenser que 35 euros par mois dans le repas alors que vous prenez toujours le plat du jour du traiteur à 7,50 euros et même si certaines de ces dépenses sont quotidiennes, certaines d'entre elles seront probablement plus importantes que si vous étiez à la maison. Par exemple, vous *devez* manger de toute façon, et ce n'est pas en restant à la maison que vous allez cesser de payer votre alimentation. Mais n'oubliez pas que chez vous, vous pouvez vous préparer votre déjeuner pour le quart du prix du traiteur.

Maintenant, si vous faites le calcul et que vous vous en sortez à la fin du mois, tant mieux, surtout si vous *souhaitez* retourner au bureau. Votre revenu facilitera la vie de tout le monde : cela permettra par exemple d'embaucher une femme de ménage ou de prendre des repas à emporter pour avoir des soirées détendues et du temps avec Bébé.

En revanche, si votre revenu est indispensable à la famille et que vous ne voulez pour rien au monde retourner au travail, c'est la galère. Avant de prendre la décision unilatérale de quitter votre travail, c'est le moment de convoquer un conseil de famille avec votre compagnon et d'établir un budget. De nombreux couples se rendent compte qu'ils peuvent largement réduire leurs dépenses et vivre d'un seul salaire, même s'il est mince. Ce n'est pas forcément facile, surtout si vous avez pris l'habitude d'acheter ce que vous souhaitez quand vous le voulez, mais dans beaucoup de cas, c'est tout à fait dans le domaine du possible.

Gérer la culpabilité d'une maman qui travaille

Certaines mères sont obligées de retourner au travail pour joindre les deux bouts et parce que la famille en a besoin. Mais comment faire lorsque ce n'est pas obligatoire mais que vous savez que vous ne tiendrez pas en place à la maison ? Qu'en dira-t-on ?

Si votre travail est épanouissant, tant mieux ! Ce n'est pas une mauvaise chose en soi. Après tout, les bébés ont besoin de mamans heureuses.

Il n'y a aucun mal à avoir besoin de voir des gens dans la journée et de s'épanouir dans son travail. Rester à la maison avec un nourrisson n'est pas forcément paradisiaque pour tout le monde. Tant que vous pouvez trouver une nourrice qui s'occupe de Bébé pendant que vous faites bouillir la marmite, votre enfant se portera très bien. Vraiment.

Certaines familles choisissent de garder papa à la maison. C'est une solution pour qu'un parent reste à la maison avec Bébé si les revenus de maman sont plus importants. N'oubliez pas cette option ! On ne le dirait pas, mais de plus en plus de papas font ce choix. C'est très sexy un père au foyer !

Continuer à allaiter

Vous n'êtes pas obligée de sevrer Bébé si vous retournez au travail, bien au contraire. Une solution intermédiaire consiste à tirer votre lait pendant vos heures de travail, afin d'avoir le soir une vraie tétée et le lendemain, des biberons de votre bon lait unique et irremplaçable, au goût chaque jour un peu différent et bourré d'anticorps si bénéfiques pour le système immunitaire de Bébé.

On peut aussi tirer le lait à la main, mais c'est assez salissant et, surtout, cela prend beaucoup de temps. Le tire-lait est la meilleure solution pour la plupart des mamans qui allaitent ; reste à décider si vous préférez un modèle manuel ou électrique. Demandez à votre pharmacien s'il loue des tire-lait électriques. C'est certainement le cas. Nous vous recommandons le tire-lait double, qui pompe des deux côtés en même temps ; vous ressentirez probablement ce que peut ressentir une vache à l'heure de la traite, mais cela vous prendra deux fois moins de temps !

Il n'y a pas vraiment de recommandations générales concernant les tire-lait. Chaque femme est constituée différemment. Le tire-lait qui a fait des merveilles avec votre sœur sera peut-être totalement inefficace, voire douloureux pour vous.

Discutez de l'idée de l'allaitement avec votre patron et vos collègues. Vous allez devoir vous servir du tire-lait au moment des montées de lait au travail : vous aurez donc besoin d'un endroit calme et peu fréquenté, loin des distractions, pour que la séance soit productive. Vous aurez besoin d'un réfrigérateur pour conserver votre lait avant de rentrer à la maison.

Travailler à la maison

Déplacer son travail directement de son bureau à la maison (même si, techniquement, ça reste une salle à manger) est de plus en plus tendance, pour plusieurs bonnes raisons :

- pas de frais de transport ;
- pas de frais d'habillement ;
- vous décidez de vos horaires ;
- vous pouvez nourrir Bébé en travaillant ;
- vous bénéficiez du meilleur des deux mondes : vous continuez votre carrière sans vous éloigner de Bébé.

Travailler à la maison n'est pourtant pas la panacée. Il y a quelques inconvénients :

- **La solitude :** la difficulté la plus importante pour les mamans qui ne travaillent pas à l'extérieur est de se sentir coupées du monde. Il va falloir accepter de ne pas aller déjeuner avec ses collègues et de ne pas recevoir leur aide au travail.
- **La motivation :** vous devez être très autonome et suffisamment disciplinée pour mener à bien vos projets sans avoir un patron pour vous secouer de temps en temps ; d'autant que vous avez à domicile un autre « patron » qui porte encore des couches.
- **Gérer autant de responsabilités :** vous pourrez avoir l'impression qu'on vous demande de travailler, de vous occuper de Bébé et de tenir la maison *en même temps*. Et dire que vous étiez stressée par votre ancien travail…

Il est très important que vos attentes soient réalistes si vous décidez de travailler à la maison pour rester avec Bébé. Même si vous continuez à travailler pour votre carrière, il reste au premier plan. Un nourrisson ne va pas différer un besoin quelconque pour vous laisser travailler. S'il a faim, vous avez intérêt à le nourrir séance tenante. S'il a sommeil, pas question de courir à la poste la plus proche pour expédier le dossier qui devait être fini avant-hier.

ASTUCES

Lorsque l'on décide de travailler à la maison, il est bien sûr préférable d'avoir quelqu'un à appeler en cas d'urgence au travail (le patron vous veut dans son bureau *immédiatement*). Si vous ne pouvez vous offrir ce luxe, prenez chaque jour comme il vient et tirez la leçon de chaque expérience, qu'elle soit positive ou négative. C'est tout ce qu'il y a à faire pour vous simplifier la vie.

Devenir maman à temps complet

Choisir de devenir mère au foyer est une décision extrêmement importante surtout si vous travailliez quarante heures par semaine avant que Bébé n'arrive. Vous perdez un revenu, le vôtre, mais surtout, et c'est peut-être l'essentiel pour beaucoup d'entre vous, votre identité de femme indépendante. Devenir mère au foyer induit un réalignement complet de l'image que vous donnez et que vous avez de vous-même.

ASTUCES

Rester à la maison est un luxe que bien des mamans aimeraient pouvoir s'offrir. Mais même dans ce cas, on peut être accusée d'être fainéante ou d'abandonner à votre conjoint la responsabilité de faire bouillir la marmite. Enfilez votre carapace, dites-vous bien que vous avez pris la meilleure décision pour vous et pour votre famille.

Les mères au foyer ont toutes le problème d'une équitable division des tâches ménagères. Une maman qui ne travaille pas à l'extérieur peut-elle attendre de son mari qu'il l'aide avec Bébé ou pour les tâches ménagères lorsqu'il rentre le soir ? La réponse est oui ! Ne lui demandez pas de s'occuper des lessives, du repassage *et* de l'aspirateur, mais il doit pouvoir vous soulager de Bébé de temps en temps. Après tout, vous aussi, vous avez travaillé toute la journée.

Identifiez – et *communiquez* – à votre compagnon vos attentes concernant le partage des tâches. Pour lui aussi, c'est tout nouveau. Il se peut qu'il ignore complètement que vous *voulez* de l'aide à la fin de la journée. En plus, s'il n'a aucune expérience avec les nourrissons, il peut penser avec beaucoup de naïveté que vous passez vos journées à faire la sieste et à papoter au téléphone avec vos copines pendant que Bébé dort béatement dans son berceau. Laissez-lui l'occasion de passer du temps seul avec son petit bout pour qu'il réalise que ce n'est pas de tout repos de s'occuper d'un bébé en permanence.

ASTUCES

Organiser son travail

Ce n'est pas une mince affaire de travailler à la maison tout en s'occupant d'un bébé : il vous faudra ordonner toutes les tâches à accomplir au cours de la journée. Pour ça, il est utile de se faire un petit planning. D'abord, le matin, les courses. Accordez-vous un moment de jeu avec Bébé à l'heure du déjeuner. Planifiez les coups de fil professionnels pendant les siestes. Sachez toutefois que la journée ne se passera peut-être pas exactement comme prévu (si Bébé est malade, vous risquez de finir la journée dans la salle d'attente du pédiatre au lieu de boucler l'énorme dossier hyper urgent) : laissez-vous un peu de latitude. Pour les projets qui vous prennent du temps, attendez que papa rentre à la maison pour qu'il s'occupe de Bébé. Vous pourrez vous concentrer quelques heures sur votre travail.

Le plus important : élaguez ce qui n'est pas urgent. La maison a peut-être besoin d'un ravalement complet, mais il est plus important encore que votre famille trouve son rythme autour du nouvel arrivant.

Faire garder Bébé

Que vous songiez à la garderie, à une nourrice ou à une personne à domicile, il va falloir trouver la bonne personne. En un mot, il faut prendre le temps de chercher pour s'assurer que Bébé sera laissé entre des mains compétentes.

ASTUCES

Pour faciliter vos recherches :

- **Apprenez à connaître vos priorités**. Cherchez-vous une garderie en bas de votre bureau ou au coin de votre rue ? Le critère financier est-il important ? Souhaitez-vous que votre enfant soit dans un groupe ou seul ? Ces questions réduisent le champ des recherches et vous les facilitent.
- **Passez à la recherche active**. Avant tout, demandez conseil à d'autres parents. Ils n'attendent que cela. Ils vous diront la solution qu'ils ont le plus appréciée et les inconvénients des autres qu'ils ont essayées.
- **Discutez avec les candidats**. Organisez des rendez-vous avec les personnes que vous songez employer. N'hésitez pas à vous montrer très directe.

Quelle que soit la solution que vous choisissiez – la garderie ou la nourrice –, donnez-vous le temps de chercher en profondeur et de prendre une décision motivée. Commencez à chercher avant la naissance, si possible, pour ne pas être prise de cours (« Au secours, il me reste une semaine de congés maternité et je ne sais toujours pas ce que je vais faire de Bébé ! ») Cette décision va déterminer tout le confort de vie de votre enfant, et donc le vôtre. *Pas de précipitation.*

Cherchez (et trouvez) une crèche

La crèche collective représente un mode de garde pour les enfants de 0 à 3 ans, c'est-à-dire avant l'école maternelle.

ASTUCES

La crèche est une structure adaptée aux besoins des jeunes enfants. Elle accueille à la journée et de façon régulière ceux dont les parents exercent une activité professionnelle. Publique ou privée, elle reçoit son agrément des pouvoirs publics et est placée sous le contrôle des services de PMI (Protection maternelle et infantile). Cet agrément est un gage de sécurité ; il garantit une bonne qualité d'accueil, des locaux et du personnel. Sachez que dans les grandes villes, il n'y a pas assez de crèches par rapport au nombre d'habitants et donc il faut souvent s'inscrire sur liste d'attente auprès du service de petite enfance de la mairie. Plus tôt vous commencez à chercher dans votre quartier, plus vous aurez la chance d'obtenir une place en crèche. Passez un coup de fil au responsable de la petite enfance de votre mairie et demandez un rendez-vous à la directrice de l'établissement pour visiter l'endroit. Vous poserez, entre autres, les questions suivantes :

- **Depuis combien de temps la crèche est-elle ouverte ?** Il n'y a pas de véritables bonnes réponses à cela. Certains parents sont plus rassurés de savoir que la crèche est ouverte depuis longtemps ; cela lui a laissé le temps de consolider sa « réputation ».
- **Quelle formation a le personnel ?** La personne assurant la direction est titulaire soit d'un diplôme d'État de puériculture avec cinq ans d'expérience professionnelle, soit du diplôme de docteur en médecine. Toutefois, la direction d'un établissement d'une capacité d'accueil inférieure ou égale à quarante places peut être confiée à une personne titulaire du diplôme d'État d'éducateur de jeunes enfants avec cinq ans d'expérience professionnelle. Il y a obligation dans ce cas précis que l'effectif de l'établissement comprenne une puéricultrice ou une infirmière. Il est important d'être sûr que votre enfant est entre des mains expérimentées. Il doit y avoir un agent pour cinq enfants non marcheurs, ou un pour huit marcheurs. La moitié des agents devra être au moins titulaire du certificat d'auxiliaire de puériculture. La directrice est parfois assistée d'une directrice adjointe, qui est soit puéricultrice, soit infirmière, soit (depuis peu) sage-femme.
- **Comment sont organisés les siestes et les repas ?** Les nourrissons mangent et dorment quand ils en ont besoin. Il n'est pas recommandé de leur imposer un emploi du temps rigide. Néanmoins, un certain rythme s'installe naturellement en quelques semaines, les repas sont évidemment proposés à heures fixes (à une demi-heure près).

- **Faut-il apporter ses propres couches et lingettes ou sont-elles comprises dans les tarifs ?** Une dépense de plus à inclure.
- **Quels sont les horaires d'accueil des enfants et de fermeture ? Le tarif à la semaine ? Le prix à payer en cas de retard le soir ou d'avance le matin ? Quand sont les périodes de fermeture ?** Bien sûr, il vous faut trouver un endroit qui convienne à votre propre emploi du temps. Les tarifs sont très variables d'une région à l'autre, d'une ville à l'autre. Établissez soigneusement votre budget avant de vous lancer. Si vous savez que vous allez être en retard de temps en temps, on vous le fera probablement payer : demandez tout de suite ce qu'il en est avant de vous retrouver interdit bancaire. Et si vous travaillez à Noël ou le 14 juillet, trouvez-vous une solution de rechange, car la crèche sera fermée ! (Sauf les crèches des hôpitaux.)
- **Que font-ils si Bébé est malade ?** Pour quel type de symptôme vous demande-t-on de garder Bébé à la maison ? Lui refusera-t-on l'entrée s'il a le nez qui coule ou plutôt s'il vomit et qu'il a 38,5° de fièvre ? Demandez aussi s'il faudra payer pour les jours où Bébé reste à la maison pour cause de grippe. En général, votre pédiatre vous établira un certificat attestant que Bébé est malade et nécessite la présence d'un de ses parents pour deux ou trois jours. Ce certificat vous évitera de payer la crèche les jours où vous devez garder votre enfant.

Vous avez besoin d'une crèche qui ait bonne réputation, c'est sûr. N'oubliez pas, les autres parents ne demandent qu'à vous renseigner, et vous faire partager leurs expériences, qu'elles soient bonnes ou mauvaises. Le futur environnement de Bébé doit être stable.

Si la plupart des employés sont nouveaux, la crèche a probablement une rotation rapide de son personnel ; ce qui soulève deux questions : d'abord, il n'est peut-être pas très bon pour Bébé de changer de personnes de référence tous les mois sans avoir le temps de créer un quelconque lien. Ensuite, pourquoi donc les employés se ruent-ils vers la sortie à la première occasion ? Les raisons peuvent être multiples, mais en général, si les employés ne restent pas, ils ne sont guère dévoués, car peu motivés.

Visitez les lieux. Est-ce propre ? Les *enfants* sont-ils propres ? S'occupe-t-on rapidement des bébés qui pleurent ? Les enfants plus grands ont-ils l'air épanoui ? Autant d'indices. Avant de prendre votre décision finale, vérifiez les références de la crèche et faites une visite surprise. Faites confiance à votre instinct. Visitez l'endroit à différents moments de la journée : le matin, le soir, la sieste, le repas, etc. Cela vous permettra de savoir ce qu'ils font de votre bébé quand vous le leur confiez.

Si le matin votre bébé a un nez impeccable alors que le soir il a le nez qui coule sale et les yeux purulents, posez-vous la question suivante : « Mon bébé est-il suffisamment mouché à la crèche ? » La réponse est non. Demandez des précisions quant à l'utilisation du mouche-bébé. De la même façon, si le lundi matin il a des fesses parfaites et le vendredi soir des fesses de gibbon, posez-vous la question des changes.

Ne décidez rien sur le coup. Si vous avez le sentiment que cela ne convient pas, changez de mode de garde ou d'établissement.

En conclusion, la crèche collective est un mode de garde rassurant pour les mamans, car le personnel est qualifié et on ne confie pas son bébé à de parfaits inconnus : le personnel est en général compétent pour s'occuper de Bébé. Celui-ci s'épanouira en se socialisant au contact de plein d'autres bébés. Souvent, l'auxiliaire de puériculture « référente » de votre bébé le suivra dans son parcours dans les différentes sections : bébés, moyens, grands.

Il y aura un suivi médical par le pédiatre de l'établissement, une diététicienne élaborera les repas, et il y aura aussi la présence d'une éducatrice et/ou d'une psychologue.

Bref, tout pour que Bébé s'épanouisse et que les parents partent au travail sécurisés.

Le gros inconvénient de la crèche est que les maladies infectieuses foisonnent, pour de multiples raisons : immunité insuffisante des nourrissons, pièces souvent surchauffées, promiscuité… Les rhinopharyngites, otites, bronchiolites, gastroentérites sont légion, et autant les auxiliaires sont faites pour s'occuper de bébés bien portants, autant elles peuvent avoir du mal à gérer chacune cinq petits malades. Aussi, en cas de fièvre, de toux, de rhume, de diarrhée, on vous demandera poliment de prendre un jour ou deux pour garder votre bébé malade, et ce, plusieurs fois par mois en période épidémique, ce qui à terme pourra poser problème avec votre employeur.

Chercher une nourrice (assistante maternelle)

L'avantage, quand on trouve une voisine qui garde des enfants, c'est qu'il y a des chances pour que vous connaissiez déjà la personne ; si ce n'est pas le cas, ce n'est pas compliqué de trouver une amie qui la connaît (c'est peut-être même elle qui vous l'a recommandée). Si vous songez à une assistante maternelle pour votre bébé, suivez les mêmes étapes que précédemment et posez les questions suivantes :

- **La nourrice reçoit-elle des visiteurs personnels au cours de la journée ? Qui sont-ils ?** Pour la sécurité de votre enfant, vous préférez probablement que le repris de justice qui sert de fils à votre nourrice ne mette pas les pieds chez elle tant que votre enfant y est. Elle ne vous dira peut-être pas les choses comme cela, mais si vous avez déjà entendu parler du fils et de ses magouilles, vérifiez par vous-même que la nourrice est irréprochable.

- **Quand prendra-t-elle des vacances ? Comment cela se passe si elle est malade ?** Si vous ne dépendez que d'une personne pour s'occuper de votre enfant, il va falloir faire des concessions : prévoir votre calendrier en fonction de ses vacances et avoir un plan B si elle est clouée au lit par une bronchite.
- **A-t-elle des assistantes ? Comment les choisit-elle ? Sont-elles là depuis longtemps ?** Encore une fois, il s'agit de connaître les personnes qui vont croiser Bébé. Votre nourrice doit avoir fait elle-même des vérifications et doit pouvoir vous expliquer ses critères de sélection.

Lorsque l'on connaît une personne qui s'occupe d'enfants chez elle, on a tendance à arrondir les angles, en se disant par exemple « Bof, elle n'est ni certifiée ni déclarée, mais je lui fais confiance, c'est tout ce qui compte. » Sachez seulement que si l'État vient à savoir qu'elle exerce une activité non déclarée, on peut lui demander de fermer boutique immédiatement. Et là, pas de plan B. Mieux vaut ne pas prendre de risques et laisser Bébé à quelqu'un qui est en règle.

En conclusion, si vous avez trouvé une nounou qui semble vous convenir, exigez :

- qu'elle ait son agrément pour garder deux ou trois enfants (pas plus, si elle en garde quatre ou cinq, elle a sûrement un agrément pour deux ou trois et en garde un ou deux de plus de façon « sauvage ») ;
- que les pièces soient suffisamment spacieuses et aérées ;
- qu'elle ne fume pas (vous vous en apercevrez vite à l'odeur des vêtements de votre bébé) ;
- qu'elle fasse chaque jour une promenade d'au moins une heure, si possible au parc et pas seulement les sorties d'école ou le supermarché ;
- que les repas correspondent à ceux que vous proposez à votre bébé. Ne vous contentez pas de « Je suis nounou depuis vingt ans, je sais comment nourrir les enfants », dites-lui, sans la froisser bien sûr, que la diététique infantile évolue sans cesse et que vous voulez être sûre qu'elle suivra vos consignes (et donc celles de votre pédiatre) pour nourrir Bébé, sans prendre d'initiatives culinaires toujours risquées. Bon courage !

Trouver une nounou à domicile

Pour la majorité des parents, le fait d'avoir quelqu'un à domicile pour s'occuper de Bébé est un rêve absolu. Toutefois, lorsque l'on ne sait pas par où commencer, ce n'est pas facile de trouver la bonne personne. Commencez en demandant à vos amis, vos collègues ou voisins s'ils connaissent quelqu'un dans ce domaine. Une nourrice peut en connaître une autre, qui cherche du travail. Mettez des petites affiches dans les cafés, les boulangeries, les parcs et partout où des étudiantes et des nourrices peuvent les voir. Si vous ne trouvez toujours rien, faites une annonce dans les journaux mais, autant être prévenue, vous risquez de crouler sous les réponses. Vous pouvez aussi, avec son accord, mettre une annonce dans la salle d'attente de votre pédiatre.

L'autre solution est de contacter une agence. Le service est en général assez cher, mais il présélectionne les personnes : vous êtes à peu près certaine de trouver quelqu'un qui a les compétences que vous cherchez et qui a bien l'expérience qu'elle prétend avoir. (Il existe des agences en ligne qui proposent les mêmes services, en moins cher.)

ASTUCES

Ce qu'il faut demander à une nounou :

- **Quelle est sa formation ?** Si elle prépare un diplôme de psychologie infantile ou d'éducatrice, par exemple, vous pouvez être à peu près sûre qu'elle n'est pas là que pour l'argent.
- **A-t-elle des enfants ? Quel âge ont-ils ?** Même si les femmes sans enfant peuvent être d'excellentes nourrices, une maman peut mieux vous comprendre et comprendre votre bébé braillard. Toutefois, si votre nourrice ne loge pas chez vous et qu'elle a des enfants en bas âge, il peut être bon de savoir ce qu'elle en fait lorsqu'elle s'occupe de votre bébé (en d'autres termes, seront-ils chez vous ?), et ce qu'elle fait si ses propres enfants sont malades (abandonnera-t-elle votre bébé ?).
- **A-t-elle déjà une expérience avec les nourrissons ? Pourquoi a-t-elle arrêté son précédent contrat ?** C'est très important. Pas question de laisser votre nourrisson avec quelqu'un qui ne sait pas ce que c'est. (Bien sûr, il faut bien commencer quelque part, mais pas avec mon bébé.) La meilleure réponse à la seconde question serait du genre « Mes employeurs ont déménagé » ou « Les enfants ont grandi maintenant », mais pas « Mon patron m'en demandait trop et voulait que je change les couches toute la journée. »
- **A-t-elle un moyen de transport sûr ?** Il faut pouvoir compter sur elle.
- **A-t-elle un autre travail ?** *Idem.*
- **Pourquoi fait-elle ce métier ?** Prêtez l'oreille aux réponses qui viennent du cœur, telles que « J'adore les enfants » et « Mes parents m'ont coupé les vivres et j'ai besoin de travailler. » Encore une fois, dans votre choix de nounou, soyez instinctive.

ASTUCES

Si vous voulez qu'elle fasse la cuisine, le ménage ou les courses, il faut le lui dire tout de suite. Soyez préparée à répondre aux questions concernant la rémunération et les vacances.

Si vous avez trouvé *la* candidate, invitez-la chez vous pour une période d'essai de deux jours, pour être bien sûre que cela vous convient à toutes les deux. Vous serez plus tranquille pour laisser votre enfant seul avec elle toute la journée.

Baby-sitter : la caméra vidéo

Les caméras miniaturisées se vendent comme des petits pains (surtout aux États-Unis). Ce sont de petits objets que l'on cache dans la maison (une horloge, une plante ou un animal empaillé). Cela permet aux parents de surveiller ce qui se passe entre la nourrice et l'enfant lorsque papa et maman sont au bureau. Évidemment, un nourrisson ne peut venir vous expliquer quelles sortes de torture la nourrice lui a fait subir : ce genre de gadget rassure les parents inquiets. Pourtant, avant d'acheter et d'installer une caméra discrète, demandez-vous pourquoi vous voulez le faire. Si vous voulez juste vérifier que votre nourrice est la madone que vous pensez, c'est une chose. Mais si vous la suspectez de ne pas faire son travail correctement ou de se servir dans le portefeuille, souhaitez-vous vraiment qu'elle s'occupe de votre bébé ? Que vos soupçons soient confirmés par la caméra ou non, si votre petit doigt vous dit que ce n'est pas une personne de confiance, elle n'a rien à faire chez vous. Encore une fois, fiez-vous à votre instinct. Demandez-lui à brûle-pourpoint ce qu'elle ferait dans telle ou telle situation imaginaire. Soyez précis(e) concernant les horaires et la composition des repas : même si elle vous paraît expérimentée, elle doit se soumettre à vos directives. Demandez-lui aussi de sortir au moins une heure par jour : votre bébé a besoin de s'aérer.

La garde partagée

La garde partagée est une solution très prisée par de nombreux parents : une nounou commune, deux bébés de deux familles différentes, si possible à peu près du même âge, qui seront gardés une semaine sur deux chez une des familles, et une semaine sur deux chez l'autre.

Cette formule a beaucoup d'avantages : Bébé n'est pas seul, la nourrice n'a que deux bébés dont elle doit s'occuper (cinq à la crèche), il y a beaucoup moins de risques de maladies infectieuses qu'à la crèche, il y a une promenade quotidienne (qu'il n'y a pas à la crèche), vous pouvez partager les frais de garde avec l'autre famille, et enfin la nourrice peut effectuer quelques tâches ménagères (pas trop!) pendant la sieste de vos chères têtes blondes. Bref, le mode de garde idéal pour beaucoup de parents.

Deuxième partie

Et maintenant, Bébé !

« Je vais te dire une chose : moi, avant de laver la voiture, je passe toujours l'allée au jet. »

Dans cette partie...

Lorsqu'ils reviennent à la maison avec un bébé tout beau, tout neuf, les parents sont débordés d'émotions : le bonheur, la peur, l'excitation… la peur. Même si tous les parents ne se réfugient pas sous la table de salle à manger dès que Bébé se met à chouiner dans son berceau, le fait de réaliser que la vie ne sera plus jamais la même – que *vos* besoins personnels seront mis de côté pour privilégier ceux du nouveau-né – est une révolution en soi. Du jour au lendemain, vous êtes entièrement responsables du bien-être physique et psychologique d'un autre être humain.

Les trois premiers mois peuvent être les plus difficiles de la première année de Bébé, pour lui comme pour vous. Cette partie vous brosse un tableau réaliste de ce à quoi va ressembler votre expérience au cours de ces trois mois et vous proposer quelques conseils pour découvrir ce que c'est que d'être parents.

Chapitre 5

S'installer avec Bébé

Dans ce chapitre

- Se remettre de l'accouchement
- Nourrir le nouveau-né
- Le cordon ombilical et la question de la circoncision
- La jaunisse

Sortir de la maternité en se remorquant Bébé, c'est aussi terrifiant qu'excitant. La dernière fois que vous étiez assise dans votre salon, vous n'étiez que *vous*. Maintenant, vous êtes parent. Vous êtes entièrement responsable de cette petite personne.

À RETENIR

Les premiers jours que vous allez passer à la maison avec votre enfant sont uniques, même si vous avez toujours côtoyé des jeunes enfants. Cette fois, c'est votre expérience, votre corps, votre enfant. Tout est à vous. Ce seront peut-être les jours les plus inoubliables de votre vie ; peut-être aussi allez-vous préférer les oublier. Cela dit, vous allez vous en sortir et repartir du bon pied pour le reste de la première année.

Encaisser les coups (et les points de suture)

Toutes les jeunes mamans mettent un petit moment à se remettre de l'accouchement. Si vous avez eu le courage de visionner la vidéo d'un accouchement avant d'entrer en travail, les souffrances subies ne sont pas une surprise pour vous. En revanche, si vous vous attendiez à quelques heures de « respiration petit chien » et que vous vous retrouvez assise dans un bain de siège pour essayer de soulager votre épisiotomie, vous devez être un tantinet choquée de découvrir tous les inconvénients liés à l'accouchement.

À RETENIR

Les douleurs après l'accouchement sont souvent augmentées par le manque de sommeil dont souffrent beaucoup de jeunes mamans. Si le travail et l'accouchement ont été longs ou que votre enfant est né au milieu de la nuit, il y a des chances pour que vous ayez raté au moins une nuit de sommeil. Vous vous demandez sûrement comment vous allez rattraper cela alors que votre bébé a besoin qu'on s'occupe de lui, si souvent.

Incroyable mais vrai : bientôt ça ira mieux, et, j'insiste, vous *allez* redormir. Cette partie vous donne quelques astuces pour traverser ces jours difficiles avec le poupon, alors que vous n'avez qu'une envie : que l'on vous pouponne, vous.

Gérer la fatigue

Peut-être vous attendiez-vous à ce que les infirmières nourrissent l'enfant et vous avez été surprise lorsque l'on vous l'a amené toutes les trois heures ; elles ne voient donc pas que vous êtes exténuée ? Bien sûr que si. Mais c'est leur devoir de s'assurer que vous savez nourrir et vous occuper de votre enfant avant de rentrer à la maison. Et elles ont peu de temps pour vous apprendre l'essentiel.

Maintenant que vous avez quitté l'hôpital, vous découvrez que Bébé ne dort absolument pas comme les infirmières l'avaient prévu : il se réveille à toute heure du jour et de la nuit et vous êtes au bout du rouleau. Vous étiez bien plus en forme après cette nuit blanche bien arrosée il y a… longtemps. Vous reconnaissez à peine la personne qui vous regarde dans le miroir : elle semble vieille, pâle et a les traits tirés. Comment donc allez-vous récupérer votre teint de jeune fille et une forme à peu près normale si on ne vous laisse pas dormir plus d'une heure à la suite ?

ATTENTION !

À l'hôpital, les bébés pleurent peu et ne mangent que toutes les trois ou quatre heures. Cela ne durera pas à la maison ! Bébé s'éveille, découvre qu'il a faim et veut téter environ toutes les deux heures. Le changement se produit généralement lors de votre première nuit chez vous. Soyez préparée !

Même si les premiers jours à la maison avec Bébé vous semblent être les plus longs et les plus difficiles de votre vie, cela ne veut pas dire qu'il en sera ainsi tout au long de la première année de Bébé. Si votre nouveau-né ne dort pas vingt heures par jour, c'est probablement son système nerveux un peu immature qui le maintient éveillé. Cela passera. Et quoi que les autres mamans vous aient dit, un nouveau-né n'arrive pas de la maternité prêt à faire ses nuits. Il a besoin d'être nourri, souvent. Ne vous découragez pas si vous avez l'impression d'avoir passé la majorité de votre temps à le nourrir depuis sa naissance. C'est totalement normal et très prenant.

Le meilleur conseil que l'on puisse donner aux mamans fatiguées est le plus simple : reposez-vous lorsque Bébé dort ou qu'il est calme. Si cela ne lui pose pas de problème de dormir seul dans son couffin, ne vous sentez pas obligée de le garder dans vos bras. Ça va. Ne vous obligez pas à plier ses vêtements ou à nettoyer la table à langer alors qu'il consent enfin à fermer les yeux pour un petit somme postprandial (postprandial signifie « après le repas »). Saisissez l'occasion au vol pour tirer les rideaux et vous pelotonner, toute seule, sous une couverture bien chaude.

Si Bébé s'éveille et pleure à chaque fois que vous le posez, gardez-le dans vos bras pour dormir. Si vous piquez du nez, mettez-le dans son couffin ou son siège d'enfant. Et même s'il est un peu mécontent, il est en sécurité et vous pouvez (enfin) chiper quelques minutes tranquilles de repos bien mérité.

Pas de problème, vous pouvez garder Bébé dans vos bras pour vous reposer au cours de ses premiers jours, alors que vous avez désespérément besoin de repos. Beaucoup de bébés s'endorment au sein une fois repus, et c'est souvent à ce moment que la maman est prise d'une certaine somnolence. Quoi de plus beau que de faire une petite sieste dans les bras l'un de l'autre ? Si vous prenez goût à l'expérience, dormez de préférence sur un matelas mince posé à même le sol, et mettez-vous toujours entre lui et votre compagnon, car celui-ci risquerait d'étouffer l'enfant pendant son sommeil, sans s'en rendre compte.

Aux grands maux les grands remèdes, n'hésitez pas à utiliser les grands moyens pour vous reposer. Débranchez le téléphone. Mettez un panneau sur la porte d'entrée pour demander aux visiteurs de revenir plus tard et d'éviter de sonner à la porte. Mettez le chien dans sa niche ou logez-le chez votre belle-mère. Tant pis pour les tâches ménagères. Vous reviendrez à la vraie vie bien assez tôt. Ces premiers jours avec votre bébé ne sont pas ordinaires. Vous devez absolument prendre soin de vous maintenant pour avoir la force de satisfaire les besoins de votre bébé.

Pomponnez votre corps

Un petit d'homme est sorti de vos entrailles (effectivement… aïe, aïe, aïe). Ce n'est pas simple de se remettre d'un accouchement : il faut faire l'effort de vous autoriser à vous reposer et à vous en remettre. Avant d'éclater de rire devant la banalité de ce conseil, posez-vous la question suivante : c'était quand, déjà, la dernière fois que vous avez complètement renoncé aux tâches ménagères et à votre travail, alors que vous étiez dans la maison, aspirateur, serpillière et ordinateur sous la main ? Beaucoup de femmes ne *savent plus* se reposer. Même lorsqu'elles sont en congé maladie, elles s'occupent de la maison ou d'un projet à finir pour la fin de la semaine. Pendant les dix ou quinze jours qui suivent la naissance, il faut que votre *unique* travail soit de prendre soin de votre bébé. Ce n'est déjà pas mal.

À RETENIR

Quoi qu'il arrive, même si la naissance se passe par les voies naturelles et le mieux du monde, vous risquez de souffrir un peu. Que vous ayez des points de suture ou non, évitez de vous asseoir sur vos fesses pendant huit ou dix jours : asseyez-vous de côté, allongez-vous ou servez-vous d'un coussin percé. Si les glaçons vous semblent utiles, n'hésitez pas à vous en servir.
Il est tout à fait normal d'avoir la région du vagin irritée et douloureuse. En revanche, une douleur pelvienne intense une semaine après l'accouchement doit vous alerter. Un simple changement de position (de la station debout à la position couchée, sur le côté ou à l'horizontale) peut soulager la douleur.

Même si, depuis des millions d'années, des milliers de femmes accouchent tous les jours et même si on vous a raconté cent fois l'histoire de cette arrière-arrière-arrière-grand-mère qui a accouché dans un champ avant de se mettre derechef à planter ses patates, *ce n'est pas facile d'accoucher.* Votre corps a été soumis à très rude épreuve (même si c'est une bonne rude épreuve) et cela est vrai que vous ayez accouché par voie naturelle ou par césarienne.

À RETENIR

Reconnaissez que vous êtes un être humain et que vous avez besoin de temps pour récupérer et rassembler vos forces. Vous serez de nouveau sur pied beaucoup plus vite si vous prenez soin de vous maintenant.

Soigner une épisiotomie

Vous avez certainement reçu à l'hôpital des indications pour vous occuper de votre épisiotomie. Au cas où ces instructions vous ont échappé (pas étonnant, avec la masse d'informations qu'il a fallu enregistrer concernant Bébé), voici un petit résumé pour soigner cela :

- Changez souvent de serviette hygiénique et assurez-vous qu'elle reste bien en place. Vous n'avez pas besoin d'une serviette qui se balade et qui irrite la plaie.
- Ne touchez pas la plaie.
- Utilisez une petite poire en caoutchouc pour nettoyer la zone.
- Faites votre toilette habituelle à la salle de bains, mais en étant très prudente.
- Pour calmer l'irritation, essayez les bains de siège tièdes (avec juste assez d'eau pour immerger la partie blessée). Si on vous a donné une crème anesthésiante ou un spray à la maternité, n'hésitez pas à vous en servir. Les lingettes d'hamamélis peuvent aussi calmer la douleur.
- Soyez vigilante quant à des signes d'infection : une mauvaise odeur, un suintement, une boursouflure, une douleur constante et forte qui augmente de jour en jour ou de la fièvre.

Surveillez votre corps après un accouchement par césarienne

Si vous avez subi une césarienne, vous allez souffrir pendant au moins deux semaines. Les points de suture seront probablement enlevés au cours de la semaine après la naissance, mais n'oubliez pas que vous avez subi une intervention chirurgicale : ce sont de six à huit semaines complètes de repos.

Quelques conseils pour faciliter la cicatrisation :

- Ne portez rien de plus lourd que Bébé.
- Pas d'inquiétude si la cicatrice est engourdie pendant quelques semaines. C'est le cas après toute intervention chirurgicale.
- Évitez d'approcher Bébé de la cicatrice.
- Ni aspirateur ni galipettes pendant six semaines (dommage pour votre compagnon… et pour vous).
- Surveillez les signes d'infection : odeur nauséabonde, douleur qui empire, inflammation de la cicatrice, fièvre.
- N'essayez pas de jouer les dures. Si vous avez mal, prenez les médicaments que l'on vous a prescrits. La douleur diminuera après la première semaine.

Levez-vous et bougez autant que possible, mais n'en faites pas trop. C'est le meilleur conseil que l'on puisse donner à une femme qui vient d'accoucher. Il faut encourager la circulation, mais vous avez aussi besoin de beaucoup de repos. Prenez le temps de vous écouter et de voir comment vous vous sentez ; si vous êtes épuisée, *asseyez-vous*. Surveillez aussi vos lochies, les saignements et les écoulements qui suivent la naissance, liées à la séparation du placenta et de l'utérus : la délivrance. Au cours de la première semaine après la naissance, cela ressemble beaucoup à des règles normales, parfois un peu plus abondantes. Les lochies peuvent durer entre deux semaines et un mois. Elles deviennent plus claires et moins abondantes avec le temps. De rouge, l'écoulement devient rose puis jaunâtre, avant de s'arrêter complètement. Le mieux est d'avoir un gros stock de serviettes hygiéniques chez vous. Pas de tampons pendant six semaines après l'accouchement, pour éviter d'infecter l'utérus.

Si, après la première semaine, l'écoulement est toujours très rouge et très abondant (vous trempez une serviette en une heure), si le flux a diminué puis redevient important et très rouge, ou si vous perdez de gros caillots de sang, *appelez immédiatement votre gynécologue !* Peut-être s'agit-il d'un saignement anormalement abondant (une hémorragie) ou peut-être simplement le signe que vous êtes trop active et que vous fatiguez trop. Guettez aussi les signes d'infection : fièvre et pertes malodorantes.

Acceptez de l'aide

Vous n'avez peut-être aucun problème avec le fait d'être aidée. Tant mieux si votre maman passe la journée chez vous à nourrir vos animaux, faire la cuisine et le ménage. Votre belle-mère est la bienvenue pour faire les courses. Après tout, votre beau-frère peut très bien se charger de changer l'ampoule de la salle de bains qui a grillé hier. Vous avez de la chance d'avoir autant de personnes prêtes à vous aider et vous serez de nouveau sur pied très bientôt, si vous n'oubliez pas qu'il faut se lever de temps en temps, tout de même, pour stimuler la circulation veineuse.

Mais vous êtes peut-être ce genre de personne qui a beaucoup de mal à laisser ses amis et sa famille entrer dans son intimité sous prétexte que vous avez besoin que l'on s'occupe de vous. Vous détestez être cocoonée. Pour la cuisine et le ménage, vous voulez que cela soit fait d'une certaine façon et donc, vous préférez le faire vous-même, quel est le problème ?

Eh bien, en général, il n'y a aucun problème avec ce genre de comportement très indépendant. Si cela se passe bien avec Bébé et que vous vous sentez capable de vous faire votre propre déjeuner tous les jours, allez-y. Mais bien sûr, n'en faites pas trop. *Vous avez besoin de temps* pour vous asseoir et vous reposer en prenant soin de Bébé sans vous inquiéter de la vaisselle dans l'évier ou de l'état du carrelage de la cuisine.

ATTENTION !

Une accouchée ne doit pas s'attaquer à de lourdes tâches ménagères pendant la première semaine : pas question de remonter les cartons de vêtements de la cave, ni de faire la poussière de toutes les pièces. Même si cela ne paraît pas spécialement fatigant, cela risque d'épuiser votre corps. Au cours de cette période, il y a un léger risque d'hémorragie : il est très important de laisser votre corps se remettre de l'accouchement.

ASTUCES

Voilà ce que vous devez vous dire : si vous étiez en train de vous remettre d'un accès de grippe, vous vous souviendriez de l'état dans lequel vous étiez au pire de la crise et vous vous laisseriez le temps de guérir. Peut-être que vous ne vous *sentez* pas particulièrement faible depuis le grand jour, et c'est tant mieux. Vous *voulez* vous sentir mieux. Le danger, lorsqu'une jeune maman est en pleine forme, est qu'elle a tendance à en faire trop, trop tôt (passer la serpillière quatre jours après la naissance ou faire les courses cinq jours après). Dans ce cas, elle s'épuise. Gardez en tête que votre corps se guérit de l'intérieur : pour cela, il a besoin d'énergie.

Si vous arrivez à ne pas vous occuper du grand nettoyage de printemps, tant mieux. Mais si cela vous ronge – si la poussière dans les coins vous rend folle – demandez de l'aide à votre mère. Ou regardez ailleurs lorsque votre belle-mère fait semblant de passer l'aspirateur. Pour l'instant, il faut s'occuper de vous et de votre bébé. Les moutons de poussière seront toujours là dans deux semaines. Il sera alors temps de s'en occuper.

Protégez votre droit à la solitude

Après un accouchement, surtout le premier, on traverse des bouleversements physiques et affectifs inconnus. Vous êtes survoltée, nerveuse, plus épuisée que jamais. Votre poitrine est douloureuse. Vous êtes irritable. Et ne parlons pas des hormones, qui vous causent des sautes d'humeur imprévisibles (lesquelles sont parfois liées à votre état physique). En un quart d'heure, vous passez du rire aux larmes (bon, d'accord, ce n'est peut-être pas si grave, mais pas loin). La dernière chose dont vous avez besoin maintenant est d'une maison pleine de personnes débordant de bonne volonté.

Prenez votre courage à deux mains et raccompagnez gentiment les bons samaritains. Profitez-en, ce n'est pas souvent que l'on peut se permettre de dire « Ok, maintenant, il s'agit de moi, et si je blesse quelqu'un, eh bien… tant pis. » Bien sûr, nous ne vous recommandons pas d'être *détestable* auprès de ces personnes dégoulinantes de gentillesse. Mais il faut vous écouter et si vous ne pouvez vous reposer avec les trois tantes et les quatre cousines qui s'affairent dans votre chambre et montent le berceau de Bébé (dans lequel il ne dormira pas avant deux mois de toute façon), il faut vous faire entendre ou alors endurer un gros contrecoup plus tard.

Gardez en tête tout de même que, quel que soit votre besoin de solitude en ce moment, il ne faut pas renvoyer *tout le monde*. Une assistante ou une infirmière à domicile bien choisie peut se faire votre porte-parole en raccompagnant vos visiteurs : « La maman et le Bébé se reposent pour l'instant. Je leur dirai que vous êtes passé. » Gardez si possible quelqu'un près de vous au cours de la première semaine, au cas où vous vous sentiriez fatiguée ou malade. Il faut aussi réaliser que vous ne pourrez pas toujours être seule et que votre entourage *doit* venir et contempler la petite merveille que vous avez mise au monde. Votre belle-mère, par exemple, ne peut être tenue à l'écart plus d'un jour ou deux après votre retour à la maison. Laissez-la entrer, mais n'hésitez pas à lui faire clairement comprendre que vous n'êtes pas prête pour une longue visite. Il faudra peut-être payer le prix de cette fermeté plus tard, mais, après tout, votre mari peut s'en occuper. Mais belle-maman veut garder Bébé pendant que vous somnolez ? Songez d'abord à tous les avantages que cela représente (dormir ! Enfin dormir !) avant d'envisager les inconvénients (est-ce qu'elle voudra prendre en charge entièrement votre retour chez vous ?). Il est probable qu'elle est en adoration devant son petit bout et ne vous veut aucun mal.

Nourrir le nouveau-né

Que vous lui donniez le sein ou le biberon, vous voulez être sûre que votre bébé se nourrit suffisamment. Faut-il le nourrir dès qu'il pleure ? Faut-il le réveiller toutes les deux heures ? Est-ce que le fait de le nourrir plus le fera dormir plus longtemps ? Ce sont des questions banales mais qui vous donneront du souci, que ce soit ou non le premier bébé.

Que l'on ait choisi le biberon ou l'allaitement, la majorité des médecins conseillent aux parents de nourrir Bébé à la demande, c'est-à-dire lorsqu'il montre qu'il a faim (il pleure, cherche à téter avec sa petite bouche). En revanche, un allaitement « à la demande » ne signifie pas un allaitement anarchique : si Bébé tète dix à douze fois par jour, vous serez vite épuisée et vous produirez donc de moins en moins de lait. Aussi faut-il instituer, dès la sortie de la maternité, un intervalle minimal. Deux heures trente par exemple entre le début d'une tétée et le début de la tétée suivante : un intervalle plus court est illogique, car au bout d'une heure trente ou deux heures, Bébé a encore du lait de la précédente tétée dans l'estomac ; et, de plus, si vous le faites patienter, vous fabriquerez davantage de lait.

C'est l'heure de manger... Encore ? !

Pendant les premières semaines de Bébé, vous aurez l'impression de n'avoir jamais le temps de reboutonner votre chemisier : quatre-vingt-dix minutes après sa dernière tétée, il a de nouveau faim !

Pas d'inquiétude. Cela ne sera pas toujours comme ça. D'abord, pendant les premiers jours de Bébé à la maison, vous vous habituez tous les deux à l'allaitement. Bébé apprend à téter et à avaler ; quant à vous, vous subissez les douleurs du début de l'allaitement et vous testez les différentes positions à la recherche de la plus confortable. Pendant cette période, Bébé ne mange pas tant que ça, surtout s'il a tendance à s'endormir à chaque fois qu'il prend le sein. En plus de tout cela, son petit estomac ne peut de toute façon en contenir beaucoup.

Lorsque vous aurez surmonté tous les deux les premières difficultés, les tétées seront beaucoup plus simples et plus rapides. Pour l'instant, souvenez-vous que toutes les jeunes mamans qui allaitent connaissent cette frustration et que la grande majorité des bébés finissent par réduire considérablement le temps des tétées.

Parfois, les jeunes mamans se demandent si ce n'est pas parce qu'elles ne fournissent pas assez de lait que Bébé en demande autant. Pour l'instant, vous pouvez être sûre qu'il se nourrit suffisamment si :

- il salit six à huit couches par jour ;
- l'urine est pâle. Si elle était jaune foncé, ce serait un signe de déshydratation pouvant signifier qu'il n'a pas suffisamment de lait ;
- on l'entend téter vigoureusement ;
- il semble calme et reposé après la tétée : il est repu !

- vous sentez vos seins vides et détendus après la tétée ;
- vous voyez le lait dans la bouche de Bébé.
- Si Bébé semble heureux après la tétée, s'il salit régulièrement ses couches, tout va bien.

Certains médecins recommandent de réveiller Bébé au moins toutes les trois ou quatre heures pour le nourrir dans les jours qui suivent la naissance, ce qui fait en gros huit à douze tétées par jour. Non seulement, il faut nourrir Bébé, mais il faut le faire souvent pour que la montée de lait se fasse bien (plus Bébé tète, et plus vous serez à même de satisfaire ses besoins). Gardez en tête que certains nouveau-nés tètent toutes les deux ou trois heures dans la journée et moins souvent la nuit. Rarement, il arrive que certains bébés dorment six à huit heures par nuit dès les premières semaines : si leur courbe de poids est satisfaisante, il ne faut pas les réveiller pour leur proposer un repas nocturne.

Dans les toutes premières semaines, l'allaitement est pour Bébé le seul moyen de se nourrir. Ne lui proposez pas de biberons supplémentaires tant qu'il n'a pas complètement maîtrisé l'art de la tétée : cela risque de brouiller les pistes. Téter au sein demande à Bébé un important effort de succion, alors que le biberon coule tout seul. En fait, chaque tétine demande une certaine façon de téter, et s'adapte différemment à la bouche et au palais. Si vous donnez le sein à Bébé le matin et une tétine artificielle le soir, il risque d'être un peu perdu. Mieux vaut s'en tenir à une méthode pour le moment. De toute façon, ne commencez pas le biberon avant six semaines. À condition, bien sûr, que la courbe de poids de Bébé atteste que vous avez du lait en quantité suffisante, ce qui n'est pas toujours le cas. À ce moment-là, Bébé aura pris ses habitudes au sein et une tétine en plastique ne l'affolera pas.

Si vous allaitez et que tout va bien, vous pouvez vous dire que vous avez de la chance. Beaucoup de bébés mettent du temps à téter correctement.

Les bébés nourris au biberon

Un nouveau-né nourri au biberon consomme en général 60 à 90 ml de lait reconstitué à la sortie de la maternité, puis 90 à 120 ml vers l'âge de 1 mois, à chaque biberon, lequel est répété toutes les trois heures. Une fois que Bébé aura atteint 4,5 kg, il sera probablement prêt à consommer plus (c'est-à-dire 150 ml). Votre pédiatre vous conseillera à ce sujet en fonction de la croissance de Bébé. Pour le moment, c'est à lui de décider combien il mange et quand il mange en essayant de respecter un intervalle minimal de deux heures trente puis très vite trois heures entre le début du repas et le début du repas suivant. N'essayez pas de le forcer s'il n'exprime plus aucun intérêt pour le biberon. Ne coincez jamais la tétine dans sa bouche (en plaçant le biberon sur un coussin ou une peluche dans le berceau de Bébé par exemple, pour ne pas avoir à le tenir pour qu'il tète).

Pour que le biberon soit à bonne température, vous pouvez penser à acheter un chauffe-biberon. Cela dit, vous pouvez aussi le passer sous l'eau chaude ou le faire chauffer au bain-marie. À la rigueur, vous pouvez donner à Bébé son biberon à température ambiante, mais pas tout droit sorti du réfrigérateur. En observant sa mimique, vous saurez très vite ce qu'il préfère.

Ne mettez jamais un biberon au micro-ondes : il pourrait surchauffer et brûler.

Faites-lui faire son rot à la moitié du biberon ou dès qu'il ralentit. Certains enfants s'en tirent très bien avec un seul bon gros rot ; d'autres s'y prennent en plusieurs fois. De même, certains régurgitent très peu ; d'autres *énormément*. Votre médecin évaluera les progrès de Bébé au premier rendez-vous. Même si votre petit bout est un champion des rejets, tant qu'il grossit, pas de problème.

Si les jets de vomi traversent toute la pièce ou qu'ils sont sombres (verts ou marron), consultez votre pédiatre. Ce n'est pas normal et peut signaler la présence d'un reflux gastro-œsophagien. Même chose si les régurgitations sont abondantes et surviennent non seulement au moment du rot, mais aussi à distance des repas : il s'agit alors souvent de rejets de lait caillé.

Après l'entrée, la sortie : les couches

Les bébés nourris au sein salissent leurs couches très souvent ; certains après chaque tétée. C'est incroyable de voir comment certains bébés produisent une telle quantité de selles ! Celles-ci doivent être « jaune d'or », assez liquides, grumeleuses et dégager une odeur, comment dire, puissante. Les enfants nourris au biberon ont des selles moins importantes et plus consistantes. Quelle que soit la façon de nourrir Bébé, il doit avoir au moins une selle par jour. S'il a moins, demandez un conseil téléphonique à votre pédiatre.

Changez Bébé dès que la tétée est terminée (même s'il s'est endormi), pour qu'il ne développe pas d'irritations, comme une peau rouge et rêche dans la zone de la couche. Si nécessaire, il existe des crèmes très efficaces pour prévenir et soigner ce que l'on appelle « l'érythème fessier ».

Appelez votre pédiatre si l'érythème devient épais et prédomine sur les plis de l'aine, et autour de l'anus (ce sont les signes d'une candidose), ou si l'irritation devient brune et forme des croûtes (ce qui est le signe d'un début d'impétigo, et qui est contagieux), ou qu'elle s'étend à d'autres parties du corps de Bébé. Il vous prescrira une pommade antimycosique ou antibiotique, selon le cas, qui règlera le problème.

ASTUCES

Faites entrer papa

Les bébés nourris au sein n'ont besoin que de maman : papa est hors-jeu. Il peut arriver que le papa soit mis sur la touche et pas seulement en ce qui concerne les repas. Même si les bébés nourris au biberon peuvent être nourris par n'importe qui (les bébés allaités peuvent eux aussi avoir quelques biberons au bout de six semaines), le papa a peut-être besoin de quelques encouragements pour entrer en scène et apprendre les rudiments de l'art de la paternité.

Trop souvent, les papas sont relégués en arrière-plan ; on n'attend pas d'eux qu'ils fassent quoi que ce soit. D'ailleurs, on ne leur demande rien. Parce que maman est souvent la première à s'occuper de Bébé, elle prend le contrôle des tétées, des changements de couche et même des câlins. Le papa peut être ravi, calé dans son fauteuil, bien content de n'avoir rien à faire ; mais il arrive souvent qu'il soit frustré, désireux de se rendre utile, mais se sentant en décalage complet parce que la maman ne lui laisse pas l'occasion d'apprendre.

Laissez un peu de place au papa. Il est tout à fait capable d'aider, et plus vous lui en laisserez l'occasion, plus il en fera de lui-même, parce qu'il se sentira acteur de cette grande expérience et non pas seulement spectateur passif. Au final, un papa qui a nourri, fait faire son rot et changé son bébé depuis le début (ou, dans le cas d'un bébé allaité, un papa qui a changé les couches et porté son enfant pendant des nuits), se sentira partie prenante de la vie de son bébé. C'est bon pour toute la famille.

Par ailleurs, de façon instinctive, vous parlez à Bébé quand vous vous occupez de lui, pendant le change, le repas ou le câlin, les papas le font beaucoup moins. Encouragez-le à le faire, avec ses mots à lui (qui ne sont pas forcément les mêmes que les vôtres).

Les petits garçons ont parfois des irritations sur le pénis qui sont dues aux couches et se soignent d'elles-mêmes en quelques jours. Si ce n'est pas le cas ou si cela empire ou empêche l'enfant d'uriner, appelez votre pédiatre.

Eh oui, il faut regarder de près le cordon ombilical (et la circoncision)

Même si ce n'est pas très joli, c'est assez facile de s'occuper du cordon ombilical et de la circoncision (si votre enfant est circoncis). Après tout, le temps guérit toutes les blessures, n'est-ce pas… Cela reste vrai dans ce cas précis. Vous devrez vous en occuper pendant dix à quinze jours, pour surveiller qu'il n'y a pas d'infection.

Le cordon ombilical

Jusqu'à ce que le cordon ombilical tombe, vous devez le surveiller attentivement. Contrairement à ce qui se pratiquait autrefois, vous n'aurez pas à le nettoyer. En effet, on recommandait aux parents de nettoyer la base du cordon avec un coton imbibé d'alcool à chaque changement de couche. Aujourd'hui, les médecins pensent que l'alcool ne contribue pas à faire tomber le cordon plus vite et favorise le saignement (Cytélium* par exemple). On a tendance à recommander de le laisser tomber tout seul. En revanche, si la base du cordon est large et suintante, il faut appliquer une solution antiseptique et asséchante.

ATTENTION !

Même s'il ne tient encore que par un fil, n'essayez jamais de tirer dessus ! Laissez la nature faire les choses, il tombera tout seul.

En nettoyant la zone du cordon ombilical à l'aide d'un coton imbibé d'alcool, on peut augmenter légèrement les risques d'infection. Surveillez :

- la base du cordon : elle peut être congestive (rouge et gonflée) ;
- la présence d'un suintement, parfois fétide ;
- la présence d'un saignement éventuel, la plupart du temps peu abondant et sans gravité.

Si vos couches n'ont pas d'ouverture pour le cordon ombilical, pliez-les en dessous de celui-ci, avant qu'il ne soit remplacé par un charmant petit nombril. (Ne paniquez pas, il est tout à fait normal que cela saigne un peu lorsque le cordon finit par tomber.)

Soigner la circoncision

En France, la plupart des bébés n'ont pas à subir cette opération. Toutefois, pour des raisons culturelles, certains parents choisissent de faire pratiquer cette intervention à leur bébé, dès les premiers jours de vie. Il est très simple de surveiller les suites d'une circoncision. Le plus difficile est d'être obligé de regarder la plaie sur l'organe de votre petit garçon. Enduisez la zone de vaseline (pour que cela ne colle pas à la couche) et *c'est tout !* Lorsque le gland (circoncis donc) n'est plus ni rouge ni moite, vous pouvez arrêter la vaseline.

À RETENIR

Si des petits points blancs ou jaunes apparaissent sur le gland au cours de la cicatrisation, c'est tout à fait normal. Cependant, il ne doit pas y avoir de saignements ni de suintements. L'irritation ne doit pas augmenter et il ne doit pas y avoir de pus. Appelez votre pédiatre si vous voyez apparaître les symptômes d'une infection.

Bébé doit mouiller ses couches plusieurs fois par jour. S'il a passé plus de six heures sans uriner, appelez votre pédiatre.

L'ictère du nouveau-né : le péril jaune

On distingue l'ictère simple, dit physiologique, dû à l'immaturité du foie du nouveau-né, de l'ictère pathologique le plus souvent dû à l'« éclatement » des globules rouges survenant précocement par incompatibilité : c'est-à-dire qu'il y a une incompatibilité entre les groupes sanguins ou facteurs rhésus de la mère et de son nouveau-né. Cet éclatement, appelé « hémolyse », a pour conséquence une libération par les globules rouges d'un pigment, la bilirubine, qui se dépose dans les tissus (la peau, les muqueuses) et une anémie qui devra être corrigée par une supplémentation en fer.

L'ictère simple est en général diagnostiqué et traité rapidement après la naissance par photothérapie (lumière ultraviolette). Une fois rentré à la maison, on peut penser que Bébé a passé le cap.

À vrai dire, beaucoup de nourrissons, par ailleurs en très bonne santé, développent une légère jaunisse une fois sortis de la maternité. Cela peut être déconcertant pour de jeunes parents de réaliser que le blanc des yeux de Bébé est jaune, et ses joues aussi !

Plus de la moitié des nourrissons en bonne santé développent une jaunisse. En général, la « maladie » atteint un pic le deuxième ou troisième jour après la naissance et se résorbe d'elle-même en sept à dix jours. Le plus souvent, aucun traitement n'est nécessaire.

Si Bébé devient très jaune et vous paraît malade, appelez immédiatement votre pédiatre. D'autres symptômes peuvent aussi se manifester : Bébé tète moins, semble trop faible pour pleurer, ne s'éveille pas pour les tétées, ne mouille pas régulièrement ses couches et ne présente pas tous les réflexes du nourrisson. Ce sont les signes d'une forme de jaunisse plus sérieuse, qu'il faut examiner sans retard. Lorsque Bébé présente un ictère qui ne nécessite pas de photothérapie, placez-le dans un endroit bien éclairé de la maison, sans pour autant le mettre en plein soleil ! Cela doit vous inciter à le sortir pour sa promenade quotidienne dès la sortie de la maternité. Cela contribuera à faire disparaître son teint jaune-orangé.

Chapitre 6

Le premier mois : apprendre à se découvrir

Dans ce chapitre

- La première visite chez le médecin
- Le bain de Bébé
- Établir un lien une fois à la maison
- Identifier les taches de naissance habituelles
- Encourager les bonnes habitudes de sommeil
- Les questions de nourriture
- Les pleurs et les coliques
- Sortir avec un nouveau-né

Avant que vous n'ayez eu le temps de dire ouf, la petite crevette incapable de rester éveillée plus d'une heure va se rouler sur la moquette du salon en babillant gaiement. Le premier mois est un moment très précieux, justement parce qu'il passe très vite. La première année est pleine de premières fois pour vous comme pour Bébé, et elles commencent maintenant : la première visite chez le médecin, le premier vrai bain, la première fois depuis vos folles années d'étudiante que vous ne dormez pas de la nuit (c'est drôle, la fatigue était alors beaucoup plus divertissante).

À RETENIR

Lorsque l'on devient parent, on vit des moments de joie et de fierté incroyables, mais aussi des moments de fatigue et de lassitude. Ce sont les premiers pas d'un très long voyage. Ce que vous apprenez maintenant, sur vous-même comme sur votre enfant, vous servira longtemps après que Bébé aura cessé de porter des couches.

Les visites chez le médecin

Bonne nouvelle ! Cette année, vous allez vous faire un nouvel ami : votre pédiatre. Votre bébé devra faire huit visites (consultez le carnet de santé) au moins, même s'il n'est pas malade. Il est, en effet, conseillé de faire examiner votre bébé chaque mois, pendant les six premiers mois, puis à 9 mois et à 1 an. Heureusement, grâce à nos conseils avisés (reportez-vous au chapitre 1), vous avez trouvé un médecin avec lequel vous êtes à l'aise, parce que votre pédiatre est la meilleure source d'information quant à la santé de votre enfant. Vous trouverez dans ce chapitre une liste des étapes franchies lors du premier mois.

La première visite de Bébé chez le pédiatre

Brusquement, comme vos parents avant vous, vous êtes le parent anxieux surveillant le médecin alors qu'il ausculte votre petit bout. Vous ressentez tout ce que vos parents ont alors ressenti : vous êtes incroyablement fier de cet enfant et vous avez hâte que le médecin vous dise qu'il est en bonne santé et sur la bonne voie.

Lorsque vous emmenez Bébé pour sa première visite chez le pédiatre, c'est comme si on validait votre diplôme de parent : vous l'avez ramené chez vous avec votre compagnon, vous vous êtes occupés de lui tout seuls, et maintenant, vous le ramenez chez le pédiatre frais comme un gardon. Celui-ci va attester du boulot formidable que vous avez accompli pendant ces deux premières semaines.

ASTUCES

Cette visite, qui aura lieu entre deux et quatre semaines après la naissance, comprendra l'examen habituel, c'est-à-dire la taille et le poids de l'enfant, la circonférence de la tête et du torse. Votre médecin va vérifier le nez, les oreilles, les yeux et la bouche. À chaque fois, il cherchera les anomalies. Il est par exemple assez fréquent d'observer qu'un canal lacrymal est bouché. En bref, le médecin va contrôler que tout fonctionne sans problème. Votre médecin va aussi sortir son arme fatale, le stéthoscope, et vérifier que le battement de cœur et la respiration de Bébé sont normaux. Il va aussi palper les organes internes. Enfin, il examinera sa colonne vertébrale pour s'assurer qu'elle est droite et intacte, ainsi que ses hanches et ses pieds.

Bébé est né avec un certain nombre de réflexes qui doivent être présents pour attester d'une bonne santé sur le plan neurologique, de la même façon que l'éveil psychomoteur et le tonus axial (c'est-à-dire du cou et de la colonne vertébrale) et périphérique (c'est-à-dire des membres) Ces réflexes sont nommés « réflexes archaïques », et le plus spectaculaire et le plus connu d'entre eux est « la marche automatique ». Votre pédiatre va tester ces réflexes au cours de la première visite et vous dira ce qu'il faut en penser.

Le médecin va aussi regarder les *fontanelles* de Bébé. Il s'agit de membranes souples, sur son crâne, qui ont permis à sa tête de s'adapter pour faciliter le passage à la naissance. La plus grande fontanelle se trouve au sommet de la tête. Elle commence à se fermer lorsque Bébé a environ six mois (et le sera complètement au milieu de sa seconde année). Vous verrez, elle vibre parfois au rythme cardiaque de Bébé ou se gonfle lorsqu'il pleure. C'est assez impressionnant mais tout à fait normal. La petite fontanelle est à l'arrière de la tête de Bébé et se ferme à la fin du troisième mois.

Le médecin vérifiera aussi la thyroïde de Bébé ainsi que la présence éventuelle de ganglions dans le cou, les aisselles et l'aine. Il va regarder le cordon ombilical pour s'assurer qu'il n'est pas infecté et qu'il n'y a aucun signe de hernie (il fera la même vérification pour l'aine). Les organes génitaux seront examinés pour voir si tout est normal. Les taches de naissance remarquées à l'hôpital seront inspectées : les nouvelles (car il peut en apparaître même après la naissance) seront identifiées.

Les vaccins n'ont pas lieu lors de la première visite. Celle-ci est destinée à établir un premier contact avec votre médecin, afin qu'il vous connaisse vous et votre bébé.

À la maison, notez les questions qui vous viennent à l'esprit. Lorsque le médecin vous regardera par-dessus ses lunettes pour vous demander comment ça va, ce sera le moment de les poser. N'oubliez pas, il en a entendu des vertes et des pas mûres, il a vu à peu près tous les cas possibles et imaginables. Il ne va pas se dire que vous êtes complètement neuneu parce que vous ignorez quelle est cette étrange trace rouge sur le bras de Bébé. Pour plus de détails, reportez-vous à la partie « Identifier les marques de beauté de Bébé » plus loin dans ce chapitre.

Attendez-vous à ce que le médecin vous pose des questions sur le rythme de sommeil et de tétées de votre enfant, ses selles et comment se passe le retour à la maison. Soyez honnête. Si vous êtes encore plus heureuse que prévue, dites-le-lui. Les pédiatres adorent recevoir de bonnes nouvelles du front.

Au cours de cette première visite, n'oubliez pas d'apporter le carnet de santé que l'on vous a délivré à la maternité et que vous rapporterez à chaque visite pour faire noter la croissance, les vaccins (voir le chapitre 18), et aussi le régime alimentaire en fonction de l'âge. Toutes les maladies de l'enfant devront aussi être mentionnées par votre pédiatre sur le carnet de santé.

Les étapes du mois

De la naissance à la fin du premier mois, le développement de Bébé est très rapide : il est capable de prendre 6 cm et 1 kg!

Les informations que nous allons vous donner ne sont que des indicateurs de ce que la majorité des bébés font à cet âge. Votre pédiatre reste la meilleure source d'information concernant votre propre enfant.

Voici quelques repères :

- Bébé perd du poids après la naissance. Il retrouvera son poids initial autour d'une à deux semaines ;
- sa taille a augmenté de 3,5 à 6 cm au cours du mois (parfois bien plus chez le bébé nourri au sein !) ;
- il prend entre 20 et 30 g par jour, soit en tout 600 à 900 g par mois ;
- normalement, Bébé n'a pas beaucoup de force dans le cou à ce stade. Sa tête dodeline de côté si elle n'est pas soutenue ;
- les mouvements de Bébé sont aléatoires et saccadés, non encore volontaires. En général, ses membres sont pliés et il est facilement effarouché : s'il sursaute et pleure en écartant les bras, n'ayez crainte, c'est un réflexe, qui survient au moindre bruit qui surprend Bébé ;
- il attrape les doigts qui passent et s'y accroche, c'est le réflexe d'agrippement (*grasping*) ;
- son réflexe de *succion* est encore très fort : il tète tout ce qui lui passe sous le nez. Il arrive même qu'il suive de la bouche un objet placé devant ;
- il dort au moins seize heures par jour (mais vous l'avez deviné, seize heures non consécutives) ;
- Bébé ne voit que de très près. Il ne voit bien que les objets de 20 à 30 cm de ses yeux. Il n'est pas encore capable de suivre les objets du regard ;
- d'une façon générale, le cordon ombilical tombe dix à quinze jours après la naissance, s'il n'est pas tombé au bout d'un mois, il est préférable de consulter ;
- Bébé adore les visages et vous fixe longuement (si vous êtes suffisamment près pour qu'il vous voie) ;
- Bébé a un faible pour les voix calmes ; il reconnaît celle de sa mère dès la naissance, et souvent celle de son père aussi. Rien de tel pour l'endormir qu'une berceuse de la voix grave de son papa.

Suivre l'évolution de la taille et du poids

Lorsqu'il est né et comme à chaque visite chez le médecin (jusqu'à ce qu'il entre à l'école), Bébé sera pesé et mesuré. Ses mesures seront notées sur un graphique pour être comparées aux courbes de croissance standard. Votre médecin vous dira comment il se situe par rapport aux enfants de son âge. Pour plus de détails, surfer sur `www.courbedecroissance.com`.

Cela dit, la croissance n'est pas la même pour tous. Ce n'est pas un concours. Si Bébé est plus petit et plus léger que la majorité des bébés, cela ne signifie en rien qu'il se développe mal. Cela indique simplement que certains enfants de son âge sont plus lourds et plus grands que lui et que d'autres sont plus légers et plus petits. Bien sûr, il y a toutes sortes de variantes. Si Bébé est au-dessus de la moyenne pour la taille et en dessous pour le poids, on dira simplement qu'il est assez grand et mince.

Les mensurations d'un bébé dépendent de ses poids et taille de naissance (qui sont les reflets de la croissance intra-utérine) puis, pendant les premiers mois, de la façon dont il métabolise le lait (maternel ou artificiel). Les facteurs alimentaires sont donc au premier plan, les facteurs génétiques et familiaux n'interviennent que plus tard. Si Bébé est plus grand que tout le monde à un mois, il ne faut pas en tirer de conclusions pour sa taille définitive!

Les parents ont tendance à s'inquiéter si les mesures de Bébé sont toujours inférieures à la moyenne. Mais n'oubliez pas qu'un nourrisson dont la croissance est inférieure à la moyenne, mais régulière, est normal : il est plus petit que ses pairs, mais il grandit normalement. Ce qui compte, c'est que la vitesse de croissance soit normale : par exemple, si Bébé mesure 72 cm (au lieu de 74-75 cm) à 1 an, mais qu'il a pris 24 ou 25 cm en un an, pas d'inquiétude : sa vitesse de croissance est normale, même si sa taille est inférieure à la moyenne. Peu importe comment il se situe par rapport à la moyenne, l'important c'est qu'il grandisse. On note la taille et le poids pour suivre la croissance; il ne faut s'inquiéter que si le poids de Bébé chute, sans parler de la taille bien sûr, on parle alors de cassure ou d'infléchissement de la courbe de poids. Votre médecin notera les changements radicaux en mesurant les progrès de Bébé à chaque visite.

Suivre un bébé nourri au sein

Les bébés allaités et ceux nourris au biberon ont-ils exactement la même croissance? De récentes études montrent qu'il y a une différence : les nourrissons allaités prennent du poids plus rapidement que ceux nourris au biberon au cours des trois premiers mois de la vie. C'est normal : tout mammifère est fait pour être allaité par sa mère; c'est le veau qui est génétiquement programmé pour le lait de vache, pas le petit d'homme. Un bébé nourri au biberon aura, en revanche, tendance à être plus gros que celui allaité au cours de la seconde moitié de la première année : donc le bébé au biberon aura plus de mal à faire ses premiers pas, à cause de son poids. C'est surtout le cas aux États-Unis où les bébés nourris au lait artificiel prennent souvent des farines qui les font grossir. En France, cela a été à la mode, mais plus depuis quinze ou vingt ans. Les bébés au biberon ne sont pas significativement plus gros que les bébés nourris au sein. Rien de vraiment inquiétant tant que Bébé grandit. Une mère qui allaite se sent parfois obligée d'ajouter des biberons ou de mettre Bébé à la nourriture solide trop tôt, parce que l'enfant a l'air plus menu que les autres. Si vous vous posez des questions quant à la croissance de votre enfant, parlez-en à votre pédiatre. S'il n'y a pas de problème, vous pouvez être sûre qu'il vous le dira avec franchise. Mais si Bébé a vraiment besoin de plus de nourriture, il sera capable de vous donner des conseils avisés.

Les chiffres sur la courbe de croissance indiquent où en est Bébé et où il en sera probablement d'ici quelques mois. Votre médecin tiendra compte de plusieurs autres critères quant à la croissance de Bébé, notamment :

- **la taille de ses parents.** Des parents qui mesurent trois mètres à eux deux ont des chances d'avoir un enfant relativement petit ;
- **la santé et le bien-être général de Bébé.** Mange-t-il et dort-il normalement ? Est-il vif lorsqu'il est éveillé ? Pleure-t-il souvent ? (Si c'est le cas, est-ce tout simplement parce qu'il a faim ?) ;
- **le développement de Bébé.** Franchit-il les étapes normales à son âge ?

De fait, les bébés naissent avec des tailles différentes, du S au XXL. Tant que votre bébé se nourrit normalement et que ses courbes de croissance sont normales, il n'y a aucune raison de s'inquiéter, même s'il est en dessous de la moyenne.

Les courbes de taille et de poids ont été revues il y a quelques années. Celles que l'on utilise maintenant ont été revues en 2000 ; celles d'avant datent des années 1970, lorsque l'allaitement était moins à la mode, que l'on nourrissait les bébés avec du lait entier surtout aux États-Unis, car en France, on préférait les laits «adaptés», puis le lait demi-écrémé à partir de 8-9 mois) et qu'on diversifiait l'alimentation plus tôt qu'aujourd'hui. Pas de surprise donc s'ils étaient plus lourds et plus grands dès la première année. Si vous avez vos propres courbes, vérifiez la date de publication. N'hésitez pas à demander à votre médecin s'il se sert des dernières courbes.

Plouf, on passe à la baignoire

Une fois que le cordon ombilical est tombé, Bébé est prêt pour passer de la petite toilette à l'éponge au vrai bain en cuvette ou petite baignoire ; celle-ci peut normalement s'encastrer directement dans votre évier. Vous pouvez aussi la poser dans la grande baignoire, auquel cas, vous ne remplirez que la petite et laisserez la grande vide.

C'est peut-être très effrayant de mettre Bébé dans une baignoire pour la première fois, mais ça en vaut la peine. Un vrai bain va stimuler ou détendre votre enfant ; dans les deux cas, il y a des chances pour que cela l'épuise, ce qui est plutôt une bonne nouvelle ! Une fois que vous aurez pris le coup de main, cela vous paraîtra beaucoup plus simple de lui faire prendre son bain dans une petite baignoire que d'essayer de lui faire sa toilette avec une éponge tout en évitant qu'il ait froid. Vous verrez, vous serez peut-être surprise de constater qu'un bébé qui pleurait durant sa toilette va adorer le bain à l'eau tiède. L'autre avantage est que Bébé est moins glissant dans une baignoire que lors de la toilette avec une éponge !

Pour l'instant, vous n'en croyez pas un mot, mais vous verrez, vous deviendrez un pro en moins de temps qu'il n'en faut pour le dire. Au début, il vous faudra bien vingt à trente minutes pour amasser tout le matériel nécessaire, remplir la baignoire, laver, sécher et habiller Bébé.

ATTENTION !

Il ne faut jamais, au grand jamais laisser Bébé seul dans la baignoire, ne serait-ce que quelques secondes. Décrochez le téléphone, mettez les animaux dans leur niche et ne répondez pas aux coups de sonnette tant que le bain n'est pas fini. En cas de véritable urgence, si vous devez répondre à quelque chose ou à quelqu'un, sortez Bébé de la baignoire et enroulez-le dans une serviette, même si c'est votre téléphone portable qui vous réclame !

C'est l'heure du bain !

ASTUCES

Choisissez le moment le moins mouvementé de la journée et prenez votre temps. Voilà ce que vous allez faire :

1. **Rassemblez le matériel nécessaire et gardez-le sous la main.**

   Vous avez besoin de savon, d'une petite serviette, d'un shampooing doux, et d'un gobelet pour rincer la tête de Bébé. Placez ces objets à votre droite (pour les droitiers) et ouvrez ou dévissez les capuchons avant de mettre Bébé dans la baignoire.

2. **Assurez-vous que la baignoire est bien encastrée dans l'évier.** Elle ne doit ni vaciller ni s'incliner.

3. **Remplissez la baignoire à moitié (à peine plus pour un gros bébé) avec de l'eau tiède.**

   Bébé n'a pas besoin d'être complètement immergé, mais vous avez besoin de suffisamment d'eau pour rincer le savon et pour qu'il n'ait pas froid. Testez la température avec l'intérieur du poignet ou du coude pour être sûre qu'elle n'est pas trop chaude pour la peau fragile de Bébé. Le thermomètre de bain est une aide précieuse.

4. **Faites couler un peu d'eau froide pour refroidir le robinet.**

   Comme ça, vous êtes sûre que Bébé ne se brûlera pas avec le robinet chaud. Les gouttes qui tomberont seront froides.

À RETENIR

5. **Posez délicatement Bébé dans la baignoire.**

   Gardez toujours la main sur Bébé pour qu'il se sente en sécurité. Rapprochez-le du bord de la baignoire s'il a l'air inquiet. Chantez, parlez-lui, jouez avec ses petits orteils, mais calmement pour l'instant. C'est un moment de plaisir, mais il ne faut pas trop le stimuler – pas avant qu'*il* ne décide que le bain est un jeu.

6. **Lavez-le avec un savon pour bébé et un gant.**

   Lavez-lui le cou, les joues, le revers des oreilles, le corps, le dos. Finissez par les fesses pour éviter de lui laver le visage avec une éponge sale. Si Bébé décide de faire pipi dans l'eau, il y a des chances pour que vous ne vous en rendiez même pas compte. Cela arrive. Il n'est pas vital que vous changiez l'eau, car les urines sont en principe stériles (c'est-à-dire qu'elles ne contiennent pas de bactéries).

   S'il a des irritations liées aux couches, évitez l'eau savonneuse pour le bain. S'il faut enlever préalablement la crème prescrite pour son érythème, frottez doucement avec un gant.

7. **Lavez-lui les cheveux avec du shampooing pour bébé.**

   Rincez doucement sa tête avec un petit bol d'eau tiède ou fraîche. Les shampooings pour bébé et l'eau claire ne lui piqueront pas les yeux. Si toutefois, vous préférez éviter le plus possible qu'il ait du savon dans les yeux, prenez plus de précautions en abritant son visage pendant que vous rincez. Posez une main à la racine des cheveux pour éviter les gouttes inopportunes.

8. **Séchez-le, mettez-lui une couche et habillez-le.**

   Coiffez-le avec un peigne pour bébé, coupez-lui les ongles avec des petits ciseaux pour bébé. Couper les ongles doit se faire à deux : l'un tient la main de Bébé et l'autre coupe attentivement. Si vous êtes seule avec Bébé, et qu'il bouge probablement trop pour ne pas risquer de le blesser, mieux vaut lui limer les ongles. On peut se servir d'une lotion si Bébé a la peau sèche, mais mieux vaut éviter le talc, car il peut être inhalé.

Maintenant, c'est l'heure de la récompense : profitez de la douce odeur d'un bébé tout propre!

La croûte de lait

Vous avez peut-être remarqué que votre bébé a une substance épaisse, squameuse, sur la tête. Cela ne s'enlève pas, même en frottant doucement avec un gant. C'est probablement ce que l'on appelle la *croûte de lait :* une irritation liée à des ajustements hormonaux. Normalement, nous perdons tous des cellules de peaux mortes, les glandes sébacées de Bébé produisent une substance grasse qui fait que cette peau morte adhère à sa tête.

À RETENIR

La croûte de lait n'est pas spécialement esthétique mais très courante. Elle ne présente aucun danger pour votre enfant et n'est pas contagieuse.

Donc, pas d'acharnement thérapeutique. Si vous y tenez absolument, voyez avec votre pédiatre si, peut-être, un shampooing antipelliculaire…

Utilisez-le une ou deux fois par semaine, en protégeant bien les yeux de Bébé de la mousse, cela risquerait de le faire pleurer. Vous pouvez aussi, éventuellement, essayer l'huile de paraffine *avant* le bain de Bébé. Laissez reposer quelques minutes avant de passer doucement le peigne pour détacher la croûte. Si c'est sans effet, n'insistez pas. Les cheveux de Bébé risquent d'être assez gras et auront besoin d'un bon shampooing. Une autre solution consiste à appliquer de la vaseline salicylée à 1 % le soir, au coucher, et à rincer le crâne de Bébé avec un gant de toilette humide le matin. Au bout de quatre ou cinq jours, plus de croûtes de lait. Attention à protéger le drap avec une serviette, car la vaseline, ça tache!

Si l'irritation est rouge et que Bébé se gratte, appelez votre pédiatre. Il pourra vous prescrire une crème pour que cela n'embête pas Bébé. Parfois la croûte de lait est trop épaisse pour que l'huile de paraffine soit efficace. Certains shampooings peuvent aider mais ne sont pas recommandés pour les nourrissons. Votre médecin vous conseillera probablement d'attendre que Bébé soit plus grand.

Le lien avec Bébé

Parfois, lorsque l'on se compare à d'autres parents, on se sent un peu nul. Votre frère et votre belle-sœur viennent d'avoir un bébé et semblent tout à fait à l'aise, comme s'ils n'avaient fait que ça toute leur vie. En fait, tous les gens de votre entourage qui viennent d'avoir un bébé semblent s'être adaptés sans problème, alors que vous, vous attendez que votre bonne fée intervienne soudain et que, en quelques coups de baguette magique, elle vous transforme en *véritable* maman (ou papa).

Au fond de vous, vous savez que la vie a presque toujours le dessus, même si vous n'avez jamais eu à vous occuper que d'une plante verte (qui d'ailleurs a crevé lamentablement au bout de trois mois). Cet enfant que la nature vous a permis de concevoir, vous êtes génétiquement capable de l'élever : la démographie de l'espèce humaine n'est pas en péril, des millions de mères élèvent des ribambelles d'enfants superbes dans des tas de pays en dépit de leur âge (entre 12 et 50 ans), de leur misère, de leur illettrisme, etc. Le premier mois est une période d'ajustement très importante, pour vous et votre compagnon – en tant que couple comme en tant que parents. Si vous êtes seule, vous pouvez vous sentir débordée en revenant à la maison avec Bébé. Avec toute cette excitation, ces angoisses et le manque de sommeil, vous avez peut-être du mal à réaliser ce qui se passe vraiment dans votre vie. Prenez du recul, détendez-vous un moment : les choses vont trouver leur place et suivre leur cours. Votre instinct et celui de votre bébé, si vous y êtes attentive, vous guideront.

Se faire confiance en tant que parent

Lorsque vous le ramenez à la maison, Bébé est un locataire encombrant. Peut-être facile à vivre, peut-être un peu difficile, voire effrayant, faisant déjà preuve de tempérament. Dans les deux cas, il faut apprendre à le découvrir et à connaître son rythme.

À RETENIR

Il va falloir vous faire à l'idée que, maintenant, vous avez l'entière responsabilité d'un étranger vingt-quatre heures sur vingt-quatre. Cela demande du temps. Parfois, il vous faudra essayer différentes choses avant de comprendre ses besoins et ses désirs. Parfois, vous viserez juste du premier coup, et d'autres fois, vous aurez l'impression de ne pas être à la hauteur. C'est *normal.*

Il faut avoir confiance en soi face à Bébé. C'est plus facile si vous avez un entourage qui vous soutient, vous remonte le moral et vous aide à dédramatiser. Même si ce n'est pas le cas, vous pouvez tout à fait y arriver. Ne cherchez pas à singer tel superpapa ou supermaman qui n'existe pas. Nous sommes tous de vrais êtres humains, avec de vraies émotions ; devant un nourrisson qui pleure trop fort et trop longtemps, on finit par avoir envie de faire la même chose.

ASTUCES

Il est important de vous préserver psychologiquement au cours de ces premiers jours, alors que les horaires de Bébé ne sont pas encore stabilisés. Cela peut être très efficace de travailler en équipe avec votre partenaire pendant cette période : lorsque papa est disposé à prendre Bébé pendant une heure, profitez-en pour faire la sieste. S'il n'est pas disponible, mais que vos proches proposent de vous aider, acceptez. Une mère sereine et confiante profite mieux à son Bébé qu'une mère épuisée et hystérique.

Attendre… et attendre encore… l'intimité avec Bébé

Une semaine que Bébé est à la maison et vous ne vous sentez toujours pas maman. Peut-être subissez-vous encore le contrecoup d'un accouchement difficile, ainsi que les bouleversements hormonaux habituels après une naissance. En outre, vos seins sont probablement douloureux. Si vous êtes papa, peut-être souffrez-vous du manque de sommeil ainsi que de la pression face à une compagne un peu nerveuse. Ce n'est un moment facile pour personne.

Les papas comme les mamans peuvent être un peu déçus de constater que ce n'est pas l'expérience de rêve qu'ils attendaient. En plus, on culpabilise de n'être pas plus heureux que ça. Arrêtez : la vie de parents, ce n'est pas le paradis. Sachez aussi que les premières semaines de vie ne sont pas très représentatives de ce que vous vivrez par la suite (heureusement d'ailleurs !).

Le *baby blues* (un sentiment d'angoisse et de tristesse latent) est très courant dans les deux premières semaines après la naissance et peut suffire à vous faire douter de votre instinct maternel. Il rend un peu difficile la création d'une intimité avec l'enfant. Pour plus de détails sur la dépression *post-partum,* reportez-vous au chapitre 2.

La plupart de pédiatres ne soignent pas le *baby blues*. Ils pourront, en revanche, vous donner quelques conseils et vous diriger vers la bonne personne. Adressez-vous d'abord à votre obstétricien. Mieux vaut demander de l'aide que pleurer seule.

Même si le *baby blues* est très répandu et passe vite, la vraie dépression *post-partum* est moins commune mais plus grave. Si votre humeur passe d'une tristesse latente à un désespoir profond, si vous ne pouvez dormir ou qu'au contraire vous n'arrivez pas à sortir du lit, si vous n'arrêtez pas de pleurer, s'il vous prend des idées de violence contre vous-même ou contre l'enfant, contactez votre médecin ou votre pédiatre, au moins une fois. Vous serez probablement orientée vers un psychologue ou un psychothérapeute qui vous déculpabilisera et vous aidera à franchir ce cap difficile.

On s'imagine parfois naïvement que l'attachement entre parents et Bébé se fait instantanément. Souvent, il faut du temps pour établir ce lien ; mais soyez sans crainte : l'amour viendra.

« Marques de fabrique » de Bébé

Lorsque vous êtes enceinte, vous vous imaginez votre bébé comme le parfait nourrisson, avec des petites fossettes et un teint vermeil. Aucun parent n'imagine son bébé avec des taches de naissance, et pourtant… ils en ont toujours. Beaucoup s'effaceront et finiront par disparaître, mais certaines dureront toute la vie. Nous détaillons la majorité des taches de naissance dans le paragraphe suivant.

La « pince de cigogne » ou le « baiser de l'ange »

Ce sont, et de loin, les taches de naissance les plus répandues : plus de la moitié des bébés ont au moins une de ces taches violettes, rouges ou roses. Elles se situent le plus souvent sur la nuque de Bébé, sur ses paupières, l'arête du nez ou le front. Les *pinces* ou *baisers* sont en fait de minuscules vaisseaux capillaires dilatés sous la peau. La plupart disparaîtront avant que Bébé n'atteigne ses 2 ans ; les taches sur la nuque sont en général les plus persistantes. Mais peu importe parce qu'elles sont recouvertes par les cheveux de Bébé, donc pas de préjudice esthétique ! En tout cas, elles sont sans danger et ne requièrent aucune intervention. Vous remarquerez qu'elles deviennent plus rouges lorsque Bébé pleure ou est en train de salir sa couche, parce que les vaisseaux se remplissent de sang. C'est totalement normal, il n'y a aucun souci à se faire.

La tache café au lait

C'est une tache brune ou mate, qui est aussi assez répandue et que l'on trouve partout sur le corps. Il peut y en avoir plusieurs. Certaines sont présentes à la naissance, d'autres apparaissent au cours des deux premières années de Bébé. Celles-ci ne partent pas et deviennent plus sombres lorsqu'elles sont exposées au soleil. Si Bébé a plus de six taches de cette sorte, parlez-en au pédiatre, cela nécessite sans doute un suivi médical.

La tache mongoloïde ou tache bleue mongolique

C'est une tache de taille variable, de couleur gris-bleu située généralement sur le dos ou les fesses (région lombo-sacrée) ou parfois sur les épaules ou les jambes des bébés à la peau mate. Elle correspond à un naevus pigmentaire. Les statistiques montrent que la majorité des Africains, des Asiatiques, des Indiens et des Hispaniques ont ces taches bleues. La plupart du temps, elles s'assombrissent au cours de la première année, mais finissent par disparaître. En France, du fait de la confusion avec le mongolisme (ancien nom de la trisomie), cette tache est appelée « tache bleue méditerranéenne », car les enfants qui en sont porteurs ont très souvent une ascendance de cette origine.

Assurez-vous que votre pédiatre a pris note de ces taches : elles peuvent être confondues avec des bleus par des baby-sitters trop zélées.

L'hémangiome

Un hémangiome est une tumeur bénigne des cellules qui tapissent les vaisseaux sanguins ; c'est une des formes d'angiomes, également appelée angiome immature.

- **L'angiome fraise** est une tache rouge, légèrement bombée, qui apparaît n'importe où sur le corps de Bébé, à la naissance ou au cours du premier mois. La tache évolue pour son propre compte jusqu'à 6-9 mois, puis se stabilise jusqu'à 18 mois, c'est-à-dire qu'elle n'augmente de taille que de façon proportionnelle avec la taille de l'enfant. Vers 18 mois, elle commence à s'éclaircir en son centre et à diminuer de volume, puis va s'estomper et disparaître en quelques années. Elles auront probablement disparu lorsque l'enfant aura une dizaine ou une quinzaine d'années.

- **L'angiome caverneux,** ou angiome sous-cutané, est plus profond et concerne aussi le système vasculaire. Il est moins répandu que l'angiome fraise et n'est généralement pas présent dès la naissance. Il commence comme une tache plane (on dirait une irritation) et grossit rapidement au cours de la première année. Il est généralement assez étendu, un peu spongieux et bleu. Certains ressemblent à une bosse ou à un bleu (effectivement, vous avez l'air bête lorsque de complets inconnus vous demandent mille fois par jour « Ben, alors, qu'est-ce qui lui est arrivé ? ») Bonne nouvelle, toutefois : la plupart diminuent avant que Bébé n'entre à la crèche et disparaissent complètement avant qu'il n'entre à l'école.

À RETENIR

Les angiomes et les taches de naissance de toutes sortes sont parfois assez grands et pas très esthétiques, surtout lorsqu'ils apparaissent sur le visage de Bébé. Cela peut être très *énervant* pour les parents (surtout à cause de ceux qui ressentent le besoin de vous en parler, comme si vous ne l'aviez pas remarqué). À moins que la tache ne perturbe les fonctions vitales de Bébé (la respiration de Bébé se bloque ou il ne peut manger car l'angiome se trouve sur la lèvre), la plupart des dermatologues recommandent d'attendre. Une intervention chirurgicale prématurée risque de laisser une cicatrice définitive ; si vous laissez faire la nature, il n'y aura probablement aucune trace visible. Une indication opératoire rare est l'angiome immature de la paupière qui risque de masquer la vision et d'entraîner à terme une atrophie du nerf optique : il faut dans ce cas opérer sans tarder.

Les médecins sont plus attentifs aux angiomes proches de l'œil ou situés sur la colonne vertébrale. Ces derniers peuvent être le signe d'une anomalie structurelle de la colonne : il faut en parler à votre médecin.

La tache de vin

DÉTAIL TECHNIQUE

La tache de vin, aussi appelée *nævus flammeus*, est une marque plate, rouge sombre ou violacée. Elle apparaît à n'importe quel endroit du corps. Cette tache est en général présente dès la naissance. Elle grandit avec Bébé et s'épaissit avec le temps. Cela peut être difficile à vivre pour les parents comme pour les enfants surtout lorsqu'elle est située sur le visage. Cependant, lorsque l'enfant atteint l'adolescence, un traitement par laser peut être une solution. Lorsque l'enfant vit mal la présence d'un tel angiome sur le visage (l'entrée en CP peut être difficile à vivre), le laser à colorant pulsé peut être utilisé dès l'âge de 8-10 ans, et donne des résultats, sinon spectaculaires, du moins encourageants.

La cause des taches de vin était inconnue jusqu'à récemment. Apparemment, elles sont liées à une incapacité de l'organisme à resserrer certains vaisseaux sanguins. Si elles apparaissent près de l'œil ou sur la joue, il faut prendre garde, il pourrait s'agir d'un problème plus grave, comme le syndrome de Sturge-Weber : les vaisseaux de l'œil et du cerveau pourraient être affectés. Votre pédiatre examinera ces taches et demandera des examens complémentaires pour en prévenir les complications éventuelles.

Laissez Bébé dormir

Lorsqu'on a un bébé à la maison, on est obligé de revenir aux besoins naturels de base. Brusquement, vos journées tournent autour d'une nécessité à laquelle vous n'aviez jamais accordé grande attention : le sommeil. Vous avez pu constater dès la sortie de la maternité que l'horloge interne de Bébé était loin d'être la même que la vôtre.

De combien d'heures de sommeil Bébé a-t-il besoin ?

ASTUCES

Chaque bébé est différent mais, généralement, les nouveau-nés dorment seize à vingt heures par jour, normalement, par tranches de deux heures. Votre petit s'éveillera pour prendre ses repas, être changé, et pour quelques câlins.

La majorité des tout-petits n'adopte pas tout de suite un véritable rythme de sommeil. Si votre nourrisson s'éveille à des heures différentes chaque jour, ce n'est absolument pas de votre faute… ni de la sienne ! Bébé fait ce que lui recommande son petit corps : manger et dormir (un peu comme vous…). En plus, il consacre une énergie énorme au développement de son système nerveux. Et ce système nerveux jeune et hyperactif risque de garder Bébé éveillé toute la nuit, par exemple. Lorsque tous les neurones seront en place (d'ici deux mois), son rythme de sommeil se stabilisera. Chez un nouveau-né à terme, on estime qu'il faut six semaines pour que le SNC (système nerveux central) puisse gagner en maturité et permettre à l'enfant de mieux structurer son sommeil, et de ne plus confondre le jour et la nuit.

Les oiseaux de nuit et les hyperactifs

À RETENIR

Les bébés qui ne peuvent pas dormir sont « débordés » par leur système nerveux en développement. Parce que Bébé, à son âge, est très sensible aux stimulations, il se peut qu'il ne cède pas facilement au sommeil. N'hésitez pas à le bercer et lui tapoter le dos dans un endroit calme en lui parlant doucement ; essayez toutefois de le coucher dans son berceau lorsqu'il est encore éveillé. Il n'est pas très bon de vouloir le bercer à chaque fois qu'il s'endort : il faut lui laisser une chance d'apprendre à s'endormir tout seul.

Les bébés noctambules (qui atteignent leur pic de forme tard dans la nuit, jusqu'au petit matin) ont une horloge interne réglée *in utero* qui ne s'est pas encore adaptée à la vie extra-utérine. La théorie qui explique cela semble logique : dans le ventre de leur mère, le bébé dort au cours de la journée, bercé par les mouvements maternels. Il s'éveille, bouge et donne des coups de pied lorsque maman se couche. C'est déjà fatigant quand on est enceinte, mais que faire lorsque les coups de pied deviennent des pleurs bien réels ?

ASTUCES

Voici quelques astuces pour aider Bébé à régler son rythme :

- **marquez clairement la fin de la journée :** le soir, éteignez les lumières et faites silence. Plus de *stimuli* intempestifs !
- **couchez-le dans son berceau ;** laissez dans le séjour le transat où il fait la sieste pendant la journée ;
- **raccourcissez les siestes diurnes :** faites-lui faire de l'exercice, donnez-lui son bain (sauf si cela lui donne sommeil), chatouillez-lui les pieds, chantez. Donnez-lui le jour toutes sortes de stimulations qui lui donnent envie de rester éveillé plus longtemps. Sortez-le au moins une fois par jour : le grand air favorisera son sommeil ;
- **conservez pendant la journée un certain niveau sonore :** inutile de marcher sur la pointe des pieds pendant qu'il dort, laissez en marche la télévision et la radio, téléphonez, passez l'aspirateur. Pendant le silence nocturne, il n'en dormira que mieux.

ATTENTION !

Ne lui sautez pas dessus dès qu'il pleurniche une fois couché : s'il a vraiment sommeil, il va sans doute tomber vite endormi. En revanche, n'ignorez pas de vrais pleurs, qui sont des appels de détresse auxquels il faut toujours répondre tout de suite. Bébé n'a pas d'autre point de repère que vous-même : si vous lui laissez l'impression que vous n'existez plus, c'est terrifiant pour lui. En résumé, s'il pleurniche ou gémit, il faut attendre, mais si les pleurs augmentent d'intensité, il faut y aller !

Dormir avec Bébé ?

Pour des raisons pratiques, beaucoup de parents font dormir leur nouveau-né dans le lit conjugal. Vous avez dû lire beaucoup d'informations contradictoires sur cette idée ; les gens ont tendance à être totalement pour ou totalement contre, sans être capables de faire la part des choses. Il y a des avantages comme des inconvénients à avoir Bébé dans son lit. Reportez-vous au tableau 6-1 pour un aperçu des deux.

Tableau 6-1 — Pour ou contre Bébé dans le lit conjugal

Avantages	*Inconvénients*
C'est pratique. Lorsqu'on allaite, mieux vaut avoir son nourrisson à côté de soi, au milieu de la nuit.	Il existe de véritables risques, comme l'étouffement ou l'écrasement du bébé par le papa.
Bébé se sent en sécurité et dort mieux.	L'inquiétude d'avoir Bébé dans leur lit peut empêcher les parents de dormir.
Cela renforcerait le lien entre les parents et leurs enfants.	Cela empêcherait l'enfant de trouver le sommeil une fois dans son lit à lui.
C'est un excellent moyen de contraception...	Et la vie intime des parents, alors !

ATTENTION !

Depuis des semaines, vous n'avez pas réussi à faire une seule nuit complète. Pourtant vous en auriez tellement besoin. Les risques potentiels du partage du lit semblent l'emporter sur les bénéfices. C'est à vous de choisir. Cela dit, il peut y avoir un bon compromis : si Bébé est dans son lit, juste à côté du vôtre, vous avez l'avantage de l'avoir tout près de vous et lui celui d'avoir un début d'indépendance. D'une façon générale, il faut éviter de faire dormir Bébé dans le lit conjugal : il en prendra vite l'habitude, et c'est une mauvaise habitude.

ASTUCES

Vous pouvez aussi installer Bébé dans un berceau équipé d'un côté amovible qui accole son lit au vôtre (figure 6-1) : on appelle ça un *cosleeper*. Cela vous offre les avantages sans les inconvénients. Bébé est juste à côté de vous, mais dans son propre lit. Vous aurez l'avantage de l'avoir toujours tout près de vous, sans les inconvénients que suppose le fait de partager votre lit.

Figure 6-1 : Un bébé dans un cosleeper est tout près de vous. Cela facilite les tétées nocturnes.

Les horaires des tétées

Comme le sommeil, les repas prennent une très grande place dans la vie de jeunes parents. Vous verrez, vous serez surpris de constater à quel point vous vous inquiétez de savoir si Bébé mange suffisamment – ou trop. Vous allez vous questionner sur les gaz, les selles, les rejets éventuels... : c'est aussi ça être parents.

Pas facile de grandir

La plupart des pédiatres recommandent de nourrir les nouveau-nés à la demande (quand Bébé décide que c'est l'heure de manger, en fait) : les jeunes parents sont toujours sur le pied de guerre, le biberon à la main pour être prêts à répondre dès que Bébé commence à chouiner. En effet, il n'aura pas de rythme précis avant quelques semaines. En revanche, il est conseillé de respecter des intervalles libres de deux heures et demie au minimum entre chaque repas, pour que Bébé puisse digérer.

À RETENIR

Pendant les 3-4 premiers mois, Bébé (qu'il soit allaité ou nourri au biberon) va pratiquement doubler son poids de naissance et grandir de 10 à 12 cm. Si vous allaitez, Bébé va téter plus souvent, avec plus d'énergie et peut-être plus longtemps. Vous risquez d'avoir des fuites (un peu comme lors des premières montées de lait) et vos seins seront peut-être plus douloureux que d'habitude.

Bébé mange-t-il trop ?

Même les tout petits bébés peuvent avoir de gros appétits. Lorsque Bébé est au sein, il boit pour se remplir l'estomac, mais aussi pour le plaisir de la succion. Si vous fabriquez du lait de façon abondante, il est probable qu'il sera vite repu. Mais s'il est goulu, il boira davantage et risquera de régurgiter le « trop plein ». Ce n'est pas gênant pendant les premières semaines, mais il faudra ensuite espacer les tétées pour laisser à Bébé le temps de digérer. Les bébés nourris au sein peuvent contrôler leurs repas et s'arrêter automatiquement quand ils en ont assez.

En revanche, lorsque l'on propose le biberon, il est normal d'offrir une quantité en adéquation avec le volume gastrique du bébé. Par exemple, un bébé de 4,5 kg peut recevoir des biberons de 150 ml ; un bébé de 5,5 à 6 kg peut recevoir des biberons de 180 à 210 ml ; un bébé de 7,5 à 8 kg peut boire sans risque un biberon de 240 ml.

Si Bébé est goulu et réclame davantage à la fin d'un biberon pourtant adapté à son poids et au volume de son estomac, c'est souvent qu'il a bu très vite (en cinq à dix minutes) et n'a pas assouvi son besoin de succion. La solution est de lui proposer sa tétine, mais sûrement pas de lui proposer un complément de lait : à force de donner des quantités trop importantes, son petit estomac risque de se dilater et il y aura, à terme, un risque de vomissement en jet et possibilité d'accident asphyxique (fausse route), alors prudence !

Rassurez-vous, ces inconvénients sont temporaires : votre corps a une capacité d'adaptation tout à fait remarquable. Lorsque Bébé aura trouvé la quantité de lait dont il a besoin (ce qu'il fait par des tétées plus fréquentes ou plus insistantes), l'allaitement entrera dans une nouvelle phase. Cette phase gloutonne ne durera que quelques jours, probablement pas plus d'une semaine.

Lors d'une poussée de croissance, il est très important de continuer d'allaiter Bébé à la demande, afin que votre propre production de lait soit suffisante. Vous pourriez être tentée d'ajouter des biberons pour vous laisser un peu de répit lorsque la demande augmente, mais c'est contreproductif. Si Bébé ne peut se nourrir autant qu'il le veut, votre production de lait ne va pas augmenter en conséquence : vous serez tous les deux frustrés. Au final, le fait d'ajouter des biberons ne ferait que vous forcer à le sevrer plus tôt que prévu.

En selle !

Beaucoup de nourrissons semblent être nés avec la mission de faire doubler la production internationale de couches-culottes à eux tout seuls. Un nouveau-né salit parfois sa couche après chaque repas, ce qui peut vous amener à dix fois par jour pour un bébé nourri au sein. Rien d'inhabituel. Après tout, ce qui entre doit bien finir par sortir ; si Bébé salit souvent sa couche, c'est un moyen d'être bien sûre qu'il a suffisamment à manger (si vous allaitez et que votre bébé a moins de deux selles par jour, il n'a peut-être pas assez de lait). Les selles d'un bébé nourri au sein sont assez liquides, jaunes et un peu grumeleuses. Celles d'un bébé nourri au biberon sont moins fréquentes (une à trois fois par jour, votre enfant prendra son propre rythme) ; les selles sont en général marron clair et plus solides.

Les selles d'un nouveau-né sont étonnamment bruyantes : ne soyez pas alarmée par les pétarades que vous entendez (parfois, un petit grognement va même lui échapper) ou par la quantité de selles dans sa couche. Ayez toujours un gros stock de couches à la maison et plein de vêtements propres près de la table à langer.

Au cours du second mois, les selles sont moins fréquentes même si elles restent assez bruyantes jusqu'à ce que Bébé commence à manger du solide ; à partir de ce moment-là, ses selles deviennent, elles aussi, plus solides.

Les selles vertes sont tout à fait normales. Il faut s'inquiéter si elles sont rouges (c'est du sang), noires (du sang coagulé), blanc « mastic » ou décolorées (possiblement révélatrices d'un problème hépatique).

Enfin, la présence de glaires dans les selles ne doit inquiéter que lorsqu'elles s'accompagnent d'une diarrhée.

Que de gaz !

Les bébés sont de petites créatures très flatulentes. Cela peut être dû au fait que Bébé avale de l'air, ou lié à ce que la maman qui allaite a mangé. Certains bébés font de petits rototos au cours de la journée, d'un air satisfait. Mais parfois, les gaz restent dans l'estomac et les intestins font des bulles, et ce n'est pas très agréable pour Bébé. C'est ce qu'on appelle les « coliques du nourrisson ».

Les gaz peuvent être douloureux. Si c'est le cas, votre nourrisson crie et ramène ses jambes sur son ventre. Évidemment, votre but est de le calmer, de faire évacuer ses gaz et d'éviter que cela ne se reproduise.

Si votre enfant, nourri au biberon, a des gaz un peu trop souvent, essayez d'utiliser un biberon coudé. Cela permet d'enlever tout l'air du biberon avant de nourrir Bébé, ce qui minimise ses chances d'avaler de l'air en même temps que le lait. On peut essayer de changer la tétine sur un biberon standard, pour voir si le problème y est lié. La tétine dont vous vous servez est peut-être trop petite, ce qui fait que Bébé tète de l'air alors qu'il essaie désespérément d'avoir à manger.

Faites-lui faire son rot au milieu de chaque biberon (voire deux ou trois fois pendant le biberon s'il a vraiment beaucoup de gaz), puis une fois quand il a complètement fini. S'il ne fait aucun rot après une minute ou deux, insistez. Il est important qu'il évacue tout de suite le gaz de son système digestif, pour qu'il ne sorte pas une heure plus tard de façon douloureuse.

Une mère qui allaite doit surveiller son propre régime quelques jours pour essayer de distinguer les aliments qui irritent le système digestif de Bébé, par exemple :

- les produits laitiers (lait, fromage, glace). Inutile de consommer du lait pour produire du lait ;
- la nourriture épicée (notamment l'ail) ;
- les excitants (comme la caféine) ;
- les aliments qui favorisent les gaz (brocolis, haricots blancs, choux, ou trop de légumes en tout genre).

Ne supprimez pas tous ces aliments en même temps, vous ne saurez jamais lequel est « coupable ». Isolez et éliminez chaque groupe pendant quelques jours en prenant note de la réaction de Bébé. S'il semble avoir moins de gaz, vous pouvez attribuer ce soulagement au dernier groupe que vous avez supprimé de votre régime. Soyez vigilante pour déterminer l'aliment que le système digestif de Bébé a du mal à supporter

ASTUCES

En dépit de tous vos efforts, Bébé peut encore souffrir de gaz. Certaines positions peuvent l'apaiser ; il faut appuyer doucement sur son ventre. Si cela n'arrange rien, arrêtez immédiatement. Essayez les positions suivantes :

- Allongez-le sur le dos, sur une surface plate et appuyez doucement sur son ventre dans le sens du transit intestinal (dans le sens des aiguilles d'une montre autour de son nombril), afin de faire évacuer ses gaz.
- Prenez-le dans vos bras, en lui tapotant le dos, comme pour lui faire faire son rot pendant une tétée. Cela pourra parfois provoquer un renvoi qui le soulagera.
- Asseyez-vous et posez-le sur vos jambes, la tête en bas. Tapotez-lui le dos et faites-le sauter sur vos genoux doucement.
- Vous pouvez lui donner un bain d'eau tiède en lui massant doucement le ventre, toujours dans le sens du transit intestinal.

Si rien ne fonctionne et que cela arrive souvent, appelez votre pédiatre pour plus de conseils. Il vous recommandera peut-être du Débridat*, qui a une action régulatrice sur le transit, et antispasmodique, mais ce produit a des résultats très variables : il agit comme un charme sur certains enfants, d'autres y sont totalement insensibles. Le pédiatre suggérera peut-être un changement de lait artificiel, si Bébé est nourri au biberon.

Il pleure, il pleure, le bébé…

… le bébé du bois, Mesdames ! Tous les bébés pleurent, mais certains plus souvent et plus fort que d'autres. Votre nouveau-né, même s'il est le plus intelligent de la planète, n'a pas encore la capacité de vous exposer ses problèmes en termes choisis. Petit à petit, vous apprendrez à distinguer ses différents pleurs. Pour l'instant, il y a forcément des moments où vous vous demandez ce qu'il a ; c'est normal, cela arrive à tous les parents et c'est toujours perturbant, même si vous êtes tout à fait capables de vous occuper de Bébé.

Décryptez les pleurs de Bébé

À RETENIR

La fréquence, l'intensité et la tonalité des pleurs diffèrent en fonction de leur cause : la faim est la première des raisons sur la liste. S'il pleure encore après que vous avez essayé le biberon ou le sein, vérifiez sur cette liste qu'il n'y a pas une réponse simple à son problème :

- A-t-il besoin qu'on lui change la couche ?
- A-t-il trop chaud ou trop froid ?
- Est-il fatigué et pleure-t-il uniquement parce qu'il voudrait dormir ?
- Une étiquette lui gratte-t-elle le cou, ou son pied est-il coincé dans sa chaussette ?
- A-t-il des coliques ?
- Est-il malade (un nourrisson qui a une forte fièvre ou qui vomit doit voir son pédiatre le plus tôt possible) ? Dans ce cas, il est geignard et souvent abattu.

Évidemment, vous savez régler ce genre de problème. Si rien ne vous explique le désespoir flagrant de votre petite crevette, peut-être est-ce qu'il est trop stimulé, effrayé ou juste *mal*. Souvenez-vous que son système nerveux n'est pas encore totalement mature : des choses qui ne dérangeraient pas un adulte (le bruit, la lumière, une odeur inhabituelle) peuvent sérieusement irriter un tout-petit.

ASTUCES

Pour remédier à la situation, essayez de le consoler ainsi :

- **Emmitouflez-le.** Les nourrissons adorent être serrés, au chaud et en sécurité. Veillez toutefois à ce qu'il ne soit pas trop engoncé, il crierait encore plus.
- **Prenez-le dans vos bras, bercez-le, promenez-le.** Le mouvement apaise beaucoup de petits énervés.
- **Proposez-lui une tétine.** Dès qu'il naît, Bébé a ce que l'on appelle un « réflexe de succion » qui lui permet de satisfaire ses besoins alimentaires, mais à côté de cela, il a besoin de téter. Cela le calme et lui procure une sensation de bien-être et d'apaisement. Le chapitre 8 détaille le pour et le contre des tétines.

Il est angoissant d'entendre pleurer Bébé sans arriver à le calmer. Au pire, gardez-le dans vos bras tant qu'il pleure, c'est-à-dire qu'il s'estime en situation de détresse : au moins, vous ne l'abandonnez pas à une terrifiante solitude. Tant que vous cherchez la cause de son chagrin et que vous ne le stimulez pas trop, vous faites tout ce qui est en votre pouvoir pour le soulager.

Si vous supposez que son malaise est lié à des gaz, reportez-vous à la partie précédente. Il est aussi possible que vous ayez un enfant plus sensible que les autres au monde qui l'entoure. Une journée pleine de *stimuli* divers et variés (de la lumière, des voix, des odeurs, du mouvement) peut finir par une explosion volcanique le soir, parce que Bébé doit tout faire sortir. Les bébés sensibles sont traités au chapitre 8.

Quand vous n'en pouvez plus d'entendre pleurer Bébé, laissez-le quelques instants dans son berceau et éloignez-vous un peu pour retrouver votre calme. Certains nouveaux parents sont, à un moment ou à un autre, épuisés ; quitter la pièce un petit moment est parfois la meilleure chose à faire pour vous et pour votre bébé. Inspirez profondément, étirez-vous si cela peut vous aider. C'est le moment d'appeler brièvement le papa, votre meilleur ami ou votre maman. Vous ne pouvez pas tout porter toute seule. Profitez-en pour vous détendre. Dites-vous bien que le but de Bébé n'est pas de vous gâcher la journée. Et revenez le rassurer : ça finira bien par passer.

Gérez les coliques

Dans le langage courant, avoir la colique signifie avoir la diarrhée. Les coliques du nourrisson sont des contractions douloureuses des muscles du gros intestin (côlon) calmées par l'émission de gaz.

Un bébé qui pleure longuement à heures fixes sans raison évidente peut souffrir de coliques, ce qui est une expérience très difficile pour Bébé et pour vous : tous les parents qui ont dû faire face à cette épreuve vous le diront et compatiront.

Les coliques du nourrisson sont un phénomène dû à la fois à l'immaturité digestive (elles disparaissent à 3-4 mois) et à un phénomène psychoaffectif au cours duquel le bébé, sentant la nuit tomber, s'angoisse. Lorsqu'il est anxieux, les muscles péricoliques (autour du gros intestin) se contractent de façon spasmodique et sont responsables de douleurs abdominales avec pour résultat des pleurs impressionnants.

Les parents prennent alors leur bébé contre eux, mais ils sont eux-mêmes si désemparés par ces pleurs (qu'ils ne s'expliquent pas, parce que Bébé est repu, sa couche est propre, alors pourquoi hurle-t-il ?) et se sentent si impuissants à gérer ces pleurs, qu'ils angoissent et transmettent leur anxiété à leur bébé, ce qui pérennise le phénomène et prolonge la crise douloureuse.

En revanche, quand il s'agit d'un deuxième ou troisième bébé, les parents, plus expérimentés, et beaucoup plus détendus devant ces épisodes de pleurs, sont beaucoup plus à même de rassurer leur bébé. C'est pourquoi les coliques touchent 90 à 95 % des premiers-nés et seulement 20 à 30 % des enfants ultérieurs !

Bébé pleure pendant plusieurs heures, tous les jours à la même heure (souvent tard le soir), au moins trois fois par semaine. Cela se manifeste normalement pendant les premiers mois. On ne connaît pas vraiment la cause exacte des coliques (il y a probablement un ensemble de causes). On a attribué ces pleurs à un système digestif immature, perturbé par les gaz. De nouvelles théories suggèrent que les coliques sont liées au système nerveux en développement : Bébé est incapable de gérer un environnement irritant. Quelle qu'en soit la cause, les coliques ne mettent pas en danger votre bébé ; elles disparaîtront d'elles-mêmes à la fin du troisième mois. En revanche, c'est très difficile pour les parents qui subissent les hurlements jour et nuit. Voici quelques astuces pour calmer un bébé qui a des coliques :

- **Calmez-le avec du bruit et des vibrations.** Mettez l'aspirateur ou un ventilateur en route. Mettez Bébé à côté du sèche-linge en marche. Emmenez-le en voiture. Les vibrations et le bruit sont connus pour endormir un bébé qui a des coliques.
- **Prenez-le dans vos bras.** Mettez Bébé dans un sac kangourou. Plus ça va mal, plus il a besoin d'être contre sa maman. Le meilleur endroit pour souffrir, c'est dans les bras de sa maman.
- **Proposez-lui une tétine.** Cela calme les bébés de téter surtout si leurs sens sont à fleur de peau. S'il refuse la tétine, reproposez-la-lui quelques heures plus tard.
- **Massez-le, chantez, remettez votre parfum habituel.** (Si, si, même en pleine nuit.) Le toucher a un pouvoir calmant qui vous surprendra, ainsi que les autres sens.
- **Changez d'air.** Essayez de l'emmener en promenade ou donnez-lui un bain. Pour des raisons inconnues, certains bébés se calment immédiatement (ben oui, si ça marche, après tout…).

Et surtout, surtout, si quelqu'un vous propose de l'aide, acceptez l'offre. Des pleurs de bébé peuvent rendre fous le plus tendre des parents. Si vous finissez en pleurs dans votre lit pendant que Bébé fait pareil, il est temps de prendre soin de vous. Apparemment, le vieil adage qui dit qu'être parent est le plus dur métier au monde a dû être inventé par quelqu'un qui avait eu affaire à des bébés ayant des coliques.

Les coliques peuvent causer des ravages dans votre couple. Il est important de garder la communication, de parler du problème et de laisser du temps à l'autre pour respirer. Aucun parent ne doit se retrouver seul à gérer un bébé qui a des coliques vingt-quatre heures sur vingt-quatre. C'est très mauvais pour lui. Quant à Bébé, il préfère toujours avoir un papa ou une maman reposé(e) (enfin, tout est relatif).

Partir avec Bébé sous le bras

Rester cloîtrée à la maison avec Bébé n'est pas forcément l'idylle que les autres ont l'air de s'imaginer (comme vos anciens collègues, par exemple, qui s'imaginent sincèrement que vous dormez toute la journée et que vous vous mettez du vernis à ongles avec vos copines). Cela peut finir par être psychologiquement très difficile de rester dans votre maison, même si elle est spacieuse, même si c'est pour de bonnes raisons et en bonne compagnie.

Si vous vous sentez bien (c'est-à-dire que le contrecoup de la naissance n'est plus qu'un souvenir), vous pouvez emmener Bébé pratiquement n'importe où. Quelques conseils pour cette première promenade :

- **Prenez un sac avec tout ce dont vous avez besoin.** Un bon stock de couches, des lingettes, des biberons et du lait pour les enfants nourris au biberon, des bavoirs et une tétine si Bébé en a une.
- **Ne faites pas trop de projets.** Ce n'est pas sorcier de se promener avec un nourrisson, il faut faire preuve de souplesse. Une promenade d'une demi-heure il y a six mois peut vous prendre aujourd'hui plus d'une heure. Sachez-le.
- **Pour les premières sorties, partez avec quelqu'un.** Il va falloir s'habituer à une nouvelle façon de quitter la maison et de gérer les besoins de Bébé à l'extérieur. La transition sera beaucoup plus facile si vous avez quelqu'un pour vous prêter main forte les premières fois, et pas seulement pour vous aider à tout porter !
- **Évitez d'emmener Bébé dans une maison où les gens sont malades.** Le système immunitaire d'un tout-petit n'est pas encore bien équipé pour se battre contre le rhume et la grippe. Le risque est double : Bébé est plus susceptible d'être contaminé que tout un chacun, d'une part, et d'autre part il risque, s'il tombe malade, d'être plus atteint qu'un enfant plus âgé, au système immunitaire plus mature.

Évidemment, il vous est déjà arrivé de sortir de chez vous. Eh bien continuez, ce n'est guère différent avec Bébé, mais donnez-vous une marge dans votre planning parce que votre emploi du temps tourne maintenant autour des besoins de Bébé. Pour l'instant, prenez chaque moment comme il vient et ne planifiez pas les choses de façon trop précise. Un jour ou l'autre, vous verrez, vos sorties deviendront une part de votre quotidien. Pour plus d'informations à ce sujet, reportez-vous au chapitre 3.

ASTUCES

Prenez soin de vous

Vous allez avoir deux préoccupations au cours de ce premier mois, les besoins de Bébé et les vôtres. Devenir parent demande courage, patience et un certain sens du sacrifice dont le premier concerne votre sommeil. Pour être prête à prendre soin de votre enfant, il faut prendre soin de vous. Nourrissez-vous bien. Dormez (ou reposez-vous) lorsque Bébé fait la sieste. Acceptez autant de propositions d'aide que possible et n'hésitez pas à exprimer vos seuils de tolérance (vous ne voulez peut-être pas avoir votre maman à domicile vingt-quatre heures sur vingt-quatre, mais dites-lui que vous apprécieriez certainement qu'elle vous donne un coup de main le soir).

Et surtout, il faut avoir des attentes réalistes. Les premiers mois avec Bébé demandent d'importants ajustements et tout le monde a besoin de temps pour s'adapter. Soyez détendue par rapport à vous-même et par rapport à votre partenaire, qui découvre en même temps que vous la vie avec Bébé.

N'hésitez pas à vous faciliter un peu la vie, par des petites choses que vous préfériez éviter auparavant : prenez des repas à emporter, faites le ménage une fois par semaine. Laissez votre mère plier le linge. Même si, en imaginant la vie avec Bébé, vous ne pensiez pas manger chinois dans des barquettes, avoir une salle de bains poussiéreuse, et supporter la façon de plier le linge de votre maman, accordez-vous cela. Vous avez droit à tout ce qui vous facilite la vie pour garder de l'énergie pour votre bébé.

Chapitre 7

Le deuxième mois : trouver son rythme

Dans ce chapitre

- Regarder Bébé évoluer
- Observer le rythme de Bébé
- S'adapter au rythme d'un bébé nourri au sein

Au cours de ce premier mois, Bébé était très occupé à grandir et à apprendre de nouvelles choses : difficile de croire qu'il y a quelques semaines, ce n'était qu'une petite crevette qui ne souriait pas, ne gazouillait pas et dormait tout le temps. Le deuxième mois est plein de petites victoires et demande de nombreux ajustements. Les parents qui ont l'habitude de se laisser porter ont peut-être un léger avantage sur ceux qui ont un planning très précis, simplement parce que la majorité des bébés n'est pas encore capable d'avoir un emploi du temps fixe.

Dans ce chapitre, vous trouverez les prochaines évolutions de Bébé ainsi que quelques conseils pour vous adapter à ces changements. Les bébés nourris au biberon évolueront vers des horaires plus réguliers. Vous parviendrez à savoir la quantité qu'il lui faut à chaque repas et à quelle heure il a faim. Ce n'est pas forcément le cas pour les bébés nourris au sein. Nous vous donnerons donc quelques conseils pour gérer ces horaires chaotiques.

Les visites chez le médecin

Les changements sont extrêmement rapides. Bébé commence vraiment à ressembler à l'adorable bout de chou que vous attendiez lorsque vous étiez enceinte ; il est beaucoup plus attentif à son environnement. Même s'il est très agréable de s'installer dans un fauteuil pour le regarder grandir, vous pouvez prendre une part active à son développement. Attention, n'en attendez pas trop : il ne va pas se mettre à courir tout de suite.

Dans cette partie, nous vous expliquons à quoi il faut s'attendre lors de votre visite mensuelle chez le pédiatre, nous vous donnons quelques trucs sur les évolutions de Bébé et quelques astuces pour participer à ce développement.

La visite du deuxième mois

Cette visite va faire le tour des choses importantes. Évidemment, vous serez épuisée (autant à cause de l'excitation de constater les évolutions de Bébé que des tétées du matin), aussi préparez-vous une liste de questions dont vous voulez discuter avec votre pédiatre. Par exemple, vous souhaiterez peut-être savoir si les selles explosives de Bébé sont normales (oui) ou s'il peut vous voir de l'autre bout de la pièce (pas encore). Parce qu'un bébé est une source permanente d'étonnement, il n'y a pas de fin aux questions des jeunes parents. N'hésitez pas à les poser. Votre médecin reste la meilleure source d'informations !

ASTUCES

À la maison, gardez sous la main un petit carnet pour noter au vol les questions qui vous viennent à l'esprit. Laissez-le en permanence dans votre sac, pour ne pas le perdre au milieu du joyeux désordre de Bébé.

Au cours de cette visite, attendez-vous aux choses suivantes :

- Bébé est pesé et mesuré (y compris la circonférence de la tête et du torse).
- Le pédiatre prend note du développement physique et de l'éveil psychomoteur de Bébé : peut-il lever la tête quand il est sur le ventre ? A-t-il une ébauche de tenue de tête lorsqu'on le maintient assis ? Sourit-il de façon volontaire (sourire « réponse ») et depuis quand ? Y a-t-il un début de gazouillis ? À quoi ressemble son nombril ? L'examen somatique complet sera réalisé : auscultation cardio-pulmonaire, palpation de l'abdomen, des organes génitaux et des fosses lombaires, examen ORL, hanches, pieds, colonne vertébrale, évaluation du tonus axial et périphérique.
- Le pédiatre vous demande si vous avez des questions ou des inquiétudes : les fesses de Bébé sont-elles rouges et rugueuses ? Est-il un champion du vomi ? Le médecin vous donnera des conseils en conséquence (une crème contre l'irritation) et vous posera des questions pour s'assurer que tout va bien (il vous demandera peut-être si Bébé vomit abondamment et par jets, par exemple, pour détecter un problème gastro-intestinal).
- Votre médecin voudra savoir comment les choses se passent avec Bébé en général : les repas, le sommeil, les selles, les câlins, bref, tout. Soyez honnête. Ces premiers mois ne sont faciles pour personne et votre médecin peut avoir des conseils très intéressants adaptés à telle ou telle situation.

Les vaccins

DÉTAIL TECHNIQUE

Au cours de cette première année, la plupart des visites chez le médecin comprendront *en principe* un vaccin. Pas d'inquiétude, nous vous expliquons au chapitre 18 en quoi consistent ces vaccins et comment protéger votre bébé. Ce mois-ci, on lui fera la première injection du Pentacoq* ou Infanrix Quinta* (Diphtérie, tétanos, coqueluche, poliomyélite, infections à *Haemophilus influenzae B*) ou Infanrix Hexa* (le même, avec en plus le vaccin contre l'hépatite B).

ASTUCES

Demandez quels en sont les effets secondaires, comment vous pouvez soulager Bébé, ainsi que les réactions qui nécessitent que l'on appelle un médecin. Vous pouvez, au cours de ce deuxième mois, faire vacciner votre bébé contre certains types de pneumocoques responsables notamment de la méningite à pneumocoque (vaccin Prévenar*) ainsi que la gastro-entérite à rotavirus (vaccin buvable, Rotateq* ou Rotarix*).

Les étapes du mois

D'une petite créature rougeaude, Bébé devient un adorable petit bout, agréable à regarder et à côtoyer. Au cours de ce deuxième mois, vous pouvez vous attendre aux évolutions suivantes :

- Bébé récupère enfin une forme de tête normale. Les os de son crâne sont encore assez malléables mais, ce mois-ci, ils reprennent une forme normale après le traumatisme de la naissance. Les endroits fragiles sur le dessus et l'arrière de la tête (les *fontanelles*) permettent le réajustement des os du crâne. Parfois, lorsque le crâne est trop déformé par l'accouchement ou par le fait que Bébé dort toujours en appui sur la même zone du crâne, il peut être nécessaire de faire pratiquer, par un spécialiste, quelques séances d'ostéopathie crânienne : votre pédiatre vous en parlera.
- Sur le ventre, il arrive à lever sa tête à 45°.
- Il arrive à suivre les mouvements d'un objet devant lui en tournant la tête.
- Ses mouvements sont moins aléatoires, plus maîtrisés.
- Bébé découvre ses mains, qui sont souvent une source inépuisable de gazouillis et de sourires (au cours du mois, il sera aussi capable de s'amuser avec les jouets de son mobile).
- Il sourit et gazouille (areu!).

ATTENTION !

Soutenez bien le cou. Certains bébés arrivent déjà à tenir leur tête, mais la plupart sont encore un peu branlants. Bébé n'arrivera à bien tenir sa tête qu'au bout du quatrième mois. Quand vous le prenez dans vos bras, continuez donc à lui soutenir le cou. Laissez-le tester ses muscles en pleine croissance, mais soyez toujours prête à rattraper une tête un peu lourde.

Encourager le développement de Bébé

Au cours du deuxième mois, la force et la coordination de Bébé s'améliorent beaucoup ; vous pouvez l'aider à se développer plus vite, mais inutile de vous précipiter pour acheter des haltères et un tableau noir.

Chaque jour, laissez votre petit bout passer un moment sur le ventre. Bien sûr, ça a l'air très inconfortable, mais c'est une excellente façon de lui faire travailler ses petits muscles : allez, on soulève la tête ! Et on tourne le cou ! Et on trouve ses mains ! Par contre, mettez-vous en face de lui pour que vous soyez dans son champ visuel, sinon il pleurera immanquablement.

Pour ce faire, posez Bébé sur une surface propre et sûre : une couverture au sol fera tout à fait l'affaire. Laissez-le tester ses muscles tant qu'il veut, et aussi longtemps que vous êtes capable de le regarder se frotter le visage sur la couverture. Même à cet âge, Bébé peut toujours faire un geste inattendu et se propulser vers l'avant, l'arrière ou sur le côté : il ne faut donc pas le poser sur un canapé.

Offrez-lui un miroir pour bébé (disponible dans les magasins de jouets) : cela le distraira beaucoup.

Développez sa coordination en le mettant sur le dos ou dans un siège auto et en lui proposant des objets qui l'intéressent. Les bébés adorent les objets qui ont un contraste de couleurs en noir et blanc ; ils aiment aussi les visages humains. Très vite, Bébé va essayer d'attraper ce que vous lui proposez : c'est le début de la coordination. Plus il a d'occasions de s'y entraîner, plus tôt cela se développera.

À RETENIR

Certains travaux laissent à penser que les bébés ne distinguent pas bien les couleurs avant le quatrième mois. Des recherches ont prouvé que les nouveau-nés aiment les contrastes, le noir et blanc. Cherchez des jouets avec des carreaux ou des rayures en noir et blanc. Les bébés sont aussi très intrigués par les visages, surtout les zones de contrastes comme la racine des cheveux (mais oui, c'est aussi parce qu'il vous aime beaucoup qu'il vous regarde comme cela).

Maintenant, il faut dormir (par pitié !)

On reconnaît aisément de jeunes parents à leurs cernes, leur teint blafard et leur capacité étrange à calculer exactement le nombre de minutes de sommeil qu'ils ont eu au cours de la semaine précédente. Le premier mois d'insomnie touche à sa fin ; au deuxième mois, vous commencez vraiment à vous demander s'il va un jour faire ses nuits. La réponse est oui, mais peut-être pas tout de suite.

Diminuez les siestes en journée

Si votre bébé refuse de dormir la nuit, c'est peut-être qu'il dort trop le jour. S'il ne fait aucune différence entre le jour et la nuit ou qu'il a tout simplement décidé que la nuit était faite pour s'amuser et pas du tout pour dormir, prenez des mesures pour le garder éveillé pendant la journée. Un nouveau-né est capable de s'endormir d'un bloc malgré toutes les stimulations du monde, c'est un peu moins le cas d'un bébé de deux mois.

Pour garder Bébé éveillé pendant des périodes plus longues :

- Posez-le sur le ventre pour lui faire faire de l'exercice.
- Montrez-lui des jouets noir et blanc.
- Chatouillez-lui le ventre et les pieds.
- Chantez-lui des chansons.
- Amenez-lui de la visite.

Pour commencer, essayez de maintenir votre petit noctambule éveillé pendant deux heures d'affilée. Quand il devient un peu plus éveillé, aux mêmes horaires que vous, rallongez les périodes, par tranches de dix minutes.

Laissez-le dormir quand il en a assez ! La plupart des bébés de cet âge peuvent difficilement rester éveillés plus de trois ou quatre heures d'affilée. Vous pouvez bien sûr le pousser à bout de temps en temps, mais pas longtemps. Mettez-le au lit avant qu'il ne se mette à se plaindre vraiment. Un bébé trop stimulé peut avoir du mal à s'endormir.

Prévoyez des activités du soir pour les bébés qui s'endorment épuisés à 19 heures pour se réveiller trois heures plus tard, prêts à faire la fête. Un bain d'avant coucher calmera Bébé et l'épuisera peut-être (tant mieux pour vous !).

Si vous essayez de corriger chacun de ces troubles potentiels, avez-vous la garantie d'avoir un bébé qui va faire ses nuits ? Non. Chaque enfant est différent, et ce qui a aidé à calmer le nourrisson de votre meilleur(e) ami(e) peut irriter le vôtre. Malheureusement, certains parents découvrent que, quoi qu'ils fassent, leur bébé n'est pas encore prêt à dormir longtemps. Continuez à vous dire que votre enfant finira un jour par dormir… et vous aussi.

Ajoutez des biberons pour un meilleur sommeil

Les nouveau-nés nourris au biberon ont tendance à dormir plus longtemps au cours de la journée et à faire leurs nuits plus tôt que leurs camarades allaités : le lait en poudre n'étant pas digéré aussi vite que le lait maternel, les bébés ont le ventre plein plus longtemps. Si votre bébé, nourri au sein, s'endort après la tétée du soir pour se réveiller deux heures après, en réclamant plus, il y a des chances pour qu'il ait vraiment faim. Il est possible et même probable aussi que, fatiguée par votre journée, vous n'ayez plus assez de lait au cours de cette tétée du soir.

Si vous avez atteint un degré de saturation tel que vous n'en pouvez plus de vous lever la nuit, demandez à votre pédiatre ce qu'il pense d'un ajout de biberon au moment du coucher. Lisez la partie suivante, « A-t-on besoin d'ajouter des biberons ? », pour plus d'informations.

Le blues de l'allaitement

Pendant le deuxième mois, l'allaitement n'est plus l'incroyable aventure qu'elle était au début. Maintenant, vous savez à quoi vous attendre à chaque tétée, ce qui est en soi une bonne nouvelle. Pas de surprise lorsqu'une giclée de lait traverse la pièce.

Les mamans qui allaitent sont souvent un peu découragées au bout du deuxième mois : leur petit n'a pas l'air d'adopter des horaires réguliers, et ça, personne ne l'avait mentionné à l'hôpital. Votre job de nourricière vingt-quatre heures sur vingt-quatre (service à toute heure!) peut devenir un peu pesant. On finit par se demander pourquoi on n'oblige pas Bébé à se caler sur des horaires : finalement, n'est-ce pas votre travail de mère ?

A-t-on besoin d'ajouter des biberons ?

Pendant la consultation de Bébé, discutez avec le docteur de sa façon de se nourrir. D'après sa courbe de croissance, le pédiatre vous dira s'il se nourrit suffisamment. Il arrive que les bébés nourris au sein n'aient pas assez de lait, pour des raisons variées (vous avez un problème aux mamelons, le réflexe de tétée du bébé est faible ou la production de lait est insuffisante). Ce n'est la faute de personne, cela arrive de temps en temps. Si le pédiatre vous dit que c'est le cas, il vous encouragera probablement à compléter vos tétées par du lait artificiel.

Si vous ne produisez pas assez de lait pour l'appétit croissant de Bébé, prenez un peu de recul pour voir si vous pouvez lâcher du lest. Souvent, les mamans sont déjà de retour au travail au bout du deuxième mois. Il est possible que vous soyez stressée toute la journée et que vous ne buviez pas assez ; vous n'avez pas le temps de vous nourrir correctement ou de vous reposer : tout cela est nécessaire pour de bonnes tétées ou pour parvenir à tirer suffisamment de lait. Vous pouvez aussi continuer à prendre les vitamines et le fer que l'on vous a prescrits pendant la grossesse.

Les biberons supplémentaires présentent un autre avantage, hormis le remplissage du petit bedon. Cela signifie que le papa peut se lever de temps en temps la nuit pour donner un biberon. Et s'il vous prend l'envie de sortir en amoureux, vous pouvez laisser Bébé avec une baby-sitter, il ne mourra pas de faim.

N'ajoutez pas de biberon supplémentaire au régime de Bébé tant que l'allaitement n'est pas correctement mis en place, c'est-à-dire au bout de six semaines environ. Lui proposer des biberons avant cette date risque d'embrouiller un peu Bébé, car le sein et le biberon se tètent de façon différente.

Pour tout vous dire, si vous pensez ajouter des biberons supplémentaires, c'est maintenant qu'il faut le faire. Si vous attendez qu'il ait quatre mois, il risque de refuser tout net un quelconque substitut au sein.

Bébé sera prêt à accepter un repas supplémentaire sans broncher s'il a faim et qu'il est de bonne humeur mais pas s'il a faim et qu'il hurle. S'il est très énervé, il recherche la consolation que vous seule (et votre sein) pouvez lui apporter.

Par un penchant compréhensible pour la facilité, certains bébés finissent par préférer le biberon au sein. Avec le biberon, au moins, ils n'ont pas à pomper comme des brutes : l'arrivée de lait est immédiate. Soyez gentille : faites donc sortir un peu de lait avant de proposer le téton à Bébé, pour qu'il ait tout de suite quelque chose à boire.

Que faire si Bébé a faim (certes, pas au point de hurler, mais quand même) et qu'il refuse toujours le biberon ? Laissez papa ou un autre proche tenter sa chance. Votre bébé est intelligent et très sensible : il reconnaît votre voix, votre peau, votre odeur, liées au lait maternel. Et même si vous sentez délicieusement bon, ses pleurs vont probablement stimuler votre montée de lait : il va en sentir l'odeur et ne comprendra pas pourquoi on le lui refuse.

Compléter les repas de Bébé avec des biberons, c'est bien. Ajouter des céréales, c'est beaucoup moins bien. Son système digestif n'est absolument pas capable de digérer les solides pour le moment. Donc, même si vous pensez qu'il est prêt… il ne l'est pas.

Plus de tétées ?

Si vous tenez à continuer à allaiter, vous aurez peut-être à le nourrir plus souvent. En effet, plus Bébé tète, plus vous produisez de lait. Vous avez aussi l'alternative du tire-lait double Medela*, qui permet de continuer à donner le sein tout en augmentant les quantités. En gros, voilà comment ça marche : une bouteille est suspendue au cou de la maman. Deux longs tubes fins partent de la bouteille et mènent aux seins, sur lesquels ils sont fixés par des coques. Ainsi, le bébé tète directement le lait contenu dans la bouteille tout en encourageant la production de lait et, plus important, en permettant à l'allaitement de continuer.

Régulariser les horaires

Après tout, si vous nourrissez votre bébé au sein et qu'il a suffisamment à manger, vous pouvez toujours lui dire : « Mon chéri, on va se poser toutes les trois heures pour une tétée, et pas avant. OK ? »

Pas vraiment. Les bébés ne tètent pas uniquement pour se nourrir. C'est aussi le fait d'être dans vos bras qui les calme et les détend. La plupart des experts conseillent aux jeunes mamans de continuer à donner le sein à Bébé chaque fois qu'il montre des signes de faim (qu'il tourne la tête d'un côté et de l'autre, cherche à téter quelque chose et se met à pleurer).

Le fait de donner le sein en permanence peut être décourageant, surtout lorsque l'on se rend compte que l'allaitement représente beaucoup plus de travail que prévu. Gardez en tête que ces mois sont certainement les plus exténuants de l'allaitement. Si vous vivez cela pour la première fois, effectivement, l'allaitement est fatigant, surtout si vous manquez de sommeil, dans l'attente que Bébé ait la décence de faire ses nuits.

À RETENIR

Vous n'êtes pas une mère indigne s'il vous arrive de rechigner à allaiter. C'est le cas de beaucoup de mères. N'oubliez pas que votre bébé n'aura pas besoin d'être allaité toutes les trois heures pour le restant de ses jours. D'ici deux mois, vous diversifierez son alimentation, ce qui restreindra largement son besoin de téter.

En même temps, il faut aussi savoir que les horaires de Bébé sont toujours irréguliers et que cela n'a rien à voir avec vos capacités de maman. C'est comme ça.

Si vous pensez vraiment que l'allaitement ne vous convient pas du tout, il reste le biberon. Vous trouverez des trucs pour passer au biberon au chapitre 2 et des astuces qui vous faciliteront le sevrage au chapitre 16.

Au cours de ce chapitre, nous avons constaté que Bébé a progressé sur le plan de l'éveil psychomoteur. Alors, puisque son système nerveux a mûri, et qu'il ne confond plus le jour et la nuit comme au cours du premier mois, pourquoi ne pas en profiter pour essayer de régulariser son rythme de tétées et pour lui faire faire ses nuits ?

Certains pédiatres sont plus rigoureux que d'autres, et peuvent conseiller dès l'âge de 2 mois, à des mamans épuisées, de régulariser les horaires des tétées : l'expérience montre que Bébé s'adapte très bien. Prenons l'exemple d'un bébé de 4,5 kg qui tète encore de façon anarchique : vous pouvez très bien, compte tenu du volume de son estomac (qui peut contenir facilement 150 ml de lait) lui proposer à boire toutes les quatre heures, en donnant soit un sein, soit les deux (s'il n'a pas assez avec un sein ou s'il ne tient pas le coup plus de deux heures !) et adopter le rythme de cinq repas par vingt-quatre heures (par exemple, 7 heures, 11 heures, 15 heures, 19 heures, 23 heures). Le réveiller à 23 heures est indispensable, car sinon il se réveillera à tous les coups à 3 heures du matin ! S'il boit bien à 23 heures, il pourra dormir jusqu'à 4 ou 5 heures du matin, mais il faudra, dans la mesure du possible, pour « déshabituer » son organisme à boire du lait la nuit, le faire tenir jusqu'à 6 heures 30-7 heures (pour cela, utilisez des astuces comme sa tétine ou un petit biberon d'eau).

Le lendemain, il sera mieux habitué et dormira de 23 heures-23 heures 30 à 6 heures … Plus qu'une heure à tenir ! En trois ou quatre nuits supplémentaires, il s'habituera et fera enfin ses nuits. S'il est au biberon, vous obtiendrez le même résultat en lui offrant cinq biberons de 150 ml par jour.

Voir les choses sous un nouvel angle

Lorsque vous commencez à allaiter, chaque tétée est une aventure. Vous devez apprendre à tenir Bébé, lui doit apprendre à téter, vous devez vous concentrer et vous détendre pour que le lait monte bien et en plus, vous exhibez vos seins à toute la population (ou au moins à l'infirmière). Lorsque Bébé grandit, cela devient plus habituel et les tétées s'intègrent à votre emploi du temps, comme le reste.

Si chaque tétée est compliquée, essayez différentes positions, pour Bébé ou pour vous. Lisez, faites votre liste de courses, passez des coups de fil en allaitant. Si vous êtes épuisée, laissez un peu les tâches ménagères de côté et détendez-vous avec Bébé pendant qu'il tète. Surélevez vos pieds et calez-vous dans votre fauteuil favori : après tout, c'est peut-être ça, le bonheur.

Chapitre 8

Le troisième mois : Bébé n'est plus un tout petit

Dans ce chapitre

- Le développement au cours du troisième mois
- Veiller à la sécurité de Bébé
- Organiser le quotidien de Bébé
- Quelques questions

Au cours de ce troisième mois, vous voyez, non sans un émerveillement certain, s'épanouir la petite personnalité de votre bébé. Le nouveau-né est en train de devenir un vrai bébé (le voilà enfin, le poupon rose des paquets de couches !). Selon son adaptation à la vie à la maison, vous avez l'impression que cela va comme sur des roulettes ou que c'est beaucoup plus difficile que prévu. Dans tous les cas, vous vous demandez à quoi va ressembler le reste de l'année : si Bébé est plutôt facile maintenant, est-ce que cela va durer, lorsqu'il commencera à marcher par exemple ? Et si Bébé n'a jamais dormi plus de trois heures de suite depuis sa naissance, cela veut-il dire qu'il ne fera jamais ses nuits ?

Le troisième mois est un temps de transition du « vieux » nouveau-né au jeune nourrisson. C'est aussi une transition pour les parents, qui s'installent dans un quotidien avec Bébé mais doivent en permanence s'adapter à lui.

La visite chez le médecin

La visite du troisième mois va confirmer les progrès en matière d'éveil psychomoteur, et permettra de poursuivre les vaccinations. Ce mois-ci, Bébé devient nettement plus actif et plus vif : vous allez régulièrement vous poser des questions quant à sa croissance et à ses acquisitions. Notez ces questions et gardez-les dans votre sac afin de pouvoir les ressortir à la visite du mois prochain. Cette partie vous détaille les progrès physiques et relationnels que Bébé va probablement accomplir au cours du mois.

Les étapes du mois

Alors, à quoi s'attendre ? Bébé est très occupé à grandir, remuer et développer ses talents d'orateur. Voilà les quelques changements que vous allez voir s'opérer :

- Bébé grossit d'environ 700 g et grandit de 2,5 à 3 cm entre 2 et 3 mois.
- Le cou de Bébé est plus solide. Lorsqu'il est assis, sa tête penche encore en arrière mais nettement moins que le mois précédent. On dit qu'il tient sa tête, qu'il améliore son tonus axial.
- Lorsque vous le placez sur le ventre, il lève la tête et le torse. Bon, il n'en est pas encore aux pompes, mais il tient bien sur ses avant-bras.
- Il joue et tape dans les objets qui pendent de son mobile. Il n'arrive probablement pas encore à bien les attraper, mais il n'en est pas loin.
- Il arrive à serrer et desserrer ses petits poings : il parvient à agripper un hochet ou un petit jouet. Il passe ses mains devant ses yeux et découvre que ses mains font partie de lui. On dit qu'il joue avec ses mains.
- Bébé fait de petits mouvements circulaires avec ses bras.
- Il commence à découvrir et explorer différentes parties de son corps. (« Tiens donc ! Une oreille ? »)
- Il arrive peut-être à rouler sur lui-même… ou du moins il essaie. En fait, il essaie, lorsqu'il est très tonique, de se tourner du dos sur le côté.
- Vous parvenez à fixer son regard plus longtemps. Il suit des yeux un long moment.
- Les périodes de veille comme de sommeil sont plus longues.
- Bébé vous montre maintenant des émotions : la surprise, la peur, la colère, le bonheur. Il lui arrive aussi d'imiter les expressions des personnes autour de lui.
- Bébé se montre nettement plus curieux du monde qui l'entoure (ce qui peut signifier qu'il est moins intéressé par les tétées ou les biberons).
- Bébé reconnaît de plus en plus de voix.

- Il tente de communiquer par différents cris ou en gazouillant (et pas seulement en pleurant ou en hurlant comme au cours du premier mois).
- Lorsqu'un objet manque, Bébé le remarquera, sans pour autant en avoir vraiment conscience (en d'autres termes, il va remarquer qu'un objet n'est pas à sa place ou qu'il n'est plus là où il était, mais il ne se dit pas que l'objet est quelque part ailleurs. Pour lui, il a tout simplement disparu).

Captez l'attention de Bébé

Les personnes qui n'ont pas d'enfant sont parfois surprises de voir certains parents discuter tranquillement avec leur petit bout. Cela paraît bizarre, voire ridicule. C'est un bébé, il ne comprend pas ce que l'on dit, alors pourquoi dire quoi que ce soit, n'est-ce pas ? En fait, même si Bébé ne saisit pas ce que l'on dit, il perçoit le ton sur lequel on le dit : calme, amusé, joueur, ou au contraire énervé et pressé…

Soyez un petit peu attentive et vous verrez que Bébé adore qu'on lui prête de l'attention. Il n'est peut-être pas capable de répondre, mais il peut certainement comprendre une partie du message : le ton que vous utilisez est donc un indicateur très important de votre humeur. Plus votre voix sera chantante, plus Bébé sera content de l'entendre.

Comment obtenir une réponse de Bébé quand vous lui parlez ? Notamment en suivant quelques-uns de ces trucs :

- **Parlez-lui.** Racontez-lui en permanence ce qui se passe : « Maintenant, c'est l'heure de manger, et ensuite, on ira faire une promenade. »
- **Chantez !** Même si vous n'avez pas encore trouvé de producteur pour votre propre album, Bébé ne vous en tiendra pas rigueur. Chantez-lui de petites chansons, des berceuses ou le tube du moment (sauf si c'est du hard rock !).
- **Jouez avec lui.** Chatouillez-lui les pieds ou jouez à « Tourne, tourne, gentil moulin ». Éloignez un petit peu les jouets pour qu'il ait à aller les chercher. Faites-lui plein de bisous sur le ventre, et soufflez fort, pour voir !
- **Regardez-le.** Inutile de le fixer vingt-quatre heures sur vingt-quatre, mais accrochez son regard lorsque vous lui parlez ou que vous chantez.

Inutile de lui parler comme s'il était bêta et évitez de lui « parler bébé ». Prenez une voix calme et consacrez-lui entièrement votre attention. Vous serez agréablement surprise par certaines de ses réactions (quand il tentera quelques vocalises quand vous chantez, par exemple). Vos échanges seront de plus en plus riches et spontanés.

Physiquement parlant

Chaque bébé est unique. Un petit joufflu peut tout à fait avoir des parents très minces, un bébé menu naître dans une famille qui a tendance à l'embonpoint.

APPELEZ LE MÉDECIN

Faut-il s'inquiéter si Bébé est un peu enrobé ou vraiment mince ? À vrai dire, tant que votre pédiatre n'est pas inquiet, inutile de l'être. Lorsqu'il suit la courbe de croissance à chaque visite, il vérifie que Bébé entre dans la normale.

Les enfants changent. Dès que le petit replet se met à ramper, à se déplacer à quatre pattes et à se tenir debout, il y a de fortes chances pour qu'il mincisse (et qu'il continue au cours des années suivantes, quand il va se mettre à courir, faire de l'escalade et du skateboard). Un bébé mince a, contrairement à ce que l'on pense, un avantage sur les autres : étant plus léger, il lui est plus facile de se lever et de bouger. Il y a des chances pour qu'il marche plus tôt que ses camarades.

ATTENTION !

Un bébé dont le poids n'est pas normal a peut-être un problème médical qui le fait insuffisamment ou au contraire trop grossir, mais votre pédiatre sait tout cela mieux que vous : il vous suggérera des tests s'il soupçonne, par exemple, un problème de thyroïde chez Bébé ou, plus fréquemment, une intolérance au lait. Mais, de manière générale, évitez de vous inquiéter quant au poids de votre bébé.

La sécurité de Bébé

Ce mois-ci, Bébé se montre de plus en plus actif. Il roule d'un côté et de l'autre, va chercher ses jouets et se prépare à beaucoup de choses. Chaque jour est une nouvelle occasion d'étendre ses horizons au-delà de sa couverture : il faut qu'il reste en sécurité.

La sécurité de Bébé dans son siège

Bébé adore son petit siège, d'où il peut avoir un œil sur vous lorsque vous faites le ménage, préparez un biberon ou discutez avec grand-mère. Lorsqu'il était tout petit, cela ne posait pas de problème de poser le siège sur la table de la cuisine : après tout, il dormait tout le temps et lorsqu'il était éveillé, il se contentait de surveiller son monde, non sans intérêt d'ailleurs.

Maintenant, bien sûr, les choses ont changé. Bébé est plus souvent éveillé, d'une part, et d'autre part, de plus en plus curieux, non seulement de

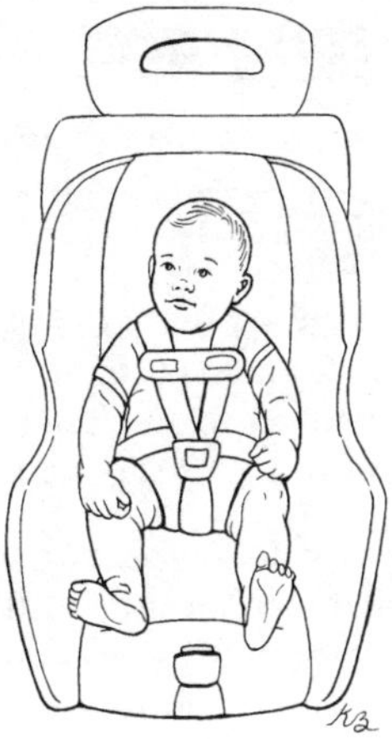

Figure 8-1 : Bébé, en sécurité dans son siège.

lui-même et de son corps, mais aussi de son entourage. Les bébés de 3 mois peuvent parfois se tourner sur le côté, donnent des coups de pied et tapent sur tout ce qui bouge. Votre enfant fera tout cela sans hésiter, et avec plus de force que vous ne le croyez. S'il n'est pas bien attaché dans son siège, il peut en tomber. Ceci est d'autant plus important si vous avez un peu relâché votre attention à ce niveau, vous imaginant qu'il dormait tout le temps et qu'il n'était pas vraiment capable de bouger. Les premières chutes de la table à langer peuvent survenir quand Bébé a entre 3 et 4 mois.

ATTENTION !

Les sangles doivent être attachées à chaque fois que Bébé est dans son siège. Si elles ne le sont pas, elles peuvent étrangler Bébé s'il glisse. La figure 8-1 vous montre comment l'attacher.

Pour que Bébé soit en sécurité dans son siège :

- **Attachez bien les sangles à chaque fois que vous le mettez dedans.** Ajustez-les suffisamment pour que Bébé tienne en place.
- **Ne posez jamais son siège sur une surface surélevée.** À cet âge, on ne sait jamais de quelle acrobatie Bébé est capable.
- **Ne le laissez jamais sans surveillance dans son siège.** Par exemple, si vous mettez une machine de linge en route, emmenez-le au garage (si votre lave-linge est au garage, bien sûr) pour garder un œil sur lui.

Parfois, pour s'occuper de la maison, le siège (ou le transat) reste la meilleure solution pour que Bébé soit en sécurité (surtout si vous n'avez pas de parc ou que vous n'aimez pas l'y laisser). Après tout, si vous le laissez sur une simple couverture, il risque de prendre la poudre d'escampette. Assurez-vous seulement qu'il ne passe pas toute sa journée dans le siège. Il a besoin de bouger, sous surveillance, mais sans retenue.

La sécurité de Bébé dans son parc

Les parcs et les berceaux portatifs servent à peu près à la même chose. C'est là que Bébé joue, dort ou attend patiemment que ses parents le laissent sortir, une fois qu'ils auront vaqué à leurs occupations.

Ne laissez pas Bébé dans son parc trop longtemps. Il peut y rester quand vous préparez le dîner ou que vous répondez à la porte (à ce moment-là, le parc est peut-être l'endroit le plus sécurisé pour votre jeune sportif), mais ce n'est pas dans un parc qu'il s'amusera le plus. En fait, il risque très vite de s'ennuyer.

Les bébés de cet âge sont de plus en plus curieux de leur environnement. Lorsque Bébé est sur sa couverture, par terre, il va chercher à atteindre des objets hors de portée. S'il y arrive, ce sera l'occasion d'encore plus de jeux. S'il essaie d'attraper quelque chose hors du parc, il ne pourra pas. Dommage.

Quel que soit le type de parc que vous choisissez (le traditionnel, le portable ou l'ultrasophistiqué), prenez soin :

- **De vérifier tous les loquets et toutes les charnières pour être bien sûr que tout tient en place.** Appuyez-vous un peu dessus pour tester leur solidité. S'ils cèdent, le parc pourrait s'effondrer et blesser ou coincer Bébé.
- **D'ouvrir toujours complètement le parc.** N'abaissez pas un des côtés sous prétexte que c'est plus facile pour le prendre dans vos bras. Bébé risquerait de rouler dans la poche, de s'y coincer et de s'étouffer. Voir figure 8-2.
- **D'éviter de laisser dans le parc de grosses peluches, de grandes couvertures ou un jouet un peu grand.** D'abord, Bébé pourrait s'en servir, plus tard, comme d'une échelle vers la liberté. Ensuite, il risquerait de s'étouffer avec.
- **De n'utiliser que le matelas que vous avez acheté avec le parc.** Il est solide et s'encastre parfaitement dans le parc : il présente ainsi beaucoup moins de risques d'étouffement et de mort subite du nourrisson (pour plus de détails sur la MSN, voir chapitre 20).
- **De ne jamais suspendre de jouets au-dessus du parc.** Le fil dont vous vous servez peut étouffer Bébé s'il décide de s'y accrocher (on ne sait jamais). Il pourrait aussi se détacher et Bébé pourrait l'avaler. Pour les mêmes raisons, n'attachez jamais un jouet aux mailles du parc.
- **De vérifier les bords du parc, s'il y a des traces de morsures, de griffures et s'il est abîmé.** Les bébés qui font leurs dents ont tendance à mâchonner les bords. Bébé pourrait s'étouffer avec un bout de mousse ou de plastique. Vérifiez aussi qu'il n'y a aucune vis baladeuse : Bébé pourrait s'étouffer avec et en plus, cela signifie que la structure n'est pas solide.

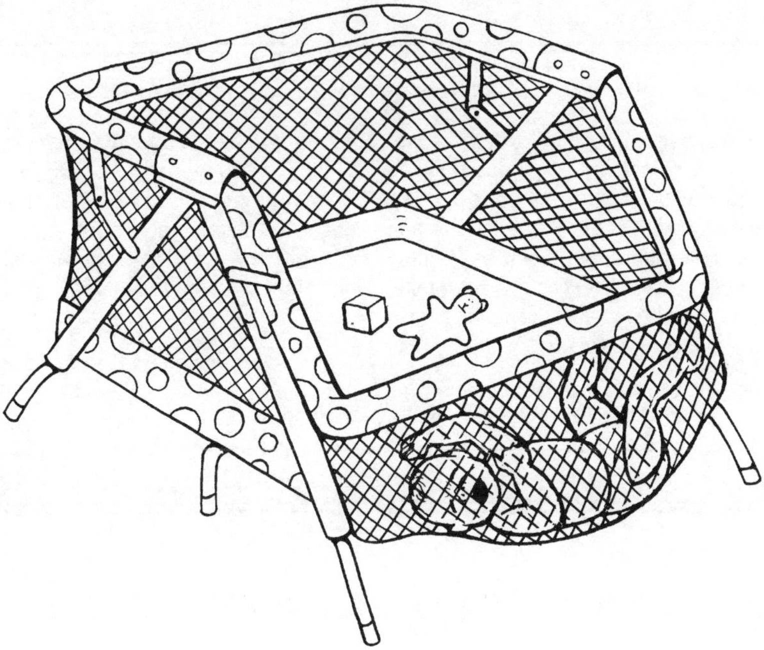

Figure 8-2 : Ne laissez jamais un côté du parc rabattu.

- **De vérifier la taille des mailles avant d'acheter ou d'emprunter un vieux parc.** Les trous sont parfois suffisamment larges pour qu'un bouton du pyjama s'y coince et que Bébé s'étouffe. Trop larges, les trous permettent aussi aux plus agiles de s'évader. Les trous doivent être si petits que vous ne puissiez y glisser votre petit doigt.
- **D'être prudente si vous vous servez d'un parc à barreaux.** Lorsque vous le déplacez, même dans votre propre maison, vérifiez toujours que le sol est impeccable pour que Bébé n'avale pas n'importe quoi. Si vous utilisez un parc d'occasion, vérifiez que les barreaux ne se sont pas écartés : Bébé risquerait de s'y coincer la tête.

À RETENIR

Cela ne représente aucun danger que Bébé ait ses jouets avec lui dans son parc. En plus, s'il s'amuse tranquillement pendant que vous êtes au téléphone ou que vous vous occupez des factures, ne culpabilisez pas de prendre un peu de temps pour vous. Les bébés doivent apprendre à s'amuser tout seuls (certains y arrivent plus que d'autres, c'est tout, beaucoup de mamans vous le diront.) Le parc et les sièges ne posent problème que si l'on s'en sert *trop* ; le fait de passer trop de temps derrière les barreaux nuit à l'épanouissement de Bébé.

APPELEZ LE MÉDECIN

Bien à l'heure

Les docteurs voient tous les jours des parents épuisés, qui se demandent, leur nouveau-né dans les bras, ce qui a bien pu leur passer par la tête en faisant cette petite chose-là. Bien sûr, ils savaient qu'ils perdraient un peu de sommeil avec l'arrivée de Bébé, mais ils étaient à mille lieues d'imaginer qu'une aussi petite crevette pourrait les épuiser à ce point.

Comment le docteur s'y prend-il pour réconforter et rassurer ces pauvres parents ? En leur donnant une date approximative à partir de laquelle la vie avec Bébé va devenir plus régulière. La plupart du temps, ses prévisions tombent juste : à un moment ou à un autre, entre le troisième et le quatrième mois, Bébé devient un petit ange, même si les deux premiers mois ont été assez rock and roll.

Si votre enfant entre dans son troisième mois, vous n'avez plus qu'à attendre et observer ce qui se passe au cours des semaines à venir. Vous pourriez être très surpris en le voyant s'installer dans ses petites habitudes.

Régler sa montre à l'heure de Bébé ?

Au cours du troisième mois, beaucoup de bébés commencent à faire les mêmes choses à la même heure, chaque jour. C'est souvent un soulagement pour les parents qui se demandaient si par hasard, dans cette maison, les choses reviendraient un jour à la normale.

Mais il y a aussi beaucoup de parents qui se retrouvent avec un bébé qui semble n'avoir pas la moindre idée de ce que l'on appelle des habitudes. Pour les parents de ce genre d'enfant, la petite enfance est un voyage long, imprévisible et surtout épuisant, qui suscite de nombreuses angoisses quant aux années à venir. Est-ce qu'un jour cet enfant acceptera la notion d'horaire ?

Bébé crée sa propre routine

Au cours du troisième mois, Bébé a l'air de plus en plus satisfait de la tournure que prennent les choses. Il reste éveillé plus longtemps, fait des siestes tous les jours à la même heure, trouve des jeux et des distractions tout seul et tète en gros aux mêmes heures tous les jours. Son système nerveux est à peu près stabilisé et son horloge interne aussi (youpi !).

Si Bébé s'installe de la sorte, vous pouvez présumer sans prétention que ce n'est pas une simple aubaine éphémère. Bébé ne va pas bousculer son emploi du temps la semaine prochaine pour tester des horaires radicalement différents. Ça y est, vous avez passé la période la plus difficile de la petite enfance. Il n'y a plus qu'à récupérer de votre fatigue. Bravo !

En revanche, ne soyez pas étonnée si Bébé s'éveille de temps en temps la nuit, refuse de manger ou se montre un peu grognon. Les dents vont le gêner dès le quatrième ou le cinquième mois et la première dent percera aux alentours de 6-7 mois : l'emploi du temps de Bébé risque d'en souffrir un peu (on parlera de la formation des dents plus en détail au chapitre 10).

Mais jusque-là, encouragez la régularité de ses horaires. Soyez ponctuel(le). Très ponctuel(le). Hyper ponctuel(le). Dites-vous bien que les parents de bébés qui ne dorment toujours pas vous envient plus que tout (il est question de ces enfants plus loin dans ce chapitre). Mais il est vrai que ce n'est pas toujours facile de maintenir la routine de Bébé, surtout si la famille est très occupée. Quelques trucs pour ne pas bouleverser Bébé sans pour autant être l'esclave de son horloge interne :

- **Si vous confiez votre bébé, donnez tous les détails à votre baby-sitter quant aux siestes, aux repas, aux promenades, etc.** Les bébés qui ont des horaires stables deviennent hargneux si le biberon se fait attendre ou que la baby-sitter pense qu'une sieste est superflue.
- **Laissez dormir Bébé si vous comptez sortir pendant sa sieste.** S'il ne s'endort pas tout seul, emmenez-le en voiture jusqu'à ce qu'il ferme ses paupières trop lourdes. Avec un peu de chance, vous arriverez à le mettre dans sa poussette sans l'éveiller et à faire vos courses tranquillement.
- **Évitez les siestes imprévues.** Si vous ratez l'heure de sa sieste, vous pourriez être tentée de le laisser dormir plus tard. Bien sûr, il a besoin de repos, mais s'il dort deux heures à l'heure du dîner, l'heure de son coucher sera décalée (ainsi que celle du lever et peut-être de la sieste de demain). Ce n'est agréable pour personne de réduire les heures de sommeil, mais laissez-lui une toute petite sieste et mettez-le au lit plus tôt que d'habitude.
- **Nourrissez-le quand son estomac le demande.** L'heure des repas est peut-être la moins négociable, Bébé ne fait pas de concessions. Bien sûr, c'est peut-être la première fois que vous sortez de la maison depuis des semaines, mais Bébé n'a que faire de votre café entre copines. Il veut son lait *maintenant*.

À RETENIR

À cet âge, un bébé ne se nourrit que du lait maternel ou artificiel. Son système digestif n'est pas encore prêt à digérer des aliments solides. Des études ont suggéré que l'introduction trop précoce d'une alimentation diversifiée dans le régime alimentaire de Bébé peut conduire à des allergies alimentaires, voire à du diabète. (Pour plus de détails sur les allergies alimentaires, reportez-vous au chapitre 11.)

Quelles que soient vos habitudes et votre nouvelle routine, continuez. Il est heureux, vous l'êtes aussi, c'est tout ce qui compte.

Gérer un lève-tôt

Parfois, vous avez l'impression que vous venez à peine de vous endormir et vous l'entendez : Bébé est réveillé. Les petits « aaah, aaah ». Les coups de pied dans le berceau. Puis les pleurs. Ça y est, Bébé est prêt à commencer sa journée. Le réveil affiche 5 heures 15. C'est une blague ?

Y a-t-il vraiment un moyen de régler les horaires de Bébé ou faut-il simplement s'y résigner ?

La réponse se trouve quelque part entre les deux, et dépend de plusieurs facteurs :

- **Bébé s'endort-il trop tôt ?** S'il s'endort juste après le dîner, essayez de le garder éveillé un peu plus longtemps. Allez-y doucement, par tranches d'un quart d'heure chaque soir, jusqu'à ce qu'il se couche à une heure qui lui permette de se réveiller un peu plus tard le matin.
- **Y a-t-il un moyen de le recoucher ?** Vous résignez-vous trop tôt aux réveils matinaux, en allumant les lumières par exemple ? Essayez de le nourrir et de le bercer dans le noir, pour voir. S'il se rendort, vous parviendrez peut-être à le recoucher et à gagner quelques minutes de sommeil en plus.
- **Combien de siestes fait-il dans la journée ?** Additionnez tous les petits sommes, les grosses siestes et la nuit. Même si un bébé de trois mois a encore besoin de beaucoup de sommeil, il est éveillé au moins huit à dix heures sur vingt-quatre. Éliminez une de ses siestes ou raccourcissez les autres.
- **La chambre est-elle trop lumineuse ?** Bébé est peut-être tout simplement sensible à la lumière du jour. Procurez-vous des stores bien opaques.
- **Est-ce le bruit qui réveille Bébé ?** Les bruits de la circulation ou les poubelles du matin peuvent le réveiller. Une machine qui ronronne, tel un climatiseur, masque les sons extérieurs et peut offrir à Bébé quelques heures de sommeil en plus le matin.
- **Vous précipitez-vous trop tôt à son chevet ?** Laissez-lui quelques minutes pour se détendre tout seul avant d'aller le rejoindre. Ajoutez une minute ou deux tous les matins, il finira peut-être par être fatigué d'attendre – *vraiment* fatigué – et il se rendormira.

Remettez les pendules à l'heure

À RETENIR

Ne vous en voulez pas si votre enfant n'a toujours pas d'horaires réguliers. Vous avez certainement suivi tous les conseils que l'on vous a donnés (le nourrir dès qu'il le demande, le laisser se réveiller tranquillement mais ne pas le laisser pleurer dans son berceau), les choses ont juste tourné de cette façon. Ce n'est pas de votre faute. C'est tout simplement comme ça. De nombreux parents ont connu cette situation, et il y en a d'autres qui vivent la même chose en même temps que vous, juste maintenant – vous n'êtes pas moins doués que les parents de bébés qui mangent et dorment à heures fixes.

Toutefois, il est possible de mettre en place certains rythmes chez un bébé de 3 mois, même si ses siestes sont aléatoires et qu'il continue à se nourrir la nuit. En d'autres termes, s'il arrive à dormir, il a juste besoin qu'on l'aide à condenser son sommeil en une grosse sieste et une bonne nuit. Pour encourager cette habitude, observez ce que fait Bébé durant sa journée à partir de maintenant :

- Dort-il trop, ou refuse-t-il carrément la sieste ?
- Y a-t-il un semblant de régularité dans les horaires de ses repas ? Sinon, il est temps de le lui imposer, à une demi-heure près, en laissant des intervalles de quatre heures au moins entre le début du repas et le début du repas suivant.
- Comment réagit-il quand vous tentez de le nourrir ou de le coucher à heures fixes ?

À RETENIR

Cela peut paraître très pénible de contrôler les horaires de Bébé, il risque de ne pas apprécier. Les siestes sont plus faciles à gérer que les repas, parce que franchement, à moins qu'il n'insiste pour être au sein en permanence (ce qui ne devrait plus être le cas), il a faim plusieurs fois par jour. Il est possible de le tenir éveillé un peu plus longtemps, en allongeant les heures d'éveil par tranche de dix à quinze minutes tous les jours jusqu'à supprimer une sieste ou décaler l'heure de son coucher.

Un véritable problème se pose avec le bébé qui ne dort jamais. Lui, on dirait qu'il ne peut pas dormir autrement que quelques minutes sur l'épaule de sa maman, ce qui n'est pas vraiment le repos que la maman attendait (après trois mois d'insomnie, elle le mérite pourtant !). Mais aux grands maux les grands remèdes. D'abord, il faut apprendre à Bébé que les siestes sont bonnes pour lui : faites-le dormir d'une façon ou d'une autre, en le berçant ou en l'emmenant en voiture. Voyez combien de temps il dort et laissez-le se réveiller par lui-même quand il en a assez. Vous arriverez à vous convaincre, après deux mois de doute, que cet enfant a vraiment besoin de siestes et qu'il ne fait pas partie d'une espèce rare qui marche sur pile. Cela dit, si vous allaitez et que vous avez suffisamment de lait, ou si vous donnez des biberons (plus longs à digérer) et qu'un certain rythme est acquis pour les repas, la sieste « digestive » viendra tout naturellement.

En revanche, s'il est somme toute facile d'imposer des horaires de repas à 3 mois, on ne peut pas imposer des horaires de sieste. Certains bébés dorment déjà jusqu'à douze heures par nuit à 3 mois, mais parfois seulement une à deux heures dans la journée ; ça leur suffit !

D'autres, au contraire, font des nuits de sept à huit heures, mais dorment cinq à six heures par petites tranches réparties dans la journée. Le rythme de sommeil diurne est donc très variable d'un enfant à l'autre.

Vous pouvez fonctionner comme ça jusqu'à ce que vous ayez trouvé les horaires de sieste qui lui conviennent. Encouragez ses habitudes. Il en viendra à attendre la sieste à la même heure chaque jour. Là, c'est le moment de lui faire comprendre que la sieste, c'est dans le berceau. Il grognera peut-être un peu au début ou le prendra comme du pain béni. S'il pleure, ne jetez pas le manche après la cognée. Calmez-le, consolez-le puis laissez-le se reposer dans son berceau (sauf s'il s'époumone, ce serait contreproductif pour vous comme pour lui). Oui, c'est beaucoup de travail juste pour lui faire comprendre qu'une sieste est nécessaire, mais si cela peut vous procurer quelques heures de repos dans la journée, ça vaut vraiment le coup.

Votre but est d'encourager Bébé à dormir seul. Évitez de le bercer trop longtemps ou trop systématiquement : il risque d'avoir des difficultés à s'endormir plus tard.

Les questions que l'on se pose à 3 mois

Maintenant que votre enfant grandit, vous commencez à cerner sa personnalité. À la fin du troisième mois, vous savez si vous avez un bébé rieur et farceur ou, à l'inverse, un gentleman en barboteuse qui ne fait preuve d'aucun humour (même après la disparition des coliques, à la fin du mois). Les bébés, comme les adultes, ont chacun leur personnalité. Dans cette partie, nous tenterons de répondre aux questions de parents qui se demandent pourquoi Bébé est aussi sérieux. Nous vous confirmerons aussi une bonne nouvelle : les coliques, c'est terminé. Les tétines et le pouce font aussi l'objet de beaucoup de questions : vous obtiendrez les renseignements sur les unes comme sur l'autre, et ce sera à vous de décider.

Les bébés « grincheux » : mythe ou réalité ?

Les bébés sont différents non seulement par leur physique mais aussi par leur personnalité. Certains enfants sont joyeux et avenants. D'autres sont plus réservés : on a du mal à leur faire décrocher un sourire. Si votre enfant fait partie du deuxième groupe, est-ce de votre faute ?

Probablement pas. Il est comme ça, c'est tout. Des études montrent que les bébés « grincheux » ou « difficiles » sont simplement programmés pour réagir différemment à leur entourage : bien souvent, ces enfants sont plus observateurs et plus sensibles à ce qui les entoure, notamment aux goûts, odeurs et sensations (c'est pourquoi on leur colle l'étiquette de « grincheux » : telle couverture les gratte, tels aliments leur déplaît). Votre petit rabat-joie a probablement souffert de coliques, ce qui est très courant chez les enfants. Ils ont aussi des horaires totalement désordonnés et n'arrivent pas à trouver leur rythme (ou le vôtre…).

Le secret pour gérer ce genre de bébé est de trouver ce qui le rend malheureux et d'y remédier. S'il pleure à chaque fois que vous lui mettez des chaussettes, laissez-le pieds nus. Sa peau est apparemment ultrasensible. Si le bruit le rend grognon, rendez la maison la plus calme possible. Bien sûr, vous n'allez pas obliger la planète entière à se conformer à ses goûts et ses désirs, mais il est possible de lui ménager un petit cocon bien paisible. Pour vous, c'est même plutôt agréable.

Les coliques, c'est fini ! Hourra !

À la fin du troisième mois, les bébés qui ont hurlé de douleur changent complètement. Brusquement, ils sourient, ils dorment. Bref, ils ont l'air heureux ! On a parfois l'impression que quelqu'un a tourné un bouton et vous rend le bébé que vous rêviez d'avoir, avant les coliques. Trois mois de coliques semblent interminables. Certains parents sont extrêmement surpris par les nouvelles dispositions de Bébé : brusquement, on découvre à quel point c'est un bonheur d'être parent. Ça y est, vous avez payé, profitez de ce moment merveilleux avec Bébé.

Pouce ou pas pouce ?

Les bébés naissent avec un réflexe de succion, qui n'apparaît pas uniquement lors des tétées, mais aussi pour se réconforter lorsqu'ils sont fatigués ou énervés. Faut-il encourager les tout-petits à sucer leur pouce (ou leurs doigts) ou cela risque-t-il de déformer leur dentition ?

Un bébé qui suce ses doigts fait cela d'instinct. L'avantage principal de lui laisser son pouce est qu'il est toujours là lorsqu'il en a besoin. Pas de hurlements pendant que vous cherchez la tétine sur le plancher de la voiture ou sous le berceau au beau milieu de la nuit. En revanche, ce sera une habitude difficile à perdre, pour la même raison : tiens, un doigt ! Il s'ennuie, et avant même de s'en rendre compte, il suce. Beaucoup d'enfants arrêtent tout seuls pendant la première année, et des médecins conseillent de stopper cette habitude vers 2 ans. Si cela continue, il y a un *risque* de mauvais alignement des dents de lait. Néanmoins, si Bébé tient à son pouce pour s'endormir, laissez-le faire.

La tétine : pain béni ou diablerie ?

Bon, et les tétines ? Il y a deux écoles : les gens comme les bébés les adorent ou les détestent. Si votre bébé est un adepte, qu'il tète. Certains bébés ont plus besoin de téter que d'autres, en dehors des repas. Globalement, les pédiatres n'interdisent pas la tétine, si l'on s'en sert avec modération. En effet, si Bébé prend une tétine de temps en temps pour s'endormir ou se calmer, c'est très bien. S'il l'a dans la bouche en permanence, parce qu'il la demande à tout moment ou que vous la lui collez tout le temps, il faut peut-être arrêter. Elle sera d'autant plus efficace pour l'apaiser lorsqu'il est fatigué ou agité. Ce sera un outil pour calmer ses nerfs.

S'il est possible d'encourager Bébé à se consoler d'une autre façon (en suçant un doigt par exemple) ou s'il découvre que la tétine ne lui manque pas vraiment, vous pouvez essayer de la supprimer d'un seul coup, sinon, supprimez-la progressivement jusqu'à ce qu'il ne s'en serve plus.

ASTUCES

Lorsque la tétine est définitivement bannie, n'en gardez pas pour les urgences. Si vous la lui donnez un jour et pas le lendemain, cela risque de bigrement lui déplaire. Bien sûr, le gros inconvénient est qu'elle tombe toujours au mauvais moment. Il vaut mieux en avoir une de rechange sous la main lorsque vous quittez la maison ou que Bébé est dans son berceau. Gardez une petite boîte propre pour la mettre de côté, pour ne pas avoir à ramper sous son berceau avec une lampe torche au pire moment.

ATTENTION !

Ne suspendez jamais la tétine au cou de Bébé, il risquerait de s'étrangler avec la ficelle.

Pour se servir d'une tétine :

- **Trouvez la bonne taille.** Il y a des petites tétines pour les nourrissons de moins de six mois, et de plus grandes pour les autres.
- **Assurez-vous que la garde en plastique autour de la tétine est suffisamment large, pour que Bébé n'avale pas complètement la tétine.** La garde doit aussi avoir des trous pour laisser passer l'air.
- **Lavez les tétines au lave-vaisselle ou stérilisez-les dans l'eau bouillante jusqu'à ce que Bébé ait six mois.** À partir de cet âge, il est moins sensible aux germes ou du moins il aura acquis une immunité plus performante.

- **Essayez différentes sortes de tétines jusqu'à ce que Bébé trouve celle qui lui convienne.**
- **N'utilisez jamais une tétine de biberon.** Un bébé vorace peut parvenir à arracher la tétine de l'anneau et risque de s'étouffer avec.
- **Veillez à ce que les tétines soient toujours en bon état.** Remplacez-les quand elles sont abîmées, qu'elles ont des craquelures ou qu'elles collent au doigt.

En conclusion de ce paragraphe consacré au pouce et/ou à la tétine, les pédiatres recommandent la tétine chez les bébés qui pleurent beaucoup, bien qu'ils soient repus, du fait du très fort besoin de succion. Dès quatre à six semaines de vie, Bébé sera très souvent calmé, comme par miracle, par la tétine. En revanche, dès qu'il commencera à trouver son pouce, ce qui est généralement acquis vers 4 mois, il est bon d'essayer de le sevrer de la tétine, et le sevrage brutal marche bien à cet âge. L'avantage est qu'il ne vous réveillera pas la nuit (ce qu'il fera immanquablement s'il est « accro » à la tétine!). De toute façon, pour les orthodontistes, pouce ou tétine, c'est pareil : les deux entraîneront un sigmatisme interdental, c'est-à-dire un espace entre les dents du haut et celles du bas. Donc, pour prévenir ça, il faudra, avant 2 ans et demi ou 3 ans, le sevrer du pouce ou de la tétine.

Troisième partie

Remuer, bouger, grandir…

«Le bébé va bien, mais Karen est *toujours* à la recherche d'une position confortable pour donner le sein.»

Dans cette partie...

Au cours des quatrième, cinquième et sixième mois, Bébé se transforme : d'innocent nourrisson, il devient un petit être plein de personnalité. Il commence à coordonner les mouvements des bras et de la tête, éclate de rire. À la fin du sixième mois, les plus toniques commenceront même à traverser le salon! La communication avec lui s'enrichit : vous découvrirez ce qu'il pense *vraiment* de votre façon de chanter (il y a des chances qu'il adore, même s'il est bien le seul).

Les mois difficiles sont derrière vous ; maintenant, c'est que du fun! Découvrez comment encourager Bébé à s'épanouir pendant cette période merveilleuse.

Chapitre 9

Le quatrième mois : manger !

Dans ce chapitre

- La visite du quatrième mois
- La sécurité de Bébé
- Les vocalises !
- Le passage aux aliments solides

Les trois premiers mois sont une période d'essai pour Bébé et pour ses parents : vous apprenez à vous connaître. Vous vous jaugez du regard, vous apprenez à vous parler et découvrez vos fonctionnements respectifs (même si c'est *vous* qui allez faire toutes les concessions, au moins jusqu'à ce que Bébé grandisse un peu). Vous entrez dans une période de croissance et de développement incroyables. À trois mois, Bébé n'a plus grand-chose à voir avec le nouveau-né que vous avez ramené à la maison il n'y a pas si longtemps.

La visite chez le médecin

Au cours du quatrième mois, la petite chenille s'épanouit pour devenir un beau papillon : Bébé gazouille à tout va et montre un intérêt croissant pour la nourriture et toutes sortes d'activités. Il devient un peu plus indépendant et commence à essayer de se mouvoir en tournant du dos sur le côté, en rampant sur le dos ou encore « en faisant l'horloge » pour aller chercher ses jouets et tout autre objet digne de son intérêt. Il commence aussi à prendre en compte les différences entre les membres de la famille (maman, c'est la meilleure ; papa, c'est le plus beau, le plus grand, le plus fort ; la sœur… c'est l'excentrique), qu'il ne distinguait pas vraiment les uns des autres auparavant. En bref, il développe une véritable personnalité, ce qui est, pour son entourage proche, une des plus grandes joies de la première année (surtout lorsqu'il accueillera, avec un grand sourire, l'aîné(e) qui rentre de l'école).

La visite du quatrième mois

Pas de surprise, elle ressemblera aux autres. Votre pédiatre va peser et mesurer Bébé et évaluer ses progrès. Il y aura bien sûr un examen physique, au cours duquel le médecin va regarder les *fontanelles* (ces petits creux sur la tête qui ont permis au crâne de Bébé de se frayer un chemin à la naissance). La fontanelle *postérieure* (celle qui est à l'arrière de la tête de Bébé) a probablement disparu (cela signifie que les os du crâne se sont rejoints à cet endroit) ; celle du dessus (que l'on appelle fontanelle *antérieure*) s'est un petit peu élargie (en fonction de l'importante augmentation du volume de la tête, dont témoigne l'augmentation du périmètre crânien : 35 cm à la naissance, 41 à 43 cm à 4 mois).

En examinant ces petits creux, le médecin va vérifier la régularité (qu'il appellera la *symétrie*) de la tête de Bébé. Vous avez probablement entendu parler de ces histoires, où votre cousin (ou copine ou voisin) s'est retrouvé avec un occiput plat parce que sa maman ne le changeait jamais de position dans le berceau. Vous serez peut-être surprise de découvrir que cela arrive vraiment car les os du crâne d'un bébé sont très malléables.

Si votre médecin remarque que l'arrière de la tête (ou un côté) est particulièrement plat, il vous suggèrera certainement d'observer quel est le côté préféré de Bébé dans son berceau. Même si vous l'allongez sur le dos pour les siestes ou pour la nuit, il a peut-être tendance à tourner la tête vers la porte, la fenêtre ou le miroir à côté du berceau. Assurez-vous qu'il y ait des objets pour attirer son attention de chaque côté du berceau, ou installez quelque chose d'attirant qui puisse être déplacé pour que Bébé tourne la tête de temps en temps. Dans la plupart des cas, la tête s'arrondit naturellement lorsque Bébé passe plus de temps assis ou semi assis dans son siège ou dans le transat.

Veillez à ce que Bébé reste un peu sur le ventre lorsqu'il est éveillé. Cela laisse le temps à l'arrière de sa tête de se « reposer » un peu lorsqu'il n'est pas dans son berceau. En revanche, positionnez-vous devant lui, car il n'aimera pas rester sur le ventre si vous ne restez pas dans son champ de vision.

Après avoir vérifié le crâne de Bébé, votre pédiatre va examiner ses organes internes, notamment le foie, la rate et les reins (pour vérifier que rien n'est anormalement gros), le cœur et la respiration, la région de l'aine (à la recherche d'une hernie), et les hanches (pour détecter une éventuelle dysplasie des hanches).

Les *hernies*, qui sont des protubérances de l'intestin, généralement de petite taille, sont de deux types : la hernie *inguinale* est située dans la région de l'aine et demande souvent une intervention chirurgicale pour prévenir la complication essentielle : l'étranglement herniaire au cours de laquelle une anse intestinale se coince dans la paroi abdominale. La hernie *ombilicale*, située près du nombril, est tout à fait bénigne, car elle ne s'étrangle jamais. La plupart des hernies ombilicales se résorbent d'elles-mêmes avant que l'enfant n'entre à l'école et ne demandent aucune intervention chirurgicale.

Si Bébé présente un de ces deux types de hernie, qu'il semble mal à l'aise et que la hernie inguinale est douloureuse à la palpation ou de couleur violette, appelez immédiatement votre pédiatre.

Le médecin cherchera aussi les signes avant-coureurs de l'éruption des premières dents, comme :

- Bébé bave plus que jamais, il en met partout.
- Bébé porte tout à sa bouche.
- Il s'énerve brutalement, plusieurs fois par jour et devient grognon, sans raison apparente.
- Il a un peu de fièvre, non pas lorsque Bébé prépare ses dents et qu'elles progressent sous la gencive, mais au moment de la percée dentaire. NB : une fièvre isolée ne peut être rapportée aux dents que si le reste de l'examen clinique est totalement négatif, et si l'on aperçoit (ou si l'on palpe avec le doigt) la dent qui perce la gencive.
- Ses gencives sont enflées (surtout la gencive inférieure, car c'est, dans l'immense majorité des cas, les incisives inférieures qui vont percer les premières). On disait autrefois que « Bébé double sa gencive. »

Le médecin cherche ces signes avant-coureurs afin que vous puissiez savoir ce qui arrive. En effet, si vous êtes prévenue qu'il commence à faire ses dents, vous ne serez pas surprise qu'il se mette à pleurer de douleur sans raison apparente ; vous lui masserez doucement les gencives, il adorera ça et, souvent, se calmera pour un moment. Votre pédiatre vous conseillera des antalgiques et vous prescrira des doses (en fonction du poids de Bébé). N'oubliez pas que, même si vous avez l'impression que Bébé bave des litres tous les jours, les dents peuvent n'apparaître qu'un mois ou deux après, et même encore plus tard.

Au cours de la visite du quatrième mois, votre médecin vous posera une foule de questions :

- Comment dort Bébé ? Combien d'heures par nuit ? Se réveille-t-il encore pour se nourrir ? Combien de siestes fait-il ? (Bébé est censé dormir entre onze et quinze heures sur vingt-quatre.)
- Si Bébé a eu des coliques, est-ce terminé ? Pour plus de détails sur les coliques, voir chapitre 6.
- De quoi se nourrit-il ? De lait maternel ? De lait artificiel ? A-t-il une alimentation mixte (lait maternel complété par du lait artificiel) ? Avez-vous commencé les céréales ?

- Ses selles sont-elles normales ? Avant que Bébé ne commence l'alimentation solide, elles ne sont pas très consistantes : jaunes et un peu granuleuses pour les enfants nourris au sein, marron clair et un peu plus solides pour ceux qui sont nourris au biberon.
- Bébé est-il capable de bouger d'un côté et de l'autre ? Se tourne-t-il du dos sur le côté ? Arrive-t-il à tenir sur ses avant-bras lorsqu'il est sur le ventre ? S'il n'y parvient pas, essaie-t-il ? Fait-il l'horloge ?
- Va-t-il chercher les objets ? Est-il capable de tenir un jouet ou un hochet ? Tend-il les bras pour attraper un objet ?
- Vous semble-t-il qu'il voie et entende bien ? Sursaute-t-il ou pleure-t-il quand un son inhabituel se produit brusquement (par exemple une porte qui claque) ?
- Commence-t-il à gazouiller ? (Plus de détails dans ce chapitre.)

Bien entendu, le médecin vous demandera aussi comment cela se passe à la maison car, même si vous commencez à vous sentir véritablement parent, chaque mois a son lot de nouveautés concernant Bébé. Si quelque chose vous inquiète, *posez des questions.* (Par exemple, est-il normal que Bébé se réveille encore pour téter à son âge, ou cela devrait-il être terminé ?)

Les vaccins

DÉTAIL TECHNIQUE

Bébé va continuer sa série de piqûres. Ce mois-ci, on lui injectera probablement la troisième dose du Pentacoq* ou de l'Infanrix*, et la deuxième dose de Prévenar*. Reportez-vous au chapitre 18 pour plus de précisions.

Bébé aura peut-être un peu mal à l'endroit de la piqûre pendant un ou deux jours. N'oubliez pas de demander au médecin ou à l'infirmière si ces injections ont des effets secondaires et lesquels nécessitent un coup de fil au médecin. Si vous ne savez pas quelle est la dose d'antidouleur qu'il faut lui administrer, n'oubliez pas de demander, mais le pédiatre vous le précisera certainement au cours de la consultation. Habituellement, une dose de paracétamol sera administrée en prévention de la fièvre le jour même du vaccin.

La radiographie du bassin de face

Elle n'est pas obligatoire, mais très conseillée. Elle permet de dépister la dysplasie de la hanche, qui résulte d'un décalage entre le cotyle (os du bassin) et la tête du fémur (os de la cuisse).

Même si la plupart des dysplasies se dépistent cliniquement par la palpation des hanches (claquement ou même ressaut de hanche), surtout lorsque l'on observe une asymétrie du pli des cuisses, il arrive que la radio révèle une dysplasie sur des hanches cliniquement normales. Il faut alors langer l'enfant en abduction, cuisses écartées, en interposant, par-dessus sa couche, une culotte rigide, la culotte d'abduction, qu'il devra garder vingt à vingt-deux heures sur vingt-quatre (on peut en effet lui laisser quelques heures de liberté) à laquelle il s'habituera très bien. Au bout d'un mois ou deux, la radiographie de contrôle permettra généralement de constater la guérison et un nouveau cliché devra être réalisé au moment de l'acquisition de la marche.

Si l'on passe à côté de cette dysplasie, elle ne se révélera qu'à l'âge de la station debout ou même de la marche par une boiterie : ce n'est vraiment pas idéal car l'enfant devra être hospitalisé, mis en traction, puis opéré, parfois à plusieurs reprises, sans certitude de retrouver une articulation de hanche normale. Alors oui à la radiographie du bassin systématique, c'est là que s'applique l'adage : « mieux vaut prévenir que guérir ».

Les étapes du mois

Le bébé est une petite personne très occupée, avec des tas de choses à découvrir et à accomplir d'ici à la fin du mois. Entre autres :

- Il prend environ 450 à 600 g, parfois plus.
- Les muscles de son cou se renforcent beaucoup. Il tient la tête bien droite lorsqu'il est sur vos genoux ou lorsque vous le prenez dans vos bras (très tendrement bien sûr), même si, à la longue, il fatigue un peu. (Voir la figure 9-1.)
- Grâce aux muscles de son cou, Bébé renforce le contrôle de sa tête. Non seulement il arrive à bien la tenir, mais il arrive aussi à la tourner pour regarder quelque chose qui attire son attention.
- Il arrive à se mettre sur le côté (au moins un) lorsqu'il est sur le dos.
- Il parvient à se soulever en poussant sur ses petites mains, lorsqu'il est sur le ventre.
- Il est capable de fixer un objet du regard et de soutenir son attention. Il parvient aussi à suivre des yeux une personne ou un objet qui se déplace. Au cours du quatrième mois, le pédiatre va s'assurer que Bébé n'a pas de strabisme (qu'il ne louche pas), grâce à l'épreuve des reflets lumineux. À l'aide d'une petite torche, il va vérifier, lorsque Bébé suit la lumière des yeux, que la lumière se reflète bien au milieu de chaque pupille. En cas de strabisme, un des reflets se produira sur la pupille, l'autre sur l'iris : c'est l'indication d'une consultation chez l'ophtalmologiste.
- Il va chercher les objets, les tient et, la plupart du temps, les met dans sa bouche (il commence peut-être à faire ses dents, même si la majorité des bébés attendent encore un mois ou deux).

- Bébé s'agite et donne des coups de pied.
- Il arrive à soutenir son poids sur ses jambes lorsque vous le tenez (encore un peu, et il tient debout !). Contrairement à ce que l'on disait autrefois, cela ne va pas lui arquer les jambes, bien au contraire : cela les renforce et contribue à les redresser.

Figure 9-1 : Bébé arrive à tenir la tête bien droite à environ 4 mois.

ASTUCES

- Il arrive, s'il fait partie des plus toniques, à tenir à peu près assis avec appui lorsqu'il est calé par des coussins (c'est l'occasion de réutiliser votre coussin circulaire).
- Il découvre ses mains et ses pieds et en tombe fou amoureux. Vous remarquerez qu'à chaque fois qu'il découvre une nouvelle partie de son corps, cela le fascine complètement (au moins jusqu'à ce que la découverte perde le goût de la nouveauté et que son attention soit attirée ailleurs).
- Bébé adore échanger avec son entourage et se montre déçu lorsqu'on arrête de jouer (ce qu'il ne vous cachera pas, en fronçant les sourcils, faisant la grimace ou carrément en pleurant).
- Il est capable d'exprimer la peur, la douleur et parfois la solitude en pleurant (avec de vraies larmes).
- Bébé montre aussi qu'il est content. Il exprime son intérêt et son plaisir, que ce soit face à un jouet, parce que vous lui chatouillez les orteils ou parce qu'il aimerait bien piquer dans votre assiette lorsque vous mangez devant lui.

À RETENIR

- Il répond à vos sourires. Il essaiera même de vous sourire pour que vous lui souriiez en retour.
- Face à quelqu'un en colère, il arrive qu'il se mette à pleurer. Le mieux est qu'il reste dans les bras de sa mère, son lieu de sécurité maximale.
- Il adore le jeu de « coucou me voilà » (lorsque vous vous cachez derrière vos mains).
- Bébé découvre le monde par la bouche ; par conséquent, il y portera tous les objets qui lui tombent sous la main.
- Il commence à babiller distinctement. Il imite les sons simples comme « o » ou « a », surtout si vous initiez la communication (par exemple, mettez-vous face à lui et dites doucement « a », il y a des chances pour qu'il réponde).

DÉTAIL TECHNIQUE

Apprendre à parler

Un bébé, c'est comme une page blanche, une créature qui a tout à apprendre, notamment à communiquer avec les autres. Comment les parents contribuent-ils à cet apprentissage ? Pour commencer, il faut apprendre à Bébé que nous avons tous besoin de communiquer. Vous le lui apprendrez en lui parlant et en le regardant quand vous lui parlez, même s'il ne comprend pas le sens exact de ce que vous dites. Au cours du quatrième mois, ralentissez un peu votre débit. En plus de lui expliquer ce que vous faites (« Maintenant, on va se promener » ou « Viens, on va chercher papa »), donnez-lui l'occasion de lui montrer de quoi il est capable.

À 4 mois, Bébé gazouille, surtout les voyelles (« ou », « a », « o » et « ai ») avec une certaine facilité. Vous pourrez l'aider à développer son langage en lui faisant écho. Proposez-lui un son simple à répéter (vous dites « ou », il répond « ou »). Lorsqu'il y arrive, montrez à quel point vous êtes heureuse et fière. Ces jeux lui apprendront que la communication met en scène au moins deux personnes, et qu'il se débrouille très bien. Les premières consonnes des bébés sont généralement « k », « p », « b » et « d ». Bébé mettra quelques mois à les maîtriser, mais il n'y a aucun mal à commencer à les lui apprendre maintenant.

Dites-vous bien qu'il est inutile de lui parler « bébé ». « Bébé va faire sisite dans la tuture avec mamie ? Hein ? Et faire dodo ? Hein ? » Votre enfant est heureux que vous lui portiez de l'attention, d'une quelconque façon, mais ce n'est pas un service à lui rendre que de le traiter comme s'il était stupide. Parlez-lui distinctement, en essayant autant que possible de faire des phrases courtes pour qu'il saisisse bien les sons. Par exemple, au lieu de lui dire « Dépêchons-nous, nous sommes en retard pour aller sortir l'Espace du garage et aller chercher ton père que j'aime tant à la sortie de son bureau », préférez : « On va chercher papa ! »

Veillez à la sécurité de Bébé

ATTENTION !

Bébé roule sur lui-même, se traîne, remue, attrape des choses et trouve toutes sortes d'objets passionnants sur le sol. Il est de plus en plus mobile mais aussi capable, maintenant, de manipuler de petits objets avec ses doigts et, surtout, de les mettre dans sa bouche – il met absolument *tout* dans sa bouche à cet âge. Attention, c'est à surveiller : l'étouffement est le risque numéro un des tout-petits.

Ne prenez pas de risques

Proposez à Bébé des jouets qu'il peut porter à sa bouche : des petits anneaux en plastique rigide pour les dents, des hochets ou des jouets en caoutchouc.

ATTENTION !

Ce n'est pas parce qu'un objet est mou qu'il est bon pour Bébé. Vérifiez toujours sur l'étiquette du jouet qu'il convient à l'âge de votre enfant. Une balle en mousse de caoutchouc par exemple n'est pas faite pour être mâchée. D'abord, elle est probablement recouverte d'un film plastique qui va finir par se retrouver dans l'estomac de Bébé, s'il mâche suffisamment longtemps. Ensuite, la mousse peut se détacher et représenter un risque d'étouffement.

Autre chose à surveiller : qu'y a-t-il par terre ? De plus en plus, Bébé va y passer du temps, à se traîner, jouer et ramper sur ses petits bras. Il aura donc tout le temps les mains posées par terre et ensuite, devinez ce qu'il va en faire ? Évidemment, les mettre dans sa bouche. Même s'il n'est pas nécessaire de stériliser le sol à chaque fois que Bébé va jouer (après tout, s'il n'est jamais exposé à un germe, son système immunitaire ne se renforcera pas), mieux vaut enlever les saletés et les moutons de poussière qu'il ne manquerait pas d'avaler. Prenez l'habitude de passer un coup de balai ou d'aspirateur au moins une fois par jour pour éviter que Bébé n'avale des cochonneries.

Assurez-vous que vous le déposez toujours sur une surface relativement propre et, surtout pas humide de détergent. La majorité des détergents disponibles dans le commerce ne sont pas comestibles. Attention, même les détergents « bio » (le vinaigre ou le bicarbonate de soude) présentent un petit risque d'intoxication chez Bébé. Ce n'est pas parce que c'est bon pour l'environnement qu'il faut le lécher !

À RETENIR

Vérifiez toujours qu'il n'y a pas de petite monnaie, de boutons perdus ou de miettes qui traînent par terre – tout ce que Bébé pourrait avaler et avec quoi il risque de s'étouffer. (Si vous ne croyez pas Bébé capable de ramasser une pièce de deux centimes par terre, vous pourriez être surprise. De toute façon, qu'est-ce que ça coûte de ramasser ? Au contraire, ça rapporte deux centimes...)

Vous trouverez d'autres conseils pour veiller à la sécurité de Bébé à la maison (avec, entre autres, une liste des objets qu'il faut maintenir hors de portée des enfants) au chapitre 20.

Garder Bébé sur la table

Bien sûr, maintenant que Bébé donne des coups de pied et parvient à bouger de son propre gré, la table à langer devient un endroit dangereux. C'est sûr, depuis le début, vous gardez une main sur lui et vous vous servez de la sangle de sécurité la plupart du temps. Maintenant, il ne faut plus le quitter des yeux pendant que vous le changez. Il peut se retourner, gigoter et donner des coups de pied suffisamment fort pour tomber et se blesser.

Votre bébé a beau être toujours souriant et calme lorsque vous le changez, sachez tout de même qu'il a maintenant assez de force pour vous surprendre par un mouvement brusque à gauche, à droite, en haut ou en bas. Même si jusque-là, vous n'aviez pas besoin de le tenir, c'est le moment de commencer. N'oubliez pas que Bébé n'a pas la notion de la hauteur : il n'a aucune peur de tomber. À vous de faire en sorte qu'il n'ait pas à en souffrir. Mieux vaut prendre ses précautions qu'avoir à ramasser Bébé par terre.

Si vous avez un bébé contorsionniste, essayez de le distraire. Maintenant, il est capable de tenir un objet : gardez quelques jouets à portée de main, à côté de la table à langer. Peu importe si ce sont ses jouets préférés ou ceux qui sont destinés aux changements de couche (n'oubliez pas de les prendre avec vous lorsque vous l'enlevez pour lui changer la couche). Si c'est sans effet, parlez-lui pendant que vous le changez. C'est le moment de lui apprendre les consonnes, par exemple. Souriez-lui. Chantez-lui des chansons. Attirez son attention : il y a des chances qu'il oublie qu'il a de la place pour gigoter, au moins quelques instants.

Si le moment du changement de couche devient une torture pour tous les deux (avec Bébé qui tourne dans tous les sens et vous qui essayez de le changer sans qu'il ne vous échappe), n'hésitez pas à le faire par terre. Le sac à couches de Bébé contient probablement tout ce dont vous avez besoin pour un change rapide : servez-vous-en comme d'une table à langer portable. Bébé ne s'arrêtera pas de bouger pour autant, mais il ne risquera pas de tomber.

Apprendre à s'exprimer

Aux environs de 4 mois, votre bébé découvre quelque chose de formidable : il commence à avoir conscience de lui-même en tant qu'individu séparé et distinct du reste du monde. Cette conscience grandira et s'approfondira avec le temps, mais c'est aujourd'hui qu'elle commence. Son désir et sa capacité à communiquer en sont les premières étapes : vous découvrirez très vite d'autres signes dans sa façon de s'exprimer.

Les caprices

Mettons que vous êtes en train de jouer avec Bébé, vous lui faites des chatouilles et le téléphone sonne. Même si, bien sûr, rien ne sera jamais plus important qu'un tel moment avec votre enfant, il se trouve que vous attendez un coup de fil de votre mère (ou du bureau) et que vous vous trouvez obligée de lâcher les petits orteils de Bébé pour aller répondre au téléphone. L'enfant, avec toute son intelligence et son début d'indépendance, commence par froncer les sourcils puis finit par crier au scandale, avec force sanglots. Il comprendra très vite que l'une des meilleures façons de récupérer votre attention est de se mettre à pleurer.

Cette capacité à attirer votre attention est quelque chose de tout nouveau pour lui : il n'en avait pas conscience il y a quelques semaines encore. C'est très important pour communiquer et pour son avenir en société. Il se servira de cette capacité à loisir, assortie à d'autres arguments plus tard – se mettre à pleurer ? Ça marche. Éclater de rire ? Ça marche aussi. Jouer tranquillement dans son coin ? Ah, ça marche moins bien.

Laissez-le gagner ses petites victoires

À son âge, Bébé découvre les petites frustrations du quotidien. Il apprend de nouvelles choses tous les jours, grâce à de nouveaux buts (pour atteindre tel objet, il va se mettre à remuer : ce n'est donc pas qu'un réflexe). Lorsque l'intention précède la capacité à agir, cela peut devenir suffisamment frustrant pour se mettre à pleurer, *fort*. Il se peut que Bébé pleure un peu plus souvent lorsqu'il apprend de nouvelles choses. Bien sûr, cela dépend aussi de son tempérament. Les bébés très déterminés (sérieux et volontaires, quoi qu'ils fassent ; ce sont probablement ceux qui ont eu des coliques) sont souvent plus vite agacés lorsque quelque chose ne marche pas aussi bien que prévu. Les bébés d'un naturel plus facile sont souvent moins susceptibles, au moins à cet âge.

Si votre bébé se met à hurler lorsqu'il rate plusieurs fois de suite une démonstration de force physique, quelle est la conduite à tenir ? Faut-il se précipiter pour aller lui chercher son jouet ? Est-ce bien cela qu'il veut ?

Probablement pas. La meilleure chose à faire, toute proportion gardée, est de laisser l'enfant remporter lui-même sa propre victoire. Laissez-le avancer petit à petit vers tel jouet, même s'il n'a pas l'air très heureux. Donnez-lui un petit coup de pouce pour l'aider s'il en a besoin, mais laissez-lui faire le gros du travail. Certains bébés sont suffisamment tendus pour se mettre à pleurer dans de telles circonstances et risquent de continuer tant qu'ils n'ont pas accompli eux-mêmes le travail, pour ainsi dire. Par exemple, même si vous lui donnez la tétine vers laquelle il se dirige depuis dix minutes, il est possible qu'il continue à pleurnicher ou à donner des coups de pied, parce qu'il n'a pas dépensé toute son énergie. Une petite frustration peut être tout à fait salutaire, tant que Bébé arrive à atteindre son objectif.

Vous connaissez votre enfant mieux que nous. Si vous le voyez s'irriter, surveillez-le de près. Laissez-le essayer jusqu'à ce qu'il en ait vraiment assez (le léger agacement tourne aux hurlements). Prenez-le dans vos bras et consolez-le, il sera toujours temps de recommencer plus tard. Donnez-lui le jouet qu'il cherche à atteindre. Tant mieux si cela le calme un peu. Si cela ne change rien, laissez tomber le jouet. L'essentiel est que Bébé apprenne à faire les choses par lui-même. Lui donner les choses avant même qu'il ait *essayé* de les obtenir ne fera que retarder ce processus d'apprentissage.

Apprenez-lui à vous connaître

À cet âge, les bébés ont une préférence sans nuance pour leurs parents, leurs frères et sœurs et leurs nounous, c'est-à-dire les personnes qu'ils voient régulièrement (même s'il faut bien reconnaître que rien ne vaut papa et maman). Ils sont ravis de sourire à leur entourage mais commencent à se montrer sauvages avec les personnes qu'ils ne connaissent pas. Cela prouve encore que Bébé est un petit être social : il adore voir les gens qu'il aime, mais a besoin d'un peu de temps pour s'habituer aux autres. Pour illustrer ceci, contrairement à ce qui se passait quand il avait 3 mois, il n'ira plus volontiers dans les bras de tout le monde.

Ce sont aussi les premiers signes de sa peur de l'inconnu, qui n'affectera véritablement son humeur que dans trois ou quatre mois. Ce sera la fameuse période d'anxiété de séparation, qui débute entre 6-7 et 9 mois et qui dure trois mois environ. Pour l'instant, si vous remarquez que Bébé est moins à l'aise avec des inconnus, laissez-lui le temps de s'habituer. Il y a des chances pour que Bébé fasse ami-ami très vite, après avoir surmonté ses premières inquiétudes.

Les premiers repas

La diversification alimentaire débutera entre 4 et 6 mois. Actuellement, la majorité des pédiatres donnent le feu vert pour diversifier à 6 mois seulement, en raison du risque d'allergie alimentaire. Mais il apparaît, depuis peu, que le fait de retarder l'introduction de légumes et de fruits n'habitue pas l'organisme à autre chose que du lait et n'évite donc aucunement la survenue d'allergies ultérieures.

Si Bébé semble se lasser du lait, ou vous regarde avec envie lorsqu'il vous voit manger, on peut commencer la diversification vers 4 ou 5 mois, à condition qu'il n'y ait pas d'antécédents familiaux d'allergie (urticaire, eczéma, rhinite allergique, asthme).

Une bonne raison de diversifier vers 4 mois est que les besoins en fer sont accrus chez le petit nourrisson, et que le lait maternel est pauvre en fer.

S'il est vraiment trop tôt pour introduire les légumes et les fruits, et que Bébé vous envie lorsqu'il regarde votre cuiller, vous pouvez épaissir de temps en temps un biberon avec une farine diastasée, et lui proposer une bouillie à la cuiller (cela concerne surtout les gros gloutons).

Vous pouvez aussi, chez les petits nourrissons qui grossissent insuffisamment sans raison déterminée, augmenter la ration calorique en ajoutant une ou deux cuillerées à café de farine diastasée dans chaque biberon pendant quelques semaines.

De la même façon, le fait d'épaissir ainsi le biberon du soir seulement peut permettre aux bébés qui ne font pas encore leurs nuits à 2 mois et demi ou 3 mois d'y parvenir enfin. Mais, même avec un biberon épaissi, certains bébés continuent à pleurer au milieu de la nuit. Là, ce n'est probablement pas une question de faim : ils ont besoin de leur maman pour les rassurer.

Les farines 1er âge ne sont presque jamais responsables d'allergies alimentaires et peuvent donc être proposées assez tôt (1 mois et demi – 2 mois). En revanche, elles vont raréfier les selles et parfois induire une constipation.

En France, il était « à la mode » de proposer des farines à tous les bébés il y a une trentaine d'années : cela avait pour effet de faire grossir artificiellement les nourrissons et de donner des générations de bébés joufflus. Cette mode a toujours cours dans certains pays, comme aux États-Unis, où les céréales sont toujours proposées avant les légumes et les fruits.

ASTUCES

Que vous débutiez par les bouillies ou par les fruits et les légumes, lorsque vous commencez la cuiller pour la première fois :

- soyez sûr(e) que Bébé a faim ;
- utilisez l'ustensile adéquat.

ASTUCES

Au cours de cette année pleine de premières fois, impossible de savoir ce qui va arriver. Lorsque vous commencez les céréales pour la première fois :

- **Soyez sûr(e) que Bébé a faim.** Il sera nettement plus enthousiaste s'il est l'heure de manger. Veillez seulement à ce qu'il ne hurle pas de faim (de toute façon, en règle générale, quand vous abordez quelque chose de nouveau, mieux vaut que Bébé soit dans de bonnes dispositions). Proposez-lui un peu de lait, mais il ne faut pas que cela lui remplisse l'estomac.

- **Utilisez l'ustensile adéquat.** N'essayez pas de le nourrir à la petite cuillère. S'il existe des cuillères à bébé, c'est qu'il y a une raison : elles conviennent mieux à sa petite bouche.
- **N'essayez pas trop tôt de grosses quantités.** Surtout pour le premier repas, proposez à Bébé un tout petit peu de céréales. Laissez-le s'habituer à la texture et au goût. Effectivement, ça ne vous paraît pas très folichon comme repas. Mais pour Bébé, le fait d'introduire dans sa bouche quelque chose qu'il est censé avaler et qui ne soit pas liquide, c'est *totalement nouveau*. Il a besoin de temps pour perfectionner sa déglutition.
- **Au début, veillez à bien diluer les céréales pour que Bébé s'habitue à la cuillère et à la texture.** Une fois qu'il sera habitué, vous pourrez épaissir progressivement la bouillie.
- **Utilisez un bavoir et gardez une serviette sous la main pour nettoyer les petites fausses routes.** Parce qu'il y en aura.

Lorsque Bébé commence à manger des solides, vous allez remarquer un changement dans ses selles. Alors qu'un bébé nourri au sein n'avait que des selles très liquides, vous verrez que cela ira en se solidifiant. Les selles d'un bébé nourri au biberon sont déjà plus solides ; là, vous commencerez à voir de vraies crottes. Les selles seront aussi moins fréquentes. C'est une bonne nouvelle : non seulement les changements de couche seront moins fréquents, mais en plus, il y aura moins de chances pour que Bébé se retrouve avec les jambes dégoulinantes (effectivement, pas très classe).

Quelques conseils de sécurité lorsque l'on passe à l'alimentation à la cuiller

Les bébés de 4 mois ne sont pas encore prêts pour la chaise haute, sauf si celle-ci a un dossier qui permet au bébé d'être confortablement installé. Même si Bébé tient bien sa tête, il ne peut pas encore s'asseoir sans être bien soutenu : les chaises hautes ne sont pas faites pour ça.

Pour les premiers repas à la cuiller de Bébé, installez-le dans son siège. Bien sûr, il ne faut pas qu'il soit allongé mais confortablement adossé. Inutile de le forcer à s'asseoir : il aura des difficultés à tenir sa tête et risque de s'affaisser.

Chapitre 10

Le cinquième mois : en piste, Bébé !

Dans ce chapitre

- Ce que veut Bébé
- Protéger Bébé
- Enrichir les repas de Bébé
- Le problème des dents

Le cinquième mois est un moment délicieux, tranquille, où Bébé s'entraîne à ce qu'il a déjà appris et se prépare pour tout ce qui lui reste à accomplir. Sa capacité à communiquer s'épanouit considérablement et, pour la première fois, vous verrez peut-être apparaître une pointe de sens de l'humour (déjà, il se fait rire tout seul en émettant des sons improbables avec sa bouche). Lorsque quelqu'un parle, Bébé se met à l'imiter, ajoutant un ton, des longueurs de syllabes et, parfois… des décibels ! Il rampe parfois déjà et à la fin du cinquième mois, certains enfants essaient de se mettre à quatre pattes sur les coudes et les genoux : c'est bien ça, ils ont la bougeotte, et brûlent d'explorer le monde au-delà de leur siège auto !

Dans ce chapitre, nous passons en revue les jouets les plus sûrs pour que Bébé se dépense sans se faire mal et nous vous expliquons pourquoi il vaut mieux éviter les trotteurs et les portiques. Nous évoquons aussi la question des dents – ce à quoi il faut s'attendre et comment réconforter un bébé soudain enragé (rassurez-vous, il en a plus contre ses gencives que contre vous).

La visite chez le médecin

APPELEZ LE MÉDECIN

La plupart des pédiatres ne prévoient pas de rendez-vous pour le cinquième mois dans la mesure où il n'y a pas de vaccin prévu. Le prochain aura normalement lieu au sixième mois. Bien sûr, cela ne veut pas dire que vous n'avez pas de questions. Celles qui se limitent à de la simple curiosité et qui ne mettent pas directement en jeu la santé ou la sécurité de votre enfant peuvent attendre la prochaine visite. (Bébé parvient à introduire sa main tout entière dans sa bouche ; faut-il le laisser faire ?) En revanche, certaines questions demandent un avis médical immédiat (de la diarrhée ou une forte fièvre).

Les étapes du mois

Alors, qu'est-ce que Bébé va encore inventer pour vous épater ? Il est plus grand, plus fort et a son petit caractère. Voici, en quelques lignes, les résultats qu'il obtient pendant ce mois décisif :

- Il tient bien sa tête.
- Il pousse sur les bras pour relever le torse quand il est sur le ventre et s'appuie sur ses avant-bras.
- Il essaie peut-être de ramener les genoux sous lui pour déambuler à quatre pattes ou essayer de ramper.
- Il se tourne du dos sur le côté et parfois même du dos sur le ventre.
- Il parvient à attraper des objets et à les passer d'une main à l'autre.
- Il saisit ses pieds (lorsqu'il est couché sur le dos) et essaie de les mettre dans sa bouche.
- Il essaie de relever la tête quand il est couché sur le dos, comme pour essayer de s'asseoir (il fait des « abdos » !).
- Il parvient à mettre des objets dans sa bouche : il faut constamment le surveiller pour ne pas qu'il s'étouffe. Pour plus d'informations sur la manœuvre de Heimlich, reportez-vous au chapitre 20.
- Lorsque vous lui ôtez quelque chose, Bébé manifeste son déplaisir.
- Il sourit et rit (pas au même moment...). Vous allez adorer les séances de chatouilles : Bébé sera écroulé de rire et vous aussi !
- Il tient longtemps assis lorsqu'il est soutenu, et quelques secondes tout seul (la majorité des enfants de cet âge sont encore un peu mous), pour les plus toniques d'entre eux.
- Bébé tourne la tête en direction de la personne qui parle.
- Il essaie de l'imiter d'une voix chantante.
- Il s'amuse à faire toutes sortes de bruits avec sa bouche.
- Les dents commencent à pointer : il bave de plus en plus, il est parfois ronchon, même si les dents ne sont pas à fleur de gencive, il prépare celle-ci à la dentition.
- Bébé aime se tenir « debout » sur vos genoux si vous le tenez.
- Un bébé particulièrement tonique peut être capable, à la fin du mois, de se tenir debout en s'accrochant à quelque chose ou à quelqu'un.

- Bébé parvient à boire au verre à bébé (ou à tenir son biberon).
- Il commence à babiller, sans attacher de sens aux phonèmes qu'il prononce : c'est l'âge des « areu » et autres « ladaladalada ».

Ce mois-ci, Bébé commence véritablement à exprimer ses émotions. S'il voit un inconvénient à ce que vous lui retiriez son hochet, il ne vous le cachera pas. Il montre aussi sa jubilation lorsque, au prix de pénibles efforts, il parvient à se saisir d'un objet !

Encouragez le développement du langage

À RETENIR

Même si Bébé n'est pas encore un grand orateur, il apprend les bases de la communication : les gens se servent du langage avec un but précis, ils parlent tour à tour et surtout, vous êtes ravie quand Bébé vous « parle ». Il adore échanger avec les gens et inventer son propre langage. Encouragez-le en lui parlant toute la journée. Faites des phrases simples avec des mots simples pour lui laisser l'occasion de bien entendre les sons. À cinq mois, il vous répétera probablement des syllabes simples : « ma, ka, da, ba » ou « ga ».

Un excellent moyen d'encourager le langage est de commencer à lui acheter des livres. Les livres d'images utilisent des mots et des concepts simples, c'est-à-dire les premiers mots de Bébé. Ballon. Chien. Chat. Peut-être ne comprend-il pas tout à fait, à son âge, que toute chose a un nom, mais il n'est jamais trop tôt pour l'habituer à de nouveaux mots et de nouvelles sonorités.

ASTUCES

Les livres pour bébés sont courts, agréables, pleins de couleurs intéressantes et de dessins. Bien sûr, il n'est pas encore prêt pour les livres à chapitre ou les histoires longues qui intéresseront les enfants plus âgés. Procurez-vous des livres solides (en carton ou en plastique : Bébé découvrira peut-être qu'il est tout aussi drôle de les mâcher que de les lire), suffisamment gros pour que Bébé puisse bien les tenir en main.

Lorsqu'il s'intéresse à son livre d'images, essayez de lui lire une petite histoire. La lecture lui est bénéfique pour de nombreuses raisons : il regarde, il écoute, il essaie de répéter ce que vous dites. Cette activité simple mettra son petit cerveau en ébullition.

Il y a d'autres avantages à commencer très tôt la lecture :

- C'est un moment de tendresse précieux pour vous comme pour lui, ce qui est très important dans sa journée.
- La lecture enrichira probablement son vocabulaire plus tard dans l'année.
- Écouter une histoire peut l'aider à travailler sa concentration.
- L'introduire au monde des livres dès aujourd'hui l'encouragera probablement à lire beaucoup plus tard : il voudra savoir par lui-même ce que veulent dire tous ces mots !

Encouragez la lecture dès maintenant : Bébé en tirera profit toute sa vie. Quand il sera capable de lire tout seul (d'ici quelques courtes années), un monde d'idées et d'imagination s'ouvrira à lui. Pour l'instant, c'est à *vous* de l'y introduire en lui faisant la lecture. Essayez par tranches d'un quart d'heure par jour. Même s'il ne paraît pas enthousiaste à l'idée de s'asseoir et de vous écouter, il pourra montrer des signes d'intérêt si vous faites de ce moment une habitude quotidienne. Ce quart d'heure peut s'allonger par tranches de cinq minutes si Bébé est intéressé.

Il est clairement établi que le langage des bébés à qui l'on parle sans arrêt se développe plus précocement que celui des bébés avec qui l'on communique peu : cela doit intervenir dans le choix de votre nounou.

De la même façon, le langage des enfants gardés en collectivité se développe vite, comme si les bébés progressaient plus vite au contact d'autres enfants un peu plus âgés qu'eux, avec un niveau de langage un peu supérieur au leur, plutôt qu'au contact d'adultes au langage déjà bien élaboré.

La sécurité de Bébé

Ce mois-ci, Bébé est à la croisée des chemins : il est trop petit pour s'asseoir tout seul, mais cela ne l'empêche pas d'essayer. Avant de le laisser vivre sa vie dans un trotte-bébé ou sur une chaise haute, assurez-vous qu'il y sera en sécurité. Il a peut-être l'air de s'ennuyer un peu ou d'être frustré de ne pas pouvoir bouger autant qu'il le voudrait, mais ça ne l'amusera pas du tout s'il se blesse sérieusement.

Trotteurs, portiques et autres youpalas

On ne vous le cache pas, les bébés actifs ont besoin d'action. Il y a quelques années, les parents mettaient leurs enfants dans un trotteur et les regardaient se régaler de cette nouvelle mobilité. C'est vrai que les bébés adorent ces petites choses sur roues. Ils peuvent se promener dans toute la maison en grignotant un fruit. Après tout, c'est ce que la vie donne de meilleur à cet âge.

Aujourd'hui, certains pédiatres déconseillent l'usage du trotte-bébé car des milliers d'enfants se blessent grièvement chaque année en tombant dans les escaliers ! Les trotteurs que l'on trouve sur le marché aujourd'hui sont plus larges que ceux d'autrefois, ils empêchent Bébé de passer les portes, ce qui enlève beaucoup de leur intérêt. De toute façon, la sécurité de Bébé passe par une vigilance intelligente de votre part.

Les portiques sont aussi déconseillés par les pédiatres. Ce sont de petits sièges attachés à un encadrement de porte par des cordes élastiques. Quand Bébé est assis dedans, il gambille et saute à cœur joie. Le problème est qu'il peut aussi basculer vers l'avant et se cogner la tête sur le sol. Ces appareils peuvent aussi causer des fractures des jambes chez un tout-petit. En bref, des jambes de bébé, ce n'est pas fait pour ça.

Une alternative beaucoup plus sûre et assez répandue est le youpala. Bébé est installé dans un siège un peu comme sur un trotteur. Il peut se retourner, gambiller et jouer sur le plateau qui entoure le youpala, mais il ne peut aller nulle part. Impossible, donc, de glisser et de risquer une commotion. Ses petits os sont en sécurité. Il est comme un coq en pâte, bien soutenu, libre de ses mouvements, avec tous ses jouets sous la main et en sécurité. De quoi rendre papa et maman aussi heureux que lui. En revanche, il ne faut pas l'y laisser plus de quelques minutes par jour, car il peut devenir dépendant du youpala et faire ensuite moins d'efforts moteurs pour essayer de se relever avec appui.

La chaise haute

Si Bébé tient bien en position assise ce mois-ci, c'est qu'il est prêt à prendre ses repas sur sa chaise haute. Toutefois, il est recommandé d'avoir une chaise haute qui s'incline légèrement pour bien soutenir un enfant qui vient de découvrir la position assise. Vous ajusterez progressivement le dossier, pour l'habituer à s'asseoir comme un grand. Pour un novice, c'est un peu délicat d'utiliser une chaise qui n'a qu'une position. Même une fois capable de s'asseoir tout seul, il aura du mal à tenir la position longtemps. Dans ce cas, servez-vous d'une serviette ou d'un coussin pour le soutenir.

Mettez toujours la sangle de sécurité de la chaise haute. Ce n'est pas un support pour un bébé qui ne tient pas assis, mais cela évite qu'il ne glisse de sa chaise.

S'il n'est pas encore prêt à s'asseoir, n'essayez pas de l'y entraîner en le mettant dans sa chaise haute. Les sangles ne sont *pas* faites pour ça ! Continuez à le nourrir dans son siège baquet jusqu'à ce qu'il soit capable de se tenir droit, au moins pour de courtes périodes.

Achetez (ou préparez) les premiers repas

Que Bébé ait déjà testé les céréales ou que vous ayez attendu jusqu'à maintenant, il va être prêt pour commencer les légumes et les fruits très bientôt. Vous vous demandez certainement s'il est préférable d'acheter des pots de bébé tout préparés à l'épicerie du coin, d'acheter du bio ou de tout faire vous-même.

Les bons vieux pots de bébé

Beaucoup de parents voient venir les premiers repas avec anxiété en se demandant s'il n'y a pas une incantation ou quelque secret de grand-mère pour que la nourriture convienne parfaitement à Bébé. Faut-il choisir la même marque que tout le monde ou acheter complètement bio ? Par quoi faut-il commencer ?

ASTUCES

La majorité des médecins recommandent de commencer par les légumes verts : haricots verts, épinards, courgettes, brocolis, artichauts, petits pois. Lisez bien les étiquettes des pots de bébé dans le commerce pour éviter les aliments trop riches en sucres, en sel ou additionnés de tapioca. Votre enfant n'a besoin que des ingrédients les plus simples (c'est-à-dire le légume lui-même et un peu d'eau) pour tirer le meilleur de ses repas. Tenez-vous-en aux aliments en purée pendant ses premiers mois. Bébé ne sera pas prêt pour les aliments plus solides avant quelques mois.

L'avantage principal des pots de bébé est qu'ils sont extrêmement pratiques. Toutefois, si l'on prend le temps de faire le calcul de ce qu'on dépense à préparer les mêmes choses, on se rend parfois compte qu'il est moins cher d'acheter les légumes frais. Si vous cherchez à faire des économies, vous trouverez un peu plus loin dans ce chapitre quelques conseils avisés pour préparer la nourriture de Bébé.

Tout bio or not tout bio ?

Aujourd'hui, il est tout à fait possible d'acheter des pots de bébé bio au supermarché. Vérifiez sur l'étiquette que le fruit ou le légume est inscrit en premier sur la liste des ingrédients. Un pot bio ne doit contenir ni sucres ni eau dans ses éléments principaux et bien sûr ni additifs ni conservateurs.

À RETENIR

Beaucoup de parents choisissent le bio pour éviter les pesticides dans l'alimentation de leur bébé. La majorité des recherches sur les conséquences des pesticides sur l'organisme ont été faites sur les adultes ; on n'a aucune preuve des effets que peuvent avoir les pesticides sur un bébé en pleine croissance.

Devenez le cuistot préféré de Bébé

Préparer la nourriture de Bébé à la maison est un jeu d'enfant. Cela présente deux avantages majeurs. D'abord, c'est moins cher d'acheter les produits, de les préparer et de les réduire en purée avant de les mettre au congélateur que d'acheter la même quantité toute faite par les grands groupes d'agroalimentaire. Ensuite, vous savez à peu près ce que vous donnez à manger à votre enfant (si vous mettez des colorants ou des conservateurs, c'est votre choix!).

Rien de plus simple que de préparer les repas de Bébé. Vous avez besoin d'ustensiles basiques et de fruits et légumes frais. Gardez en tête que, si vous achetez vos produits en supermarché, ils peuvent très bien contenir les pesticides que vous essayez d'éviter. Si vous tenez absolument à ne pas avoir de pesticides dans vos aliments, la meilleure chose à faire est d'avoir votre potager ou d'acheter vos produits sur un marché bio.

Pour faire soi-même les repas de Bébé, il faut :

- **Une casserole :** pour faire bouillir les fruits.
- **Un cuit-vapeur :** pour les légumes à la vapeur.
- **Un mixeur :** pour réduire les aliments en purée.
- **Un économe et un vide-pomme :** pour enlever plus facilement les pépins et les peaux.
- **Des boîtes pour les conserver :** autant préparer de grosses quantités et les conserver pour plus tard.

Même si vous n'êtes pas un cordon-bleu, il est très facile de préparer les repas de Bébé. Quelques conseils pour rendre les choses simples :

- Épluchez, enlevez le trognon ou le noyau et coupez les fruits durs (comme les poires ou les pommes) avant de les faire cuire à feu doux à la casserole (en ayant recouvert les fruits d'un peu d'eau, dix à trente minutes selon les fruits) pour les rendre un peu plus mous. Réduisez-les en purée et servez-les ou congelez-les.
- Il est préférable de cuire les légumes à la vapeur plutôt que de les faire bouillir : vous garderez ainsi le meilleur. Pour les légumes, épluchez-les et coupez-les en dés avant de les mettre au cuit-vapeur. Écrasez-les ensuite.
- Lorsque Bébé est prêt pour les viandes, pochez-les avant de les hacher.
- N'ajoutez ni sel, ni beurre, ni sucre aux repas de Bébé : il n'y a pas encore goûté, cela ne lui manquera pas. De plus, il a des papilles linguales beaucoup plus nombreuses que nous, et trouvera à son goût ce qui peut nous paraître fade.
- Vous pouvez conserver les aliments congelés plusieurs mois, mais pas plus de trois jours au frigo.

Vous pouvez utiliser des bacs à glaçons pour congeler de petites quantités de purée. Comme cela, vous les décongelez au fur et à mesure et offrez à Bébé plusieurs aliments en un repas (s'il déteste les pois par exemple, vous pouvez les mélanger aux patates douces qu'il adore). Couvrez les bacs d'un film plastique pour protéger la nourriture de la glace ou mettez les cubes directement dans de petits sacs de congélation. Pour décongeler, laissez quelques cubes au frigo pendant la nuit ou faites décongeler au bain-marie.

Évitez les aliments à risques

Au cours de la première année, le corps de Bébé grandit et se développe à une vitesse ahurissante, à l'intérieur comme à l'extérieur. Ses systèmes digestif et immunitaire ne sont pas aussi résistants que ceux d'un enfant un peu plus âgé : il y a quelques aliments à donner en petites quantités ou à éviter au cours de la première année.

Ne donnez pas de miel à Bébé au cours de la première année : il risque de contenir des spores de *Clostridium botulinum,* bactérie à l'origine du botulisme ; elle secrète une toxine dangereuse.

Évitez les légumes fibreux comme les poireaux ou passez-les au presse-purée avant de les lui servir ou de les congeler. Les fibres peuvent présenter un risque d'étouffement.

Il faut aussi limiter la consommation de nitrates. À haute dose, ils peuvent provoquer une méthémoglobinémie, maladie grave qui empêche les globules rouges de transporter l'oxygène dans le corps. Les enfants de moins de 6 mois sont particulièrement fragiles à ce niveau-là ; c'est ce que l'on appelle le syndrome du bébé bleu.

Les légumes verts à feuilles sont particulièrement riches en nitrates, notamment :

- les épinards ;
- le chou frisé ;
- le chou cavalier ;
- la laitue ;
- le chou.

Ces aliments sont naturellement riches en nitrates ; ils le sont d'autant plus s'ils ont été cultivés avec des engrais au nitrate. Une mauvaise conservation ou une mauvaise préparation augmente encore le taux de nitrates et transforme parfois ces derniers en nitrites, agents dangereux pour les globules rouges.

Toutes les racines comestibles (comme les carottes, les betteraves ou les navets) contiennent aussi des nitrates, mais moins que les légumes verts.

Si vous préparez ces aliments vous-même, *n'achetez que des produits bio et congelez-les immédiatement.* Les légumes bio ne sont pas cultivés avec des engrais aux nitrates : cela réduit largement les risques. Les pots de bébé sont aussi sûrs : les produits viennent de régions pauvres en nitrates (les sols sont plus pauvres en nitrates, donc les légumes qui y poussent aussi) et leurs méthodes de préparation sont suffisamment courtes pour éviter la transformation de nitrate en nitrite.

Soulager la torture des dents

Hélas, si les dents n'ont pas encore fait leur apparition, ce n'est plus qu'une question de temps. Beaucoup d'enfants ont leurs premières dents entre 4 et 6 mois, mais il n'est pas rare de voir des bébés commencer plus tôt ou plus tard. En général, les incisives centrales du bas (les deux petites dents de devant en bas) sont les premières à apparaître, les incisives centrales du haut étant les suivantes.

Vous savez que les dents commencent à pousser lorsque :

- Bébé est ronchon.
- Il salive beaucoup.
- Il a des selles un peu plus acides qu'habituellement, provoquant un érythème fessier.
- Il mâchouille tout et n'importe quoi.
- Il a des selles plus molles que d'habitude (mais pas plus fréquentes, ce qui les différencie des selles diarrhéiques).
- Il a un peu de fièvre (en dessous de 38°, il est subfébrile).
- Il perd l'appétit.
- Il dort mal.
- Il tousse (à cause de toute cette salive qu'il peut en partie inhaler).

Le problème, c'est que ce sont aussi les symptômes d'autres maladies. Comment faire la différence entre une dent qui pousse et un virus ?

Vous le saurez en jetant un coup d'œil aux gencives de Bébé. Si elles sont rouges et enflées et que Bébé montre les symptômes décrits ci-dessus, ce sont les dents, mais elles ne vont pas sortir tout de suite. Parfois, il s'écoule plus de trois mois avant qu'elles n'apparaissent. Si la gencive présente une sorte d'ampoule bleuâtre (un *hématome*), c'est une dent qui sort. Les hématomes contiennent du sang. Ils éclatent et hop, la voilà : une dent ! On voit parfois aussi des petits kystes blancs sur la gencive, qui témoignent que celle-ci est en remaniement : ce sont des kystes éruptifs, qui contiennent un liquide clair ; ils ne sont pas forcément situés au regard de la dent qui va pousser.

À RETENIR

Bébé est à un stade très oral : instinctivement, il porte tout à sa bouche. Ce n'est pas en soi le signe évident du début des dents.

Comment consoler Bébé et soulager un peu sa petite bouche ? Certains antidouleur font des miracles (même si, chez d'autres bébés, ils n'auront aucun effet). Si vous n'êtes pas sûr des doses à administrer à votre enfant, appelez pour demander conseil à votre pédiatre. Certains gels sont très efficaces pour ce type de douleur. Surtout, respectez les doses prescrites. Si cela ne semble pas marcher, arrêtez de vous en servir. En règle générale, il ne faut administrer des médicaments que lorsque Bébé présente des symptômes évocateurs : on ne donne pas, par exemple, de paracétamol « préventif » de la douleur dentaire, on attend que Bébé ait un peu mal pour lui en administrer.

ATTENTION !

En cas de dépassement des doses prescrites, certains gels oraux peuvent provoquer ce que l'on appelle une méthémoglobinémie, maladie grave aussi provoquée par une trop forte dose de nitrates dans la nourriture (pour plus d'informations à ce sujet, reportez-vous à la section « Éviter les aliments à risques », plus haut dans le chapitre). Un gel ne doit pas être appliqué plus de quatre fois par jour.

D'autres astuces pour calmer Bébé qui « fait » ses dents :

- **Gardez des anneaux de dentition sous la main.** Ils sont faits pour ça. Bébé préférera peut-être un jouet en gomme solide ou un anneau creux. Adaptez-vous à ce qui marche le mieux. Ne mettez pas l'anneau au congélateur, mais au fond du réfrigérateur pour qu'il soit bien frais.
- **Bébé appréciera probablement un biscuit pour les dents ou un boudoir.** Les biscuits habituels contiennent du gluten : il faut leur préférer des biscuits sans gluten que l'on peut proposer dès 5 mois révolus.
- **Cajolez-le particulièrement pendant la journée et avant de dormir.** Tout ce qu'il sait, c'est que cela fait mal. Massez-lui doucement les gencives avec le doigt, s'il aime ça : rien de tel que l'amour d'une maman pour le soulager.
- **Essuyez la salive du menton et du cou le plus souvent possible.** Changez sa chemise si nécessaire. La salive peut en effet provoquer des irritations. S'il est vraiment impossible de le garder au sec, appliquez un petit peu de lotion asséchante et antiseptique (lotion Cicalfate* par exemple) sur ces zones.
- **Si Bébé a des selles plus molles et plus acides que d'habitude, changez-le souvent.** Il n'a vraiment pas besoin d'avoir les fesses irritées maintenant.

APPELEZ LE MÉDECIN

Si la fièvre monte au-delà de 38° de façon durable (36 heures) ou qu'il a l'air vraiment malade, appelez votre médecin pour être sûr qu'il s'agit bien des dents. Même si les signes de percée dentaire débutante ressemblent parfois à d'autres maladies (une maladie infectieuse virale par exemple).

Chapitre 11

Le sixième mois : Bébé a la bougeotte !

Dans ce chapitre

- La visite chez le médecin
- Attention, bobo !
- Les changements d'appétit
- Le sommeil à 6 mois

Ça y est, le sixième mois est arrivé et vous vous rendez brusquement compte que l'on en est déjà à la moitié de l'année ! Bébé est de plus en plus indépendant ; il s'appuie sur les mains et les genoux, tient sur quatre pattes, se retourne du dos sur le ventre et parfois du ventre sur le dos, commence à tenir assis avec appui, ou même seul quelques secondes pour les plus toniques d'entre eux. Vous vous préoccupez de plus en plus de sa sécurité, surtout lorsque vous le voyez se diriger innocemment vers les escaliers (sachant qu'il n'a pas la moindre idée du danger qu'ils représentent). Certains parents ont des angoisses, ils se demandent comment tout a pu être aussi rapide ; Bébé est à peine né et voilà qu'il gigote sur la table à langer et commence parfois à se déplacer, en rampant ou en sautillant sur les fesses, ou encore en faisant des « roulés-boulés ». Les changements vont aller de plus en plus vite pendant cette seconde partie de l'année ; il va falloir en profiter !

La visite chez le médecin

À cet âge, Bébé devient plus mobile, plus sociable et fait preuve de logique quand il joue. Vous verrez, vous allez adorer cette période : Bébé devient plus prévisible et, de façon générale, plus facile à gérer. Vous verrez le minuscule nouveau-né devenir un vrai bébé, qui marche à quatre pattes, tient assis, tient son biberon, gigote et vous fait fondre à chaque sourire.

La visite du sixième mois

Cette visite est assez importante, c'est une sorte de bilan. Comme d'habitude, Bébé est pesé et mesuré et sa croissance est enregistrée sur une courbe. Le médecin fera un examen physique complet, et vous posera probablement beaucoup de questions sur ses derniers progrès. Il vous demandera par exemple si Bébé va chercher ses jouets ou d'autres objets, s'il essaie d'atteindre des objets hors de sa portée, s'il arrive à se retourner, à s'asseoir et à se tenir à quatre pattes.

Vous parlerez peut-être aussi avec le médecin de la sécurité de Bébé : est-il nécessaire d'installer un petit portail en haut des escaliers ? Bébé est-il bien en sécurité dans sa chaise haute ? Prenez le temps de noter ce qui est important et de poser toutes les questions qui vous viennent. En pratique, dès que Bébé commence à tenir assis seul quelques secondes, il est possible de l'installer dans le siège auto dans le sens de la marche, ainsi que sur la chaise haute pour prendre ses repas, par exemple.

Les vaccins

D'après le calendrier vaccinal français, les injections se font aux deuxième, troisième et quatrième mois. Entre 4 et 12 mois, Bébé sera tranquille, sauf en cas d'épidémie de grippe (grippe saisonnière et grippe A). Dans ce cas, la vaccination est recommandée, surtout chez les bébés qui sont en collectivité, dès l'âge de 6 mois. Deux « demi-doses » sont alors injectées à trois semaines d'intervalle (en période où sévit la grippe, c'est-à-dire en automne ou en hiver).

À RETENIR

Demandez au médecin ou à l'infirmière les effets secondaires de chaque piqûre, et de quelle façon on peut les alléger. Il faut que vous sachiez quel effet secondaire est alarmant et nécessite un coup de fil au médecin.

Les étapes du mois

Ce mois-ci, Bébé évolue énormément sur les plans physique et relationnel. Entre 5 et 6 mois, vous allez probablement remarquer les changements suivants :

- Bébé grossit d'environ 500 g.
- Il grandit de 0,5 à 2 cm.
- Il tient bien sa tête.
- Il peut tenir son biberon et le boire seul.
- Il se retourne dans les deux sens.
- Couché sur le dos, il essaie de relever la tête et le tronc, comme pour s'asseoir : il fait des « abdos » (parfois dès le 5ème mois).
- Bébé est capable de passer des objets d'une main dans l'autre.

- Il arrive parfois à se « tenir debout » (supporter son poids sur ses jambes) quand il est sur vos genoux, en se tenant bien sûr.
- Bébé tient assis quelques instants, en s'appuyant sur les mains, et parfois seul quelques secondes.
- Bébé commence probablement à pousser sur ses mains et ses genoux ou à se traîner en rampant. Parfois, les bébés commencent à ramper « à reculons » ; quelques-uns perfectionnent leur technique de marche à quatre pattes, mais la plupart se tiennent sur quatre pattes, sans avancer !
- Bébé commence à tester quelques aliments solides (les fruits, les légumes, les laitages).
- Bébé fait la différence entre ses parents et les autres ; d'ailleurs, ces « autres » peuvent éveiller une certaine timidité, voire de la peur. Certains deviennent un peu sauvages et ne vont plus sans crainte dans les bras de tout le monde : c'est le début de la période « d'angoisse de séparation ».
- Il imite les expressions et les sons.
- Il tourne la tête vers la source d'un bruit ou d'une voix.
- Il joue à « je-jette-et-tu-ramasses ».
- Il commence à babiller.

Très important

Gardez en tête que certains enfants sont plus lents que d'autres, sans pour autant que ce retard soit inquiétant. Les médecins attachent avant tout de l'importance à une croissance régulière : le principal est que Bébé fasse des progrès. Peut-être n'arrive-t-il pas à passer un objet d'une main à l'autre, mais est-ce qu'il essaie ? Tente-t-il de se retourner ou reste-t-il couché dans son parc ?

À RETENIR

Certains enfants n'apprennent jamais vraiment à marcher à quatre pattes, préférant inventer leur propre mode de locomotion. C'est tout à fait normal, pas de quoi s'inquiéter. Un enfant sur trois ou quatre ne passe pas par l'étape « quatre pattes » : il s'assied, puis s'agrippe, puis se relève avec appui, puis se lâche et enfin acquiert la marche.

Stimuler un bébé qui grandit

Avec tout ce potentiel de croissance, comment encourager le développement de Bébé ?

Pour les parents débutants, prenez du recul et laissez-le faire les choses tout seul. En lui mettant vous-même le biberon dans la bouche alors qu'il était sur le point de le faire tout seul, vous ne faites que retarder le moment où il sera vraiment capable de le tenir et de téter tout seul. C'est la même chose pour les jouets : laissez-le ramper et prendre son temps pour atteindre tel ou tel jouet hors de sa portée. Il sera content de lui quand il l'aura obtenu et comprendra que ses efforts n'ont pas été vains.

À propos de jouets, trouvez-en qui conviennent à son âge. Autour de 6 mois, il marquera probablement de l'intérêt pour des jouets qui font du bruit (qui grincent ou font de la musique quand Bébé les secoue), ou de la lumière (des couleurs vives, des clignotants, etc.).

Le meilleur moyen de stimuler Bébé est de jouer avec lui. Prenez le temps d'une petite séance de je-jette-et-tu-ramasses. Chantez-lui des chansons, chatouillez-le. C'est autant d'occasions pour lui de communiquer avec vous.

Certains vous diront qu'il est stupide de commencer à lui lire des histoires (évidemment, il ne peut pas comprendre : quel intérêt y a-t-il à ce qu'il reste assis à vous regarder ?). Il y a deux critères à prendre en compte : sa capacité de concentration en vous écoutant et le choix du livre. Un enfant qui a du mal à rester assis plus d'une minute ou deux n'appréciera pas forcément la lecture d'une histoire pour le moment ; inutile d'essayer de le forcer, cela ne fera que vous énerver tous les deux. Ayez quelques livres pour bébés sous la main, et laissez-le choisir. Prenez des livres en tissu ou en carton. Laissez-le regarder le livre s'il est d'humeur à le faire. Bientôt, il vous écoutera lui en lire un, même si il préférera peut-être toujours aller et venir pendant que vous lui faites la lecture.

Continuez à lui parler en lui racontant ce qui se passe au cours de la journée. Maintenant qu'il commence à articuler des syllabes, ralentissez votre rythme de parole et insistez sur certains mots, pour lui laisser le temps d'interpréter les sons qui sortent de votre bouche. Les bébés de 6 mois commencent à peine à apprendre à répéter les sons. Donnez-lui un maximum d'occasions de s'entraîner, même s'il n'arrive qu'à imiter le ton de votre voix ; bientôt, il dira ses premiers mots.

Attention, bobo !

Bébé rampe, se déplace par terre et apprend à attraper des objets ainsi qu'à se redresser. Ce mois-ci, il est de plus en plus actif et vous devez être de plus en plus attentif. La maison a besoin d'une petite inspection. Et à chaque fois que vous sortez avec Bébé, il vous faut vérifier qu'il est bien en sécurité dans son siège (caddy, siège auto, etc.). Pour plus de détails à ce sujet, reportez-vous au chapitre 20.

Maintenant que Bébé apprend à se déplacer, gardez le siège auto hors de sa portée, à moins qu'il ne soit assis dedans. La plupart des sièges restent dans la voiture *ad vitam eternam* (ou du moins jusqu'à ce qu'ils soient trop petits), mais parfois, le siège auto est transporté entre les véhicules de papa, maman et grand-mère, et parfois abandonné dans un coin de la maison. Les sangles, qui sont vitales pour la sécurité de Bébé lorsqu'il est dans le siège, présentent un risque d'étranglement quand le siège n'est pas utilisé. Ne laissez pas Bébé jouer avec le siège auto.

Maintenant que Bébé est beaucoup plus mobile et capable d'échanger, voici quelques trucs pour qu'il soit en sécurité lorsque vous l'emmenez en promenade ou faire les courses.

Attention, poussette !

Tous les enfants doivent être attachés dans leur poussette, qu'ils s'y plaisent ou non. On ne sait jamais ce qui va arriver dans la rue ou au parc. Il se peut que vous heurtiez par mégarde un obstacle, ou que vous lâchiez la poussette en oubliant de mettre le frein. La poussette elle-même peut avoir un défaut de fabrication et se casser. De nombreux enfants ont glissé de leur poussette avant que leur maman ne puisse intervenir.

C'est comme en voiture : la ceinture, ça n'empêche pas d'être blessé, mais ça peut sauver la vie. En plus, cela ne coûte pas grand-chose.

Une autre bonne raison de bien attacher Bébé dans sa poussette : lorsqu'elle est lâche, la ceinture peut éventuellement étrangler l'enfant. Maintenant que Bébé est capable de se déplacer un peu, pas question de prendre ce risque. En l'attachant correctement, il n'y aura pas d'inquiétude à avoir.

ATTENTION !

Les poussettes de jogging sont déconseillées aux bébés de moins de 6 mois. Elles ne permettent pas à l'enfant de s'allonger : seuls les plus grands, qui tiennent bien leur cou, sont prêts pour ce type de poussettes. Il y a aussi la question de la vitesse (et de tous les cahots du chemin), qui peut être nocive pour la colonne cervicale et même pour la circulation cérébrale : il ne faut jamais secouer un bébé : beaucoup de médecins recommandent d'attendre que Bébé ait un an avant de l'emmener courir avec vous. Le même conseil est valable pour les remorques à vélo ou les sièges attachés au vélo : un nourrisson n'y est pas en sécurité. Avant, Bébé doit savoir se tenir assis, tenir sa tête et, surtout, porter un casque (il n'en existe pas pour nourrissons).

Vérifiez régulièrement la poussette, pour être bien sûr que tous les mécanismes sont en bon état, que rien n'est rouillé ou sur le point de tomber. Bébé grandit, il est plus lourd et plus agité dans sa poussette : si quelque chose doit casser, ça cassera. Une poussette en mauvais état peut causer des blessures graves : ne prenez pas ce risque. Si la vôtre vous paraît dangereuse ou vétuste, achetez-en une plus neuve et plus sécurisée.

Faire ses courses avec Bébé

Les caddies sont dangereux pour les nourrissons ou les enfants plus grands. Chaque année, ils provoquent des accidents.

En effet, les caddies se renversent facilement. Dans certains supermarchés, on en trouve avec des bases plus larges, ce qui diminue le risque ; mais il suffit qu'un frère ou une sœur grimpe devant, derrière ou sur le côté pour que le caddy bascule. Si Bébé est dedans, il tombera avec.

Lorsqu'un bébé tombe, c'est de haut et sur du dur. Pour éviter ce risque, un bébé capable de s'asseoir doit toujours être bien attaché au siège du caddy. S'il ne tient pas encore assis, il sera plus en sécurité dans son siège. Si vous vous servez de votre propre siège auto, placez-le dans la partie panier du caddy ; évitez de le mettre en équilibre sur la partie réservée pour asseoir un enfant. Certains sièges autos ont été conçus exprès, mais ils ne sont pas forcément compatibles avec tous les caddies. Il y a toujours un risque pour que le siège ne tienne pas, ce qui peut être grave. Beaucoup de supermarchés proposent des caddies avec des sièges à bébé intégrés. Ces sièges ne risquent pas de tomber : servez-vous-en. Ajustez bien les sangles du harnais pour maintenir Bébé.

ASTUCES

En commençant vos courses, posez quelque chose de lourd à l'autre bout du caddy, pour l'équilibrer. Si Bébé est l'unique poids du caddy et que vous le lâchez pour attraper le dernier pot de crème fraîche tout là-haut, cela suffit à le faire basculer.

Les nouveaux besoins de Bébé : les changements alimentaires

Vous introduisez maintenant de plus en plus de solides (des purées, par exemple) au régime de Bébé. Le sein ou le biberon suffisent à rassasier un petit nourrisson, mais, au bout de six mois, Bébé a besoin de plus. Il est plus actif et il grandit. Son estomac grandit en même temps : ce n'est plus la minuscule poche qu'il était à la naissance. Il peut maintenant contenir plus, ce qui signifie que Bébé peut manger plus et attendre plus longtemps entre les repas (ouf, ça veut donc dire qu'il dort plus longtemps la nuit). En principe, depuis l'âge de 4 ou 5 mois, Bébé doit être « calé » sur quatre repas, séparés de quatre heures à quatre heures et demie (entre le début du repas et le début du repas suivant) et il est censé dormir dix heures par nuit (entre 20-21 heures et 6-7 heures). Il n'est plus question de lui proposer les repas « à la demande », même si, pour plus de souplesse, les horaires peuvent être décalés d'un quart d'heure, dans un sens ou dans l'autre.

ASTUCES

Si vous commencez le verre pour bébé maintenant, cela rendra le sevrage plus facile plus tard, surtout s'il est nourri au sein. Les bébés allaités qui ont l'habitude du verre ou de la tasse n'ont pas besoin de passer par le biberon au moment du sevrage ; ils peuvent passer directement du sein à la tasse. En France, l'usage du verre ou de la tasse n'apparaît que plus tard, vers 9 mois-1 an, et l'étape biberon n'est jamais sautée.

Ajouter les solides

Comme nous l'avons vu lors des chapitres précédents, la diversification alimentaire s'établit entre 4 et 6 mois. Si Bébé n'a pas encore commencé les légumes, essayez de lui en proposer, de préférence avant les fruits (Bébé aura moins tendance à apprécier les épinards ou les carottes s'il est habitué aux pêches et aux compotes de pommes). L'introduction de légumes dans le régime de Bébé doit être progressive. Même s'il mange tout ce que vous lui proposez, ne précipitez pas les choses. Certains jours, il va adorer les légumes, d'autres jours, il demandera le sein ou le biberon. Rien de plus normal pour un novice. Certains légumes, plus sucrés (carottes), lui plaisent plus que d'autres, et au bout de quelques semaines, vous aurez une idée précise de ce qu'il aime ou non.

Comment savoir si Bébé est prêt pour les solides ? C'est simple : il montre qu'il en a très envie. Il est capable de bien tenir sa tête et montre un vif intérêt pour ce qu'il y a dans votre assiette lorsqu'il assiste à votre repas. Choisissez soigneusement le moment des premières tentatives : il risque de ne pas être très intéressé par votre purée de carottes s'il sort d'une longue tétée. Attendez l'heure du repas et laissez-le téter un peu avant de l'installer bien en sécurité dans son siège (pas de chaise haute tant qu'il ne tient pas bien assis) et proposez-lui vos petites préparations. La plupart des pédiatres recommandent de commencer avec les légumes verts plus riches en fer, mais de donner aussi carotte (au goût plus sucré), potiron, ou pomme de terre à partir de 6 mois.

ASTUCES

Au début de la diversification, Bébé ne peut pas manger beaucoup plus que la moitié du plus petit pot de 130 g. Sa salive risque d'abîmer ce qui reste et de le rendre aqueux et assez peu appétissant : ne trempez pas directement la cuillère dans le pot. Mettez la moitié du pot dans un bol, couvrez et mettez le reste au frigo pour le repas suivant. Vous pouvez le garder 48 h au réfrigérateur une fois ouvert.

Allez-y doucement et gentiment, pour lui laisser le temps de bien goûter la nourriture, de la savourer et de l'avaler avant de lui proposer la cuillère suivante. Il va vous faire penser à un petit moineau, le bec ouvert, à attendre la prochaine becquée ; mais il se peut aussi qu'il ne soit pas enthousiaste face à ces nouveautés. Mieux vaut qu'il s'y habitue maintenant, à un âge où il est encore ouvert ; mais ne le forcez pas à manger tout. S'il se rebiffe, faites l'avion ou le train jusqu'à sa bouche. Les repas doivent être un moment agréable, à tout âge.

À RETENIR

Prenez votre temps pour introduire de nouveaux aliments : la règle d'or est d'un tous les quatre ou cinq jours. Il s'agit de vérifier que Bébé ne développe pas d'allergies. Certains parents ont tellement hâte de commencer les solides qu'ils ne suivent pas ce conseil. Imaginez la galère lorsqu'il faudra déterminer la cause d'une allergie si Bébé a eu plusieurs aliments en même temps. Il faudra éliminer tous les nouveaux, les réintroduire un par un, tout en sachant que Bébé va refaire une allergie (et ce n'est drôle ni pour lui, ni pour vous).

Il est plus simple, pour vous comme pour l'enfant, de vous en tenir à un aliment jusqu'à ce que vous soyez sûr qu'il n'a pas développé d'allergies.

Beaucoup de médecins recommandent de commencer par les légumes avant de proposer les fruits aux repas. Les légumes ne sont pas aussi sucrés et agréables que les fruits (en tout cas, c'est ce que les enfants nous font croire, à en juger par les affreuses grimaces qu'ils sont capables d'inventer face à une cuillère d'épinards). Même si certains parents disent que les enfants apprennent à détester les légumes en grandissant et lorsqu'ils sont obligés de les finir pour avoir leur dessert, il faut bien reconnaître que la plupart des enfants préfèrent les aliments sucrés : même un bébé regimbe devant un légume improbable, surtout s'il est habitué aux fruits sucrés et aux compotes. Toujours est-il qu'il vaut mieux commencer par lui proposer les légumes ; il les acceptera plus facilement et continuera à en manger après avoir goûté aux aliments plus sucrés.

Ne lui donnez pas de vrais desserts : proposez-lui des fruits. Il goûtera la crème au chocolat bien assez tôt ! Méfiez-vous des « crèmes dessert » au chocolat, à la noisette ou à la vanille, proposées par certaines marques « dès 4 mois », sans scrupule ! Rien de plus allergisant ou plus sucré !

Alors que Bébé s'habitue aux solides, vous pouvez ajouter des petites choses faciles à manger avec les doigts, vers la fin du septième mois ou le début du huitième. Nous en parlons plus en détail au chapitre 12.

Lorsque Bébé commence les solides, ses selles sont moins fréquentes et plus solides (justement). Leur consistance dépend de ce qu'il mange : un bébé qui adore le potiron aura des selles plus orange. En grandissant, cela ne sera plus le cas : son système digestif filtrera mieux la nourriture.

Les allergies alimentaires

À chaque nouvel aliment, guettez les allergies. La plupart des réactions ont lieu au bout d'une heure ou deux ; mais contrairement à ce que l'on peut penser, la plupart des allergies ne se déclarent pas la première fois. En général, elles se développent avec le temps, après une période de *sensibilisation* au cours de laquelle son corps prépare le terrain (en d'autres termes, si Bébé a mangé d'un aliment trois fois sans problème, il peut encore développer une réaction allergique ; c'est pour cela qu'il est important d'introduire les aliments un par un sur une période de plusieurs jours). La bonne nouvelle, c'est que la majorité des enfants ne font plus d'allergies alimentaires en grandissant.

Attention aux signes d'allergies alimentaires :

- **Les problèmes digestifs :** Bébé est bougon, ballonné, il a la diarrhée, vomit, il est maussade.
- **Les irritations :** certaines allergies alimentaires provoquent des irritations du visage ou de la bouche par contact direct entre la peau et l'aliment

allergisant. L'urticaire, l'eczéma ou les démangeaisons sont aussi des symptômes d'allergie, provoqués cette fois par voie générale (c'est-à-dire que l'antigène allergisant est passé dans la circulation sanguine avant de provoquer l'éruption qui peut se situer sur n'importe quelle partie du corps).

- **Les symptômes d'un rhume alors qu'il n'a pas de rhume :** Bébé respire bruyamment, il a le nez qui coule, les yeux qui grattent ou cernés.

- **L'irritabilité :** surtout si Bébé est un gros dormeur, s'il pleure pendant la journée ou au cours de la nuit, c'est qu'il y a un problème. Si vous avez introduit un nouvel aliment dans son régime récemment, c'est peut-être une allergie qui débute, même en l'absence d'éruption.

Beaucoup de pédiatres recommandent d'éviter certains aliments : les études montrent que le fait de les introduire trop tôt provoque des allergies, car le corps développe les anticorps de manière prématurée. Les allergènes les plus fréquents qu'il faut éviter au cours de la première année sont le lait de vache, les œufs, le blé, les fraises, le soja, l'arachide, les fruits exotiques (kiwi, mangue). Les fruits de mer, les crustacés et les fruits secs à coque (noix, noisettes, noix de cajou, cacahuètes, etc.) sont aussi des allergènes courants qui peuvent provoquer des réactions plus graves, comme un *choc anaphylactique :* c'est une réaction allergique grave, parfois fatale, qui provoque des problèmes respiratoires, un gonflement de la bouche ou des yeux, de l'urticaire, des démangeaisons et une perte de conscience. Ces aliments sont déconseillés avant l'âge de 3 ans. Si vous remarquez un de ces symptômes chez votre enfant, appelez votre médecin ou emmenez-le aux urgences immédiatement (en fait, en cas de difficultés respiratoires, il faut appeler le Samu).

L'allergie au lait est très fréquente chez les bébés : cela n'a rien à voir avec l'intolérance au lactose, dans les symptômes comme dans les causes. La plupart des enfants finissent par se débarrasser de ces allergies alors que l'intolérance au lactose peut durer toute une vie. Le chapitre 18 en parle de façon plus détaillée. En fait, lorsqu'on parle d'allergie au lait, il est question d'une intolérance aux protéines du lait de vache, qui est transitoire et guérit avant l'âge scolaire. En effet, tous les laits pour nourrissons sont élaborés à partir du lait de vache. Le traitement de ces enfants intolérants est de leur proposer un lait spécifique dans lequel les protéines ont été scindées (hydrolysées) artificiellement et de leur interdire transitoirement les laitages (yaourts, petits-suisses, fromage blanc).

Si vous avez l'impression que Bébé fait une allergie alimentaire, arrêtez immédiatement l'aliment suspect puis proposez-le-lui à nouveau au bout d'une semaine ou dix jours. Attendez de voir si vous remarquez les mêmes symptômes. Si c'est le cas, il s'agit probablement d'une allergie alimentaire. Parlez-en avec votre pédiatre à la prochaine visite. S'il montre des symptômes d'allergie à plusieurs aliments, on vous indiquera peut-être un spécialiste. Votre pédiatre vous conseillera peut-être de consulter un allergologue après avoir effectué des tests cutanés et/ou sanguins.

Boire (à) la tasse

Cela vous facilitera la vie de commencer la tasse tôt. N'oubliez pas que, un jour ou l'autre, il faudra sevrer Bébé du sein ou du biberon. Un bébé nourri au sein et habitué à la tasse n'aura jamais de biberon ; proposer la tasse à un bébé nourri au biberon rendra le sevrage plus facile.

Procurez-vous une tasse que Bébé peut tenir à deux mains (avec deux anses). Si vous vous servez d'une tasse qui ne peut se renverser, enlevez pour le moment le bouchon du couvercle, pour que Bébé comprenne qu'il y a quelque chose de bon dedans. Si vous laissez le bouchon, il faut que Bébé le tète pour boire, et cela risque de ne pas lui venir à l'esprit, car ça ne ressemble ni à un sein ni à un biberon. Aidez-le à s'en servir les premières fois. Surtout, ne la lui refusez pas s'il veut essayer tout seul – évitez juste de le faire au-dessus de votre beau tapis de soie tout neuf.

Si Bébé refuse catégoriquement la tasse, quoi que vous fassiez pour l'amadouer, ne perdez pas espoir. Abandonnez pour le moment et laissez-lui son biberon. Vous essaierez de nouveau dans un mois.

Le processus de sevrage débute doucement et pourra durer plusieurs semaines. Nous détaillons la question du sevrage au chapitre 16.

« Une berceuse, et au lit ! »

Si vous êtes le parent d'un bébé qui n'a toujours pas intégré le fait que la nuit, c'est le moment de dormir, et qu'il a vraiment besoin de plus qu'un petit somme sur votre épaule pendant la journée, vous avez certainement l'impression d'avoir raté quelque chose à l'hôpital, lorsque les infirmières expliquaient les petites astuces pour endormir un enfant. Lorsqu'il s'agit de convaincre Bébé de reposer sa petite tête épuisée, cela tourne parfois à une bagarre qui vous amènera tous les deux au bord de la crise de nerfs. Certaines méthodes sont très efficaces ou évitent au moins que les choses n'empirent ; parfois, c'est tout ce qu'il y a à espérer.

À cet âge, Bébé est censé faire deux grosses siestes pendant la journée, c'est-à-dire d'une heure et demie à deux heures chacune. Certains bébés rassemblent ces deux siestes en une grosse. Les lève-tôt vont avoir besoin de dormir en milieu ou en fin de matinée ; s'ils préfèrent les grasses matinées, ils sauteront la sieste du matin pour une grosse sieste l'après-midi. Quoi qu'il arrive, si ces horaires vous conviennent, c'est très bien, même si cela n'a rien à voir avec les horaires des bébés de vos amis. Ce qui importe, c'est qu'il ait son compte de sommeil (dix à douze heures sur vingt-quatre).

Normalement, maintenant, Bébé est aussi capable de faire des nuits longues et reposantes.

Un maître mot : la régularité

Votre bébé n'a peut-être pas encore d'horaires précis de sieste et de coucher. À ce stade, le manque de régularité commence à porter sur les nerfs, surtout en voyant des parents dont les enfants sont réglés comme du papier à musique. Ces mamans-*là* peuvent faire des projets et s'organiser en fonction de la sieste de Bébé. Pour d'autres, c'est encore le jeu des devinettes : à quelle heure Bébé va-t-il vous réveiller demain matin ? Allez-vous pouvoir faire vos courses avant qu'il ne s'endorme dans le siège auto ? Combien de fois faudra-t-il se lever au milieu de la nuit et donc avoir des cernes jusqu'au menton le lendemain ?

Organiser les siestes

Certains enfants ont du mal à dormir en journée parce qu'ils sont hypersensibles à leur environnement. Tous les bébés ne peuvent pas dormir n'importe où (après tout, *vous*, pouvez-vous d'un coup décider de couper le contact pour faire une sieste) ? Bien sûr, beaucoup de bébés peuvent le faire, mais certains ont besoin d'une pièce calme et sombre pour dormir.

Si votre petit de 6 mois vous fait la vie dure pour la sieste quotidienne, il est peut-être temps de penser à faire quelques ajustements :

- **Assombrir la chambre.** Installez des rideaux ou des stores et déplacez le berceau pour qu'il ne soit pas directement sous la fenêtre.
- **Veiller au calme.** Certains bébés ont le sommeil léger. Mettez un ventilateur dans la chambre (sur la vitesse la plus lente) pour masquer les bruits extérieurs (le téléphone, le chien, les Klaxons, etc.).
- **Prendre son temps.** Ne le collez pas arbitrairement dans son berceau dès que l'heure de la sieste a sonné. Faites de la sieste un rituel, composé de plusieurs événements qui mènent enfin au sommeil. Nourrissez-le, changez-le, lisez-lui une histoire ou bercez-le quelques minutes puis mettez-le dans son berceau – mieux vaut qu'il soit éveillé, afin qu'il réalise que cela fait aussi partie du rituel.
- **Laisser l'enfant composer son propre emploi du temps.** La sieste, c'est sacré. Évitez de la rater. Une fois qu'il est épuisé, laissez-le dormir. Tant que ces siestes n'affectent pas ses nuits, organisez votre journée (les sorties et les courses) en fonction des siestes et non l'inverse.

Il faut réaliser que c'est une phase temporaire ; cela ne sera pas toujours ainsi. Dans un an, plus ou moins, ses siestes ne seront plus à la même heure et surtout, elles seront plus courtes. Si vous lui apprenez à faire des siestes correctes maintenant, cela sera moins compliqué de le faire dormir en journée pendant les années à venir.

Le rituel du coucher

Apprendre à dormir la nuit, surtout si Bébé ne fait pas beaucoup de sieste, théoriquement, c'est un jeu d'enfant (après tout, il est censé être épuisé puisqu'il n'a pas dormi de la journée, non ?). Malheureusement, ce n'est pas toujours le cas ; un bébé qui n'a pas assez dormi pendant la journée est épuisé et sur-stimulé : il risque d'avoir plus de mal à s'endormir qu'un bébé qui a fait une sieste. Cela mène souvent à un cercle vicieux qui se répète jour après jour.

Pour encourager des horaires de coucher réguliers, faites la même chose qu'avec les siestes : il faut que le coucher soit un rituel, le même chaque soir. Si vous constatez que le bain l'épuise, apprenez à en profiter. Lisez-lui des histoires, bercez-le, donnez-lui le sein une dernière fois et hop, au lit. Encore une fois, mieux vaut qu'il soit encore éveillé pour comprendre que cela fait partie du rituel.

Si, à son âge, vous continuez à bercer Bébé trop longtemps pour l'endormir, il n'apprend pas à s'endormir seul. Vous pouvez être sûr que, lorsqu'il s'éveillera au milieu de la nuit, il aura besoin de vous pour se rendormir, d'où l'intérêt d'un protocole de couchage assez court.

Évitez certaines activités le soir, quoi que ce soit qui l'agace, l'excite et l'empêche de s'endormir tranquillement. À proscrire, donc, la partie de chatouilles effrénée. Mettez de côté les jeux d'éveil. Et évitez la promenade avant le coucher. Il a besoin de temps pour digérer une longue journée d'exploration et d'apprentissage. Tout ce qui excite le système nerveux est à proscrire, notamment la télévision, avec tous ses effets, sonores et lumineux, très stimulants ! Certains parents choisissent de faire dîner Bébé un peu plus tôt, de le laisser digérer une petite heure, et de donner le bain juste avant le coucher, car le bain a des vertus apaisantes : cela peut-être une solution si Bébé a du mal s'endormir.

Parfois, il est très difficile pour les parents d'établir un rituel du soir tranquille, surtout si vous travaillez tous les deux et que vous voulez passer du temps avec votre bébé. Gardez en tête que les bonnes habitudes se prennent tôt, et que vous en bénéficierez pendant des années.

Les nuits blanches, ça suffit !

À 6 mois, un bébé dort en moyenne dix à onze heures par nuit, d'affilée. Il se réveille parfois, mais n'a pas besoin de papa ou maman pour le nourrir ou le rassurer. Il a aussi deux siestes quotidiennes d'une ou deux heures chacune.

C'est peut-être une très mauvaise nouvelle, si votre bébé hurle encore deux ou trois fois par nuit. Contrairement aux bébés qui se réveillent et babillent quelques minutes avant de se rendormir, votre enfant a vraiment l'air d'être incapable de se rendormir sans être bercé.

Petit rappel : maintenant, Bébé mange des solides et, dès 4 à 6 mois, il n'a plus besoin de manger la nuit. S'il se réveille, pleure et vous appelle à 2 heures du matin (puis à 3 heures et encore à 4 heures), c'est surtout pour avoir

À RETENIR

Décider de laisser Bébé pleurer

C'est une question sensible qui divise les gens en deux camps distincts, voire antagonistes. Les « pour » vous disent que Bébé doit apprendre à se réconforter tout seul et qu'il ne peut y avoir de demi-mesures pour s'en sortir. Il apprendra à se rendormir, et vite. Les « contre » trouvent ça inhumain de laisser pleurer un nourrisson sans défense dans le noir.

Lorsque l'on se pose ces questions-là, le choix se fait par rapport à ces deux critères :

- Votre degré d'exaspération
- Votre capacité à entendre pleurer votre enfant sans bouger

Pour vous faciliter la tâche, il faut bien reconnaître qu'il y a à peu près un avis par expert : l'un vous avertira que, en laissant pleurer Bébé, vous le « traumatisez » : c'est un avis bien excessif ; un autre vous dira que, en le laissant pleurer, il sera beaucoup plus autonome au cours de son enfance ; un troisième sait que c'est justement en courant le consoler chaque fois qu'il a besoin de vous que vous en faites très jeune un petit bonhomme équilibré, indépendant et surtout… heureux. Faites vos propres choix. Vous êtes les seuls à savoir ce que vous vivez chez vous et combien le manque de sommeil vous affecte, vous, votre partenaire et votre bébé.

Surtout, ne prenez pas de décision avant d'avoir expérimenté quelques semaines d'insomnie. Ce n'est pas une question de cruauté, il s'agit simplement de savoir jusqu'où vous pouvez tenir. Tout dépend aussi de la période de développement de Bébé, et aussi de l'intensité des pleurs :

- Avant 6-7 mois, il est légitime, et même conseillé de laisser Bébé pleurer et se rendormir tout seul. S'il constate que personne ne vient, il se rendormira le plus souvent seul et arrêtera de vous réveiller en pleurant.
- En revanche, entre 6-7 et 9 mois, Bébé rentre dans une période appelée « anxiété de séparation », période au cours de laquelle il devient un peu sauvage, ne va plus dans les bras de tout le monde, pleure lorsqu'il reste seul dans une pièce même quelques secondes. Certains enfants, à cette période, ne conçoivent pas de passer une nuit sans voir une ou deux fois leur maman. Dans ce cas, mieux vaut rapidement le rassurer, en quelques secondes, en évitant de le bercer longuement, comme au coucher.
- Concernant l'intensité des pleurs, il faut savoir que Bébé a un sommeil qui se structure, et que lors des phases de sommeil très superficiel, il peut se réveiller, gazouiller, babiller, il n'est pas du tout anxieux, et même s'il commence un peu à chouiner, il ne faut pas intervenir : dans la majorité des cas il se rendormira tout seul. Si les pleurs, en revanche, montent en puissance et se transforment en hurlements, là, vous ne pouvez pas faire autrement que de vous lever et d'aller le calmer et le rassurer

du réconfort et de la compagnie. C'est un problème que l'on observe plus particulièrement chez les bébés nourris au sein ; ce n'est pas une question de faim. C'est surtout qu'ils ont envie d'un câlin avec maman au milieu de la nuit. Évidemment le problème ne se pose pas s'il dort dans votre lit. Mais vous êtes ses parents et c'est très difficile de dire non quand Bébé a l'air aussi malheureux.

Peut-on dire que qui aime bien châtie bien… son bébé ? Oui, par exemple en le laissant pleurer au milieu de la nuit. C'est dur : Bébé se réveille, pleure et veut sa maman. Il finit par se rendre compte que cette nuit, il n'y aura pas de câlin et se rendort en pleurant. Vous n'êtes pas une mauvaise mère parce que vous ne vous précipitez pas à son chevet dès qu'il commence à chouiner… au contraire!

C'est sûr, laisser pleurer Bébé vous brise le cœur. Mais c'est efficace à court terme et, Dieu merci, cela ne dure pas. La majorité des bébés pleurent beaucoup la première nuit (une heure ou plus), nettement moins la deuxième (un quart d'heure environ). Les troisième et quatrième nuits, il n'y aura que quelques battements de cils. Et voilà, vous avez votre petite marmotte.

Apprendre à Bébé à se détacher de vous

ASTUCES

Il y a des solutions moins radicales que de laisser pleurer Bébé (voir la section précédente) pour lui apprendre progressivement à prendre son indépendance :

- **S'il pleure, rejoignez-le mais ne le prenez pas dans vos bras.** Mettez-lui une lumière tamisée, réconfortez-le d'autres façons : frottez-lui le dos, chantonnez une berceuse ou tenez-vous tout simplement à côté. Réduisez progressivement le temps que vous passez à ses côtés (cinq minutes la première nuit, quatre la deuxième, etc.) jusqu'à ce qu'il n'ait plus du tout besoin de vous.
- **Laissez-le pleurer pendant une durée déterminée avant de vous lever.** Par exemple, s'il se réveille trois fois par nuit, attendez cinq minutes avant de vous lever la première fois, dix minutes la deuxième et un quart d'heure la troisième. La nuit suivante, vous attendrez encore un peu plus longtemps. Cette méthode est un peu plus longue, mais si elle est efficace, elle sera moins douloureuse que d'entendre Bébé pleurer pendant une heure.

L'efficacité de ces méthodes « douces » dépend largement du tempérament de Bébé. S'il a la tête dure et que vous attendez plusieurs minutes avant de le rejoindre, il n'en retiendra qu'une chose : il suffit de pleurer fort et longtemps pour que maman finisse par arriver. Cela risque d'aggraver la situation parce que, de deux choses l'une : soit vous abandonnez tout espoir de faire des nuits normales avant que Bébé ne décide que c'est le moment (cela peut être jamais), soit vous décidez de le laisser pleurer, et c'est un processus plus long que ce que vous espériez, maintenant qu'il est convaincu que vous finirez bien par arriver.

Faciliter les choses

ASTUCES

Dans certains cas, endormir son enfant relève du défi, mais certaines choses peuvent aider :

- **Assurez-vous que son petit estomac est bien rempli.** Si vous pensez que Bébé a vraiment faim pendant la nuit, parlez-en à votre pédiatre. Il jettera un œil à la courbe de croissance de votre enfant pour savoir s'il est possible qu'il ait besoin de manger plus. Le cas échéant, il vous recommandera de le nourrir plus au cours de la journée et en particulier lors du dîner pour qu'il dorme mieux la nuit, ou du moins pour qu'il s'endorme repu.
- **Gardez-le contre vous plus longtemps au cours de la journée.** Tenez-le dans vos bras, jouez plus avec lui, bercez-le plus longtemps avant de le coucher. Cela vous aidera tous les deux à abandonner ces désagréments nocturnes.
- **Apprenez-lui à se consoler tout seul.** Proposez-lui son propre pouce ; c'est souvent un grand réconfort pour les bébés. S'il apprend à se servir de ses doigts lorsqu'il est éveillé, il y a des chances pour qu'il continue pendant la nuit. La majorité des bébés qui sucent leur pouce arrêtent d'eux-mêmes avant la fin de la première année.
- **Tenez vos engagements.** Sevrez Bébé de votre compagnie progressivement, mais soyez ferme quant aux règles du jeu. Si vous décidez de le réconforter quelques minutes sans le prendre dans vos bras, tenez-vous-y, surtout s'il continue à pleurer alors que vous êtes encore là. Si vous abandonnez, cela le renforcera dans l'idée qu'il lui suffit de pleurer fort et longtemps pour obtenir ce qu'il veut, même si ce n'est pas la meilleure chose à faire. Cela ne fera que prolonger vos nuits d'insomnie.

À RETENIR

Si vous le laissez pleurer, Bébé vous aimera encore le lendemain matin. Et, bien sûr, vous aussi !

Le bib au lit : le syndrome du biberon

Certains bébés adorent se coucher avec un biberon (de lait, de jus de fruit ou de lait maternel). Cela les calme, les réconforte et, au moins, les parents sont sûrs que Bébé n'aura pas faim au milieu de la nuit. Un bon compromis, non ?

Eh bien… oui, et c'est bien ça le problème. Le sucre a un effet désastreux sur les petites dents de Bébé, surtout s'il va au lit avec un biberon : ses dents vont baigner dans le sucre pendant des heures.

Le *syndrome du biberon* provoque des caries dentaires sur les dents de devant et peut se déclarer chez n'importe quel enfant de 0 à 2 ans. Toutes les caries sont liées à des bactéries qui se nourrissent de toutes sortes de dépôts présents dans la bouche pour briser l'émail (le « vernis » protecteur sur la dent). Au final, l'enfant se retrouve avec des dents cariées (lorsqu'elles ne tombent pas ou doivent être enlevées), juste là, bien au milieu. Au vu et au su de tout le monde.

Les premières dents appelées « dents de lait » sont très importantes. Elles déterminent la santé future de l'enfant, dentaire, mais aussi, à un moindre degré, psychologique. Il a besoin de ses dents de devant pour croquer. S'il les perd prématurément, il aura des difficultés à prononcer correctement. Et bien sûr, ce type de problème peut aussi conduire à des problèmes de confiance en soi, lorsqu'il sera l'objet de moquerie. En plus, la santé de ses dents de lait détermine celle de ses dents définitives. Selon la gravité de la carie, un bébé souffrant du syndrome du biberon peut risquer des problèmes dentaires toute sa vie.

Dans la plupart des cas, le syndrome du biberon survient quand on laisse le bébé sucer son biberon pendant des heures. Quelques cas auraient été remarqués chez des bébés nourris au sein, comme si le bébé qui dort gardait le mamelon dans la bouche toute la nuit !

Bien sûr, certaines boissons sucrées sont pires que d'autres. Cela ne pose aucun problème que Bébé ait droit à un peu de jus de fruits pendant la journée (pas tous les jours bien sûr, mais de temps en temps), mais il faut absolument proscrire tous les sodas. Ces boissons n'ont aucune valeur nutritionnelle et sont une des pires choses à donner à un enfant, surtout lorsqu'il fait ses dents. Les études montrent que l'habitude des sodas dans l'enfance conduit à d'autres problèmes, notamment l'obésité.

La bonne nouvelle, c'est que le syndrome du biberon n'est pas une fatalité. En fait, il est tout à fait évitable. Voici quelques règles simples à suivre :

- Ne couchez jamais Bébé avec un biberon de boisson sucrée : vous risqueriez de le rendre « accro » au sucré et, à terme, de provoquer une surcharge pondérale, voire une obésité.
- Ne substituez pas un biberon de lait ou d'eau sucrée à une tétine. Les bébés qui ont besoin de téter en permanence et à qui l'on donne un biberon toute la journée (ou toute la nuit) sont beaucoup plus sujets aux caries dentaires.
- Ne lui donnez pas de tétine trempée dans du sucre ou du miel. Autant lui brosser les dents au Nutella !
- S'il ne fait pas trop chaud dans sa chambre, et que Bébé n'est pas trop couvert, qu'il ne transpire pas, en dehors des cas particuliers où il a de la fièvre ou de la diarrhée, il n'a pas besoin d'une supplémentation en eau, en particulier la nuit. L'eau contenue dans ses aliments suffit à couvrir ses besoins : le fait de le coucher avec un biberon n'a pour

effet que de substituer le pouce ou la tétine par la tétine du biberon, et de plus elle crée une dépendance à l'eau, qui pérennisera les réveils nocturnes dès que le biberon sera vide.

- Pensez au sevrage à partir du douzième mois.
- Alors, quand est-ce qu'il faut commencer à s'occuper de ses petites dents ? Eh bien, dès qu'elles arrivent. Ces dents vont tenir un rôle vital pour la parole et la capacité à se nourrir ; c'est d'elles que dépend la future dentition de votre enfant.

ASTUCES

Pour un bon développement des dents, le fluor est nécessaire. Il est présent en abondance dans l'eau de pluie. Si votre eau n'en contient pas, votre pédiatre vous en prescrira quelques gouttes.

Dès que Bébé a fini de manger, nettoyez-lui les dents avec un morceau de gaze ou un tissu propre et doux. Cela enlèvera les restes de nourriture et la plaque dentaire ; impossible aux bactéries de s'installer dans sa petite bouche. Pour lui donner de bonnes habitudes d'hygiène dentaire, vous pouvez aussi vous procurer une toute petite brosse à dents.

Mieux vaut ne pas utiliser de dentifrice avant l'âge de 2 ans. Même à partir de cet âge, il est à utiliser avec parcimonie (en grande quantité, le dentifrice est toxique : gardez-le hors de sa portée). Pour l'instant, contentez-vous de nettoyer les dents de Bébé à l'eau avec un tissu propre ou une petite brosse à dents. Cela dit, la nature est bien faite. Tant que toutes les dents de lait (il y en a vingt) n'ont pas poussé, Bébé bave, et cette salive, un peu acide, suffit à décaper l'émail dentaire.

APPELEZ LE MÉDECIN

Surveillez la pousse des dents et guettez tout signe de carie dentaire, c'est-à-dire un noircissement ou des petites marques. Si vous soupçonnez un problème, appelez votre pédiatre. En général, la première visite chez le dentiste a lieu à l'âge de 5 ans, mais d'importants problèmes dentaires demandent parfois que l'on intervienne plus tôt.

Quatrième partie

Le monde au-delà de maman

Dans cette partie...

Du septième au neuvième mois, Bébé devient plus curieux, plus mobile... et plus drôle! Du coup, les parents sont confrontés à de nouveaux problèmes de sécurité ces chapitres vous proposeront quelques astuces pour que Bébé puisse aller et venir en toute sécurité. Peut-être sera-t-il trop occupé pour avoir envie de manger ou de téter. Nous vous aiderons à introduire les semi-solides et à gérer la situation si Bébé se désintéresse du sein dans les mois à venir.

Bébé est de plus en plus doué pour la communication il sera bientôt capable d'articuler ses premiers mots. Vous avez un rôle important à jouer à ce niveau-là, ne serait-ce qu'en lui parlant. Ces chapitres vous offriront aussi des conseils à ce sujet. Écoutez Bébé vous dit «Vite, vite, maman, la première année passe à toute vitesse!»

Chapitre 12

Le septième mois : le plus beau et le plus intelligent

Dans ce chapitre

- Comment Bébé va-t-il vous épater ?
- Protéger Bébé
- Varier le régime alimentaire

Au cours du septième mois, Bébé franchit beaucoup d'étapes, dans le développement de sa personnalité, de sa mobilité et, bien sûr, dans sa croissance. Vous avez du mal à évaluer les changements qui ont déjà eu lieu tellement ils sont nombreux ? Vous n'avez encore rien vu ! Non seulement Bébé va continuer à développer sa petite musculature et vous épater physiquement, mais il va aussi commencer à se servir de son cerveau pour appréhender le monde qui l'entoure. Il n'est plus seulement un charmant poupon dans son parc, il commence à faire le lien entre les différentes choses qui l'entourent au quotidien. Par exemple, il sait maintenant que, lorsqu'il laisse tomber un objet, celui-ci ne disparaît pas ; en plus, quelqu'un va probablement le lui ramasser. D'ailleurs, il va très vite se rendre compte que c'est un jeu fort amusant.

Votre enfant devient plus indépendant et affirme ses goûts ; il n'en est que plus adorable. Il mange de plus en plus de choses ; il se peut qu'il se désintéresse du sein ou du biberon, tout simplement parce qu'il est trop occupé à découvrir ses capacités qui se multiplient chaque jour. Les débuts du langage – sous la forme du babil – représentent une autre étape ce mois-ci.

La visite chez le médecin

La majorité des médecins ne prévoient pas de rendez-vous de routine pour le septième mois. Toutefois, Bébé ne revoyant pas le médecin avant la visite du neuvième mois, vous aurez probablement des questions dans l'intervalle

Bébé change tellement ! Vous verrez, vous finirez par vous retrouver le téléphone à la main vous demandant si vous devez appeler ou si le médecin vous prendra pour une hystérique (tous les parents se sont retrouvés dans cette situation un jour ou l'autre). Vous allez potasser tous vos livres, chercher des infos sur Internet et pourtant, vous aurez le sentiment tenace qu'il faut absolument que vous parliez au pédiatre.

Quoi qu'il arrive, si vous avez des questions concernant le comportement de votre enfant au cours de ces mois, appelez le cabinet et discutez au moins avec l'assistante du pédiatre, s'il en a une, ou avec une puéricultrice, elle sera probablement en mesure de vous répondre, de vous dire si le comportement de votre enfant est normal ; le cas échéant, elle vous donnera un rendez-vous. Bébé est dans une période de transition ; cela explique probablement ses pleurs incessants. Frustré, il se lance des défis qu'il a du mal à relever.

Si vous avez l'impression que Bébé est malade, s'il pleure tout le temps sans raison apparente, qu'il a de la fièvre ou que vous avez tout simplement le sentiment que quelque chose ne tourne pas rond, appelez immédiatement.

Le chapitre 23 donne une liste de raisons pour lesquelles il faut appeler le pédiatre ; le chapitre 24 donne une liste de raisons d'attendre un peu.

Les étapes du mois

Bébé bouge et s'agite ce mois-ci (il saute sur ses fesses, rampe, et même parfois, se tient debout, pour les plus toniques d'entre eux). À quoi faut-il s'attendre ?

- Bébé contrôle parfaitement les mouvements de sa tête et est capable de la tenir droite en permanence.
- S'il n'a pas encore réussi à rouler d'un côté et de l'autre, il y parviendra ce mois-ci (du dos sur le ventre et du ventre sur le dos) ou tout du moins avant ses 9 mois.
- Allongé sur le ventre, il arrive à se retourner pour s'asseoir.
- Il tient assis sans appui, parfois quelques secondes, parfois plus longtemps. Là encore, s'il n'y parvient pas, il le fera pour ses 9 mois.
- Bébé adore tester sa force ; il va essayer de se tenir debout quand il est sur vos genoux.
- Il sera probablement capable de se redresser (voir la figure 12-1), et même de se tenir debout avec appui quelque temps. (Les bébés menus y arriveront nettement plus tôt que leurs camarades plus joufflus.)
- S'il arrivait déjà à se mettre debout en se tenant, il sera probablement capable de se déplacer en s'accrochant aux meubles. Ceci concerne les enfants très toniques, ceux qui feront leurs premiers pas avant l'âge d'un an.
- Il va adorer sauter sur place en se tenant debout ou assis.

Figure 12-1 : Bébé essaie maintenant de se mettre debout : attention à bien enlever tout ce qui risque de glisser s'il s'y accroche.

- Ses capacités motrices vont largement se développer Bébé parvient maintenant à tenir un objet d'une main tout en gardant l'autre main libre pour attraper d'autres objets.
- Bébé mange davantage, et plus diversifié.
- Si ce n'est pas déjà fait, c'est le début des dents.
- Lorsqu'il est allongé sur le ventre ou assis, Bébé se tourne vers ce qui l'intéresse.
- Il se déplace à quatre pattes (sur les mains et les genoux) ou rampe, s'il n'a pas déjà commencé.
- Clairement, Bébé montre qu'il préfère maman à n'importe qui au monde.
- Justement parce qu'il est plus attaché à sa mère, il commence à être effrayé par les étrangers (il fait son timide), même si ce trait de caractère n'atteindra son pic que dans un mois ou deux.
- Bébé s'attache à un doudou ou deux (c'est la conséquence de cette peur de l'autre ainsi que sa compréhension de la permanence des objets). Le doudou est appelé par les pédiatres « objet transitionnel ».
- Bébé va adorer jouer à « je-jette-et-tu-ramasses », à cache-cache ou à n'importe quel jeu qui lui donne l'occasion de répondre et d'interagir.
- À la fin du mois, il commencera peut-être à babiller. Il gazouille déjà, mais le babil est plus élaboré « papapa-tatata ».
- Lorsque vous l'appelez, Bébé tourne la tête vers vous. À vrai dire, il réagit plus à la voix! Mais dans un mois ou deux, il réagira à son prénom ou à son surnom.

Pas de course à quatre pattes ?

À 7 mois, votre enfant ne fait preuve d'aucun intérêt pour les longues balades à quatre pattes dans le salon ? Inutile d'en perdre le sommeil. Même si la plupart des enfants se déplacent d'une façon ou d'une autre à cet âge, ce n'est pas le cas de tous. Certains sont en effet ravis de contempler le monde depuis leur tapis de jeu et ne sont pas pressés d'apprendre à se déplacer du point A (la chambre) au point B (la cuisine). Certains bébés n'apprennent jamais vraiment à marcher à quatre pattes après avoir vaguement rampé, ils passent directement à la verticale et marchent. D'autres inventent leur propre style de marche à quatre pattes (en gardant les jambes droites par exemple, au lieu de les plier). Tant que Bébé fait preuve d'éveil et qu'il essaie de bouger, sans rester prostré toute la journée, c'est juste qu'il prend son temps avant d'embrasser les joies de la locomotion. Bien assez tôt, vous le poursuivrez dans toute la maison et vous aurez du mal à vous souvenir de ce temps où il restait là où vous l'aviez laissé. Donc, pas d'inquiétudes s'il ne se déplace que peu, par rapports à ses copains du même âge. Ne comparez pas trop les capacités des bébés de vos amies, chaque enfant a son propre rythme. Ce qui compte, c'est que Bébé ait progressé par rapport au mois précédent.

APPELEZ LE MÉDECIN

Maintenant, en tout cas avant 9-10 mois, Bébé doit être capable de reconnaître son prénom et d'y répondre. Si vous remarquez qu'il ne répond pas à son prénom, parlez-en à votre pédiatre. Même si, parfois, il ne répond pas parce qu'il est distrait par un nouveau jouet ou par ce qui se passe par la fenêtre, il y a des chances pour qu'il ne vous entende pas. Votre médecin vérifiera que tout va bien et qu'il n'a pas de problèmes d'audition. Si c'est le cas, il ne répond pas à son prénom, mais il a aussi des problèmes de parole (il n'essaie même pas de babiller et/ou sa voix est monocorde).

La construction de la mémoire

DÉTAIL TECHNIQUE

Bébé commence tout juste à saisir le concept de *permanence des objets* il sait maintenant que, lorsqu'un objet « disparaît », c'est qu'il est ailleurs. Avant cela, à partir du moment où une personne ou un objet était hors de sa vue, il avait disparu pour toujours.

Autour de 7 mois, la mémoire se développe rapidement. Attention, ce n'est pas exactement la mémoire telle que nous la concevons. Un enfant de cet âge n'a guère de mémoire au-delà d'une ou deux semaines, grand maximum. Alors que cette mémoire se développe, Bébé en tire quelques conclusions quant à la permanence des objets : il s'attend à ce que certaines choses se produisent. Par exemple, lorsqu'il presse le bouton d'un jouet qui fait du bruit ou qui fait rebondir une petite figurine, il va jouer avec en *sachant* ce qui va se produire.

Une petite tour de babil

À cet âge, Bébé maîtrise à peu près les voyelles (« ou » « oh » « ai ») et s'essaie aux consonnes, pour voir. Les premières consonnes dures qu'il maîtrisera seront a priori « k », « t », « p », « b » et « m ». Les autres, comme « d » et « g », suivront bientôt. Comment encourager ces progrès ? En continuant exactement ce que vous avez fait au cours des derniers mois : parlez-lui lentement, en utilisant des phrases et des mots courts, pour lui donner l'occasion de bien saisir les sons. À cet âge, il n'écoute que les débuts et surtout les fins de mot – on parle de *segmentation*. Il ne comprend pas vraiment le sens des mots (ce qu'il ne fera pas avant deux ou trois mois). Mais c'est une étape par laquelle il faut passer. Il va commencer à imiter ce que vous dites – « ba », « ma », « ka ». Montrez-lui alors que cela vous réjouit. Encouragez-le à réessayer. C'est ainsi qu'il apprendra ce qu'est la communication : deux personnes qui se répondent. En revanche, même s'il ne comprend pas ce que vous dites, il sait, au ton que vous utilisez, si vous êtes content(e) ou pas, calme ou énervé(e).

Bébé va aussi commencer à vous tester, sans aucune malice toutefois. Assis sur sa chaise haute, il va s'amuser à jeter son jouet par terre, par exemple, pour voir quel type de réaction cela suscite chez vous (cela ne le met plus dans tous ses états, puisqu'il sait maintenant que, s'il ne voit plus l'objet, celui-ci n'a pas disparu pour autant). Si vous le lui ramassez deux ou trois fois, il va le prendre comme un jeu (le petit malin). Pour arrêter cela, le mieux est de lui dire gentiment « non » (même si vous éclatez de fierté) en employant une tactique de diversion pour que le « je-jette-et-tu-ramasses » ne devienne pas son jeu préféré (de toute façon, c'est lui qui se lassera le premier : aucun jeu avec vous ne l'amuse plus de quelques minutes).

Du retard ? Les questions courantes

Si votre enfant ne franchit pas certaines étapes, faut-il s'inquiéter ? Y a-t-il un problème que vous ignorez physique, neurologique ou les deux ?

Très important

En général, les étapes que nous évoquons ne sont que des points de repère : elles indiquent ce que *la plupart* des enfants font à un âge donné. Si votre enfant semble en retard mais qu'il progresse dans la bonne direction, il n'y a sans doute pas de souci à se faire. S'il y a des problèmes précis, parlez-en à votre pédiatre, mais il y a des chances pour que ce ne soit rien de grave.

Toutefois, les bébés prématurés prennent parfois plusieurs mois ou même plusieurs années pour rattraper le développement de leurs congénères. En fonction de la précocité de leur naissance, ils risquent plus ou moins d'avoir à affronter des complications somatiques, c'est-à-dire physiques, de la prématurité. Un enfant qui souffre d'un désordre du métabolisme, par exemple, n'aura pas la même croissance qu'un bébé dont le métabolisme est normal. Il sera peut-être plus difficile à nourrir, ce qui explique (encore une fois) qu'il soit plus petit et plus fluet que les autres enfants du même âge. Évidemment, cela induira parfois un retard de développement, tout simplement parce que, par exemple, il ne sera pas assez fort pour se tenir debout, il mettra donc un peu plus de temps à apprendre à marcher. Certains prématurés rattrapent leurs congénères en quelques mois ou années, d'autres gardent un retard à vie, notamment lorsqu'il s'agit d'une grande prématurité avec une atteinte neurologique : c'est ce que l'on appelle des « séquelles ». Votre pédiatre est le mieux placé pour répondre à vos questions.

La sécurité de Bébé

Plus Bébé est capable de se déplacer, plus il faudra revoir la sécurité de la maison.

Quoi que vous fassiez, Bébé finira par tomber un jour ou l'autre. Assurez-vous simplement qu'il ne tombe pas du balcon ou qu'il ne dégringole pas les escaliers. Eh non, vous ne pouvez pas être en permanence derrière lui et le rattraper à temps à chaque fois. N'essayez même pas. Il doit apprendre que tomber, c'est perdre une bataille mais pas la guerre : ça fait partie de la vie.

À 7 mois, à quoi faut-il faire attention ? En fait, à peu près à tout ce qui est à sa portée, au sol et plus haut. Maintenant qu'il arrive à attraper les choses et à les tirer vers lui, cela veut dire qu'il peut les faire tomber. Une nappe, une tasse de café bouillant, un gros vase en bref, tout ceci doit lui être inacessible, maintenant et pour les deux années à venir. S'il n'y arrive pas encore pour le moment, il y arrivera bientôt : il n'est pas trop tôt pour commencer à y songer.

Souvenez-vous aussi que Bébé est de plus en plus adroit et rapide. Là où, il y a quelques semaines, il ne serait pas arrivé à ramasser une pièce de cinq centimes par terre, maintenant, il la ramasse sans problème. Il a toujours été important de garder hors de sa portée les petits objets mais, maintenant qu'il les manipule avec aisance, c'est d'autant plus primordial, surtout qu'il a toujours tendance à tout porter à sa bouche !

Voici quelques éléments à surveiller lorsque Bébé a 7 mois :

- **Protéger Bébé des grosses chutes.** Posez un portail pour bloquer l'accès aux escaliers et sécurisez les balustrades et les rampes. Attention, ne mettez pas de portillon à pression en haut des escaliers : rien de plus facile que de le faire tomber (si Bébé grimpe dessus ou s'y appuie suffisamment fort).

- **Protéger Bébé des coins.** Il apprend à se tenir debout, pousse sur ses petites jambes et ne pense pas forcément à éviter les coins de table. Protégez les coins de la table basse et de la cheminée.
- **Attention aux objets sur lesquels il tire en se redressant.** Chaises, nappes, rideaux, tiroirs qui risquent de s'ouvrir et de lui tomber dessus. Enlevez ces objets et bloquez-les pour que Bébé ne se blesse pas.
- **Conserver les petits objets hors de sa portée.** Pièces de monnaie, les bouchons de stylo, billes, bonbons, piles, boutons, etc. S'il y a le moindre risque pour que Bébé les avale et s'étouffe avec, placez-les en hauteur. Vous pouvez vous procurer des tubes spéciaux en plastique dans les boutiques pour bébé, ils vous donnent la taille de la trachée d'un bébé. Si un objet peut y rentrer, c'est que Bébé peut s'étouffer avec.
- **Attention aux produits ménagers.** Bébé est plus mobile, plus rapide et plus habile. Évitez de conserver les produits ménagers dans des placards auxquels il a accès. Attention aussi aux plantes vertes : beaucoup sont toxiques. Gardez-les en hauteur.

Il n'est jamais trop tôt pour penser à ces détails qui mettent un enfant en danger. Les premiers mois passent très vite et avant que vous ne vous en rendiez compte, Bébé sera capable de faire un tas de choses inimaginables aujourd'hui, par exemple grimper sur un tabouret, ouvrir une porte. Soyez toujours sur le qui-vive : Bébé cherchera la faille dans votre plan de sécurité. Mettez-vous à quatre pattes, à sa place : vous serez surpris de voir tout ce que vous avez manqué. À ce sujet, reportez-vous au chapitre 20.

À table ! Les repas à sept mois !

À la fin du mois, le régime quotidien de Bébé comprend une part importante de solides, pour deux raisons : d'abord, son organisme ne peut plus se contenter de lait. Il grandit, ses dents poussent et il a besoin de plus.

Ensuite, il *doit* manger des solides, dans une certaine mesure. Il est beaucoup plus facile de l'initier à de la nourriture de « grand », tant qu'il est assez ouvert ; à un an, il risque d'être beaucoup moins enthousiaste. (Si Bébé n'a pas encore commencé les solides, reportez-vous au chapitre 11 vous trouverez les détails pour commencer.)

Une fois que Bébé s'est habitué aux légumes quotidiens, il aura peut-être envie de plus. Il n'est pas rare que les enfants fassent preuve d'un vif intérêt pour ce que leurs parents mangent, en essayant d'attraper votre assiette ou en imitant le petit oiseau, la bouche grande ouverte, attendant la nourriture.

Maintenant que Bébé est capable de tenir toutes sortes d'objets, c'est le moment parfait pour l'habituer à la purée, à la compote de fruits, aux laitages.

Comme pour tout ce qui est nouveau, il faut choisir le moment où il est le plus capable de s'intéresser à ce que vous lui proposez. Ne lui présentez pas un biscuit s'il vient d'avaler un biberon entier, mais n'attendez pas non plus qu'il pleure de faim. Il sera beaucoup plus apte à apprécier quelque chose de nouveau s'il est de bonne humeur et prêt à remplir son petit estomac.

Si Bébé ne saisit pas le concept de manger tout seul (attraper un fruit et le mettre dans sa bouche, par exemple), aidez-le en plaçant de la nourriture à proximité de sa main, vous verrez, il ne tardera pas à le porter à la bouche. S'il n'a pas l'air intéressé par l'idée de se nourrir tout seul, laissez tomber et réessayez d'ici deux semaines. Mieux vaut que les repas soient complètement détendus. Après tout, il est le mieux placé pour savoir ce dont il a besoin et quand il en a besoin : lorsqu'il aura faim, il mangera. Cela ne veut pas dire qu'il faut lui proposer ses repas au moment où lui l'aura choisi, cela veut simplement dire qu'il ne faut pas le forcer à finir ses repas s'il n'en a pas envie.

La meilleure chose à faire est de commencer par des choses faciles à manger, des boudoirs pour bébé par exemple. Maintenant qu'il est tout à fait capable de tenir quelque chose dans sa main, il est capable de manger de nouvelles choses, comme :

- Des biscuits aux céréales (un grand classique). Le gluten, c'est-à-dire la farine de blé, doit être introduite vers 8-9 mois. Avant, on propose des gâteaux sans gluten.
- Des purées de fruits (poires, bananes… Assurez-vous qu'il ne reste pas de fibres).
- Du pain (vers 8-9 mois).
- Des petits morceaux de viande (du poulet ou du bœuf, par exemple, moulu ou finement haché) sans dépasser 10 g/jour, c'est-à-dire une cuillerée à café seulement.
- Des pâtes (pas de spaghettis).
- Des légumes cuits à la vapeur (brocolis, courgettes, pommes de terre, haricots rouges ou verts, petits pois, épinards, purée d'artichauts, carottes).

Faites attention, lorsque Bébé mange des fibres (banane, orange) : cela risque de le faire vomir ou de l'étouffer. De la même façon, il ne faut jamais le laisser seul dans une pièce avec un boudoir ou un morceau de pain en main.

Bébé peut-il manger la même chose que vous ? Mieux vaut que ses repas soient très simples pour le moment, afin d'être bien sûr qu'il ne développe aucune allergie alimentaire. Même si vous rêvez de lui faire goûter la fameuse quiche lorraine qui fait de vous la star de la famille, attendez qu'il ait essayé tous les aliments de la recette. Sinon, en cas d'allergie, impossible de savoir si ce sont les lardons ou le lait qui ont provoqué l'allergie (sur les allergies alimentaires, voir le chapitre 11).

Évitez les aliments trop salés, trop sucrés ou trop épicés. Son système digestif risque de mal les tolérer.

Pour éviter les « fausses routes », il ne faut nourrir Bébé que lorsqu'il est assis sur sa chaise haute. N'oubliez pas de l'attacher solidement pour éviter les petites farces (« Maman, maman ! Regarde, je tiens debout tout seul ! »).

Quels sont les aliments à éviter ? Tout ce qui est dur et difficile à mâcher (même si Bébé a déjà deux dents, il ne mâche qu'avec les gencives, pour le moment). Bébé n'est pas encore prêt pour :

- Le raisin (grand pourvoyeur d'accidents asphyxiques)
- Les noix (les fruits secs à coque risquent de s'enclaver dans la trachée. Ils sont interdit avant 3 ans)
- Les saucisses
- Les olives

Les crudités ne seront vraiment introduites qu'à l'âge d'un an, mais n'hésitez pas à laisser à sa portée des fruits et légumes frais et propres, il fera son choix suivant son odorat – d'une extrême finesse – et rongera avec délice tomates, poires, etc. C'est la seule activité qu'il soit capable de poursuivre pendant plus de cinq minutes… et quel spectacle quand la tomate lui crève au nez !

N'oubliez pas : Bébé a toute la vie devant lui pour s'adonner aux joies de la gastronomie. Il essaiera le chocolat (et le reste !) un peu plus tard. Pour l'instant, ses repas doivent être le plus simple possible.

Autour de 7 mois, il mange en général :

- Des fruits et des légumes deux fois par jour (au déjeuner et au dîner, par exemple).
- Parfois des céréales le matin (farines aromatisées qui aident à boire le biberon de lait si l'enfant ne veut plus de son lait seul).
- Un biberon ou une tétée deux à quatre fois par jour (le matin, un biberon seul, lors des autres repas, en complément des légumes ou des fruits).
- Un laitage « blanc » une fois par jour, au goûter en général (yaourts, petits-suisses, ou fromage blanc).
- Des protéines une fois par jour, en toute petite quantité : une ou deux cuillerées à café par jour (viande bien cuite mixée aux légumes, ou poisson, poulet ou dinde, jambon, jaune d'œuf).

Qu'est-ce que Bébé retire de ces aliments ?

- Les céréales, les légumes verts et la viande rouge sont riches en fer.
- Les fruits et les légumes sont d'excellentes sources de vitamines A et C.
- Les protéines sont fournies par le lait, la viande, le poisson.
- Si Bébé est au sein, quelques anticorps (mais peu) peuvent encore être transmis.

Et le sevrage, alors ?

Lorsque le régime alimentaire de Bébé s'enrichit en solides, toutes les mamans se demandent dans quelle mesure cela va affecter le nombre et la durée des tétées.

Bébé n'est pas encore prêt à abandonner le biberon pour le lait de vache demi-écrémé. La première année, le lait de vache est généralement un puissant allergène. Pire, il peut provoquer une légère inflammation des intestins et un déficit en fer.

Le lait maternisé reste la meilleure option pour les mères qui n'allaitent pas, donc continuez à en acheter. Même si la consommation de lait augmente au cours des six premiers mois de la première année, avec des bébés qui ingèrent jusqu'à 1 200 ml pendant le sixième mois. La majorité des médecins recommandent de plafonner à 900 ml de lait par jour, une fois que les fruits et les légumes font partie du régime. Si Bébé consomme plus de lait, il n'aura pas suffisamment faim pour découvrir les bons petits plats de maman (Mmm! De la purée de brocolis !). Il risque donc de développer une carence en fer. En revanche, en dessous de 500 ml de lait par jour, c'est trop peu et Bébé risque d'être carencé en calcium. Pour le passage aux aliments solides, reportez aux chapitres 9 et 10.

Vous pouvez, une ou deux fois par jour, proposer à Bébé un peu d'eau ou de lait en poudre reconstitué à la tasse. Une fois qu'il maîtrisera la tasse, il sera prêt pour le sevrage. Mieux vaut qu'il soit prêt tôt, cela vous simplifiera la tâche le moment venu. S'il est nourri au sein, cela vous permettra de passer directement du sein à la tasse pour le sevrer, sans avoir à passer par l'étape du biberon.

Si vous commencez à penser au sevrage, ne précipitez pas les choses. Bébé est de plus en plus actif, apprend des tas de choses quotidiennement, goûte de nouveaux aliments : chaque jour offre son lot de découvertes. Progressivement, il va laisser tomber ses vieilles habitudes pour explorer tout ce qu'il y a de nouveau. Il ne rejette pas le sein pour autant. Laissez-le aller à son rythme, en lui proposant le sein après chaque repas si vous l'allaitez encore, moins si le sevrage est en cours. Beaucoup de bébés, presque sevrés, continuent à réclamer le soir le sein, qui les rassure avant de s'endormir. Même si la quantité de lait est minime, et la tétée symbolique, elle est importante pour sécuriser Bébé. Mais elle ne doit durer que quelques minutes, et pas plus de quelques jours après le sevrage effectif.

À RETENIR

Il vous faudra tâtonner un peu et commettre quelques erreurs avant de trouver le bon équilibre entre les solides et les tétées. Évitez de trop vous comparer à vos voisines et amies ; votre propre équilibre viendra tout seul : faites confiance à votre enfant.

Pour être sûre que Bébé a ce qu'il lui faut, respectez un minimum de deux tétées par jour. Ne laissez pas l'enfant préférer les solides au lait lors de chacun des quatre repas.

La plupart des médecins recommandent de continuer le sein ou le lait maternisé pendant toute la première année ; si votre bébé semble se détourner complètement du sein ou du biberon, vous êtes amenée à penser qu'il sera impossible de continuer jusque-là. Apparemment, vous tenez beaucoup plus à l'allaitement que lui. Quelques astuces pour garder l'attention d'un bébé un peu distrait :

- **N'interrompez pas un moment de jeu pour l'allaiter.** Il a besoin d'un moment de transition, d'un signal (en lui donnant des solides, par exemple) qui lui montre que c'est le moment de s'arrêter pour aller manger.
- **Gardez la tasse pour les repas.** S'il peut se promener, jouer et s'essayer à toutes sortes de choses avec sa tasse sous le bras, quelle est l'utilité d'une tétée, franchement ?
- **Faites-en un moment de jeu.** Laissez-lui un jouet pendant qu'il tète (sauf si cela le distrait).
- **Changez de position.** Peut-être préfère-t-il téter assis plutôt qu'allongé ? Cela peut rendre le moment tellement distrayant que Bébé attendra avec impatience la prochaine tétée.
- **Si vous trouvez qu'il tète peu, pensez à tirer votre lait, et à lui proposer au biberon.** Il faut entretenir votre production de lait, sinon ce n'est pas vous qui déciderez du sevrage.

Le rejet du sein est un phénomène tellement courant qu'il a un nom : on appelle ça la *grève de la tétée*. Les mamans la vivent plus ou moins bien, en fonction de l'importance qu'elles attachent au fait d'allaiter leur enfant. Beaucoup d'enfants qui ont goûté les légumes et les fruits se désintéressent du sein ou du biberon de lait, car ils préfèrent la consistance « solide ». Ce n'est pas un problème, car on peut toujours remplacer le lait par un laitage (yaourt nature, petit-suisse, fromage blanc). Ce phénomène est en général transitoire, et Bébé, au bout de deux ou trois semaines, réclamera normalement son biberon de lait, au moins celui du matin.

Le sevrage progressif, qui consiste simplement en une réduction progressive du nombre et de la durée des tétées, se met naturellement en place à cet âge. Cela ne veut pas dire qu'il faut complètement arrêter de l'allaiter. Vous pouvez le nourrir moins, sans pour autant le sevrer.

Pour plus d'information sur le sevrage, reportez-vous au chapitre 16.

Manger plus ou moins

Quelles sont les quantités moyennes qu'un bébé de 7 mois ingère ? Environ 250 ml par repas. En général, à cet âge, Bébé s'arrête de boire lorsqu'il est repu : son estomac fait un certain volume, et lorsqu'il sera rassasié, il s'arrêtera de lui-même (il ne continuera pas « par gourmandise » et ne risque donc pas d'être surnourri). Selon son degré d'activité, Bébé arrivera à l'heure du repas affamé ou un peu distrait. Cela variera d'un jour à l'autre. Eh oui, vous dites à votre belle-mère que votre bébé mange comme un ogre et, évidemment, il refuse totalement de se nourrir pour le déjeuner dominical de Mamie.

Si, à son âge, votre enfant ne paraît guère intéressé par les solides, voici quelques astuces pour l'inciter à manger un peu plus :

- **Faites des repas un moment de jeu.** Laissez-le prendre son temps pour savourer les nouveaux aliments que vous lui proposez. S'il aime prendre son temps avec un boudoir, tant mieux pour lui.
- **Choisissez votre moment.** Si votre bébé est très concentré, il va avoir besoin de quelques minutes pour passer à table. Tout entier à ses jeux, il se peut qu'il ne réalise même pas qu'il a faim. Mettez-le dans sa chaise haute quelques minutes plus tard. Avec des petits rituels, vous l'amènerez plus facilement à table.
- **La preuve par l'exemple.** Tous les parents ont déjà goûté les purées de légumes de bébé en prenant des mines extasiées, pour prouver à Bébé que la purée de pois cassés, c'est super bon. Pourquoi en arriver à des extrémités pareilles ? Eh bien, parce que, bien souvent, ça marche ! Il faut maintenant inciter Bébé à prendre ses repas à heures fixes (à une demi-heure près). Si son horloge biologique lui fait réclamer les repas plus tôt que prévu, peut-être est-il un peu sous-nourri ! Il faut alors revoir son régime alimentaire avec le pédiatre. En revanche, afin qu'il prenne bien ses repas, le grignotage entre les repas est déconseillé. De la même façon, si vous jouez avec Bébé et que vous n'osez pas interrompre le jeu pour lui offrir son repas, faites un effort sur vous-même pour l'installer sur sa chaise haute et instaurer une régularité (car sa digestion prendra un certain temps et il ne faut pas risquer de tout décaler dans le temps, ne pas retarder l'heure du coucher, etc.).

Faut-il s'inquiéter si Bébé n'apprécie pas spécialement les solides ? Pas vraiment. Il y viendra, chaque chose en son temps. Son métabolisme est certainement prêt ; mais il est aussi prêt à des tas d'autres choses. La nourriture n'est peut-être pas une priorité. Pas de quoi se faire du souci, sauf si

- **Bébé ne mange pas du tout.** Il peut y avoir un vrai problème. Une otite, par exemple, se manifeste souvent par un manque d'appétit, parce que la douleur irradie dans les mâchoires et que cela rend toute déglutition désagréable (mais l'otite aiguë à cet âge s'accompagne toujours de fièvre).
- **Bébé refuse systématiquement les solides, tout le temps.** Parfois, il est trop dépendant du sein ou du biberon pour être intéressé par d'autres nourritures. Même si certaines théories avancent le fait qu'il est naturel pour un enfant de se nourrir exclusivement du sein pendant toute la première année, il est dans l'intérêt de Bébé de commencer maintenant de nouveaux aliments, afin de ne pas souffrir de carence en fer, par exemple.

Un bébé de 7 mois né avec deux mois d'avance a en réalité 5 mois, par rapport à son développement : on parle d'âge « corrigé ». Cela signifie que son système digestif n'est pas prêt pour les petits morceaux de poulet ou de mangue. À ce stade, il est prêt à commencer les solides sous la seule forme de petits pots de purée. N'attendez pas de lui qu'il se nourrisse lui-même. Pour plus de détails sur le changement du régime alimentaire de Bébé, reportez-vous au chapitre 11. Votre médecin reste la meilleure source d'informations pour un bébé prématuré : demandez-lui son avis avant de passer aux solides.

En fait, pour nourrir Bébé, il s'agit simplement de trouver ce qui lui convient le mieux : apprécie-t-il le moment du repas (est-il capable de rester assis dans sa chaise haute suffisamment longtemps pour manger convenablement sans protester ?), ou veut-il absolument retourner jouer ? L'essentiel, c'est que vous preniez le temps de tâtonner. Proposez-lui des aliments mais ne le forcez pas. Bébé finira bien par trouver son rythme.

Chapitre 13

Le huitième mois : Bébé se balade !

Dans ce chapitre

- La visite du huitième mois
- Surveiller Bébé
- Passer à la grande baignoire

Waouh ! Mais où va-t-il ?! Il est debout, il tient droit, il s'accroche aux meubles et se promène ainsi dans tout le salon. Même si tous les enfants n'en sont pas encore capables, d'ici à la fin du mois, certains vous surprendront !

Le huitième mois est un temps d'intense activité, plein de nouvelles étapes et de découvertes. Bien souvent, les parents se demandent où est passé leur poupon insouciant, affable, et qui a bien pu le remplacer par cet enfant timide et farouche. Même si c'est un peu difficile à accepter, Bébé est effrayé par les inconnus et c'est totalement normal : c'est même un signe que son développement se déroule bien. D'ici à fin du mois, Bébé montrera une vraie préférence pour certaines personnes et certains objets, qu'il s'agisse de ses jouets (géniaux, ces cubes), d'aliments (il n'aura jamais assez de compote de bananes), ou de jeux (super, il adooore taper sur les casseroles et les poêles jusqu'à vous rendre totalement sourd(e)). Peut-être aussi commence-t-il à manifester un certain intérêt pour la télé – et zut ! Dans ce chapitre, on détaillera les effets possibles des « loisirs virtuels » sur un enfant.

La visite chez le médecin

La plupart des pédiatres ne programment aucun rendez-vous le huitième mois. Ce n'est que le mois prochain que Bébé sera de retour dans le cabinet du pédiatre pour un examen complet et, le cas échéant, de nouveaux vaccins.

Toutefois, si Bébé tombe malade, vous devrez l'emmener chez le médecin. Continuez donc à noter ce qui vous vient à l'esprit pour ne pas avoir à vous creuser la cervelle en vous demandant quelle était cette question suprêmement importante que vous vouliez lui poser.

Lors d'un rendez-vous en urgence, votre médecin a moins le temps de discuter : n'espérez pas discourir sur les incroyables progrès de Bébé à ce moment-là. Mais si vous avez l'impression que quelque chose ne tourne pas rond sans pour autant nécessiter une visite en soi, c'est le moment d'en parler.

Les étapes du mois

En rampant, à quatre pattes, ou parfois même déjà debout, Bébé va et vient sans cesse ou presque. Il se prend un peu pour Superman, maintenant qu'il peut quasiment se déplacer tout seul ! Cette liberté toute neuve l'amènera à découvrir des situations nouvelles et donc intéressantes. Il va en tirer, au choix, une intense satisfaction (parce qu'il s'occupe très bien tout seul maintenant) ou une extrême frustration (parce qu'il en veut toujours plus).

Voici quelques étapes que Bébé franchira probablement d'ici à fin du mois :

- Bébé se déplace en marchant à quatre pattes ou en rampant.
- Il se tient assis sans support.
- Il contrôle complètement son cou. Il tourne la tête en direction de votre voix ou quand il entend son nom.
- Lorsqu'il est allongé sur le ventre, il est capable de se redresser pour s'asseoir.
- Il se met debout, avec appui. Vous pourrez commencer à le retrouver le matin debout dans son lit à barreaux.
- Il tient debout en s'accrochant à quelque chose ou à quelqu'un.
- Il tient debout tout seul, sans se tenir, mais brièvement, commence à lâcher une main, puis les deux, quelques secondes.
- Il marche en se tenant aux meubles (marche avec appui pour les plus toniques d'entre eux). Voir la figure 13-1.
- Il est capable de tenir un objet dans chaque main.
- Il arrive à manger tout seul avec les doigts.
- Ses petits doigts peuvent saisir un objet sur le sol.
- Il fait « coucou » de la main.
- Il affiche une vraie préférence pour des personnes, des jouets et des jeux.

- Il exprime sa frustration ou sa colère quand on lui enlève un objet.
- Il dit « mamama », « papapa » ou « tatata » (sans que cela n'ait vraiment de sens).

Figure 13-1 : Bébé arrive à marcher en s'accrochant aux meubles.

- Bébé comprend le sens du mot « non » (et surtout l'intonation qui accompagne ce « non »).
- Il babille quelques syllabes.
- Si ce n'est pas encore le cas, Bébé va commencer à comprendre le concept de la permanence des objets (pour plus de détails, reportez-vous au chapitre 12.)
- Il est effrayé par les inconnus (pour plus de détails, lisez la suite).
- Bébé commence à comprendre que certains objets ont une utilité particulière. Il commencera peut-être à vous imiter en babillant dans son téléphone-jouet.

À quand la paire de Dior ?

Maintenant que Bébé commence à marcher, vous pourriez être tenté(e) de lui acheter la dernière paire de chaussures top tendance pour accélérer le processus. Mais toute paire de chaussures, aussi sophistiquée soit-elle, reste encombrante pour un bébé de son âge. Loin de lui offrir un soutien et du confort, elle risque de le faire trébucher (et cela reste vrai quand il marchera bien). Et, à moins d'avoir des picots en caoutchouc, les chaussettes sont glissantes, même sur un tapis.

À RETENIR

En fait, le plus simple pour un bébé qui apprend à marcher, c'est d'être pieds nus. Bébé a besoin de bien sentir le sol sous ses pieds pour apprendre à trotter au cours des mois à venir. En plus, les bébés ont en général les pieds assez plats. En apprenant à marcher pieds nus, cela développe les muscles de la voûte plantaire. Cela renforce aussi les chevilles.

Bien sûr, à l'occasion, cela ne pose pas de problèmes de lui mettre des petites chaussures. Gardez simplement en tête que ces adorables souliers qui vous ont coûté les yeux de la tête n'aideront en rien au développement de ses petits pieds. Cherchez plutôt à vous procurer des chaussures peu chères, légères et antidérapantes. En fait, les chaussures représentent un obstacle entre les terminaisons nerveuses de la plante des pieds et le sol : Bébé sentira moins bien la terre ferme chaussé que pieds nus.

Pas de bébé devant la télé !

Oui, oui, bien sûr, on sait, on trouve aujourd'hui des DVD vendus aux parents qui promettent que, si leurs bébés les regardent, ils deviendront de petits génies.

Maintenant, instinctivement, qu'en pensez-vous ? Vous vous dites probablement qu'un bébé de 8 mois a certainement mieux à faire que de rester assis sur sa couche devant un écran : voyons, il y a tout un monde à découvrir. D'ailleurs, c'est bien de ça qu'il s'agit lors des premières années de la vie : découvrir le monde (et pas à travers la magie des médias).

Vous savez comme il est facile de devenir totalement accro à la télé. Pensez à tout ce que les adultes ratent lorsqu'ils sont rivés à leur écran leur vie de famille, leurs loisirs, leur culture, leur imagination… Et en plus, ça fait grossir, car les ados ou adultes rivés à la télévision ont souvent des friandises à portée de main, et ceux qui sont vraiment intoxiqués par les jeux vidéo oublient de se dépenser en faisant, par exemple, du sport.

ATTENTION !

Eh bien, c'est la même chose pour les enfants, avec des résultats encore pires : certaines études avancent l'idée selon laquelle trop de télévision peut provoquer de graves problèmes de concentration et des comportements agressifs chez des enfants plus âgés. Et enfin, un enfant qui passe son temps devant la télé ne fait pas ce qu'il est censé faire à son âge : bouger, découvrir ce dont il est capable et explorer son environnement. La télévision n'est absolument pas indispensable à sa vie, évitez de lui donner cette mauvaise habitude qui sera très difficile à rompre plus tard.

À RETENIR

Les pédiatres conseillent aux parents d'éviter la télévision avant l'âge de 2 ans. Et même alors, c'est au rythme maximal d'une heure par jour, sur des programmes éducatifs.

Bien sûr, ce n'est pas en regardant une émission de temps en temps que vous allez ruiner l'avenir de votre enfant. L'essentiel est qu'il ne devienne pas complètement dépendant et incapable de se distraire autrement ou

ASTUCES

Éteindre la télé

Même en faisant preuve de la meilleure volonté du monde pour tenir Bébé éloigné du poste de télévision, vous trouvez peut-être qu'il est difficile de *vous* en tenir éloigné. Essayez les alternatives suivantes :

- **Sortez de la maison.** Faites des activités avec votre enfant. Prévoyez une petite promenade chaque jour. Allez voir des amis ou de la famille, ou accueillez-les. *Bougez-vous !* C'est bon pour vous autant que pour Bébé.
- **Lisez.** Maintenant que Bébé est assez grand pour jouer tout seul, de temps en temps, profitez-en pour lire. Cela vous changera les idées mais, en plus, c'est un bon exemple pour Bébé. N'oubliez pas qu'il est à l'âge où il vous imite en tout. Cela éveillera chez lui beaucoup d'intérêt pour ses propres livres.
- **Occupez-vous de la maison.** Vous êtes bien placé(e) pour savoir qu'il y a toujours quelque chose à faire. C'est fou tout ce que l'on ne fait pas quand on regarde la télé.
- **Prenez le temps de jouer avec Bébé.** Encouragez-le à marcher et à parler. Faites une partie de chatouilles. Dansez avec lui, écoutez de la musique ensemble, faites-lui la lecture. Encore une fois, vous aurez d'autant plus de temps pour votre enfant qu'il n'y a rien pour vous en distraire.

de communiquer avec son entourage. Si vous connaissez d'autres enfants, plus âgés, qui ne parlent que de leurs dessins animés préférés, vous savez exactement ce à quoi nous faisons allusion. Ces enfants n'ont rien d'autre à raconter, parce qu'ils ne vivent rien d'autre.

Dites-vous bien cela : le cerveau de Bébé a un énorme potentiel à développer. S'il prend l'habitude de ces « divertissements virtuels », une partie de ce potentiel risque d'être étouffée.

ATTENTION !

Évitez de vous servir de la télévision comme d'une baby-sitter électronique. Une émission de temps en temps n'a jamais tué personne, mais l'habitude de longues heures quotidiennes devant la télévision risque fort de conduire à une dépendance à long terme.

Alors, que faire de ces DVD pour les nouveau-nés et les bébés ? Visionnez-les et choisissez par vous-même. *Vous* pouvez tout à fait être la star du show et lui chanter l'alphabet (mais si, vous êtes une rock star).

Encouragez Bébé à jouer seul

Si vous ne vous êtes pas éloigné de votre enfant de plus de 30 cm depuis ce matin, il faut lui laisser un peu plus d'espace. Il est à l'âge charnière où il constate qu'il est un individu distinct de vous ; il admet aussi le concept de la permanence des objets (il sait que, même si vous quittez la pièce pour quelques minutes, vous allez revenir).

Même si, bien sûr, c'est formidable de jouer avec Bébé, le but est de trouver le juste équilibre. Dans une certaine mesure, Bébé doit apprendre à s'amuser tout seul. Comme il a dû (ou doit) apprendre à se rendormir tout seul, il doit apprendre à jouer tout seul, au moins quelques courts instants. Physiquement, il est capable de manipuler des jouets. D'ailleurs, il a ses préférés et sait comment s'en servir. En outre, moins il a de jouets, plus vous constaterez que « tout lui est jouet », surtout si vous avez un jardin.

À RETENIR

N'essayez pas de distraire votre enfant en permanence. Oui, c'est la prunelle de vos yeux ; et oui, vous voulez jouer avec lui, l'éduquer et lui donner tout ce qu'il y a de meilleur. Toutefois, ce n'est pas dans son intérêt que vous endossiez le rôle du bouffon : voulez-vous vraiment d'un enfant qui se met à pleurer à chaque fois que vous vous arrêtez de chanter ou de danser pour lui ? Laissez-lui un peu de temps tout seul chaque jour, afin qu'il s'amuse en solo, avec ses propres jouets, même si vous êtes assise à côté (si ce n'est pas le cas, évidemment, il faut qu'il soit en sécurité, comme dans son parc). Il apprendra beaucoup sur lui-même en faisant le tri entre ce qu'il aime et ce qu'il n'aime pas, ce qui l'amuse et ce qui l'ennuie.

« J'parle pô aux vaches que j'connais pô ! »

Brusquement, Bébé a l'air terrorisé à l'approche de votre voisin, qu'il voit régulièrement et à qui il a toujours aimablement souri. Sans que vous n'y compreniez rien, Bébé se met à pleurer, s'accroche à vous et enfouit sa tête dans votre cou. Qu'est-ce qui lui prend ?

Au cours des derniers mois, vous avez remarqué, non sans une certaine fierté, que Bébé appréciait de plus en plus la communication avec autrui. Vous vous êtes dit que votre enfant est vraiment facile, sociable, voire altruiste ; vous le voyiez déjà élu Mister Lycée à 14 ans, et là, rebondissement, c'est comme si on vous l'avait changé : il a l'air de ne plus du tout apprécier les inconnus ; pire, s'il continue à agir comme ça, plus personne ne va l'aimer !

Vous pouvez dormir sur vos deux oreilles. Votre enfant est intelligent et traverse une période tout à fait normale : il a peur des étrangers à la maison. Même si, pendant plusieurs mois, il a adoré communiquer avec les autres, quels qu'ils soient, il a brusquement réalisé que tous les « autres » ne sont pas les mêmes. En gros, il a compris que ces personnes ne sont pas *ses* parents. Il devient beaucoup plus sélectif quant aux personnes qu'il accepte, au moins au début.

La peur des étrangers (qui peut apparaître dès la fin du sixième mois) varie d'un enfant à l'autre mais les concerne tous, tôt ou tard. Certains enfants sont un peu réticents à l'idée d'embrasser des inconnus ; d'autres sont littéralement tétanisés. Rien de tout cela n'est inquiétant ; rassurez-vous, vous n'avez commis aucune erreur. Tout est normal.

ASTUCES

Vous pouvez aider Bébé à traverser cette phase un peu stressante

- **En reconnaissant que ses peurs sont bien réelles.** Même si vous trouvez un peu idiot d'avoir peur de personnes qu'il a vues bon nombre de fois, pour lui, cela n'a rien de stupide. Ne le forcez pas à quoi que ce soit : il a besoin de savoir qu'avec vous, il est en sécurité, et que vous n'allez pas le livrer à un individu dont il a visiblement peur.
- **En parlant des peurs de Bébé à vos amis et connaissances.** Expliquez-leur que Bébé traverse une période normale, et qu'il n'y a pas lieu d'être vexé par ce rejet soudain. Ce n'est que l'expression de cette fameuse période d'anxiété de séparation.
- **En lui laissant de l'espace et du temps.** Lorsque Bébé rencontre des inconnus ou que des amis viennent chez vous, laissez-lui le temps de s'adapter à la situation. Il voudra peut-être rester scotché à vous tout le temps, décidera d'aller jouer seul ou peut-être même changera-t-il d'avis après les avoir examinés de loin. Laissez-le faire et demandez à vos amis de faire de même.
- **En demandant à vos visiteurs de ne pas lui sauter dessus, ni même d'essayer de lui parler.** Le mieux est qu'ils ignorent Bébé pendant un moment, jusqu'à ce qu'il soit prêt. Au bout de quelques minutes, la curiosité de Bébé reprendra le dessus sur cette angoisse et il pourra, de lui-même, s'approcher de vos invités.

ASTUCES

La majorité des enfants résolvent ce problème avant l'âge de 18 mois à 2 ans.

La sécurité de Bébé

Au cours du huitième mois, Bébé est toujours plus actif : inévitablement, il va se prendre quelques coups sur la caboche. Il sort plus, découvre plus de choses, il sera par conséquence exposé à plus de microbes. Pas d'inquiétude les bosses, les égratignures, les reniflements et les rhumes font partie de cette grande aventure qu'est la vie.

Grandes étapes… grosses chutes

Maintenant que Bébé se déplace presque tout seul, il risque un peu plus de se faire mal. C'est comme ça, il va choir un nombre incalculable de fois sur ses petites fesses bien rembourrées : les couches le protégeront. Même si c'est vexant, son derrière restera intact.

Cela dit, la première vraie chute est une expérience un peu effrayante, pour vous comme pour lui. Une fois qu'il est capable de se mettre debout et de marcher doucement, impossible de prévoir ce qui va lui arriver, avant que cela n'arrive effectivement. S'il se cogne au coin de la table basse ou qu'il tombe la tête la première, il réagira probablement en pleurant de douleur. S'il y a un saignement ou une bosse, vous risquez de réagir de même, comme si c'est *vous* qui aviez mal.

Apprenez à vous contrôler. Une crise d'hystérie ne va pas soigner la blessure de votre bébé. Et cela ne vous aidera pas non plus à vous sentir mieux, même si nous autres mamans avons tendance à invoquer ce prétexte pour nous mettre à pleurer. Cela ne servira qu'à vous effrayer, vous et Bébé, beaucoup plus qu'il n'est nécessaire.

Lorsque Bébé se cogne la tête, voici la meilleure conduite à tenir :

- Allez le chercher. Prenez-le dans vos bras et cajolez-le.
- Gardez votre calme, même s'il saigne.
- Évaluez objectivement la situation avant de passer à l'action. Pour plus d'informations sur les blessures de la tête, voyez la suite.

Le chapitre 19 traite des petits bobos du quotidien. Tout ce que vous avez à savoir pour l'instant est que tous les bébés se font mal, certains plus que d'autres. (Les casse-cou en général ! Ils oublient vite plaies et bosses, et n'ont qu'une envie : recommencer leurs cascades !)

Toutes les bosses ne demandent pas que l'on fonce au service des urgences le plus proche, mais appelez le médecin si :

- **Bébé s'est cogné la tête et a perdu connaissance, ne serait-ce que quelques instants, ou si la bosse ne disparaît pas et qu'il est pâle, énervé, qu'il vomit et ne bouge plus beaucoup (pas de marche à quatre pattes, de sautillements, etc.), qu'il a les pupilles dilatées ou une otorragie (écoulement de sang par l'oreille).** Appelez immédiatement le médecin. Ce sont les symptômes d'une blessure sérieuse.
- **Bébé s'est ouvert la tête et le saignement ne s'arrête pas.** Les blessures à la tête ont tendance à saigner beaucoup, mais une plaie qui continue à saigner après plusieurs tentatives de compression directe sur la plaie (dix minutes à chaque fois) et/ou si les lèvres de la plaie sont déchiquetées (un ou deux points de suture sont nécessaires), cela mérite un tour par le cabinet du médecin.
- **Bébé s'est heurté la tête en tombant de haut (de la table à langer ou de la chaise haute, par exemple).** Ce type de chute est plus grave que les autres.

Ok, maintenant, vous vous demandez s'il n'est pas mieux que Bébé passe ses journées avec un petit casque sur la tête, ou dans vos bras, jusqu'à ce qu'il sache parfaitement marcher. Vous vous en doutez, la réponse est « non ». Il a besoin d'apprendre à tomber : cela fait partie de la vie.

Faites le maximum pour le protéger de blessures graves en bloquant les escaliers et en lui réservant des espaces sécurisés. Mais évitez une crise d'hystérie qui lui montrera votre peur. Si sa mère est décomposée après une chute relativement mineure, Bébé va vite croire que la marche est un sport excessivement dangereux : il hésitera à recommencer.

D'une façon générale, si Bébé, après une chute ou s'être cogné, pleure immédiatement, et qu'il n'y a pas eu de perte de connaissance initiale, vous pouvez être rassurée. En revanche, après un gros choc, même s'il a l'air d'aller très bien, vous devez le surveiller attentivement des nausées ou des vomissements, un comportement anormal (bébé grognon ou apathique, ou au contraire surexcité) peuvent survenir dans les heures qui viennent et doivent vous inciter à consulter. En pratique, si le traumatisme crânien survient le matin, vous avez toute la journée pour surveiller le comportement de bébé. Si, en revanche, la chute survient dans l'après-midi ou dans la soirée, il est prudent de le réveiller en première partie de nuit, quand vous irez vous coucher, afin de surveiller son état de conscience. Il sera tout surpris de ce réveil nocturne mais se rendormira aussitôt. Si vous constatez qu'il est tout mou et difficile à réveiller, appelez les urgences (rassurez-vous, cela est rarissime!).

Savoir abandonner la lutte contre les microbes

Si Bébé a déjà eu une grosse grippe, vous savez combien il est difficile d'être à côté et de voir les microbes anéantir l'entrain habituel de votre enfant. Vous vous êtes alors dit que vous deviez faire tout ce qui est en votre pouvoir pour que vous les parents, votre enfant, votre maison, votre voiture et votre vie toute entière soient débarrassés des microbes. Après tout, cela fait partie de votre boulot de père et de mère, vous le devez à votre enfant.

Des microbes plus forts ?

Les savons et les détergents antibactériens se sont répandus dans le commerce : vous vous dites peut-être que ça y est, nous sommes en route vers un monde sans microbe. Détrompez-vous. Des études suggèrent que la prolifération de savons, de lingettes et de détergents antibactériens encouragent les microbes à muter pour devenir plus résistants et s'adapter. D'autres recherches sont en cours pour consolider ou infirmer cette théorie. Cela ne doit pas vous empêcher de vous laver les mains à chaque occasion, à l'aide d'eau tiède et de savon, ou à l'aide des solutés hydroalcooliques, si répandus depuis l'essor de la grippe A.

La stérilisation des jouets

Faut-il stériliser tous les jouets de Bébé si vous vous rendez compte qu'un de ses camarades était en période d'incubation d'une maladie contagieuse ? De toute façon, si Bébé a côtoyé l'enfant malade, il a déjà été exposé. Mais gardez en tête que la plupart des virus ne peuvent survivre à l'air libre longtemps : vous allez vous esquinter les mains pour rien. C'est la même chose pour les jouets dans la salle d'attente du pédiatre. Ne laissez pas votre enfant les téter ou les mâcher, mais il peut jouer avec. Il ne faut donc pas les stériliser mais les laver de temps en temps, tout comme n'importe quel objet !

ATTENTION !

Posez votre bouteille de javel deux minutes. Le monde est sale, plein de microbes. D'ailleurs, nous en sommes tous couverts : nos corps et nos bouches sont des cloaques à microbes. Nous y sommes exposés tous les jours, sans le savoir, et en général, nous nous y adaptons sans problème. Une partie de cette adaptation est d'abord l'exposition aux germes et ensuite le fait que le système immunitaire se prépare à les combattre. En bref, on ne peut pas combattre les microbes si l'on n'en a pas la force. Et l'on ne peut en avoir la force sans s'exposer à ces microbes.

À RETENIR

Évidemment, personne ne vous demande de prendre à la légère les rhumes de Bébé ; évitez juste de penser que *vous auriez pu éviter* n'importe quelle maladie. Lorsque Bébé est malade, surveillez-le pour guetter les complications (fièvre, apathie, respiration difficile) et appelez votre pédiatre si vous remarquez l'un de ces symptômes.

Encore une fois, il s'agit de trouver le juste milieu. Par exemple, évitez de le laisser jouer dans la litière du chat ou de manger par terre, mais il faut que vous compreniez que vous ne pouvez pas éliminer tous les microbes, partout. D'ailleurs, vous ne pouvez même pas les *voir*, donc la question est réglée !

À RETENIR

Il est possible de prendre des mesures pour éviter les maladies, sans aller jusqu'à passer sa vie le Karcher de javel au poing. En fait, tout ce dont vous avez besoin est de quelques informations et de bon sens :

- **Prenez vos précautions en cuisine, surtout avec des aliments crus.** Préparez les viandes séparément du reste, sur des planches différentes et en utilisant des couteaux différents, pour éviter la contamination de la salmonelle (qui vient de la volaille) ou du *Escherichia coli* (qui vient des viandes crues). Nettoyez soigneusement les planches à découper et les couteaux, au lave-vaisselle ou dans de l'eau chaude savonneuse.
- **Servez-vous d'éponges et de torchons différents pour les plans de travail et la chaise haute.** Les éponges et les serviettes sont des nids

Bébé malade, enfant sain ?

Votre enfant va forcément attraper des rhumes et de nombreux virus. Mais à chaque fois, cela renforcera son système immunitaire et *ça*, c'est une bonne nouvelle ! Des études ont montré que les enfants qui ne vont pas à la crèche attrapent autant de maladies que les autres la différence est que les bébés qui vont à la crèche sont exposés plus tôt à de nombreux microbes. Et plus tôt, ils y sont exposés, plus leur système immunitaire est solide lorsqu'ils vont à l'école. Ils ne risquent pas d'être terrassés par le premier microbe venu. En fait, les enfants qui vivent en collectivité (crèches collectives ou haltes-garderies) dès le plus jeune âge, attrapent rhume sur rhume : c'est ce que l'on appelle la maladie d'adaptation. Chacun de ces rhumes peut se compliquer d'otite, de bronchite, de bronchiolite. À la période automne-hiver, Bébé sera sans arrêt enrhumé, avec une toux récurrente. Ces enfants vont passer deux mauvais hivers, mais lorsqu'ils rentreront à l'école maternelle, ils seront mieux protégés que les enfants élevés seuls, ou chez une assistante maternelle avec un ou deux autres enfants. Ces derniers ont été préservés pendant les deux ou trois premières années de vie, mais attraperont forcément quelques microbes lors de l'entrée en grande collectivité.

à microbes (à cause de l'humidité). Le plus hygiénique reste le bon vieux rouleau de Sopalin pour nettoyer les miettes et sécher le plan de travail.

- **Lavez-vous systématiquement les mains avant de nourrir Bébé, après l'avoir changé et dès que nécessaire.** C'est tout simple, et cela peut éviter la contagion de nombreuses maladies.

Selon les circonstances, il faut se montrer plus ou moins prudent. Si, par exemple, votre enfant a de l'asthme, la grippe peut entraîner des complications et vous avez bien raison de le protéger un peu plus en automne en le vaccinant contre les bobos du quotidien. Bien sûr, c'est difficile d'avoir à soigner son bébé ; mais n'est-ce pas *plus difficile* encore d'essayer de stériliser la planète entière… ?

Passer à la grande baignoire

Maintenant que Bébé est plus grand, vous commencez probablement à vous dire qu'il serait plus simple de lui faire prendre son bain dans la grande baignoire que d'installer la petite baignoire et de s'en servir dans un endroit qui n'est pas fait pour ça. Dans cette partie, nous vous donnons quelques astuces pour faire le grand saut.

À RETENIR

À moins que Bébé ne soit vraiment repoussant chaque soir (du jus de pêche dans les cheveux et de la purée de pois dans les oreilles), il n'a pas réellement besoin de plus d'un vrai bain tous les deux jours. Cependant, certains parents découvrent que le bain du soir fait partie du rituel pour endormir leur enfant : cela le calme avant l'heure du coucher. Si c'est votre cas, faites du bain un rituel apaisant pour tout le monde, suivi de la lecture d'un petit livre et d'un gros câlin (votre enfant si actif finira peut-être par attendre avec impatience cette douce fin de journée).

Tenir Bébé dans son bain

À son âge, Bébé est tout à fait capable de se tenir assis. S'il est encore un peu « château branlant » et que vous avez peur de le mettre dans la baignoire sans aucun support, servez vous d'un *anneau de bain*, qui se fixe à la baignoire avec des ventouses et qui donne ainsi à Bébé le support et la sécurité qu'il aurait dans un vrai siège. Il pourra alors barboter tranquille. (Voir la figure 13-2.)

Même si les anneaux de bain sont commercialisés depuis longtemps et qu'il n'y a jamais eu de problèmes majeurs signalés, ils *ne remplacent pas* la surveillance constante d'un adulte. Le siège peut glisser en avant ou en arrière si les ventouses se détachent Bébé se retrouverait immédiatement sous l'eau. Important que vous vous serviez d'un siège ou non, restez à côté de Bébé pendant qu'il fait trempette. Ne le laissez jamais seul dans son bain, même quelques secondes, même pour répondre à un coup de sonnette ou de téléphone.

Figure 13-2 : Même avec un siège de bain, les parents doivent rester vigilants.

La sécurité dans la baignoire

Les règles de sécurité sont les mêmes que dans la baignoire de bébé (voir chapitre 6) avec quelques précautions supplémentaires :

- **Posez un tapis antidérapant au fond de la baignoire.**
- **Ne laissez jamais Bébé jouer avec le robinet.** Il n'a pas encore suffisamment de coordination pour ouvrir et fermer les robinets d'eau,

mais mieux vaut ne pas encourager cette habitude. Lorsqu'il sera capable de manipuler le robinet, il risquera de se brûler.

- **Procurez-vous un cache pour le pommeau de douche** si celui-ci a des bords coupants auxquels Bébé pourrait se cogner.
- **Ne le laissez pas se lever ou se tenir debout dans la baignoire.** Très facilement, il pourrait glisser et se cogner la tête.
- **Utilisez un savon et un shampooing liquide pour bébé.** Certains enfants se sont étouffés avec des morceaux de savon (en plus, le savon, ça pique les yeux).
- **Ne le laissez JAMAIS, JAMAIS, JAMAIS seul dans la baignoire.** Il suffit de quelques secondes pour qu'un bébé se noie, même dans quelques centimètres d'eau. Rien ne mérite que vous risquiez la vie de votre enfant. Si vous devez absolument quitter la salle de bains, prenez-le avec vous.
- **Videz la baignoire quand le bain est terminé.** Une baignoire pleine est un véritable danger pour un enfant mobile.
- Bébé n'a pas besoin de plus d'une dizaine de centimètres d'eau dans la baignoire. Pour se détendre, inutile d'avoir de l'eau jusqu'au cou ; ça, c'est pour vous. Il lui en faut juste assez pour barboter à l'aise.

Le bain, un moment de plaisir

Il n'y a aucune raison pour que le bain ne soit pas un moment agréable. Si Bébé a la phobie de l'eau, voici quelques petites astuces :

- **S'il fait preuve d'un enthousiasme plus que mitigé face à cette gigantesque et terrifiante baignoire, maintenez-le au bord.** Cela peut suffire à ce qu'il se sente en sécurité et qu'il profite de son bain en toute sérénité.
- **S'il déteste avoir de l'eau sur le visage, essayez le « chapeau de bain ».** C'est un anneau de plastique que l'on pose sur la tête de Bébé, afin d'éviter les gouttes d'eau sur le visage.
- **Lavez-lui les cheveux juste avant de le sortir de la baignoire.** En le shampooinant au début du bain, il risque d'avoir froid rien de tel pour le mettre de mauvaise humeur.
- **Assurez-vous d'avoir sous la main une serviette assez grande pour l'envelopper dedans.** Il faut que Bébé soit au chaud entre le bain et le pyjama.
- **Gardez une caisse de jouets dans la salle de bains.** Inutile de vous précipiter pour acheter les derniers jouets super tendance (même s'il n'y a pas de mal à ça). À cet âge, Bébé se réjouira d'avoir quelques bols en plastique qu'il peut remplir d'eau et vider à loisir.

Chapitre 14

Le neuvième mois : Bébé fait le malin

Dans ce chapitre

- Bébé, quel comédien !
- Le début des doudous
- Le comparer aux autres enfants
- Problèmes de diplomatie familiale : quand des membres de la famille ne respectent pas les règles

Au cours du neuvième mois, Bébé est une véritable petite personne. Il arrive à communiquer, à se déplacer tout seul et à affirmer ses préférences. Maintenant, il vous est presque plus facile de l'imaginer petit enfant que de vous souvenir du minuscule nourrisson que vous avez accueilli à la maison (même si, grâce à la magie de la vidéo, vous pouvez vous repasser les films de ces jours, avec un gros soupir, en réalisant que le temps est passé très vite et va continuer à filer).

À RETENIR

Bébé a tellement progressé et a tellement de progrès à faire que l'on tombe facilement dans le piège de le comparer aux enfants de ses amis ou à ses aînés. Si vous côtoyez des enfants qui ont le même âge que le vôtre (ou si vous avez déjà des enfants), vous réaliserez pendant cette deuxième partie de l'année que chaque enfant est unique. Il a ses propres capacités, sa propre façon de faire les choses. C'est absurde de le comparer avec les autres.

La visite chez le médecin

Ce mois-ci, Bébé va avoir droit au bilan complet, les mesures habituelles et tout un lot de questions sur son quotidien. Il va franchir plusieurs étapes importantes : vous en trouverez la liste ci-dessous.

La visite du neuvième mois

Retour en selle, Bébé repart chez le médecin pour un petit bilan. Avec un peu de chance, il va éviter les vaccins. Le prochain est prévu à l'âge d'un an (pour les détails sur les vaccins, reportez-vous au chapitre 18). Que va-t-il se passer d'autre au cours de cette visite ?

Pour commencer, Bébé va être pesé et mesuré. Le pédiatre va entrer ces données dans la courbe de croissance pour être sûr que les progrès sont constants. Il va mesurer son périmètre crânien. Ensuite, le médecin va l'examiner comme d'habitude, évaluer ses progrès en matière d'éveil psychomoteur, et rechercher toute anomalie (en palpant son abdomen, en écoutant son cœur et ses poumons, en palpant ses hanches et sa colonne et en jetant un coup d'œil à ses oreilles, ses yeux et sa bouche, ses organes génitaux, sa fontanelle, etc.).

Le pédiatre vous posera mille questions, notamment :

- **Quelle quantité Bébé mange-t-il maintenant ?** S'il est nourri au biberon, le médecin vous demandera quelle quantité Bébé prend par jour ; si vous le nourrissez au sein, il vous sera demandé à quelle fréquence et pendant quelle durée. Il instituera un nouveau régime alimentaire et vous guidera si Bébé semble affamé avec son régime actuel.
- **Quel genre de solide Bébé mange-t-il ?** À ce stade, Bébé est censé avoir commencé la viande, les laitages, les fruits et les légumes. Le médecin voudra savoir de quels aliments il s'agit. En fait, c'est lui qui doit guider la diversification alimentaire.
- **Combien d'heures Bébé dort-il par nuit ? Combien de siestes fait-il ? De quelle durée ?** À cet âge, un bébé dort en moyenne quatorze heures par jour : environ onze heures la nuit, plus trois heures de sieste. Si Bébé dort trop peu ou qu'il se réveille encore la nuit, le pédiatre vous suggérera peut-être d'augmenter les quantités de nourriture que vous lui donnez lors du dîner. Par exemple, un des symptômes du reflux gastro-œsophagien (RGO) est le réveil nocturne en seconde partie de nuit, notamment en raison de brûlures d'estomac. Si votre pédiatre suspecte un RGO, il se gardera bien d'augmenter la ration de nourriture lors du dîner.
- **Physiquement, de quoi Bébé est-il capable ?** Tient-il assis sans problème ? Parvient-il à se lever ? Tient-il debout tout seul ? Babille-t-il ? Joue-t-il avec vous ? Joue-t-il avec ses jouets ? Vous trouverez dans ce chapitre une liste des étapes du neuvième mois.

Votre médecin vous posera aussi des questions sur votre maison. Non, ce n'est pas du voyeurisme indécent : il est simplement à la recherche des petits dangers du quotidien. Il pourra mettre le doigt sur des choses auxquelles vous n'aviez pas pensé. Il vous donnera aussi des conseils pour que Bébé soit en parfaite sécurité.

En France, votre pédiatre devra remplir, au cours du 9ème mois, un certificat de santé (rangé dans le carnet de santé de Bébé). Ce certificat devra être renvoyé à la PMI de votre municipalité, et servira notamment à établir des statistiques (durée de l'allaitement, nombre et causes d'hospitalisations éventuelles, éveil psychomoteur, vaccinations, poids, taille, antécédents médicaux au cours de ces 9 mois, etc.). Le médecin remplira la partie médicale du document, et vous n'aurez qu'à remplir la partie administrative avant de le renvoyer à la PMI. Ce document sera ensuite centralisé et permettra d'établir une moyenne départementale en matière de croissance, développement psychomoteur, vaccinations, et tous les items du certificat.

Le médecin vous demandera probablement si vous bercez Bébé chaque soir. Idéalement, souvenez-vous que Bébé doit aller au lit éveillé, pour apprendre à s'endormir tout seul. Si ce n'est pas encore le cas, il risque d'avoir des problèmes de sommeil pendant des années. Et vous aussi.

À RETENIR

Quoi qu'il vous demande, répondez honnêtement à votre pédiatre. Le plus important pour lui, c'est l'intérêt de Bébé – et en plus, il est compétent. Il a déjà été confronté à nombre de situations et il a de l'expérience.

Les étapes du mois

Au cours du neuvième mois, Bébé se lance de nouveaux défis ; il va aussi se découvrir un talent inné pour la comédie. Vous allez vite comprendre qu'il n'aime pas forcément rester assis dans sa chaise haute à manger pendant que vous allez et venez dans la cuisine : il veut toute votre attention. Les enfants de cet âge réalisent brusquement qu'ils peuvent attirer l'attention en toussant, en poussant des cris ou en se manifestant d'une quelconque autre façon. Les parents sont tellement ravis que Bébé communique de la sorte qu'ils font un public formidable. Voilà à quoi s'attendre en matière d'éveil et de progrès :

- Bébé marche parfaitement à quatre pattes ou invente sa propre façon de se déplacer, en rampant ou en sautillant sur les fesses.
- Il découvre qu'il parvient à se hisser de marche en marche dans l'escalier. En revanche, pour redescendre, c'est un peu plus compliqué.
- Bébé se tient assis seul, sans support, pour des durées indéterminées. Allongé, il est capable de passer en position assise.
- Il se redresse et parvient à se mettre debout avec appui.
- Il arrive probablement à tenir debout, avec ou sans appui, et commence à se lâcher parfois quelques secondes, parfois plus longtemps.
- Il parvient à marcher en se tenant aux meubles, aux gens ou à ce qui lui tombe sous la main.
- Bébé s'assied avec beaucoup plus de grâce fini les chutes version « tas de couches ».
- Il se sert maintenant de son pouce et de son index pour attraper de tout petits objets (au lieu d'utiliser son index et tous ses doigts pour

Figure 14-1 : Bébé maîtrise le pouce et l'index au neuvième mois.

« ratisser » les objets vers l'intérieur de sa paume). La pince pouce-index commence à bien fonctionner on dit que Bébé fait des progrès en motricité fine. (Voir la figure 14-1.)

Maintenant que Bébé arrive sans problème à attraper des objets, il faut redoubler de vigilance pour que les petits objets ne restent pas à sa portée, car souvenez-vous qu'il a tendance à tout mettre à la bouche.

- Bébé apprend à attirer l'attention des foules par une toux sèche, des cris ou des grognements. Il a appris à imiter et répéter ce qu'il voit autour de lui.
- Il communique aussi en babillant : il essaie de vous imiter en « parlant ».
- Bébé cherche à attirer votre attention par toutes sortes de performances (en se tenant debout, sautant ou battant des mains) il quête vos sourires et votre approbation.
- Il pointe les objets du doigt (certains le font dès 9-10 mois, d'autres surtout après 1 an).
- Lorsqu'un objet lui échappe, il le regarde (il a compris l'idée de permanence des objets : un objet qui disparaît de son champ de vision n'a pas disparu pour toujours.) Il manifeste son vif mécontentement lorsque vous lui retirez quelque chose des mains.
- Il fait coucou pour dire bonjour ou au revoir.
- Il arrive à dire « mama » ou « papa » sans forcément y mettre du sens. Mais certains enfants y parviennent. En plus, peut-être arrive-t-il à dire « ba » pour ballon ou « ko » pour encore.
- Bébé réagit aux émotions des autres. Par exemple, lorsqu'un de ses petits camarades se met à pleurer, lui aussi.
- Bébé montre clairement qu'il a peur des autres. S'il ne s'agit pas de papa ou de maman, il a tendance à se cacher ou à pleurer, voire à hurler (surtout chez le pédiatre !). Pour plus de détails, voir le chapitre 13.
- Bébé obéit à des ordres simples, comme « pose ça » ou « viens me voir ».

- Il comprend le concept du « non ».
- Il commence peut-être à traîner partout avec lui un doudou (pour plus de détails, voir plus loin).
- Bébé commence à développer certaines frayeurs. Avant cet âge, le cerveau d'un enfant n'est pas programmé pour reconnaître l'existence d'un danger possible autour de lui. Maintenant, il commence par exemple à avoir peur de la hauteur, lorsqu'il grimpe des escaliers et qu'il comprend qu'il ne peut descendre sans se faire mal.
- La mémoire de Bébé se développe. Il ne se souvient pas forcément de toutes les « conversations » que vous avez eues au déjeuner, mais il se souvient à coup sûr des histoires que vous lui racontez (par exemple, si un coup de théâtre a lieu au milieu de son histoire préférée, vous le verrez écarquiller les yeux d'excitation). Il se souviendra aussi de ses chansons préférées.

La sécurité de Bébé

La prise d'indépendance ne va pas sans risques, même si c'est très excitant Bébé va peut-être avoir besoin d'être rassuré et pour cela s'attacher à un doudou. Surtout que maintenant qu'il est capable de grimper les escaliers, il va falloir revoir les mesures de sécurité que vous avez prises.

Attention, Bébé grimpeur !

À 9 mois, Bébé ne se contente plus de se lever, de se promener de-ci de-là en s'accrochant aux meubles, de se tenir debout ou encore de marcher un peu, avant de s'asseoir. Il y a d'autres choses tout à fait passionnantes à faire.

Et là, la révélation : les escaliers. Eh oui, c'est logique, tellement excitant et naturel : il a l'impression que ces escaliers l'appellent et il compte bien mettre ses nouveaux talents à profit ; après tout, vous le faites bien, vous (n'oubliez pas qu'à cet âge, Bébé vous observe et vous imite). Pour certains enfants, les escaliers ne sont qu'une étape qu'ils ajoutent à une longue liste. Pour d'autres, cela relève de l'escalade du mont Blanc.

Idéalement, il faudrait éloigner Bébé de tout escalier. Mais soyons réaliste. La majorité des parents laissent leurs enfants y grimper. Si Bébé passe la journée pendu au portail qui lui bloque l'accès aux escaliers, vous vous dites probablement qu'il est prêt, autant qu'il apprenne à y grimper. Mais attention, veillez à toujours être à proximité, prêt à le rattraper à tout instant.

ASTUCES

Si Bébé n'est pas très intéressé par les escaliers, estimez-vous heureux. Ne vous dites pas qu'il est de votre devoir de lui apprendre. Après tout, plus il en est éloigné, moins il aura de chance d'en tomber.

Même si Bébé est un champion des escaliers, vous devez continuer à fermer le portail qui lui en bloque l'accès. Ils sont dangereux pour lui : il ne doit pas y accéder sans surveillance. N'oubliez pas que s'il grimpe, vous risquez de le perdre de vue. Si vous ne le surveillez pas de près, pas question de le laisser escalader.

À cet âge, les enfants sont en général incapables de redescendre les escaliers (Bébé n'en sera capable que d'ici deux ou trois mois, parfois pas avant son premier anniversaire). Sachez que s'il n'a pas encore peur de la hauteur, il peut essayer de descendre la tête la première, éventuellement en se glissant entre les barreaux de la rampe : attendez donc pour lui laisser grimper ces fameux escaliers. C'est aussi pour cela qu'il est tellement important de continuer à lui en bloquer l'accès : ce n'est pas parce qu'il arrive en haut sain et sauf qu'il pourra en redescendre de même.

Bébé et son doudou

Vous avez peut-être déjà remarqué que Bébé s'est choisi une peluche, un chiffon ou un jouet de prédilection, qu'il traîne partout avec lui. Certains enfants prennent cette habitude dès 6 mois, d'autres ne l'auront jamais, mais c'est rare. Bébé joue et parle à son ourson préféré ou se recroqueville dans un coin avec sa couverture toute douce. Quel que soit l'objet qu'il a choisi, il l'emporte pour les siestes et à l'heure du coucher. Peut-être aussi n'en a-t-il besoin qu'à ces moments-là.

Pas d'inquiétude : cet attachement à un doudou n'a rien à voir avec quelque chose que vous avez faite ou omise de faire. C'est un comportement tout à fait normal.

Comme Bébé apprend petit à petit à devenir indépendant, il découvre aussi qu'il est un individu à part entière, distinct de ses parents, capable de se mouvoir sans eux. En même temps, il a pris quelques gamelles, s'est fait quelques plaies et bosses ; il a compris que le vaste monde n'est pas toujours accueillant et que ses parents ne sont pas forcément là pour le réconforter. En se trouvant un doudou, Bébé apprend à se réconforter lorsqu'il est anxieux (plus ou moins souvent).

Les experts parlent des doudous comme d'*objets transitionnels* : Bébé se raccroche à une sorte de substitut à l'amour et au réconfort parentaux. Parce que le doudou, c'est une présence constante, alors que maman, aussi aimante et attentive qu'elle soit, n'est pas tout le temps à côté. Les objets transitionnels ont un rôle important à tenir dans la prise d'indépendance de Bébé, il décide du réconfort dont il a besoin et contrôle l'objet qui le lui donne.

Le doudou est aussi un peu un soulagement pour les parents. Bébé doit apprendre à se réconforter tout seul. S'il a du mal à s'endormir, un doudou l'aide à se détendre. S'il pleure lorsque vous l'abandonnez chez la baby-sitter, laissez-lui un objet qui lui rappelle la maison… et vous. Par exemple un vieux foulard bien doux imprégné de votre parfum habituel.

Certains spécialistes pensent que des enfants qui n'ont pas eu de doudou ont plus de mal à se calmer. Si vous avez un petit bout inconsolable, tendu et frustré, offrez-lui un doudou ou une peluche qui le calmera. Cela peut vraiment changer quelque chose : ses siestes et ses couchers seront plus paisibles.

Si, à l'inverse, l'attachement de Bébé à son objet transitionnel l'empêche d'échanger avec son entourage ou de se déplacer, mieux vaut le réserver pour les siestes et le coucher.

Pour bien gérer le doudou :

- **Laissez Bébé le garder avec lui.** Tant que ce n'est pas un obstacle à son développement, lui laisser sa peluche ne présente aucun danger.
- **Lavez le doudou.** Bébé est aussi attaché à l'odeur qu'à la douceur du doudou. Et même s'il n'est pas accro à l'odeur de la lessive, mieux vaut le nettoyer régulièrement, vu qu'il traîne à peu près partout.

  Il est particulièrement important de nettoyer la peluche ou le doudou si Bébé a été malade.
- **Laissez-lui le prendre lorsque c'est possible ou nécessaire.** La raison d'être du doudou est de détendre Bébé. Lorsqu'il arrive en territoire inconnu, il n'est pas suffisamment distrait par la nouveauté pour oublier son panda en peluche ; bien au contraire, il a besoin d'encore plus de réconfort.
- **Respectez le doudou.** Il est sacré. Pour l'instant, après vous, c'est la « personne » la plus importante à ses yeux. Ne vous moquez pas de lui et ne le cachez pas pour rire.
- **Assurez-vous que le doudou n'est pas dangereux pour Bébé.** Les tétines sont des doudous tout à fait acceptables tant qu'ils n'empêchent pas Bébé de parler, ou du moins d'essayer. Si Bébé est attaché à son biberon de jus ou de lait, il faut stopper cette habitude tout de suite. Les enfants qui se promènent en permanence avec un biberon de boisson sucrée dans la bouche risquent de développer le *syndrome du biberon* ou des problèmes de dents. Pour plus de détails sur le syndrome du biberon, voir le chapitre 11.
- **Admettez que le doudou n'est pas un substitut de sa maman.** Il l'aide simplement à gérer le fait qu'il n'est pas en permanence serré contre vous. Continuez à lui donner toute votre attention et plein de câlins.
- **Laissez Bébé décider du moment où il a besoin de son doudou.** S'il a oublié son nounours favori et qu'il joue tranquillement avec d'autres

jouets, ne lui apportez pas la peluche en lui disant « M. Ours veut jouer lui aussi. » C'est à *Bébé* de décider des moments où il a besoin de réconfort.

- **Prenez-en soin ou soyez prêt à le remplacer.** Tous les parents d'enfants qui ont un doudou savent que ce n'est pas drôle du tout d'aller chercher l'objet en question dans le parc à la nuit tombée pendant que le papa essaie en vain de convaincre Bébé d'aller se coucher sans. S'il y a la moindre chance pour que Bébé accepte un substitut, profitez-en. Cela vous évitera d'être le témoin du premier chagrin d'amour de Bébé. Il est d'ailleurs prudent, lorsque le bébé a choisi un doudou, de vous en procurer un autre, identique, qui pourra remplacer doudou en cas de perte !

Il faut vous attendre à ce qu'il garde son doudou jusqu'à 2 ans au moins. Autour de 3 ans, le besoin d'un objet de transition diminue, parce que Bébé est capable de s'attacher à d'autres personnes que vous. En d'autres termes, les sources d'affection se seront multipliées et il deviendra moins dépendant de l'unique couple parental.

À RETENIR

Non, pas la peine de culpabiliser si votre bébé est à la garderie et qu'il s'accroche à son doudou les enfants ont toujours eu besoin du réconfort qu'apporte le doudou, ceux qui sont à la crèche comme ceux qui restent à la maison avec papa et maman.

Comparer son enfant aux autres : le besoin irrésistible d'évaluer son développement

Au fur et à mesure que Bébé franchit des étapes, naturellement, ses parents le comparent à d'autres enfants. La plupart tombent dans ce piège sans l'avoir vu venir ; la majorité d'entre eux sont persuadés que leur enfant fait les choses « comme il faut ». Toutefois, on croise à l'occasion une maman qui se dit que ses talents de mère sont tellement inexistants que jamais Bébé ne sera aussi doué que ses pairs (on ne vous le cache pas, c'est en général un peu exagéré).

Pourquoi ce réflexe ? Cela peut relever d'une curiosité sincère : pour le premier enfant, on a souvent besoin d'aller voir comment ça se passe chez les autres. Cela peut d'ailleurs aider, lorsque, par exemple, on a des inquiétudes quant à la façon qu'a Bébé de se nourrir (il se met de la nourriture à peu près partout sauf dans la bouche), et de s'entendre dire que les enfants des autres font exactement la même chose : tout va bien.

En discutant avec des parents à la crèche ou ailleurs, dans un lieu où les enfants seront inévitablement comparés les uns aux autres, on découvre que tous sont différents et que chacun est merveilleux, à sa façon.

Chacun chez soi

Dans nos sociétés occidentales, on est en permanence en compétition avec quelqu'un. Beaucoup de mamans, à un moment ou à un autre, ont travaillé hors de chez elles et ont découvert que le monde des affaires est peuplé de requins. Beaucoup de pères partent au combat tous les matins pour vendre ceci ou acheter cela, sachant pertinemment que l'agressivité est la clef du succès. Beaucoup d'entre nous vivent dans un environnement où il faut être au moins aussi bien que son voisin. Lorsque les enfants font leur entrée dans la famille, les parents submergés par cette compétition la projettent sur leur progéniture et dans les relations entre les enfants.

Bien sûr, il n'y a pas de mal à penser que votre enfant est de loin la meilleure chose qui soit arrivée à l'humanité ; il faut seulement savoir reconnaître que tous les parents pensent ainsi et qu'ils ont *tous* raison.

Lorsque vous apprenez qu'un ami ou un voisin a un enfant à peu près du même âge que le vôtre, vous commencez par dire « Formidable ! Ils vont être amis pour la vie ! » Mais très vite, vous réalisez que, aux yeux des autres parents, votre enfant n'est pas aussi bien que le leur (« *Regaaarde*, comme il marche bien ! »), que votre enfant n'a aucun sens de l'humour (« Tu l'as *vu* éclater de rire tout à l'heure ?! ») et que vous n'utilisez pas les bonnes couches (« Il doit avoir les fesses tout irritées, tu devrais vraiment changer de marque et prendre la même que moi ») et là vous vous dites « Comment me débarrasser de ces gens ? » Ah oui, et puis, en passant, votre enfant va au lit bien trop tard et se lève bien trop tôt, et aussi, vous devriez lui mettre quelque chose sur la tête les mois d'hiver, même à la maison… comme ils font avec leur fille.

Croyez-le ou non, mais les parents qui insistent pour vous expliquer que, de toute façon, leur enfant est un petit génie et que vous avez besoin de leur avis d'experts, essaient simplement de se prouver qu'ils agissent bien. Et s'ils pensent vraiment que l'éducation qu'ils donnent à leur enfant est parfaite, tant mieux pour eux. Après tout, nous devrions tous être aussi heureux et sûrs de nous. Mais il ne faut pas se laisser déstabiliser par ces parents qui vous font douter. Encore une fois, faites preuve de bon sens et faites confiance à votre instinct de parent.

À RETENIR

Les enfants franchissent les mêmes étapes physiques, relationnelles et cognitives à peu près au même âge, mais il peut y avoir de larges variations. Certains enfants particulièrement toniques vont commencer à se mettre debout dès la fin du sixième mois alors que d'autres auront encore quelques difficultés à hisser leur postérieur au neuvième ou au dixième mois. Tant que votre pédiatre vous dit que les progrès de Bébé sont constants et que son développement psychomoteur est normal, ne laissez pas d'autres parents vous faire croire que votre enfant a du retard.

Ayez confiance

Les enfants se développent chacun à leur façon ; les parents aussi. Chacun a ses idées sur l'éducation : certains donnent beaucoup d'importance aux horaires et à la discipline, d'autres sont plus détendus ; la plupart du temps, les enfants y trouvent leur compte. Tant que vous faites au mieux pour lui et pour votre maisonnée et que votre enfant a l'air heureux, personne ne peut se permettre de vous dire que vous vous trompez.

Prenez les « suggestions » pour ce qu'elles sont : c'est une autre façon de se rassurer et d'être sûr de faire le meilleur pour son enfant. À chaque fois qu'une maman compare son enfant au vôtre, et sa façon de l'élever à la vôtre, c'est pour se dire que c'est elle qui a raison et que c'est elle qui fait au mieux elle a probablement raison, c'est son enfant. Mais souvenez-vous qu'elle compare vos propres méthodes à la personnalité et aux besoins de son propre enfant. Si son fils est épuisé à 19 h, eh bien oui, il faut qu'il aille au lit. Si votre fille est gaie comme un pinson jusqu'à 20 h 30, pas besoin de la coucher de force avant. Soyez sûre de *vos* habitudes : celles de quelqu'un d'autre ne vous conviendraient pas forcément.

Heureusement, ce type de compétition affecte surtout les parents dont c'est le premier enfant ; cela passe. Quand des frères et sœurs arrivent, ces parents mettent de l'eau dans leur vin : en élevant d'autres enfants, ils comprennent que leur premier n'était pas le centre de l'univers et qu'il ne suffisait pas pour leur faire écrire des manuels d'éducation ; malgré tous leurs efforts, le deuxième n'a pas du tout le même rythme que son aîné et ce n'est pas forcément plus facile… (OK, vous avez le droit de sourire, mais ça reste entre nous).

M'as-tu vu dans ma belle poussette ?

Les parents ont quelquefois l'impression que s'ils dépensent énormément pour leur enfant, cela signifie que leur éducation est parfaite. Au parc ou au supermarché, on voit des mères se toiser et comparer leurs poussettes respectives. Certaines ont dépensé des sommes astronomiques afin que leur enfant soit installé le plus confortablement possible. Elles montrent donc un certain dédain vis-à-vis des mères qui ont, faute d'argent, choisi des poussettes moins chères. Mais voyons, quelles mères indignes elles font !

Évidemment, la poussette n'est qu'un exemple. Ces parents-là vont prendre des pulls tricotés à la main au lieu de sweat-shirt en polaire, parce que Bébé mérite le meilleur. Ils achètent des petits pots bio pour bébé parce que, eux, ils ont à cœur la santé de leur enfant (ou du moins, c'est ce qu'ils veulent se dire.) L'édredon de Bébé vient de l'autre bout de la planète et son anneau de dentition a été mis au point par un orthodontiste de renom (qui, soit dit en passant, vous est bien sûr tout à fait inconnu) !

Cela suffit à faire croire aux parents moyens (surtout à ceux qui ont choisi de restreindre considérablement leur budget pour pouvoir rester à la maison avec Bébé) qu'ils sont totalement incapables d'élever un enfant. Comment n'avez-vous jamais pensé à consulter un orthodontiste ?!

Répétez à voix haute « Ce n'est pas parce que nous dépensons moins d'argent pour les accessoires de notre bébé que nous sommes de mauvais parents. » Ce n'est pas parce que vous dépensez des sommes astronomiques pour votre enfant que vous êtes la meilleure mère du monde. Dépensez ce que vous pouvez et c'est tout ; il est inutile de comparer les jouets de Bébé avec ceux des autres.

Un premier enfant, c'est forcément très excitant : votre maison se remplit de petits vêtements, de jouets et de gadgets ; c'est formidable ! Mais il est stupide de se ronger les sangs parce que vous ne pouvez offrir à votre enfant les choses les plus chères. Même si vous auriez tellement voulu lui offrir ce berceau à baldaquin en bois de merisier au lieu du berceau lambda qu'il a maintenant, pour lui, cela ne change strictement rien. Il ne dormira pas moins bien ; il ne sera pas de mauvaise humeur pour autant et cela ne l'amènera à rater ni ses études, ni sa vie. Ce n'est qu'un berceau, bientôt remisé au grenier.

Tous les jouets et les vêtements de Bébé seront bientôt rangés dans des cartons ou donnés : c'est la raison pour laquelle beaucoup de parents évitent les dépenses somptuaires. En revanche, certains sont sûrs de vouloir d'autres enfants et préfèrent investir dans des objets de qualité que les enfants pourront utiliser chacun à leur tour. Personne n'a tort : la poussette n'est pas un indicateur de l'amour que vous portez à votre enfant.

La prochaine fois que vous êtes au rayon bébé de votre supermarché habituel et que vous tombez sur une mère qui vous dévisage et fait la moue en voyant votre poussette, sachez que c'est elle qui a du souci à se faire, en faisant de sa poussette le signe de son amour pour son bébé. (Ridicule ? Ben voyons…)

Frères et sœurs, chiens et chats

Ce n'est peut-être pas votre premier enfant. Si Bébé a un aîné, vous ne pouvez éviter de les comparer. La plupart des parents le font, même si ce n'est pas forcément la meilleure chose à faire.

Emmenez vos enfants à la crèche de votre bébé. Tous les enfants sont différents en :

- Taille et poids
- Apparence physique
- Développement du langage
- Capacités d'éveil et de motricité
- Personnalité, caractère, comportement

Et vous savez quoi ? Les frères et les sœurs ont les mêmes différences.

Mais comment ça se fait ? S'ils ont les mêmes parents et sont élevés dans la même maison, avec les mêmes règles, comment peuvent-ils être aussi différents ?

Eh bien, il y a tout un tas de théories pour expliquer ces différences entre frères et sœurs. Par exemple, les garçons sont souvent plus actifs et mobiles, tandis que les filles commencent à parler plus tôt. La personnalité est très affectée par la place que l'enfant occupe dans la famille : les parents ont tendance à traiter différemment leurs enfants :

- **Les aînés** sont souvent plus responsables et plus mûrs que leurs jeunes frères et sœurs parce que leurs parents attendent d'eux qu'ils « donnent le bon exemple ».
- **Les benjamins** sont des esprits libres et des petits rigolos. Le temps que le petit dernier arrive, la discipline de la maison s'est assouplie ; en plus, le dernier n'a pas à entrer en compétition avec un bébé pour capter l'attention de ses parents. De plus, les aînés incitent souvent leurs parents à être plus souples avec le petit dernier, généralement un peu « chouchouté ».
- **Les cadets** sont souvent doux, obéissants et fuient les conflits. Ils sont pris entre des aînés dominateurs et des benjamins qui font leurs intéressants : ils se réconfortent en créant leurs propres habitudes.

D'autres traits, comme la couleur des cheveux ou la taille, sont déterminés par la nature. Il n'est pas rare que l'un des fils soit le portrait de sa mère, l'autre son père tout craché et que le troisième ne ressemble à personne en particulier (sauf au facteur, bien sûr !). Vous ne pouvez faire de votre fils tout menu un rugbyman ni de votre jolie brune une belle blonde. Acceptez-les comme ils sont. Ils sont beaux même s'ils ne ressemblent à personne en particulier dans la famille.

Le langage et le développement intellectuel dépendent de la nature autant que de l'éducation. Certains enfants sont tout simplement d'un modèle différent. La parole, en particulier, est une étape que chaque enfant franchit à son rythme, même au sein d'une seule famille. Votre aîné disait « mama » en vous montrant du doigt à 8 mois, votre second, à presque 10 mois, dit « Ma » en montrant le plafond, l'aquarium ou Sophie la girafe.

Votre premier enfant marchait peut-être à 10 mois. D'ailleurs, c'était un bébé tout menu, qui n'a eu aucun problème à se mettre debout et à bouger. Si votre second est un poussah joufflu, il sera probablement plus lent, simplement parce qu'il est plus lourd. En plus, vous avez peut-être aidé l'aîné à marcher en lui tenant les mains et en l'encourageant à toute heure du jour et de la nuit, chose qu'il est beaucoup plus difficile à faire pour le suivant maintenant qu'il faut s'occuper du grand, de la maison et du boulot.

La bonne nouvelle, c'est que, même si certains enfants sont plus lents que d'autres, la majorité finit par se développer normalement. La mauvaise nouvelle, c'est que certains parents n'hésitent pas à comparer leurs enfants devant eux : Papa, à table, qui dit à l'aîné : « Tu as raté quelque chose avec l'entraînement de ton frère aujourd'hui. Si tu avais essayé, tu aurais très bien pu y arriver » ou, au deuxième « Ta grande sœur a toujours 18/20 en maths. Si tu essayais de te concentrer, tu pourrais faire encore mieux. » Avec ce genre de phrases, les parents essaient d'installer une émulation saine entre un enfant qui a l'air paresseux et un autre qui se débrouille bien.

C'est une *très très* mauvaise idée que de comparer les frères et sœurs entre eux, surtout devant eux. Le résultat n'est jamais très sain. L'enfant déprécié en veut au « préféré » et se sent trahi par ses parents qui, dans son esprit, font du favoritisme.

Bien sûr, tant que vos enfants sont des bébés, vous n'allez pas comparer les notes en maths ni les entraînements de foot. Mais vous risquez de dire par exemple au plus grand : « Regarde, ton petit frère, ce bébé, il ne pleure pas. Tu ne peux pas être calme comme lui ? » Une comparaison innocente ne va pas détruire à jamais la relation entre les frères et sœurs ; mais si le plus grand devient de plus en plus désagréable alors que le petit est adorable, il va être difficile de ne pas les comparer, au moins silencieusement et de remarquer que le plus grand a toujours été difficile, maintenant qu'on y pense. Le deuxième est beaucoup plus facile.

Se laisser aller à ce genre d'idée ne fera qu'envenimer la situation. En vous permettant de comparer vos enfants, vous risquez d'exagérer votre perception de leurs comportements. Vous allez penser, par exemple, que le petit dernier est l'enfant le plus adorable de la planète, comparé à l'aîné au même âge. Surtout, gardez pour vous ce genre d'idées si elles vous viennent.

Il est parfois difficile de ne pas comparer les frères et sœurs. En fait, c'est impossible de ne pas relever les différences et les points communs. Cela dit, *vous* pouvez garder l'esprit ouvert en traitant chaque enfant comme un individu autonome et en reconnaissant ses traits de caractère et ses besoins spécifiques. Par exemple, votre plus grand, un peu difficile, n'essaie pas de vous mettre en colère : il cherche simplement à tester vos limites.

Lorsque vos enfants grandissent, gardez aussi en tête que la discipline qui marchait avec l'un ne marchera pas forcément avec l'autre ou les lectures qui plaisaient à l'un ne plairont pas obligatoirement à l'autre. Certes, il est difficile de traiter chaque enfant comme une personne différente, avec son propre tempérament, qui n'a rien à voir avec celui des autres, mais c'est ce qu'il faut s'efforcer de faire, pour le bonheur de vos enfants et pour les relations entre frères et sœurs. Dites-vous que c'est une grande richesse d'avoir des enfants différents sur le plan du caractère et du tempérament.

Moins vite je parle, plus vite je marche

Les pédiatres ont remarqué une tendance assez intéressante : les cadets commencent à parler plus tard que leurs aînés ; en revanche, leurs capacités motrices se développent plus tôt. Ces variations dans le rythme de développement sont totalement normales et ne doivent donner lieu à aucune inquiétude. Plusieurs théories expliquent ces différences :

- Avec leur deuxième enfant, les parents savent d'expérience ce qu'il faut faire pour accélérer le développement moteur (si tant est qu'on puisse l'accélérer en les stimulant, ce qui n'est pas prouvé).
- Les aînés ont tendance à parler à la place de leurs cadets ou à anticiper leurs besoins, de telle façon que le bébé n'a pas besoin de verbaliser qu'il veut son biberon, par exemple. Il suffit que le petit dernier pointe un objet du doigt pour que l'aîné le lui apporte !
- Maman est occupée avec le plus grand et le bébé est livré à lui-même plus longtemps. Il trouve tout seul des façons de s'amuser (en apprenant à aller chercher ses jouets, par exemple), bien obligé. Il sera sûrement plus autonome, moins dépendant de sa maman, que l'aîné.
- Le deuxième suit l'exemple de son aîné. Après tout, le plus grand n'avait personne à pourchasser… ni personne pour le pourchasser, d'ailleurs.

Toutes ces théories sont plus ou moins vraies, et dépendent beaucoup de votre situation familiale.

Gérer les grands-parents : le choc des méthodes

Vous adorez vos parents, vraiment. Mais pourquoi diable insistent-ils pour gaver Bébé de sucreries lorsqu'ils le gardent ? Vous leur avez clairement dit que vous craigniez les allergies au lait pendant la première année et que vous vouliez que votre petit bout de 9 mois ne consomme aucun aliment contenant du gras, du sucre ou de la caféine. Pourquoi sont-ils incapables de respecter les règles que vous vous imposez à vous-même ?

Apparemment, la règle qu'ils vous ont enseignée « Laisse papa et maman décider » est caduque maintenant que vous êtes parent : ça ressemble plus à « Papi et mamie font ce qu'ils veulent. » Ils s'attendent à ce que vous cédiez à tous leurs caprices sans broncher. Après tout, ils sont les grands-parents, c'est leur rôle de gâter Bébé. Ils vous rendront votre enfant en vous disant « Regarde comme il est content ! Tu devrais lui donner plus de bonbons. »

C'est ce qu'on appelle le gap générationnel. Non seulement certains grands-parents (ou amis ou famille) vont vous expliquer ce que Bébé doit manger, mais en plus, ils vont piétiner toutes les habitudes que vous avez mis tant de temps à mettre en place !

- **Le coucher** vous voulez que Bébé soit au lit à 20 heures, sinon il est insupportable le lendemain ? Eh bien oui, mais votre mère veut aller rendre des visites avec son petit-fils, alors il ira se coucher à l'heure qu'elle voudra, 21 heures ou 23 heures 30, c'est selon.
- **Les médicaments** votre sœur n'a pas l'impression que votre bébé soit si malade que ça elle met à la poubelle les antibiotiques que vous aviez laissés avec un petit mot pour les instructions.
- **Les vêtements** en plein mois de février, votre père emmène Bébé au parc sans lui mettre de gants. Il dit qu'il n'a pas connu d'hiver aussi doux depuis les années 1970, et vous voilà à guetter les engelures au bout des petits doigts de votre enfant.
- **Le bain** c'est un élément du rituel du coucher, mais vos parents trouvaient qu'il était suffisamment propre et le mettent au lit sans bain.
- **Les animaux domestiques** votre tante jure ses grands dieux que son chien est totalement inoffensif et laisse Bébé jouer avec lui.
- **Les questions d'hygiène** votre belle-mère vous trouve totalement ridicule lorsque vous nettoyez les mains de Bébé avec de petites lingettes avant de le laisser manger avec les doigts. Évidemment, elle n'a jamais fait ça à ses propres enfants et vous savez pertinemment qu'elle ne le fera pas avec le vôtre lorsqu'il sera chez elle.

Comment gérer cela ? Bien sûr, on a toujours tort de ne pas respecter les règles que les parents ont établi pour leur enfant, mais voulez-vous vraiment faire une scène pour un carré de chocolat ? (N'oubliez pas que certains grands-parents sont très vexés si leur opinion n'est pas respectée ; eux, en revanche, ils peuvent critiquer tant qu'ils veulent.) Dites-vous surtout que Bébé vit avec vous, pas avec eux, qu'il les voit juste de temps en temps et que vous aurez vite fait de lui faire reprendre de bonnes habitudes.

D'abord, évaluez l'importance du problème. Bien sûr, ce n'était pas très compliqué pour votre père de mettre ses gants à son petit-fils. Mais il ne les trouvait pas ou peut-être, juste peut-être, il faisait suffisamment chaud pour que Bébé sorte mains nues. Il n'y a pas mort d'homme, mieux vaut laisser passer. La prochaine fois que votre père prévoit une sortie avec son petit-fils, donnez-lui bien les gants en lui disant « Tu sais comme je m'inquiète. S'il te plaît, mets-lui ses gants lorsque vous sortez. » Vous lui dites simplement que vous vous inquiétez de votre enfant et que ce n'est pas une règle arbitraire inventée dans l'unique but de l'embêter.

Les questions d'horaires (pas de bain, ou un déjeuner en retard) sont plutôt rares et n'affectent pas Bébé outre mesure. Ça ne mérite pas que l'on se mette dans tous ses états. Ce qui est fait est fait et Bébé aura certainement fait regretter à sa grand-mère le retard du déjeuner. (L'exception, c'est lorsque l'on retarde l'heure du coucher et que c'est *vous* qui allez devoir gérer le bébé insupportable le lendemain matin. Si cela arrive trop souvent, cela mérite une petite mise au point.)

Certains parents accordent beaucoup plus d'importance aux questions d'hygiène. Avant de manger avec les doigts, Bébé doit absolument avoir les mains propres. Il a marché à quatre pattes toute la journée, a tripoté des tas de choses et a exploré le monde avec ses petites mains. Ce n'est pas parce que vous les lui lavez avant les repas que vous êtes paranoïaque ; vous faites simplement attention à votre enfant. Alors, vous insistez ou vous admettez que votre belle-mère ne le fasse pas ? Si vous n'êtes pas là pour vous en assurer, sachez qu'une prise de bec à ce sujet va la rendre encore plus méfiante. Tant que Bébé ne revient pas de chez elle en vomissant, mieux vaut ne pas chercher le conflit.

À RETENIR

En revanche, certaines questions ne sont pas négociables. Si Bébé est sous traitement, ce n'est pas un caprice, il faut le lui administrer, un point c'est tout. La personne qui s'occupe de lui doit absolument comprendre vous lui donnerez des explications sur les horaires et les doses prescrites. Et tout animal doit toujours être gardé à distance d'un bébé, même un inoffensif boa constrictor parti pour trois semaines de sieste.

ASTUCES

Personne ne veut que Bébé provoque des ruptures définitives au sein de la famille. Avant qu'il ne soit trop tard

- **Évaluez la situation** est-ce suffisamment grave pour que l'on se prenne le bec ou peut-on passer dessus ?
- **Anticipez** si quelque chose n'est pas négociable, pensez à la meilleure façon de le dire pour que cela ne se reproduise pas.
- **Détendez-vous** vous pouvez et vous *devez* veiller sur votre enfant. Mais une fois que la question a été résolue, pas besoin de répéter trente-six fois à votre tante qu'il faut absolument que ses adorables rottweilers restent éloignés de Bébé. Elle a compris.
- **Trouvez une nouvelle baby-sitter** si la situation a dégénéré au point d'en arriver à une lutte de pouvoir entre vous et la baby-sitter, cherchez quelqu'un d'autre, quel qu'en soit le coût. Le fait de pouvoir faire confiance à la personne qui s'occupe de votre enfant n'a pas de prix.

Finalement, l'essentiel, c'est le respect de votre statut de parent et de votre position d'autorité en tant que telle. Personne ne doit ouvertement passer outre les règles que vous avez fixées. Bien sûr, il faut s'attendre à des dérapages, c'est tout à fait normal. Mais il ne peut y avoir de débat sur ce que vous faites et ce que vous donnez à votre enfant c'est vous que cela regarde, tant que votre enfant est en bonne santé et que le pédiatre ne vous signale pas à la DASS.

Tout cela concerne les enfants confiés à leurs grands-parents pour quelques heures ou jours. Si vous prévoyez de leur laisser Bébé plusieurs semaines, (pendant les vacances scolaires, par exemple), assurez-vous que les règles que vous avez établies soient respectées lorsque vous le confiez pour une courte durée, afin de décider si vous voulez (ou non) le leur laisser pour une aussi longue période. Sinon, vous courez à la catastrophe !

Cinquième partie

Le lien avec Bébé

«Il y a deux possibilités : soit *tu* as perdu le couvercle du mixeur, soit Bébé s'est mis aux petits pots.»

Dans cette partie…

Au cours des dixième, onzième et douzième mois, Bébé progresse à pas de géant tant sur le plans physique que relationnel. Il est capable de se mettre debout et se déplace dans la pièce, il marchera peut-être avant d'avoir un an ; il communique avec vous et prononce même quelques mots. Ça y est, ce n'est déjà presque plus un bébé ; vous avez du mal à réaliser comme le temps passe vite !

Le sevrage devient une question importante. Nous vous donnerons ici quelques astuces pour faciliter la transition du sein ou du biberon ainsi que quelques suggestions pour soulager les inconforts de la maman. Et, puisque vous commencez à penser « au 1 an » de Bébé, cette partie comprend une liste de jouets qui lui plairont, ainsi que quelques conseils pour lui organiser un bel anniversaire.

Chapitre 15

Le dixième mois : bavarder avec Bébé

Dans ce chapitre

- « Lève-toi et marche »
- Le mot et l'idée
- Protéger un bébé actif
- Gérer les « non ! »
- Prendre de bonnes habitudes alimentaires

Bébé entre de plain-pied dans son dixième mois, au sens propre comme au sens figuré. Il se tient probablement debout, encore un peu instable sur ses deux jambes, et fera peut-être ses premiers pas d'ici à la fin du mois. Les quelques mots qu'il dit ont maintenant du sens : même s'il dit « mama » et « papa » depuis quelque temps déjà, il comprend maintenant que les personnes et les objets portent des noms et il apprend à s'en servir !

Votre enfant comprend des ordres simples et le sens du mot « non », mais aussi ce que l'on appelle son *autonomie*. Il comprend que, non seulement il n'est pas *physiquement* attaché à vous (ce qui a pu l'angoisser un peu au cours des derniers mois), mais il comprend en plus que cette situation présente de nombreux avantages. Par exemple, il ne fait pas forcément tout ce que vous dites. Même si vous savez que vous pouvez le forcer à arrêter de tirer sur les rideaux, il n'obéit pas immédiatement si vous êtes à l'autre bout de la pièce. Il vous regarde, regarde les rideaux et décide que c'est tout de même un passe-temps fort distrayant, tout en testant votre réaction et en vous observant du coin de l'œil (parfois déjà un peu provocateur ?).

La fin de la première année approche à grands pas, c'est le cas de le dire. Il mange de « vrais » aliments et commence peut-être à montrer un certain intérêt pour les sucreries. Il est important de couper court à cette habitude dès maintenant : nous en parlons dans ce chapitre ; vous trouverez aussi des astuces pour que votre enfant, qui bouge de plus en plus, reste en sécurité à l'intérieur comme à l'extérieur.

La visite chez le médecin

Il n'y a généralement pas de visite prévue au dixième mois : Bébé est tranquille jusqu'à celle de son premier anniversaire.

Cette période du développement de l'enfant est marquée par l'apparition des premières molaires : cela provoque généralement de vives douleurs dans les mâchoires et les oreilles (symptômes qui peuvent faire penser à une otite ou une autre maladie). Si Bébé est grognon, se touche l'oreille, refuse de manger et a un peu de fièvre (37,7°), des selles liquides et du mal à dormir, jetez un coup d'œil dans sa bouche : si les gencives au fond sont rouges et gonflées, c'est que le malaise vient de la pousse des molaires. Enfants, les douleurs dentaires peuvent irradier vers les oreilles. Bien souvent, les parents se présentent en consultation persuadés que leur enfant a une otite, et le pédiatre tombe sur une percée dentaire avec des tympans tout à fait normaux, ou juste un peu inflammatoires.

APPELEZ LE MÉDECIN

Les antidouleurs aident généralement à apaiser l'inconfort des bébés lorsque leurs dents poussent. Parlez-en à l'assistante du cabinet de votre médecin pour qu'elle vous conseille les dosages appropriés, si vous avez des doutes, en fonction de son âge et de son poids, ou directement au pédiatre s'il n'a pas d'assistante.

ASTUCES

Les aliments mous sont ceux que Bébé acceptera le mieux lors de la poussée dentaire. Proposez-lui un nutriment semi-liquide tel que du yaourt, de la soupe, de la compote de pommes ou n'importe quoi d'un peu liquide. Les aliments froids ont un effet anesthésiant.

On peut être tenté d'utiliser un gel anesthésiant pour soulager les gencives de Bébé. Beaucoup de parents trouvent qu'ils ne sont pas bien efficaces : Bébé pleure encore après une application. Si vous essayez, suivez bien les indications de la notice. Si cela le soulage, tant mieux. Sinon, jetez le tube. Un médicament qui n'a pas d'effet n'a aucun intérêt. Ne dépassez pas quatre applications par jour de Dolodent*, par exemple. D'autres produits sont disponibles : le « vieux » sirop Delabarre*, du gel Pansoral* premières dents. Les granules homéopathiques de « chamomilla » ou les unidoses de Camilia* sont aussi une arme préventive contre les poussées dentaires ou douloureuses.

Essuyez le menton de Bébé le plus souvent possible s'il bave beaucoup. Certains enfants développent des irritations à cause de la salive : il n'a pas besoin de ça maintenant.

APPELEZ LE MÉDECIN

Si les symptômes ne vous paraissent pas liés aux dents, évidemment, appelez votre pédiatre pour un petit examen.

Les étapes du mois

Bébé est maintenant très actif : il poursuit sa quête d'autonomie et d'indépendance. Vous allez probablement vous dire que, bien sûr, c'est encore un bébé, mais vous voyez poindre le petit enfant en lui. Voici les étapes qu'il va franchir d'ici à fin du mois :

- Bébé tient assis aussi bien que vous maintenant, et aussi longtemps qu'il le souhaite.
- Il marche à quatre pattes ou a inventé son propre moyen de locomotion. Il arrive à tenir à « trois pattes », appuyé sur une seule main : il peut donc, dans cette position, attraper des objets ou se mettre debout (toujours pour les plus toniques d'entre eux : certains bébés de 10 mois ne sont pas encore intéressés par la station debout, donc pas d'inquiétude s'il ne le fait pas maintenant).
- Il monte les escaliers à quatre pattes, mais a certainement du mal à redescendre.
- À partir de la station assise ou à quatre pattes, il arrive à se mettre debout, en s'appuyant au mur ou à la table basse, par exemple.
- Il fait quelques pas en s'agrippant aux objets qu'il y a autour de lui et se promène ainsi. Il marche latéralement avec appui (toujours pour les plus toniques).
- Il tient debout quelques instants avec appui. Il arrive même à s'asseoir quand il veut s'il en a assez d'être debout.
- Il fait quelques pas lorsqu'on lui tient les deux mains.
- Il commence à lâcher une main, voire les deux, lorsqu'il est debout avec appui.
- Peut-être même fait-il quelques pas tout seul.
- Il maîtrise parfaitement son pouce et son index : il arrive à saisir de très petits objets.
- Bébé comprend le lien entre les noms, les personnes et les objets. Lorsqu'il dit « mama », maintenant, c'est de *vous* qu'il parle.
- Il comprend les ordres et les phrases simples. Lorsque vous dites « Montre-moi le ballon », il vous le tend (même s'il ne veut pas toujours obéir).
- Bébé adore imiter. Il va par exemple se brosser les cheveux ou les dents lorsqu'il verra ses parents le faire.
- Il montre du doigt les objets qui l'intéressent ou pour répondre à vos questions : si vous lui demandez « Où est le chien ? », Bébé montre Médor du doigt.
- Il fait coucou pour bonjour et au revoir.

- Il témoigne de l'affection à ceux qu'il aime et se montre pour le moins circonspect vis-à-vis des inconnus.
- Bébé comprend le sens du mot « non », mais il teste de temps en temps son indépendance (et votre patience) en désobéissant.
- Il continue à babiller gaiement, mais on saisit quelques mots de temps en temps (en fait, avant un an, rares sont les mots distincts que Bébé peut prononcer à part « mama » et « papa »).

Les progrès du langage

Ce mois-ci, Bébé comprend de mieux en mieux les mots et le sens qu'ils ont. Depuis des mois, vous lui donnez des occasions de reproduire des sons : maintenant, donnez-lui celle de comprendre véritablement le sens de ces mots.

ASTUCES

Il y a quelques habitudes à prendre pour aider Bébé à mieux comprendre le langage et à commencer à parler :

- Nommez tout ce que vous voyez, du sol au plafond et de la tête aux pieds.
- Prononcez les mots doucement et attendez une réponse. La prononciation ne sera pas parfaite, mais il peut être capable de répéter une partie du mot (« ta » pour « table » ou « bou » pour « bouche »). Il n'est pas forcément prêt pour des mots plus difficiles. Il aura tendance à prononcer la dernière syllabe des mots aussi.
- Posez-lui des questions au cours de la journée et laissez-lui l'occasion de répondre, en babillant, en prononçant un ou deux mots ou en pointant du doigt (après tout, c'est aussi une façon de vous montrer qu'il a compris, même s'il ne parle pas).
- Répétez-lui les mots qu'il prononce pour qu'il sache que vous comprenez ce qu'il dit (il va adorer), et pour l'encourager à continuer d'essayer de nouveaux mots.
- Utilisez des livres d'images pour apprendre à Bébé des mots du quotidien dont vous ne vous servez pas à la maison. Vous n'avez pas forcément de cheval dans votre salon, par exemple, mais s'il y en a un dans le livre, il va apprendre ce mot ainsi que beaucoup d'autres.

ASTUCES

Lorsqu'un enfant essaie en vain de parler, la frustration l'agace parfois et le pousse à bout. Si cela arrive, faites-lui un câlin et ne le poussez pas à répéter ce qu'il essayait de dire. Chaque chose en son temps.

Les premiers mots sont une étape qui varie considérablement d'un enfant à l'autre. Certains enfants sont de véritables moulins à paroles dès la fin de leur première année alors que d'autres, en parfaite santé, ne feront des phrases complètes que beaucoup plus tard. Bébé doit comprendre son nom et y répondre, et babiller un peu. Si ce n'est pas le cas, c'est peut-être lié à un problème d'audition. Bien sûr, si vous avez des inquiétudes à ce sujet, consultez votre pédiatre. Lorsque Bébé pointe du doigt un objet qui lui plaît, désignez l'objet une ou deux fois avant de lui donner afin qu'il intègre dans son petit cerveau le nom de l'objet. (Exemple : « Tu veux cette boîte ? Maman te donne cette boîte. »)

La sécurité de Bébé

Il est là, il est là… *il n'est plus là* ?

Évidemment, il est simplement parti dans sa chambre, se cacher dans le placard ou essayer d'ouvrir la porte du fond. La plupart du temps, il y a plus de peur que de mal (heureusement que vous avez sécurisé la maison). Mais au moment où on réalise que l'enfant n'est plus où l'on pensait, on est souvent paralysé par la peur.

Comment éviter de telles sueurs froides ? Évidemment, vous ne pouvez pas vous menotter à lui. Il doit comprendre qu'il est un individu distinct de vous et qu'il a le droit d'explorer le monde qui l'entoure. Mais il doit aussi comprendre les limites entre ce qu'il a le droit de faire et ce qui lui est interdit.

Sécuriser la maison

ATTENTION !

Vous avez déjà supprimé beaucoup de risques ; à 10 mois, il faut faire une petite remise à niveau :

- **Les boutons de porte et les loquets :** même si les enfants en bas âge ne savent pas encore manipuler une poignée de porte, certains y arrivent et d'autres encore y parviennent par chance ou par hasard. Les caches en plastique évitent que le hasard ne devienne un accident. Assurez-vous aussi de n'avoir aucune porte qui ferme en se claquant : Bébé risquerait de se retrouver enfermé dans la salle de bains, avec les toilettes, les savons et la baignoire, tandis que vous essaierez frénétiquement d'ouvrir la porte avant qu'il ne se blesse. Il est maintenant en âge de tirer sur une poignée de porte : faites attention si vous en avez chez vous.
- **Les placards :** maintenant, il lui est très facile d'ouvrir les placards. Gardez les produits dangereux hors de sa portée et, s'ils sont dans un placard à hauteur du sol, vérifiez qu'il ferme bien. Le mieux est de toujours ranger ces produits en hauteur.
- **Les chaises, tabourets et autres objets d'escalade :** Bébé est probablement assez malin pour comprendre qu'un seul gros

jouet peut servir de marchepied pour atteindre une étagère ou la télé. Gardez les tabourets ou les grosses peluches loin des zones dangereuses.

- **Les fenêtres :** un danger majeur, maintenant et pour les années à venir. Un rideau s'ouvre facilement et n'empêche pas un enfant de tomber. Si vous vivez dans une maison à plusieurs niveaux, les fenêtres de l'étage doivent être sécurisées par une balustrade.
- **Les barrières :** pour les pièces qui présentent des dangers, mieux vaut que le petit portail soit toujours fermé. Il est préférable d'en avoir aussi en haut et en bas des escaliers, même si Bébé a appris à les monter.

Bien sûr, rien ne vaut une surveillance permanente : chaque enfant en a besoin. Même ceux qui ne montrent pas un besoin débordant d'indépendance doivent être sans cesse sous votre regard. On ne sait jamais de quoi est capable un bébé de 10 mois. Physiquement, il est en mesure de traverser la maison. Il comprend probablement ce que veut dire « Ne touche pas » lorsqu'il s'approche de la télé par exemple, mais il ne comprend pas qu'il pourrait se blesser gravement s'il ne vous obéit pas. Et il est très curieux. Jusqu'à maintenant, il n'a peut-être jamais essayé de poser ses petites mains sur la télévision, mais il peut à tout moment décider de tenter, pour voir. Si vous n'êtes pas à côté pour l'en empêcher, le résultat risque d'être catastrophique. Pensez à mettre des cache-prises dans toutes les pièces. Bébé a souvent les doigts humides, car il les porte sans arrêt à la bouche, et risque de vouloir les mettre dans les prises de courant.

À RETENIR

Comme Bébé grandit, vous devez être de plus en plus attentif à sa sécurité, jusqu'à ce qu'il soit suffisamment grand pour comprendre les dangers de certaines activités (grimper sur le rebord de la fenêtre ou sortir seul). Et « assez grand », ça veut dire que ce n'est plus un tout-petit. Même s'il n'est pas nécessaire de le garder vissé sur la hanche jusqu'à ce qu'il entre au lycée, il faut continuer à le surveiller jusqu'à ce qu'il entre en maternelle (même si cela sera alors moins compliqué).

Surveillez Bébé… en extérieur

Lorsque Bébé était un tout petit bébé, il suffisait de l'emmailloter, de le sangler dans sa poussette pour l'emmener faire un petit tour. Pour le garder en sécurité, il fallait veiller à ce qu'il soit chaudement vêtu et bien attaché.

Maintenant qu'il bouge autant, il y a beaucoup de choses à reconsidérer, en commençant par les endroits où vous l'emmenez.

Si vous sortez tous les deux pour un après-midi au parc, faites un tour avant de le laisser se promener. Vérifiez que l'aire de jeu est bien entretenue, que les balançoires ne sont pas rouillées ou abîmées et que le sol n'est pas couvert de crottes de chien (Bébé va probablement se mettre les doigts dans la bouche). Laissez-le se promener à sa guise : eh oui, il va se salir, mais cela fait partie de son apprentissage du monde. Si vous ne le laissez pas faire, comment saura-t-il ce que c'est que de se rouler dans l'herbe ou d'aller jouer dans les feuilles mortes ?

Quand vous allez au parc avec Bébé, prenez toujours quelques lingettes. Même si vous évitez les flaques de boue, il se salira très probablement les mains ; s'il veut quelque chose à manger, autant qu'il ne mange que le boudoir que vous lui donnez et pas les saletés qui traînent par terre.

Il est assez grand maintenant pour explorer les jeux réservés aux enfants, tant que vous êtes juste derrière lui. Ces jeux sont prévus pour des enfants nettement plus âgés : Bébé glisserait facilement. Il va adorer le toboggan sur vos genoux ou en vous tenant la main.

En extérieur, il faut toujours que vous l'ayez à l'œil. Il va tester sa liberté toute neuve.

Vous remarquerez probablement qu'en s'éloignant de vous, il se retourne de temps en temps pour voir où vous êtes, ce que vous dites et si vous suivez. C'est sa façon de tester son autonomie. Il est libre, se gère tout seul (du moins c'est ce qu'il croit) et s'il choisit de revenir vers vous, il peut le faire. Sinon, il va juste attendre de voir ce que vous faites. Ne soyez pas surpris si, lorsque vous le sollicitez, il s'éloigne. C'est l'appel de la liberté !

À vos brassards !

Si vous vivez près de la mer ou d'une piscine et que vous prévoyez d'aller faire trempette, renseignez-vous d'abord pour savoir quel type de flotteurs sont autorisés (dans certaines piscines, vous n'avez pas droit à autre chose qu'à des gilets de sauvetage). Même si Bébé ne va pas plonger tout seul dans le grand bain pour l'instant, il vaut mieux qu'il ait toujours des flotteurs lorsqu'il est près de l'eau, même si vous le tenez. S'il vous glisse des bras pour une raison ou pour une autre alors que vous nagez dans le lac, s'il flotte, vous saurez où il est.

Un flotteur ne remplace pas une surveillance constante. On ne peut autoriser les bébés comme les enfants à jouer dans l'eau ou à côté sans un adulte à proximité. L'adulte en question doit être suffisamment proche pour aller repêcher un enfant qui se noie ; restez à côté et s'il le faut, ayez une main sur lui en permanence.

Si vous avez une piscine ou que vous y allez régulièrement, vous vous demandez peut-être si les cours de natation sont recommandés pour votre bébé. Nous avons tous en tête des images de tout petits bébés apprenant à nager ; nagent-ils vraiment ou est-ce du pur réflexe ? Et ces bébés sont-ils plus en sécurité dans l'eau que les autres ?

Il n'y a aucun véritable inconvénient à emmener votre enfant dans l'eau et même à des cours de « bébés nageurs » : s'il adore l'heure du bain et qu'il est très actif, il appréciera cette occasion de patauger. Les tout jeunes enfants peuvent apprendre à nager sur de courtes distances (même sous l'eau !) ; cela dit, la majorité des pédiatres recommande d'attendre que l'enfant ait quatre ou cinq ans avant de l'inscrire à des cours. À cet âge, il sera physiquement prêt à apprendre des mouvements ainsi que les dangers associés à la natation. Il ne saura coordonner ses mouvements des membres, si spécifiques, qu'à cet âge.

Un tout jeune enfant qui prend des cours de natation risque de ne pas développer une peur saine de l'eau, chose que tous les enfants doivent avoir. Les jeunes bébés n'ont aucune notion du danger. Ils peuvent se familiariser et aimer le milieu aquatique, mais pas en appréhender tous les risques.

Nager avec son enfant, cela détend et stimule ; peut-être adorez-vous ça. Le problème en prenant des cours de natation avec son bébé, c'est que certains parents pensent que cela élimine le danger de mettre un enfant dans l'eau. Sous prétexte que l'enfant patauge sous l'eau sur de courtes distances, certains parents se disent que, même s'il tombe dans la piscine, il ne se noiera pas. C'est faux. Aucun enfant n'est à l'abri de la noyade. Quel que soit son âge et les cours qu'il a eues, le portail autour de la piscine doit rester fermé quand vous n'y êtes pas et il est préférable d'avoir une alarme (qui sonne quand quelque chose ou quelqu'un tombe dans l'eau).

Les conséquences de la nouvelle mobilité de Bébé

Poursuivre un enfant qui s'échappe tout en vérifiant qu'il ne court aucun danger, c'est épuisant. C'est un véritable défi à votre santé mentale : vous finissez par guetter les dangers où que vous soyez. C'est normal maintenant que Bébé apprend à marcher. Vous finirez par vous y faire, cela va devenir un réflexe au cours des années à venir.

Lorsqu'on a un enfant, on ne regarde plus le monde de la même manière. Vous qui avez toujours adoré la mer, vous savez maintenant qu'elle est dangereuse pour votre bébé. Vous aimiez les randonnées dans les bois, mais maintenant, vous vous inquiétez de la météo et des animaux sauvages. Les jeunes parents commencent forcément un jour ou l'autre à imaginer le pire dans n'importe quelle situation.

C'est facile de se laisser aller à ses peurs, d'abandonner et de dire « On ne peut aller nulle part. Le monde est plein de dangers. » Mais vous feriez du tort à votre famille toute entière et Bébé perdrait l'occasion d'apprendre une foule de choses qu'il n'apprendrait pas à la maison. Il faut comprendre que oui, le monde est plein de dangers, mais vous pouvez réduire ces risques, voire les éliminer. Pour plus de détails sur les promenades avec Bébé, reportez-vous au chapitre 3.

Rester sain d'esprit en surveillant un bébé qui a la bougeotte

Tous ces conseils ne sont pas d'un grand secours pour les parents d'un bébé de 10 mois qui bouge sans arrêt : l'enfant qui a déjà appris à se tenir debout sur les chaises de la cuisine pour accéder à toutes les bonnes choses qu'il y a pour lui sur la table ; l'enfant qui marche déjà et se promène toute la journée dans la maison et le jardin, vous obligeant à le suivre (et vous interdisant donc de faire quoi que ce soit d'autre) ; l'enfant qui déteste (et vous le fait comprendre) être attaché dans son siège auto ou dans un berceau et ne supporte plus son parc. Les parents de cet enfant sont au-delà de l'épuisement. Il peut arriver qu'ils soient au bord de la crise de nerfs. Pas étonnant, s'ils passent leurs journées à suivre leur petit bout !

Un enfant très actif a besoin d'une pièce où il sera en sécurité pour jouer : un espace pour qu'il puisse sauter et grimper tout son soûl sans risque de se blesser. Récupérez vos vieux coussins au grenier ou achetez une petite cage à poule pour votre gymnaste en herbe. Cela peut éviter qu'il ne se lance dans l'ascension de votre bibliothèque. Vous pouvez aussi vous procurer des matelas de gymnastique.

Si votre enfant a besoin d'activité en permanence, suivez des cours de gymnastique à deux. Parce que votre enfant est un explorateur-né, il tirera beaucoup de ses échanges avec les autres enfants (petits individus qu'il trouvera passionnants) ; quant à vous, vous aurez l'occasion de bavarder avec des parents dans le même cas que vous (il y en aura forcément). Vous découvrirez probablement un nouvel aspect de la personnalité de votre enfant : il se prendra d'affection pour ses petits camarades.

En plus, cela ne peut pas lui faire de mal de changer un peu de décor et de sortir de la maison. C'est l'occasion pour Bébé d'explorer de nouveaux territoires, ce qui va peut-être présenter deux avantages : le fatiguer et le rendre peut-être moins actif à la maison, ou, maintenant qu'il connaît déjà tout, sa curiosité va le pousser à en vouloir plus (tant mieux, certes, sauf si ça vous rend fou).

Comment ça, « non » ?

Bébé franchit peut-être une nouvelle étape en ce moment : il commence à vous dire « non ». Ce progrès, vous vous en seriez bien passé. Oui, c'est très mignon, cette façon qu'il a de répéter vos paroles, et vous ne pouvez vous empêcher d'être fiers de son sens de la diplomatie ; mais vous vous demandez aussi comment gérer cette nouveauté. Que faire lorsque votre enfant adore dire « non » ?

À RETENIR

Peut-être que vous le dites plus souvent que vous ne le pensez ; pas d'inquiétude, c'est tout à fait naturel. Bébé est de plus en plus actif et sa curiosité le pousse à se mettre en situation de danger. Brusquement, vous devez lui apprendre à distinguer le bien du mal, le danger de la sécurité : le plus facile pour l'arrêter, c'est de lui dire « non, non ».

Cesser de dire « non »

Vous ne voulez probablement pas que Bébé grandisse dans un monde d'interdictions. Mettez-vous à sa place un instant et faites comme si vous étiez ce petit enfant espiègle à qui l'on ordonne systématiquement d'arrêter de faire ce qu'il fait. C'est beaucoup plus agréable d'entendre (et donc d'apprendre) ce que l'on a *le droit* de faire.

ASTUCES

Quelques conseils pour arrêter de dire « non » :

- **Félicitez Bébé lorsqu'il fait quelque chose que vous approuvez.** Lorsqu'il joue tranquillement ou mange son boudoir sans en mettre partout, encouragez-le : c'est très pédagogique.
- **Retirez-lui l'objet du délit ou distrayez-le de son activité au lieu de lui dire simplement « non ».** Il met vos lunettes ? Prenez-les-lui et échangez-les contre un jouet avec lequel il *peut* s'amuser.
- **Supprimez les occasions de dire « non », le plus souvent possible.** Si vous ne voulez pas qu'il joue avec vos lunettes, par exemple, ne les laissez pas à portée de sa main.
- **Gardez le « non » pour les situations les plus importantes et/ou dangereuses.** Un enfant qui s'entend dire « non » toute la journée finit par ne plus comprendre son sens. Il apprend à vivre sa vie en ignorant ce que vous dites, même si vous êtes très sérieux.
- **Ne dites pas « non » d'une voix chantante, comme si ce n'était pas important.** « Non », c'est « non » : il faut être ferme et le dire sur un ton péremptoire.

Bien sûr, vous ne pouvez pas retirer complètement ce mot de votre vocabulaire. Vous avez des limites et c'est normal. Bébé doit aussi s'entendre dire « non » de temps en temps pour comprendre qu'il ne peut pas faire tout ce qu'il veut quand il veut. « Non », cela veut dire que vous le protégez, avant toute chose.

Désamorcez les premiers conflits

Bébé doit absolument savoir qu'il mérite vos félicitations et vos applaudissements : ce n'est pas seulement une petite peste qui fait toujours ce qu'on lui interdit de faire. Même si les enfants de cet âge ont parfois des pratiques un peu surprenantes (enlever leur couche sale ou lécher le sol), les parents doivent savoir que ces comportements ne sont liés qu'à de la curiosité, au moins au début.

Prenez un peu de recul. Au cours de ce chapitre, nous avons expliqué que Bébé prenait conscience de lui-même et de son autonomie. C'est la raison pour laquelle il est à l'aise avec cette nouvelle liberté : il *peut*. Même s'il n'est pas courant de rencontrer des enfants enfermés dans une lutte de pouvoir avec leurs parents dès cet âge, cela arrive. Plus vous dites « non » à un enfant têtu et déterminé, plus il va continuer. (Tiens, vous n'avez pas l'air d'apprécier qu'il enlève sa couche sale ? Eh bien, cela en fait un jeu d'autant plus amusant.)

Le meilleur moyen de gérer un enfant qui vous teste est de le distraire. En répondant par la colère, vous l'effrayez ou le poussez à continuer : vous êtes tous les deux perdants. La prochaine fois que vous le voyez commencer à enlever sa couche, dites-vous que c'est peut-être très inconfortable, une couche sale. Laissez-le l'enlever et changez-le. Si vous vous rendez compte qu'il l'enlève juste parce que c'est bien amusant, faites en sorte que cela soit impossible en lui mettant une petite barboteuse.

Identifiez la source de cette « lutte de pouvoir » et supprimez-la : vous découvrirez que d'un coup, vous dites beaucoup moins « non ».

« Non », c'est « non »

Lorsque vous voulez que Bébé comprenne bien que c'est non (lorsque, par exemple, il a réussi à grimper sur le canapé et qu'il tend la main vers la tasse de café que vous avez laissée sur la table), il faut bien lui faire comprendre que vous n'êtes pas en colère mais que c'est pour lui que vous dites ça.

Si par exemple Bébé s'apprête à s'emparer d'une tasse de café :

1. **Arrêtez-le par un avertissement sonore et ferme.**

2. **Prenez la tasse et mettez-la hors de sa portée.**

3. **Prenez le temps de lui apprendre deux concepts importants :** « Chaud » et « brûlant ». (Ou « aïe », ou une quelconque onomatopée qu'il comprendra.) Prenez son index et touchez doucement la tasse de café pour qu'il comprenne le « chaud ».

Évidemment, ne faites pas ça si le café est brûlant. Mieux vaut qu'il soit tiède. Inutile de lui apprendre le concept de « brûlant » par des travaux pratiques et une grosse cloque sur l'index.

Faites bien la différence entre un « non » définitif et catégorique et un « non » pédagogique : il s'agit de lui expliquer pourquoi vous dites non. Dans ce cas-ci, si vous n'expliquez pas, vous lui avez simplement évité une brûlure, pour cette fois. En lui expliquant la situation, vous lui apprenez à ne pas toucher les tasses de café de sa maman, parce qu'il pourrait se faire mal (évidemment, de toute façon, il vaut mieux laisser ces tasses hors de sa portée). Il apprend aussi ce que veut dire « chaud ». Vous pouvez également le lui apprendre en lui expliquant qu'il ne faut pas s'approcher du four et qu'il ne faut pas toucher le robinet de la baignoire.

Nourrir un bébé de 10 mois

Bébé connaît maintenant toutes sortes d'aliments. Il a probablement une paire de dents : vous êtes tenté(e) de lui donner des aliments plus difficiles à mâcher, comme des morceaux de pomme ou de viande. N'oubliez pas qu'il se repose encore sur ses gencives pour mâcher : les aliments doivent rester mous et les morceaux, suffisamment petits pour éviter qu'il ne s'étouffe.

Voici les aliments à éviter :

- Les fruits exotiques (ananas, mangue, kiwi) à ne proposer qu'à l'âge d'un an.
- Les fruits de mer, qui provoquent, chez certains enfants, des réactions allergiques ainsi que les crustacés, le surimi, le tarama.
- Les cacahuètes et tous les produits en contenant.
- Les fruits secs à coque en général, riches en arachide et pouvant être inhalés et entraîner un accident asphyxique (syndrome de pénétration bronchique).
- Les crèmes desserts à la vanille, à la noisette, au chocolat (trop sucrées, trop allergisantes).
- Les plats en sauce et plats cuisinés (spaghettis bolognaise, cassoulet, bœuf en daube, etc.) trop riches et trop gras.

Les chapitres 11 et 18 détaillent cette question des allergies alimentaires.

À part ça, les repas de Bébé commencent à ressembler aux vôtres, même si sa version est réduite en purée. Bébé prend toujours quatre repas par jour. Voici à quoi ressemble son programme alimentaire maintenant :

- 1) **Le petit déjeuner :** Bébé commence la journée avec une tétée ou un biberon de lait (soit du lait maternisé, soit déjà du lait « de croissance » qui est un lait demi-écrémé enrichi en fer) éventuellement épaissi par des céréales (elles aussi riches en fer).
- 2) **Le déjeuner :** une purée de légumes (200 g) avec deux cuillerées à café de viande ou poisson ou volaille ou jambon ou œuf, puis un yaourt ou deux petits-suisses (nature ou aux fruits) + un petit croûton de pain s'il a encore faim !

- 3) **Le goûter après la sieste :** un biberon de 120 ml de lait ou un laitage « blanc » (yaourt, petits-suisses, fromage blanc), une compote de fruits ou un fruit frais, éventuellement un boudoir si Bébé a encore faim.
- 4) **Le dîner :** Une purée ou une soupe de légumes, éventuellement épaissie de vermicelles ou de petites pâtes « alphabet », un petit fromage fondu et un biberon de 120 à 150 ml de lait (ou un yaourt nature).

En fait, votre but est de nourrir votre enfant de façon équilibrée et variée. Un bébé de 10 mois a besoin de deux à trois cuillerées à café de protéines par jour : vous les trouverez dans les viandes, les légumes, le poisson, le fromage et les œufs. Ces céréales enrichies lui apporteront le fer dont il a besoin et lui éviteront l'anémie par carence en fer, surtout s'il n'apprécie pas les légumes verts et la viande rouge, riche en fer.

Globalement, les bébés savent dire s'ils veulent continuer à manger ou pas. Toutefois, si vous avez vraiment l'impression que Bébé se nourrit trop ou trop peu, parlez-en à votre pédiatre. Il vérifiera que la courbe de croissance et de poids de votre enfant est normale et vous dira s'il y a lieu de s'inquiéter ou non.

La croissance staturo-pondérale de Bébé doit toujours suivre la même courbe. Votre pédiatre adaptera le régime de Bébé en fonction de sa courbe de poids. Mais il faut savoir que pendant la première année de vie, jusqu'à l'âge de la marche, l'alimentation aura une grande influence sur la courbe de poids de votre bébé. En revanche, à partir de l'âge de la marche, les facteurs génétiques et familiaux rentrent en ligne de compte et deviennent prédominants. À l'âge de 2 ans, la morphologie de Bébé ressemblera beaucoup à la vôtre (papa ou maman) quand vous aviez 2 ans, malgré l'évolution, d'une génération à l'autre, de la façon de nourrir les bébés.

Continuez à donner les nouveaux aliments un par un, avec quatre ou cinq jours entre chaque nouveauté. Vous pourrez ainsi vérifier qu'il ne fait pas d'allergies (urticaire, diarrhée, œdème du visage, poussée d'eczéma, voire crise d'asthme…) ; si cela arrive, vous saurez exactement quel aliment il faut bannir. En introduisant toutes sortes de nouveautés dans le régime de votre enfant, vous lui donnez de bonnes habitudes pour plus tard (s'il mange des carottes depuis longtemps, il y a peu de chance pour qu'il se mette un jour à les refuser).

Réussir les repas

Certains enfants ne sont pas de gros mangeurs. Idéalement, les nouveaux aliments que Bébé découvre au cours de la seconde moitié de la première année constituent suffisamment de nouveautés pour que Bébé soit ravi de prendre place dans sa chaise haute et de tester vos talents culinaires. Parfois, un enfant de 9 ou 10 mois est trop occupé pour se préoccuper des repas. C'est assez rare, mais il arrive qu'un enfant de cet âge montre une véritable préférence pour certains aliments et un rejet total pour d'autres.

Pour éviter que chaque repas ne soit une lutte, il y a deux consignes à suivre : d'abord, évitez les sucreries et le grignotage au maximum. Pensez-y : pourquoi les enfants – et les adultes – adorent les frites, les cookies et les bonbons ? Parce que c'est bon. La plupart des gens préfèrent ça, disons, aux légumes verts. N'encouragez pas votre enfant à développer une préférence pour les aliments gras et sucrés. S'il est déjà habitué à un régime très gras et sucré, vous allez avoir beaucoup de mal à le convaincre que les courgettes, c'est super bon. Si vous vous demandez s'il faut complètement supprimer les sucres de son régime, la réponse est non. Les fruits sont un dessert parfait, non seulement maintenant, mais aussi pour toute son enfance et au-delà.

Ensuite, ne forcez jamais votre enfant à manger. Il sait ce qui est bon pour lui. Peut-être voulez-vous lui apprendre que l'heure du dîner est un moment privilégié en famille. C'est très bien. Mais gardez en tête que Bébé préférerait peut-être, et de loin, retourner à ses cubes plutôt que de manger la purée ou la soupe que vous lui avez préparée avec amour. Soyez réaliste. S'il n'a pas envie de manger, ne le laissez pas assis une demi-heure dans sa chaise pendant que vous racontez votre journée à votre mari. Il faut bien savoir que Bébé est un peu inconstant. Il va peut-être *adorer* les carottes cette semaine et les refuser la semaine prochaine. Proposez-lui quelque chose qu'il apprécie et vous reviendrez aux carottes dans deux semaines.

Ne le forcez pas à rester assis dans sa chaise tant qu'il n'a pas fini ce que vous lui avez préparé. C'est une lutte où vous avez tout à perdre. En forçant votre bébé à manger quand il n'a pas faim, vous brimez son autonomie. Chacun est seul capable d'éprouver sa propre faim et un sentiment de satiété. Il est risqué d'essayer d'évaluer celui des autres. En laissant Bébé décider, vous lui permettez d'apprendre à découvrir cette sensation. En l'obligeant à manger plus, vous l'encouragez à ignorer ce signal : cela peut conduire à des problèmes de surpoids ou d'obésité à terme. Mettez-le dans sa chaise haute dix ou quinze minutes, le temps du repas. Lâchez-le quand il n'a plus faim. Évitez d'avoir des livres et des jouets à table. Il faut qu'il se concentre sur le repas avant d'aller jouer. Mieux vaut aussi éviter de le laisser dans sa chaise haute pendant que vous préparez le repas : il risque d'en avoir assez avant même de commencer à manger.

Combattre l'obésité infantile

Il y a quelques décennies, un enfant en primaire pouvait nommer tous ses camarades en surpoids : il y en avait très peu. Aujourd'hui, les parents qui vont chercher leurs petits à l'école se rendent compte que les enfants sont plus gros que dans les années 1970 et 1980.

L'obésité est un enjeu de santé majeur chez les enfants d'aujourd'hui. Et, même si c'est parfaitement normal et sain que Bébé soit joufflu jusqu'à un an, ses habitudes alimentaires aujourd'hui auront une certaine influence (de même que la génétique) sur son poids lorsqu'il entrera à l'école et plus tard. Ce n'est pas à Bébé de décider des aliments qui vont composer ses repas. C'est à vous de choisir, le mieux possible.

Tous les aliments ne sont pas bons pour la santé. Une banane au goûter est beaucoup plus saine qu'un cookie par exemple, même s'ils ont le même nombre de calories. Un cookie, c'est surtout du sucre. La banane en revanche est un produit frais sans toxine, et elle offre à votre enfant du potassium et des fibres, deux nutriments essentiels pour un enfant en pleine croissance.

En théorie, les enfants brûlent leur surpoids en grandissant et en devenant plus actifs. Le problème aujourd'hui est que les enfants sont beaucoup moins actifs. Il y a vingt ans, en rentrant à la maison après l'école, ils allaient jouer dans le jardin. Aujourd'hui, beaucoup jouent à des jeux vidéo, discutent sur Internet ou regardent la télé. Ils n'ont guère d'occasion de brûler des graisses. Un problème de surpoids est d'autant plus difficile à éliminer qu'il démarre tôt, car il est très difficile de modifier les habitudes alimentaires d'un enfant ; par ailleurs, plus il grossit, plus il est difficile de changer les choses.

L'obésité infantile conduit à de nombreux problèmes, notamment :

- Des problèmes psychologiques (perte de l'estime de soi, complexes, attisés par les moqueries des autres enfants)
- Du diabète
- Des apnées du sommeil avec un sommeil de mauvaise qualité, peu réparateur
- Des problèmes articulaires (hanches, genoux)

Attention, il ne s'agit pas de problèmes qui vont surgir à l'âge adulte. Ils se poseront dès l'enfance.

Cela dit, Bébé doit manger autant qu'il le souhaite, à partir de 10-12 mois, lorsqu'il est verticalisé ; ce n'est pas une bonne idée de réduire de force les quantités de nourriture que vous lui donnez, même si vous devez avoir une notion du volume de son estomac. N'oubliez pas qu'il sait très bien quand il doit s'arrêter. Faites-lui confiance. Laissez-le manger suffisamment pour qu'il reconnaisse la sensation de satiété. Les enfants que l'on ne laisse pas décider par eux-mêmes (que l'on gave ou que l'on restreint) risquent de développer des problèmes de poids dans l'enfance, lorsque papa et maman ne seront pas là pour vérifier ce qu'ils mangent. Ces enfants sont tout simplement incapables de savoir quand ils ont faim et quelle quantité ils doivent manger ; ils risquent donc de trop manger.

Les bonnes habitudes alimentaires de Bébé lui serviront toute sa vie si vous appliquez ce qui suit :

- **Montrez l'exemple.** Ne vous attendez pas à ce que Bébé mange tranquillement un repas équilibré de poulet haché et de purée de légumes alors que vous vous gavez de fritures. Autant que possible, préparez vos propres repas. Les *fast-foods* et les plats tout préparés sont gorgés de sodium et de graisses.
- **Réduisez le plus possible les graisses.** Il n'a jamais été aussi facile de faire des repas légers pour toute la famille. Les supermarchés distribuent beaucoup de produits bio et allégés ; il est très facile de s'y mettre. On met quelque temps à s'habituer, mais une fois que c'est fait, vous serez ravi(e).
- **Évitez les sucres rapides.** Ce n'est pas un problème si vous donnez à Bébé un peu de jus de fruits de temps en temps, cela contient du fructose qui est inoffensif. Le saccharose en revanche est un poison pour le métabolisme. Les boissons gazeuses sont à proscrire. C'est une des causes majeures d'obésité et de problèmes dentaires chez les enfants.
- **Éteignez la télé.** Sortez Bébé le plus possible. Si vous êtes bloqué par la neige pendant des mois, trouvez-lui un terrain de jeu avec des petits amis ou installez-lui une salle de jeu à la maison où il pourra se défouler. En le laissant devenir accro à la télé à son âge, il risque des problèmes à long terme (il ne prend pas l'habitude de faire de l'exercice et sera encouragé à grignoter pour les années à venir).
- **La nourriture ne doit pas être un élément de réconfort, une récompense ou une diversion.** Si Bébé se cogne la tête au coin de la table, il n'a pas besoin d'une sucrerie pour que cela aille mieux. Lorsqu'il s'énerve sur le piano, inutile d'essayer de le distraire en lui offrant un gâteau. Il doit apprendre à associer la nourriture à la faim et non à d'autres comportements.
- **Ne lui refusez pas de la nourriture.** À l'inverse, ne le privez pas de nourriture pour le punir. Si Bébé jette la nourriture de son plateau, vous avez bien sûr le droit de l'ôter de sa chaise jusqu'à ce qu'il soit prêt à manger proprement. Mais s'il tape votre mère, ne l'envoyez pas dans sa chambre sans dîner. Il a besoin de se nourrir. Les repas ne sont pas négociables.

À RETENIR

Toute la famille doit s'investir pour manger sainement ; moins vous utiliserez de bonbons, barres chocolatées et autres sucreries, mieux cela vaudra. Il suffit de faire bouillir vos légumes ou de les cuire à la vapeur au lieu de les faire revenir à la poêle, de griller votre viande sans la faire frire. Mais pas la peine d'aller jusqu'à mettre Bébé de force à la diète. Sachez garder un juste milieu, pour la nourriture comme pour le reste : vous verrez que ce n'est pas si difficile de bien manger.

Chapitre 16

Le onzième mois : en avant… marche !

Dans ce chapitre

- La croissance de Bébé : comment ça se passe ?
- Mettre le holà aux mauvaises habitudes
- Le sevrage
- Les bonnes habitudes du coucher

Mon Dieu, comme le temps a filé… Vous avez l'impression que cette année s'est écoulée en quelques secondes. Avant même de vous en rendre compte, votre petit court de-ci de-là, explore des choses tout seul, prononce quelques mots… devient un vrai petit bonhomme, quoi (ou une vraie petite fille !).

Pour vous aussi, il y a du changement. Votre enfant devient de plus en plus indépendant, peut-être regrettez-vous un peu ces jours, pas si lointains, où il passait sa journée dans vos bras. Bébé devient une petite personne très occupée et vous avez l'impression qu'il grandit à vue d'œil. Voyez la suite pour savoir à quoi vous attendre pendant cette période de transformation.

La visite chez le médecin

En général, les pédiatres ne programment pas de bilan ce mois-ci, Bébé est tranquille pour un mois encore. Comme il est de plus en plus actif (et donc susceptible de se faire mal) et, en plus, qu'il est exposé à plus de germes à la crèche ou à la garderie, vous risquez malgré tout de vous retrouver dans le cabinet du médecin.

Si vous êtes obligé(e) d'en passer par là, profitez-en pour poser à votre pédiatre toutes les questions qui vous viennent au sujet de la blessure ou de la maladie de votre enfant. Lorsque votre médecin vous donne des conseils ou des instructions, prenez des notes. Parfois, surtout lorsque l'on dort peu et que l'on n'a pas les idées très claires, ce n'est pas évident de s'occuper d'un enfant malade. Pour être sûre d'avoir tout saisi, notez les informations et répétez-les au médecin ou à l'infirmière.

Bien sûr, si vous avez l'impression d'avoir oublié quelque chose ou que vous avez d'autres questions, n'hésitez pas à appeler. Mieux vaut prévenir que guérir et mieux vaut vous faire éclairer sur une question précise que d'agir au hasard.

Les étapes du mois

Alors, à quoi faut-il s'attendre ?

- Il tient debout tout seul, plus ou moins longtemps, parfois seulement en s'appuyant à un meuble ou à une chaise.
- Il déambule dans la maison en s'accrochant aux meubles sans problème.
- Il tente les premiers pas ou perfectionne sa marche (vers la fin du mois).
- Faites rouler un ballon vers lui, il est capable de vous le renvoyer.
- Il mange tout seul avec ses doigts et boit au verre.
- Il arrive à saisir de tout petits objets.
- Il est capable de suivre des instructions simples (« Viens », « ne touche pas », etc.) quand il en a envie, bien sûr.
- Il dit « maman » et « papa » en y mettant du sens.
- Il prononce quelques autres mots ou syllabes (« ta » = tiens, par exemple, ou bien « cor » = encore).
- Il vous montre ce qu'il veut en le pointant du doigt, en grognant ou en utilisant ses propres mots (même si vous ne comprenez pas, cela peut lui arriver de monologuer dans son propre langage ; il se comprend).
- Il imite les expressions et les gestes de son entourage.
- Il va s'amuser à jeter des objets pour que vous les ramassiez (cela signifie deux choses : d'abord, qu'il a bien saisi le concept de permanence des objets et ensuite, qu'il a un certain sens de l'humour !).
- Il joue en *parallèle* avec les autres : il joue à côté d'autres enfants mais pas encore avec eux.
- Il comprend le sens du mot « non ».

Un peu de logique

Au cours de ces derniers mois de la première année, il se produit quelque chose de très intéressant : comme son cerveau passe à la vitesse supérieure, Bébé devient capable de trouver les moyens d'obtenir ce qu'il veut en agissant en conséquence. Vous le verrez réfléchir : « Hmm… Si je veux que maman vienne me voir pendant la sieste, il suffit que je tente d'escalader le berceau. » Ou alors, vous le verrez s'emparer d'une canne pour attraper un jouet en hauteur. Ou encore, il vous prendra par la main et vous conduira devant le frigo pour un verre de jus de fruits ou devant la porte pour aller jouer dehors (mais oui, c'est un petit génie !).

Malheureusement, ce nouveau sens de la logique va de pair avec la capacité de se mettre dans des situations dangereuses (les petits aventuriers ne comptent pas leur sécurité sur la liste de leurs priorités). Il va vous falloir quelques ajustements pour garder un train d'avance sur lui : nous en parlons dans la partie suivante.

La sécurité de Bébé

À cet âge, même si un bébé est capable de quelques raisonnements logiques rudimentaires, il n'est pas assez grand pour apprécier objectivement les conséquences de ses actes. Comme votre petit téméraire est de plus en plus actif, vous allez découvrir que la meilleure chose à faire est peut-être de vous acheter une bonne paire de baskets, parce qu'il va falloir courir après Bébé. Même les enfants les plus calmes (ceux qui sont ravis de rester assis dans leur parc avec leurs jouets) surprennent parfois leurs parents en se montrant totalement inconscients. (« Tiens, c'est vrai ça : c'est quoi ces fils qui dépassent de la télé ? »)

Maintenant, les différences entre les enfants s'affirment. Certains ne tiennent pas en place ; d'autres n'éprouvent pas le besoin de s'aventurer au-delà de leur petite couverture. Lorsqu'on a un enfant très (trop ?) actif, il faut bien se dire qu'il est programmé comme ça. Il n'est pas méchant, il n'essaie pas de vous rendre fou. Il explore son monde de la façon la plus efficace : en agissant. Et puis, enfin, ça vous fait de l'exercice et il apprend une foule de choses : il y a des tas d'avantages à avoir un enfant très actif.

Vérifiez de nouveau la sécurisation de la maison pour vous assurer qu'elle convient toujours. Il faut maintenant être sûr des objets que Bébé peut atteindre en se tenant debout et des objets dont il peut se servir pour grimper.

Réfréner les amateurs d'escalade

La sieste peut tourner au pugilat si Bébé décide qu'il est beaucoup plus drôle d'escalader son lit que de dormir dedans. Il a moins d'un an : pas question d'abandonner la sieste quotidienne, mais les enfants très actifs ont du mal à prendre du temps pour ça et pleurent lorsqu'on les couche (ça ne les empêche pas de s'endormir en quelques minutes).

ASTUCES

Si votre enfant a du mal à couper le moteur et à passer du jeu à la sieste pour la simple et bonne raison qu'il est 13 heures, arrêtez les jeux un quart d'heure avant la sieste et instaurez un petit rituel de transition :

- Lisez-lui une histoire.
- Mettez de la musique douce à l'endroit où il joue, pour le détendre avant la sieste.
- Enlevez les jouets les plus bruyants.
- Évitez les activités qui l'excitent : pas question de courir après le chat ou de faire une partie de chatouilles avec papa.

Lorsque vous le mettrez dans son lit à barreaux, cela le décidera peut-être à abandonner l'escalade, maintenant qu'il est plus détendu.

Si cela ne suffit pas, c'est peut-être qu'il angoisse de rester seul dans son lit. Dans ce cas, proposez-lui une peluche ou un réconfort quelconque. Frottez-lui doucement le dos avant de le laisser ou mettez-lui de la musique douce, si ça aide. Toutefois, s'il escalade son lit simplement parce qu'il n'a pas envie d'y être, ou parce qu'il trouve ça très amusant (vous avez remarqué, ce grand sourire sur sa petite bouille qui apparaît dans l'encadrement de la porte ?), une peluche ne suffira pas à régler la question.

ASTUCES

S'il est toujours déterminé à sortir de son berceau, c'est peut-être le lit qu'il faut modifier. Ce n'est pas parce qu'il est capable de l'escalader et d'en sortir que vous ne pouvez pas rendre l'épreuve un peu plus difficile : assurez-vous que le matelas est à son niveau le plus bas. Vérifiez que les rebords sont remontés au maximum. Se sert-il d'un jouet ou d'un coussin pour grimper ? Débarrassez-vous-en.

Mieux vaut ne pas le mettre dans un vrai lit d'enfant tout de suite. Il n'est pas prêt pour tant d'indépendance (et vous non plus). Peut-être est-ce le moment d'investir dans une tente de lit en filet à poser sur le lit (voir la figure 16-1). Elle est faite pour ça. Bébé risque d'être très en colère, surtout si son moment de jeu préféré était celui de la sieste, mais n'oubliez pas que, pour l'instant, il en a besoin et que c'est la façon la plus sûre de l'y obliger.

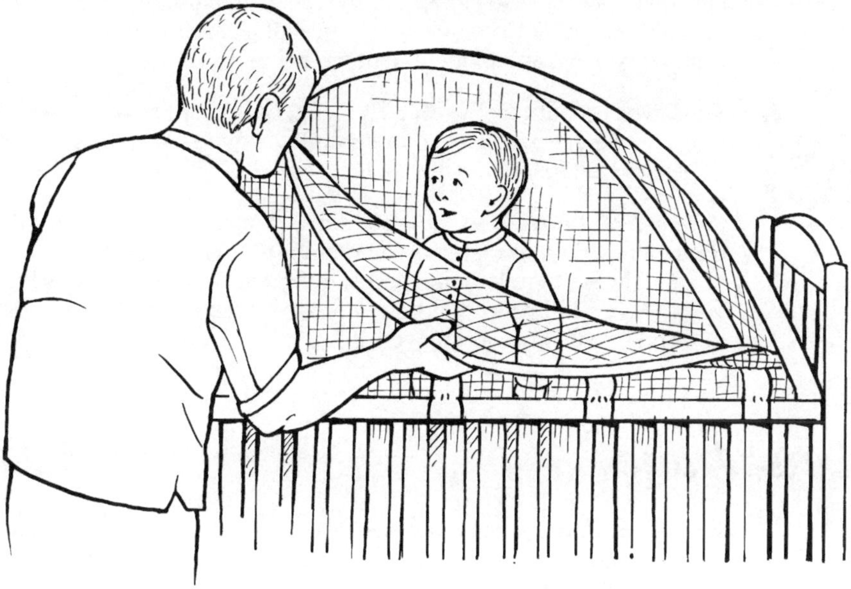

Figure 16-1 : Une tente de lit est l'outil le plus sûr pour que Bébé reste dans son lit de bébé.

Gérer son petit grimpeur

Un enfant de 11 mois est une petite créature très curieuse : il veut en savoir plus, en voir plus, en faire plus (…pour gagner plus). Il est donc très absorbé, surtout dans des situations nouvelles ou qui présentent un intérêt particulier. S'il poursuit un papillon, il ne prendra pas forcément garde aux marches qui descendent vers le jardin. À la poursuite d'un écureuil, il ne se rendra pas compte qu'il arrive au milieu de la rue. (Par bonheur, les écureuils ne courent pas les rues !)

Heureusement, ces petites escapades ne présentent guère de vrai danger, du moins pas maintenant (attention, ça va venir vite), car avec des tout-petits, les parents sont normalement très vigilants. En plus, la majorité des enfants de moins d'un an sont encore dans les jupes de leur maman : ils se méfient beaucoup des inconnus et apprécient fort la sécurité parentale. Toutefois, lorsqu'un tout-petit disparaît dans la maison ou dans le jardin, on a toujours des sueurs froides.

Les enfants de cet âge, très actifs et tout le temps en mouvement ou sagement installés à vos côtés, doivent être surveillés en permanence. Côté sécurisation de la maison, ne vous dites jamais que vous avez fait votre part. Vérifiez en permanence votre plan Vigibébé (voir le chapitre 20) pour être bien sûr que rien n'a changé ou n'a été oublié : quel inconscient a enlevé le cache-prise et a oublié de le remettre ? Les cordes à linge sont-elles suffisamment hautes ?

Quelqu'un a-t-il laissé échapper une pièce de monnaie avec laquelle Bébé peut s'étouffer ? Maintenant que Bébé sait grimper (ou qu'il saura très vite), assurez-vous qu'aucun meuble ne présente de danger.

ASTUCES

Vous avez un petit aventurier ? Aménagez un espace où il sera en sécurité. Recyclez de vieux coussins ou un tapis de gymnastique. L'enfant pourra se dépenser tout son soûl sans se blesser.

Parano ? Peut-être. Mais, à petite dose, la surprotection peut éviter nombre d'accidents. Évidemment, si vous tombez dans les extrêmes (à surveiller chacun de ses mouvements, et le suivre pas à pas), ce n'est sain ni pour vous ni pour lui. Soyez vigilant et fiez-vous à votre bon sens : c'est la clef pour qu'il reste libre et en sécurité.

Le sevrage

Avant que vous ayez le temps de dire « ouf », vous voilà à un mois du premier anniversaire de Bébé. C'est maintenant que votre pédiatre va vous recommander le sevrage, si Bébé est encore allaité. Bébé a non seulement besoin d'autres aliments, mais il sera également plus facile de le sevrer maintenant que lorsqu'il sera plus grand. Vous trouverez dans cette partie quelques conseils pour vous faciliter le processus à tous les deux, ainsi qu'un petit débriefing pour savoir les évolutions que connaîtra votre corps si vous allaitez.

À RETENIR

Évitez de sevrer Bébé la semaine où vous emménagez dans une nouvelle maison ou juste après l'avoir changé de nounou. Cela vous paraîtrait peut-être plus logique de faire d'une pierre deux coups, en imaginant qu'avec tant de nouveautés, il en oubliera son biberon. Eh non, ce ne sera pas le cas. Pour un bébé de 11 mois, un changement pareil représente beaucoup, même s'il semble satisfait. Il aura probablement besoin de réconfort et de sécurité : cela peut être son biberon ou le sein maternel. Qu'il en soit ainsi. Laissez-le s'habituer au changement avant de le sevrer pour de bon.

Arrêter l'allaitement

En France, l'allaitement maternel dure habituellement quelques semaines ou quelques mois (reprise du travail oblige). Certaines mamans choisissent d'allaiter plus longtemps soit de façon exclusive, si elles ne comptent pas reprendre le travail, soit en allaitement mixte si elles retravaillent ou même si elles restent à la maison et qu'elles ne veulent pas que Bébé soit pendu au sein. Rares sont celles qui allaitent jusqu'aux 10-12 mois de bébés : ce paragraphe les concerne.

Si Bébé a du mal à trouver du temps pour une tétée dans son emploi du temps de ministre ou que chaque tétée relève pour vous plus de la corvée que d'un moment de tendresse (peut-être *justement* parce qu'il est très agité), c'est le moment de penser au sevrage.

À RETENIR

Des médecins recommandent le sevrage à 1 an au maximum, en invoquant le besoin croissant d'indépendance de l'enfant et la quantité décroissante du lait maternel. Certaines mères constatent que leurs enfants se sèvrent tout seuls, petit à petit, car ils sont plus intéressés par toutes les choses à explorer (plus le temps pour un câlin). Il arrive aussi que des mères, après neuf mois de grossesse et un an d'allaitement, éprouvent le besoin de se réapproprier leur corps.

Le sevrage est une période de bouleversement, même si vous avez l'impression que Bébé n'a plus besoin de téter. Quelque part, c'est la rupture d'un lien entre vous et l'enfant et, même si vous vous sentez prête, c'est parfois un peu déprimant. Le sevrage annonce le début d'une nouvelle ère où Bébé est physiquement autonome. Même si chaque étape vous rend folle de joie et de fierté, c'est aussi, à chaque fois, un pas qui l'éloigne de vous. Souvenez-vous qu'aimer son enfant, ce n'est pas le garder par devers soi et tout faire à sa place mais l'aider à gagner en autonomie, même s'il s'éloigne de vous.

Une approche progressive

La majorité des mamans comme des enfants arrive progressivement au sevrage sur une durée de quelques semaines ou de quelques mois : c'est un processus naturel que l'enfant maîtrise. Les tétées de jour sont les premières à s'arrêter, une par une, petit à petit. Vous remarquerez que Bébé préfère téter avant la sieste ou le coucher. Cela l'apaise et l'endort : ces tétées sont les reliques du temps où vous le nourrissiez complètement. Elles vont être aussi de plus en plus courtes, jusqu'au moment où Bébé tétera mollement quelques minutes avant de s'endormir. C'est un bon indicateur pour savoir qu'il est prêt à arrêter complètement pour s'en tenir à un gros câlin avant de rejoindre son berceau : ce sont des tétées symboliques et il se sert du mamelon comme d'une tétine, sans vraiment boire.

C'est sûr, ça va vous faire bizarre, lorsque vous l'allongerez dans son berceau sans le nourrir pour la première fois. Ne vous inquiétez pas, il ne subira aucune conséquence à long terme de ce sevrage. C'est une étape naturelle, dans sa vie comme dans la vôtre, même si cela vous paraît très triste. Mais sentez-vous libre de poursuivre l'allaitement maternel jusqu'à quinze mois si ça vous dit : vous ne ferez aucun mal à Bébé, c'est sûr.

ATTENTION !

Ne le sevrez pas du jour au lendemain. Non seulement, c'est mauvais pour l'enfant, mais c'est aussi désastreux pour vous : cela risque d'être douloureux et d'augmenter les risques d'une infection du sein ou des canaux galactophores. Un sevrage brutal pourrait entraîner une chute d'hormones toute aussi brutale : une baisse soudaine de prolactine (une hormone qui stimule la production de lait et joue sur l'humeur) risque de vous déprimer sérieusement, ajoutée à l'angoisse qui accompagne bien souvent le processus du sevrage. Si vous avez des tendances dépressives, faites du sevrage un processus très progressif. Vous laisserez ainsi le temps à votre corps de s'adapter à la réduction de prolactine et éviterez une grosse chute de moral.

Si vous n'avez rien contre les tétines et que vous êtes prête à abandonner la tétée du soir, investissez dans un petit lot de tétines. Assorties à un gros câlin, il se peut que Bébé s'en contente sans sourciller.

Pas de panique si Bébé ne prend pas l'initiative du sevrage complet. Même si beaucoup de médecins proposent de passer au sevrage à 1 an, personne ne vous en voudra si vous gardez ce moyen de câliner votre enfant le soir. S'il n'est pas prêt à 12 mois, il le sera probablement à 13, 14 ou au-delà : soyez attentive aux signaux qu'il vous donne. L'idéal est que ce soit jusqu'au bout un bonheur partagé. Diminuez progressivement la durée de chaque tétée avant d'arrêter complètement.

Et moi, alors ?

Rassurez-vous : la pénibilité du sevrage n'a rien à voir avec ce que vous avez vécu au début de l'allaitement, lors de la première montée de lait. Vos seins seront probablement un peu gonflés et irrités, mais cela dépend des femmes et de la progressivité du sevrage. Une maman qui supprime une tétée tous les quelques jours va probablement moins souffrir qu'une maman qui veut faire un sevrage brutal parce que, tout simplement, elle en a assez. Ceci est vrai si vous produisez du lait en quantité : nombre de femmes qui allaitent encore au bout de 9-10 mois ne produisent que de faibles quantités de lait et offrent des tétées symboliques. Pour ces femmes, le sevrage, même brutal, passe comme une lettre à la poste !

Quelques conseils pour vous soulager :

- **Prenez un antalgique si vous avez mal (paracétamol, par exemple) :** ça ne sert à rien de souffrir.
- **Le cas échéant, utilisez un tire-lait.** Si vos seins sont gonflés et irrités, vous risquez de boucher les conduits galactophores ou de les infecter. Mais ne pompez que le strict minimum : si vous le faites trop régulièrement, cela continuera à stimuler la production.
- **Doucement sur le sodium.** Les aliments salés favorisent la rétention de liquide : ça va se voir dans vos seins. Souvenez-vous aussi que vous n'avez pas eu vos règles pendant tout l'allaitement : ça va vous retomber dessus assez vite. Si vous avez tendance à être ballonnée pendant vos règles, raison de plus pour supprimer le sel.

- S'il est recommandé d'éviter le sodium pendant le sevrage pour ne pas avoir de rétention d'eau, surtout, n'arrêtez pas de boire pour autant. Ce n'est pas en vous déshydratant que vous allez faciliter les choses et, de toute façon, cela ne ralentira pas votre production de lait.
- **Prenez des douches chaudes.** Cela apaisera l'irritation et vous donnera l'occasion d'extraire un peu de lait de vos seins.
- **Portez des soutiens-gorge de sport, mais pas trop serrés.** Gardez des lingettes sous la main, vous risquez d'avoir des fuites.
- **Essayez les infusions de sauge : certaines mères vous jureront que cela fait baisser la production de lait.** Deux à trois tasses par jour, environ toutes les six heures, c'est la dose recommandée.
- **Faites des applications de feuilles de chou cru.** Ce remède de grand-mère nous est parvenu, même si aucune explication scientifique n'a été donnée. Tout ce dont vous avez besoin, c'est d'un chou frais. Nettoyez les feuilles, séchez-les et mettez-les au frigo. Quand elles sont bien fraîches, appliquez une feuille sur chaque sein. Si cela vous soulage, laissez-les toute la journée et enlevez-les quand cela tombe (les feuilles, pas vos seins).

Ne comprimez pas vos seins pendant le sevrage. C'est une pratique médiévale. Et c'est dangereux : cela augmente les risques d'infection et d'obstruction des conduits galactophores. Et en plus, ça fait mal.

S'habituer à ses nouveaux seins

Et donc, après le sevrage, vous allez vous retrouver avec une belle paire de seins bien fermes, comme avant ? Désolé, mais... non. Vos seins risquent d'être très différents : ne jetez pas tout de suite vos affreux soutiens-gorge de grossesse. Après le sevrage, vous risquez de trouver vos seins flasques et nettement plus petits qu'avant. C'est tout à fait normal. Après tout, vous avez allaité pendant plusieurs semaines, voire un an, et avez été enceinte pendant neuf mois. Ces changements physiques et hormonaux agissent forcément sur vos seins ; votre héritage génétique y est aussi pour quelque chose : certaines femmes ont une peau remarquablement élastique, et ont des seins qui se remettent en place sans problème après des mois d'allaitement... Ce n'est pas le cas de tout le monde.

La plupart des femmes « récupèrent » leurs seins en six mois environ, même si d'autres ne rempliront plus jamais leurs soutiens-gorge d'antan. Il est impossible de prédire, cela dépend vraiment des femmes. Soyez prête à tout et dites-vous bien que c'était pour la bonne cause.

Le biberon : au placard ?

Que Bébé ait été sevré du sein pour passer au biberon ou qu'il n'ait connu que le biberon, c'est le moment de l'abandonner (le biberon, pas le bébé). Et ceci pour plusieurs bonnes raisons, entre autres le syndrome du biberon (les caries), mais aussi pour le fait qu'un bébé qui se promène avec un biberon vissé aux lèvres risque de n'être guère intéressé par de la nourriture solide (pour plus de détails sur le syndrome du biberon, reportez-vous au chapitre 11). À son âge, Bébé a besoin de nutriments disponibles dans tous types d'aliments.

À première vue, cela paraît très simple de mettre le biberon dans un placard et de ne plus en parler. Mais si votre petit y est très attaché, ce n'est peut-être pas la meilleure stratégie. Une méthode aussi radicale de sevrage du biberon n'est à appliquer qu'en dernier recours, lorsqu'il est évident que Bébé n'a pas l'intention de lâcher son biberon, même après quelques tentatives progressives.

ASTUCES

Quelques conseils pour le sevrage du biberon :

- Au moment des repas, offrez-lui un « verre à bébé », en supprimant un biberon par repas, progressivement. Pour cela, proposez-lui le verre en échange du biberon un repas par semaine, jusqu'à ce qu'on abandonne complètement le biberon aux repas. Cela prendra tout de même plusieurs semaines.
- Si Bébé commence tout juste le verre, trouvez-en un bien adapté (et qui ne fuit pas).
- Pour arrêter le biberon du soir, modifiez un peu le rituel du coucher. Si vous avez l'habitude de le câliner dans votre chambre avec son biberon, essayez maintenant de lui lire une histoire dans sa propre chambre. En modifiant un peu les choses, vous l'encouragerez à abandonner ce dernier biberon de la journée.
- Si vous lui enlevez le biberon, n'enlevez surtout pas les câlins qui vont avec : il a besoin de toute votre attention, surtout s'il était très attaché à son biberon.
- Ne laissez pas traîner de biberons : loin des yeux, loin du cœur. Rangez tous vos biberons pour n'en utiliser qu'un, si possible, pour que Bébé comprenne qu'il devra, si possible, s'en passer progressivement.
- Tenez vos engagements. Il ne faut pas insister pour qu'il boive au verre un jour et lui laisser le biberon le lendemain. Maintenant que vous avez rangé le biberon pour tel repas, c'est fini, il n'aura plus de biberon à ce repas-là.
- Maintenant que les biberons ont été exclus des repas, ne les ressortez pas, même en cas de force majeure. Cela ne fera que renforcer sa confusion et vous obliger à tout recommencer : ce sera encore plus difficile, parce que Bébé a maintenant bien compris que le biberon, il est *quelque part*.

- Les biberons du soir et de la sieste seront certainement les derniers. Ce sont les plus dangereux pour les dents : c'est pour cela qu'il est si important de sevrer Bébé autour d'un an. Faites-lui la lecture, bercez-le quelques minutes de plus avant de dormir et veillez à ce qu'il ait toujours son doudou sous la main.

Le sevrage du biberon est parfois tout aussi difficile pour la maman que le sevrage du sein. C'est un signe que Bébé n'est plus un nourrisson. Dites-vous que c'est la meilleure chose à faire pour lui (quand il sera sevré, il sera beaucoup plus intéressé par de nouveaux aliments et de nouvelles activités) ; en plus, c'est beaucoup moins compliqué maintenant que ce le sera dans un an.

Si Bébé demande à grands cris son biberon au coucher, donnez-lui un biberon d'eau tiède, non sucrée évidemment (s'il est habitué à du lait tiède le soir). C'est difficile, mais il faut vous y tenir. Plus vous ferez durer les biberons de lait maternisé, de lait de vache ou de lait maternel, plus Bébé risquera les caries. En France, il est d'usage de continuer le biberon de lait du matin plusieurs années. Autant dans la journée, il est conseillé de proposer le verre ou la tasse après 1 an, ou un peu avant, autant le biberon du matin peut être maintenu longtemps. Certains enfants s'arrêtent de boire le lait de leur petit déjeuner lorsque l'on supprime le biberon. Le plus important est qu'il prenne son lait du matin, à la tasse, au bol ou… au biberon ! Laissez-lui donc au moins le matin s'il ne veut pas de son lait autrement qu'avec le biberon, même jusqu'à l'âge de l'entrée à l'école. À cet âge, il se brossera (ou vous lui brosserez) les dents, et le risque de caries (le syndrome des biberons) est très réduit avec un biberon par jour.

Adieu, veau, vache, tétine !

À propos de sevrage : et la tétine, on en fait quoi ? Une chose à la fois. N'oubliez pas que, pour Bébé, le fait de téter est un grand réconfort : c'est comme ça chez tous les petits enfants. Pour le tout petit, c'est même un réflexe. Et même si vous avez hâte de passer à l'étape suivante de la vie de Bébé (finie, la galère des biberons et des tétines au moment de la sieste), gardez en tête que cela serait très déstabilisant de supprimer tant de réconfort en une fois.

Si votre enfant a la tétine vissée à la bouche 24 heures sur 24, commencez à la lui enlever progressivement, pour les mêmes raisons que le biberon : c'est un obstacle dans ses premiers pas vers le langage et vers de nouveaux aliments. Si cela dure, ça finira par affecter le développement de ses dents définitives, en installant un sigmatisme interdental, c'est-à-dire un décalage entre les dents du haut et les dents du bas.

Vous aurez moins de mal à supprimer la tétine dans la journée si vous avez un substitut, même provisoire, pour remplacer cette habitude : car si Bébé est assis sur sa couverture comme tous les matins, cherchant en vain sa tétine, il va se mettre à pleurer. Si vous changez de routine pendant une semaine ou deux, en allant le promener ou en jouant ailleurs dans la maison, cela lui sortira probablement de la tête.

Le but est de supprimer la tétine au cours de la journée, pour qu'il ne la garde qu'au moment de la sieste et pour la nuit. Certains enfants la garderont jusqu'à l'entrée en CP ; si vous lui enlevez complètement la tétine maintenant, cela ne fera que l'encourager à sucer son pouce : c'est une habitude beaucoup plus difficile à perdre. (Et s'il continue trop longtemps, prenez un abonnement chez un orthodontiste dès maintenant.) Cela dit, certains médecins encouragent l'abandon de la tétine dès 4 mois, lorsque l'enfant « trouve » son pouce. L'avantage est qu'il ne perdra pas son pouce comme il peut perdre sa tétine, et que vous n'aurez pas besoin de vous lever trois fois par nuit pour la lui donner. De plus, dans la journée, la tétine tombe cinquante fois et il faudra à chaque fois la lui rincer. Les orthodontistes, quant à eux, sont partagés sur la nocivité du pouce par rapport à la tétine, alors… faites ce qui vous paraît le mieux adapté à votre enfant.

À RETENIR

Il a presque 1 an : trop vieux pour que vous lui supprimiez brutalement la tétine et trop jeune pour exprimer son mécontentement de ne plus l'avoir. Si vous supprimez totalement la tétine et qu'il semble en avoir vraiment besoin, surtout au moment du coucher, laissez tomber jusqu'à ce qu'il soit suffisamment grand pour comprendre un système de récompense. Cela sera-t-il plus difficile dans un an ? Peut-être, mais il se peut aussi qu'il en ait encore vraiment besoin. Là, c'est à vous de voir, en gardant en tête que certains enfants ont besoin de téter pour se détendre. Quoi qu'il arrive, la plupart des dentistes recommandent de jeter la tétine avant les 18 mois de Bébé. En pratique, c'est loin d'être le cas…

Border Bébé

À son âge, Bébé a normalement une routine bien installée. Si ses heures de sommeil sont encore aléatoires, il faut vraiment agir et encourager des horaires réguliers dès que possible. Bébé a besoin de sommeil pour plusieurs raisons, notamment sa croissance et son développement : c'est bien vrai, les enfants grandissent en dormant et en plus, un enfant fatigué et grincheux ne risque pas d'être intéressé par la découverte du vaste monde.

De bonnes habitudes de coucher

Aider Bébé à s'endormir à peu près à la même heure chaque soir, c'est bon pour toute la famille, même si vous détestez ce type de contrainte. Sachez que, lorsque Bébé dort, vous avez du temps pour vous, pour faire tout ce que vous n'avez pas eu le temps de faire jusqu'à maintenant. Et Bébé a besoin de ce rituel pour savoir comment chaque journée se finit.

Les enfants adorent les rituels. Cela les rassure.

Même s'il était impossible d'attendre la moindre régularité de votre enfant au cours de la première moitié de l'année, ce n'est plus vrai maintenant. Il mange plus dans la journée, il est beaucoup plus actif : cela l'a normalement fatigué. Il est capable de se réconforter tout seul avec un doudou ou deux.

Quel genre d'activité encourage un coucher tranquille tous les soirs ? Bonne question. Voici quelques idées :

- **Le bain :** prévoyez un bon bain chaud tôt dans la soirée, pour annoncer l'approche du coucher.
- **Si Bébé est trop fatigué pour dîner, prévoyez un petit encas** : offrez-lui quelque chose de léger, de la compote de pommes, un biscuit, un peu de yaourt ou du fromage. Juste assez pour que Bébé n'ait pas faim jusqu'au matin.
- **Un dîner facile à digérer** : une soupe ou une purée de légumes, puis un laitage.
- **Brossez-lui les dents :** avant que Bébé ne soit totalement endormi, nettoyez ses petites quenottes. Faites-en une habitude tout de suite. Non seulement Bébé comprend que l'heure du coucher approche, mais en plus, il prend l'habitude de se laver les dents avant de dormir. Cela dit, le brossage n'est indispensable qu'à partir de 2 ans, lorsque Bébé aura seize ou vingt dents de lait, et qu'il s'arrêtera (enfin) de saliver. Souvenez-vous que c'est l'acidité salivaire qui aide à « décaper » l'émail dentaire.
- **Un gros câlin :** évidemment, vous avez votre rôle dans le rituel du coucher. Il faut que vous participiez pleinement à la routine avec Bébé pour qu'il dorme bien. Prenez le temps de lui lire une histoire, de lui chanter des berceuses ou, tout simplement, de le câliner.
- **Le rituel :** Bébé doit avoir sa couverture préférée lorsque vous le mettez au lit. Si vous voulez l'habituer à la prière du soir, c'est le moment de commencer : d'abord avec un simple signe de croix si vous êtes chrétiens, puis les prières usuelles d'ici quelques mois. Il ne risque pas de tout mémoriser la première fois, mais ça viendra tout seul.

Si Bébé a des problèmes pour s'endormir ou pour faire des nuits complètes, demandez-vous combien de temps il dort au cours de la journée : il faut peut-être raccourcir progressivement les siestes. À son âge, la majorité des enfants dorment entre onze et quatorze heures par jour. S'il fait une sieste de deux heures dans l'après-midi, il est censé dormir au moins neuf à douze heures par nuit.

Bébé doit être éveillé lorsque vous le mettez au lit : il faut qu'il arrive à s'endormir tout seul. Si vous le bercez systématiquement jusqu'à ce qu'il s'endorme, il restera dépendant de vous. Il faut qu'il trouve ses propres façons de s'installer dans les bras de Morphée. Sinon, il est probable qu'il ait besoin de votre aide au milieu de la nuit comme pour la sieste.

La majorité des enfants se réveille une ou deux fois par nuit. À son âge, Bébé est censé pouvoir se rassurer tout seul et se rendormir. S'il vous demande encore à 2 heures ou 3 heures du matin, accordez-vous quelques minutes avant de vous lever : allongez progressivement ce temps d'attente. En vous précipitant à son chevet, vous vous privez tous les deux de sommeil et vous risquez d'entretenir les problèmes.

Bébé sait que, s'il a besoin de vous, vous serez là. C'est à vous de séparer ses *besoins* de ses *envies*. Même s'il faut éviter de se ruer dans sa chambre dès qu'il pleurniche dans son berceau (de toute évidence, il a *envie* de vous voir), comptez sur votre instinct maternel pour vous avertir s'il se passe quelque chose de grave. S'il pleure de douleur ou de peur (les bébés aussi font des cauchemars), il a *besoin* de vous et il faut, bien sûr, aller le réconforter. Tout de suite. Vous serez d'ailleurs alertés par l'intensité de ses pleurs, en cas de cauchemars, différents de ceux d'un enfant qui pleurniche dans un demi-sommeil.

Les mauvaises habitudes du coucher

Maintenant, on sait ce qu'il faut faire pour aider un enfant à s'endormir. Mais y a-t-il des choses à ne pas faire ? Oui :

- **Des activités physiques :** seriez-vous capable de faire une partie de chatouilles, de vous rouler par terre, de courir après votre compagnon à travers toute la maison… puis de tomber endormi(e) ? Non ? Eh bien, Bébé non plus.
- **Du bruit :** votre enfant est peut-être très sensible aux sons trop forts. Il va falloir mettre une sourdine à Johnny quand l'heure du coucher approche.
- **La télé-tétine :** c'est mauvais de laisser Bébé s'endormir devant la télé. Il n'apprend pas à accepter le sommeil comme tel : il ne sait pas ce que c'est que de s'endormir. Bien au contraire, il lutte pour rester éveillé et pour continuer à regarder la télé et en plus, il en devient dépendant pour dormir. La télévision est de plus un excitant du système nerveux central : il faut la proscrire dans l'heure qui précède l'endormissement.
- **Le bercer jusqu'à ce qu'il s'endorme :** encore une fois, il n'apprend pas à se réconforter tout seul et à accepter le fait de dormir comme faisant partie de la vie : il risque de vouloir qu'on le berce au milieu de la nuit.

- **Les horaires décalés :** pour des parents qui travaillent, il n'est pas forcément évident de laisser des horaires de bureau rigides pour retrouver des horaires familiaux rigides. Cependant, c'est vraiment la meilleure chose à faire pour Bébé. Même si vous avez très envie de le garder éveillé pour que vous puissiez regarder le dernier programme tous ensemble, il a besoin d'habitudes quotidiennes.

Un enfant qui n'a été soumis à aucune routine jusqu'à maintenant aura besoin d'un peu de temps pour s'y habituer. C'est normal, mais établissez une routine et tenez-vous-y. Il en a besoin et vous aussi. Il n'est pas censé vous appeler pour que vous le calmiez (ou le nourrissiez) au milieu de la nuit, toutes les nuits. Physiquement, il est capable d'un rythme de sommeil normal et vous, vous en avez désespérément besoin.

Chapitre 17

Le douzième mois : mais c'est qui, ce bambin ?

Dans ce chapitre

- Le bilan du premier anniversaire
- Comprendre les phobies de Bébé
- Quelle intelligence !
- Le bon compromis pour la discipline
- Et ça y est, un an : youpi !

Ça y est, vous l'avez fait, et Bébé aussi : à la fin du mois, il aura un an. L'année qui vient de s'écouler a été assez incroyable. Il y a douze mois, vous et votre bébé ne vous connaissiez pas ; maintenant, vous savez exactement ce qui fera réagir votre enfant, ce qui le fera courir, crier et glousser. Après son premier anniversaire, Bébé n'est officiellement plus un bébé : il est déjà dans le monde de l'enfance.

Le dernier mois de la première année est particulièrement excitant. En tant que parents, vous validez une étape importante (et même s'il vous serait bien agréable de vous dire que le plus dur est fait, attendez l'adolescence...). On peut dire, pour résumer, que vous êtes venus, vous avez vu (vous avez perdu le sommeil) et vous avez vaincu : vous êtes les incroyables parents d'un enfant fantastique, d'après vous, bien sûr. En réalité, pour être honnête, c'est plutôt lui qui est venu, a vu et a vaincu ! Effectivement, il va y avoir de quoi faire la fête pour le premier anniversaire de Bébé !

À RETENIR

Peut-être serez-vous quelque peu mélancolique en le voyant souffler sa première bougie (déjà !). Il faut comprendre que cela ne veut pas dire que ce n'est plus votre bébé. Votre maman ne vous dit-elle pas que vous êtes encore *son* bébé ? Eh bien voilà, maintenant vous comprenez.

La visite chez le médecin

Fini l'époque des bilans quasi-mensuels chez le médecin. Au-delà d'un an, tout cela va considérablement ralentir. Au cours de la deuxième année, vous ne ferez que deux ou trois bilans chez le pédiatre. Sinon, vous n'irez le voir que si Bébé s'est fait mal ou qu'il est malade. Vous avez passé tellement de temps chez ce pédiatre qu'il risque de beaucoup vous manquer ! Maintenant, le but est plutôt de rester hors de son cabinet : sinon, ce n'est pas très bon signe.

La visite de la première année

Ce mois-ci, votre médecin enregistre encore une fois la croissance et le développement de votre enfant, sachant que celui-ci a beaucoup grandi. Dans le chapitre 6, nous évoquons le sens des courbes de poids et de taille. Votre pédiatre va s'assurer que Bébé est dans la moyenne. En d'autres termes, pas d'inquiétude si vous trouvez que votre enfant est trop gros ou trop menu. Il faut se faire du souci s'il est beaucoup plus enrobé que les autres bébés ou beaucoup plus fluet. Sa croissance doit être continue et régulière.

Gardez le contact avec Doc

Ce n'est pas parce que vous n'aurez plus de visites de routine que le médecin ne veut plus vous voir. Et ce n'est pas parce que Bébé souffle sa première bougie que vous n'aurez plus du tout de questions quant à sa santé. De nombreux cabinets ont des *heures d'appel* – heures au cours desquelles le médecin prend les appels des parents. (Bébé fait des colères monumentales ces derniers temps, est-ce normal ? Appelez pendant ces horaires et le pédiatre vous répondra.) Lorsqu'ils ne sont pas là, les médecins ont des boîtes vocales (ou des secrétaires) qui relayent les messages urgents. (Bébé a 38,3° et vous ne savez pas quoi faire. Laissez un message, le médecin vous rappellera chez vous.)

Les parents hésitent souvent à appeler le pédiatre pour des questions précises. Si Bébé est malade et que vous avez une question d'ordre médical à lui poser, n'hésitez pas. On ne peut pas vous demander de tout savoir sur toutes les maladies. Détendez-vous et donnez-vous les moyens d'avoir les réponses que vous cherchez. Mais n'oubliez pas que le pédiatre est chez lui, avec sa famille et que, s'il se déplace, c'est pour une urgence et pas pour des questions de routine.

S'il s'agit d'un problème comportemental, servez-vous de votre bon sens : appelez pendant les horaires d'ouverture, à moins qu'il ne s'agisse d'un changement radical de comportement qui pourrait être le symptôme d'une maladie préoccupante, voire grave. Inutile d'appeler le médecin pour lui demander s'il est normal que Bébé se frotte le visage avec sa couverture avant de s'endormir. C'est adorable et, oui, tout à fait normal. Toutefois, si Bébé se cogne la tête contre le mur pour s'endormir, mieux vaut le raconter au médecin et lui demander son avis

ASTUCES

Voici quelques questions que votre pédiatre va probablement vous poser :

- Quel est le rythme de sommeil de Bébé ? Combien de temps dort-il ? Fait-il des nuits complètes ? Combien de siestes fait-il par jour ? Certains bébés ont encore besoin d'une petite sieste le matin, et d'une autre, plus longue, l'après-midi. Il faut les laisser suivre leur rythme, et la sieste du matin disparaîtra d'elle-même d'ici quelques semaines.
- Bébé parle-t-il ? Combien de mots distincts prononce-t-il ?
- Bébé pointe-t-il les objets du doigt ?
- Que mange-t-il ? Quelles quantités ? Là encore, votre pédiatre doit vous guider sur les quantités adaptées à votre bébé.
- Est-il capable de se tenir debout, aux meubles, de marcher ?
- Combien a-t-il de dents ?
- Est-il sociable ? Est-il capable de maintenir un contact visuel, semble-t-il entendre lorsque vous lui parlez, joue-t-il avec vous ? Et vous, prenez-vous le temps de jouer avec lui, vous rendez-vous disponible pour cela ?
- Bébé voit-il et entend-il correctement ?
- Est-il capable d'empiler des cubes et de manipuler ses jouets ? (C'est une évaluation de ses capacités motrices.)

Le médecin vous demandera aussi si vous avez des questions. Vous n'aurez pas de bilan avant que l'enfant ait 15 mois, donc pas de complexes : posez toutes les questions que vous voulez.

Les vaccins

DÉTAIL TECHNIQUE

Hélas, Bébé est bien parti pour quelques piqûres ce mois-ci. Elles viennent compléter une série d'initiales barbares. Ne vous inquiétez pas, tout cela deviendra limpide lorsque vous lirez ce que nous vous expliquons au chapitre 18. Vous saurez ce que veulent exactement dire les initiales et comment ces piqûres protègent votre bébé. Les vaccins suivants sont administrés entre 12 et 15 mois :

- MMR vax pro* ou Priorix* (vaccin contre la rougeole, la rubéole ou les oreillons) ;
- Pentavac* ou Infanrix* (quinta ou hexa) : ce sont des rappels des vaccins qu'il a eu à 2-3 et 4 mois contre la diphtérie, le tétanos, la coqueluche, la poliomyélite, l'hémophilus influenza de type B (quinta), plus éventuellement le vaccin contre l'hépatite B (hexa) ;
- Prévenar* : rappel de vaccin anti-pneumococcique (déjà fait à 2 et 4 mois) ;
- Éventuellement le vaccin antivaricelleux (en fait peu usité en France).

Comme toujours, n'oubliez pas de demander au médecin ou à l'infirmière quels sont les effets secondaires auxquels il faut s'attendre ; demandez aussi ce qu'il faut faire et quels symptômes méritent un petit tour par les urgences.

Les étapes du mois

Au cours du douzième mois, on dirait vraiment que Bébé apprend de nouvelles choses tous les jours : c'est infini ! Voici à quoi vous pouvez vous attendre :

- Il tient bien assis et se redresse en s'appuyant aux objets.
- Il tient debout tout seul.
- Il marche un petit peu, en vous tenant par la main ou tout seul. Pas de panique s'il n'est pas encore champion de marathon, beaucoup de bébés ne marchent pas avant le treizième ou le quatorzième mois (voire plus tard). S'il progresse de mois en mois et qu'il n'acquiert la marche que vers 18-20 mois, pas de panique !
- Bébé est au moins capable de se servir d'une petite cuillère et d'un verre pour bébé.
- Il essaie peut-être de vous aider lorsque vous l'habillez, en soulevant la jambe quand vous enfilez une chaussette, par exemple.
- Certains bébés sont très doués en escalade : votre maison doit être sécurisée (voir le chapitre 20). Il doit être constamment sous votre surveillance.
- Il arrive à empiler des cubes et des tasses (pour les plus habiles d'entre eux).
- Il arrive à vous renvoyer à la main une balle que vous faites rouler. Il shootera plus tard !
- Bébé parle, en utilisant au moins deux mots parfaitement. Certains bébés s'inventent leur propre langage : ils imitent les intonations des adultes autour d'eux, mais ne prononcent rien de compréhensible : ils parlent « bébé ».
- Il montre du doigt les objets qu'il veut ou vous fait comprendre ce qu'il souhaite sans pleurer pour autant.
- Bébé obéit à des ordres simples, comme « Viens ici » ou « Pose ça » (du moins lorsqu'il a décidé de vous obéir). En tout cas, il comprend le sens général de ce que vous lui demandez.
- Il fait de grandes démonstrations de tendresse à ceux qu'il aime.

- Il est encore trop jeune pour jouer avec les autres enfants, mais il joue à côté (*en parallèle*).
- Bébé se reconnaît dans le miroir et ne déteste pas se faire la moue.

Franchir les étapes

Revoyez l'année qui vient de se passer : c'est incroyable ! En un an, Bébé a grandi de 25 cm, triplé de poids, gagné en mobilité et en indépendance et appris à communiquer avec les autres. Vous n'en revenez pas.

Chaque enfant a son propre rythme. L'étape de la parole est particulièrement variable en fonction des enfants. Certains commencent à articuler dès leur premier anniversaire alors que d'autres ne communiquent véritablement qu'à partir de 2 ou 3 ans. Votre médecin sera plus intéressé par les *progrès* de votre enfant vers cette étape (Bébé essaie-t-il de parler ?) que par son franchissement à une date précise.

Si votre médecin partage vos inquiétudes concernant le développement de Bébé, gardez en tête que plus tôt on intervient, mieux c'est, afin de trouver la cause d'un retard éventuel, et de la traiter. Une prise en charge précoce d'un retard ou d'un handicap rendra votre enfant plus autonome que le même enfant ayant le même retard mais pris en charge plus tardivement.

La sécurité de Bébé

Le début de l'enfance marque une nouvelle façon d'être parents. Votre enfant en apprend un peu plus chaque jour et cela peut susciter des peurs. Mettez-vous à sa place : il est entouré de tant de choses qu'il commence à remarquer et dont il est curieux… mais il ne les comprend pas encore complètement.

À l'inverse, certains parents ont à la maison de petits téméraires. Des choses qui devraient normalement effrayer les enfants (un chien qui aboie, un Klaxon puissant) ne leur font aucun effet : les parents se rendent malades en se demandant dans quel genre de situation leur progéniture va finir.

Gérer les nouvelles peurs

Mais *où* va l'eau lorsque vous enlevez le bouchon de la baignoire – et pourquoi n'emporterait-elle pas Bébé avec elle ? Pour un enfant, c'est terrifiant. Quand on y pense, en fait, cette période est pleine de choses terrifiantes ; en tant qu'adultes, les parents savent comment le monde marche et que certaines choses n'arriveront tout simplement pas et qu'il n'y a donc pas lieu de s'inquiéter. Bébé n'a pas votre expérience, ni votre capacité à raisonner ses peurs.

L'apparition de nouvelles peurs est totalement normale à ce stade de développement de Bébé. Il se peut que vous releviez un événement qui a effrayé Bébé et l'a marqué (un chien lui a sauté dessus ou il a glissé sous l'eau dans la baignoire), mais il arrive aussi qu'il développe des peurs qui, apparemment, sortent de nulle part. Et même si votre enfant n'a peur que d'une chose, la majorité des petits a tendance à avoir un peu peur de tout, soit parce que c'est dans leur tempérament soit parce que l'un de leurs parents est d'un naturel inquiet et que l'enfant le ressent.

Parfois, il est totalement impossible de prévoir ce qui va effrayer Bébé, mais il y a, en quelque sorte, des « classiques » :

- Les bruits trop forts
- Les animaux
- L'eau
- Le noir
- La séparation d'avec papa et maman

Ces deux dernières angoisses vont ensemble : Bébé est mis au lit dans une chambre obscure, sans ses parents. Le drame qu'il en fait peut être un peu difficile à gérer.

Les périodes de bouleversement ou de stress dans la vie de Bébé (un déménagement, l'arrivée d'un petit frère ou d'une petite sœur, une nouvelle nounou) peuvent provoquer le développement de ces nouvelles peurs ou augmenter celles que vous connaissiez déjà. Tout ce qui change a tendance à angoisser Bébé, qui a besoin de repères.

Alors, que faire pour aider Bébé à gérer cela ? Plusieurs choses :

- **Reconnaissez sa peur et ne la tournez pas en ridicule.** Ne forcez pas Bébé à caresser le chien du voisin si votre enfant hurle de panique. Que sa peur soit justifiée ou non, elle est réelle. Si vous l'obligez à se mettre dans des situations qui l'effraient, vous le déstabilisez (il *pense* que vous l'aimez : pourquoi faites-vous ça ?) et vous risquez de transformer cette peur, transitoire le plus souvent, en vraie phobie.
- **À l'inverse, n'en rajoutez pas.** OK, il n'est pas obligé de caresser le chien du voisin. Mais ne le bassinez pas avec le *méchant* chien toute la journée. Il faut réagir en situation puis laisser tomber. Inutile d'y consacrer des heures : là encore, cela ne fera que renforcer sa frayeur.

« Docteur-J'ai-peur, j'écoute ? »

Vous êtes installé dans la salle d'attente du pédiatre et vous entendez hurler un enfant dans l'une des salles. Mais enfin, qu'est-ce qu'on lui fait à ce pauvre gosse ? Ces pleurs peuvent être liés soit à une piqûre ou une maladie, soit à une peur banale que les enfants de cet âge développent : celle du médecin et/ou de l'infirmière. Lorsque le docteur Gaylord, co-auteur de ce livre, constate qu'un de ses petits patients écarquille les yeux de panique en l'apercevant, il l'examine sur les genoux de sa mère. N'hésitez pas à demander cela à votre pédiatre. Personne ne tient à terroriser votre bébé plus que de raison (il a peut-être gardé le souvenir de piqûres ou de maladies désagréables). Certains bébés pleurent avant même d'avoir vu le médecin. Dès qu'ils ont reconnu le hall de l'immeuble ou la salle d'attente, ils sont inconsolables, surtout à partir de 9-10 mois : c'est tout à fait normal, et cela s'arrangera quand Bébé aura 2 ans.

- **Résistez au besoin urgent de le protéger de tout.** Pour dépasser ses peurs, votre enfant doit y être exposé progressivement afin de constater que ces objets ou ces situations ne présentent en réalité aucun danger. C'est parfois difficile, surtout si vous avez l'impression que votre enfant a peur de tout. Restez à côté et encouragez-le lorsque vous voyez poindre son angoisse, mais ne le couvez pas trop.
- **Cherchez des solutions pratiques.** Si votre enfant a peur du noir, installez-lui une veilleuse. Si le chien du voisin est *vraiment* méchant, gardez Bébé éloigné de lui. Si Bébé a peur de la baignoire, tenez-lui la main lorsqu'il est dedans et évitez de lui mettre de l'eau sur le visage quand vous lui lavez les cheveux. Ce genre de petit ajustement peut faire toute la différence et l'aider à surmonter ses peurs.

Bien souvent, les enfants se mettent à avoir peur brusquement de quelque chose qui ne les avait jusque-là jamais dérangés. Un beau matin, votre petit se met à hurler de terreur lorsque votre époux met en marche la tondeuse à gazon, alors que cela ne l'avait jamais gêné auparavant. Encore une fois, c'est un comportement un peu surprenant, mais normal.

La majorité des enfants dépasse ses peurs, même si certaines persistent quelques années. Ce n'est pas un véritable problème, à moins que cela ne tourne à la *phobie*, qui paralyse totalement votre enfant et l'empêche d'évoluer sur les plans physique et relationnel. C'est assez répandu chez les enfants plus âgés et il y a peu de chance que cela arrive à votre petit bout d'un an : cela dit, si vous avez des craintes, parlez-en à votre pédiatre.

Chevalier sans crainte et sans reproche, c'est lui !

Certains parents gagnent quelques poignées de cheveux blancs, si par malheur leur petit n'a peur de rien. Mais bon sang, comment arrive-t-il à se mettre autant en danger, aussi souvent ?

Encore une fois, c'est dans son tempérament. Il est curieux, il est actif. Il ne voit pas ce qui l'empêche d'explorer le monde qui l'entoure, même si cela veut dire escalader la télévision ou monter sur la chasse d'eau. Après tout, c'est super drôle, et vous, papa et maman, vous êtes complètement parano.

Mais non. Bien sûr. La mission première des parents est de protéger leur enfant. Les parents d'un petit téméraire d'un an ont simplement plus de travail que les autres, car à cet âge, Bébé n'a pas de notion du danger. Mieux, chaque chute est vite considérée et ne l'incite pas pour autant à la prudence…

Quelques conseils pour que Bébé reste en sécurité :

- **Détendez-vous au maximum.** Vous avez vu de quoi il était capable. Il ne va pas mettre fin à sa carrière d'explorateur parce que vous le voulez bien. Gardez la porte de la salle de bains fermée. Limitez son aire d'influence pour éviter qu'il ne se mette en danger. Faites de la prévention en sécurisant l'appartement ou la maison.
- **Faites preuve de créativité.** Mettez-vous à la place de votre enfant. Réfléchissez aux choses les plus dangereuses à faire dans chaque pièce et devancez-le. Enlevez ou réaménagez ce qui peut présenter un danger dans la maison. Là, c'est plus que de la sécurisation : il va peut-être falloir enlever l'ottomane, déplacer des chaises et des tabourets pour les mettre hors de sa portée et lui interdire l'accès de votre bibliothèque (trois cents kilos de livres sur la tête, ce n'est pas recommandé). Votre *leitmotiv* : ça ne coûte rien.
- **Dites « non ».** Quand il fait du trampoline sur le canapé et se tient en équilibre sur les accoudoirs, dites-lui non. Il n'a pas non plus le droit de se tenir debout dans sa chaise haute.
- **Gardez-le sous surveillance.** Il est très jeune et très actif : il ne va pas forcément écouter vos instructions détaillées quand il s'agit de ne pas monter dans le sèche-linge. Il faut encore le garder sous surveillance en permanence. Même si la maison est sécurisée, ne vous plongez pas dans un bon livre sous prétexte qu'il joue près de vous : il peut s'éloigner très vite et faire encore plus vite une bêtise (tirer sur la nappe sur laquelle il y a votre café brûlant, par exemple).

Bébé doit avoir son aire de jeux pour se dépenser. Servez-vous de matelas rembourrés et d'objets à escalader sans danger.

ATTENTION !

Si votre bébé n'a peur de rien et que vous faites appel à une baby-sitter, que ce soit une petite cousine ou une ado du quartier, il faut qu'elle sache que votre enfant est *très* actif : la meilleure chose à faire est de l'accueillir à la maison quelques jours avant de la laisser seule avec Bébé. Il faut qu'elle sache de quoi il est capable. Certaines ne savent pas ce qu'est un enfant : mieux vaut qu'elle soit prévenue pour savoir comment fonctionne votre enfant.

Dernière chose : il va falloir s'habituer. Sa grande activité ne fera qu'augmenter au cours de la deuxième année, puis se calmera doucement. Et si ce n'est pas le cas, il deviendra gymnaste ou trapéziste de renom, et vous serez toujours aussi fier.

« Nos vœux les plus sincères ! » : faire la fête… autrement

Quand on est des parents un peu fêtards, on veut mettre les petits plats dans les grands pour le premier anniversaire de Bébé. Évidemment, dans certains milieux, les fêtes de nos jours n'ont rien à voir avec ce qu'étaient les anniversaires d'antan : traiteurs hors de prix et froufrous de soie sont parfois de rigueur. Eh oui, chacun rivalise pour offrir le meilleur à son enfant !

Mais, n'oubliez pas que, justement, c'est *pour votre enfant :* votre priorité, c'est qu'il s'amuse. Demandez-vous ce qui, pour lui, rendra ce jour inoubliable et agissez en fonction de cela. Il y a des chances que cela ne lui fasse ni chaud ni froid que vous louiez la plus belle salle de la ville ; en revanche, il va adorer le gâteau, les amis, les cousins et les grands-parents.

À RETENIR

Cela va peut-être être difficile de vous restreindre pour ce premier anniversaire, mais rassurez-vous, Bébé en aura beaucoup d'autres. Plus tard, il sera à même d'apprécier ce que vous lui offrez. Mieux vaut ne pas trop en faire maintenant : gardez-en pour plus tard.

Pour que la fête plaise aux enfants, il faut tenir compte des éléments suivants :

- **D'autres enfants :** invitez les derniers-nés de la famille et, si Bébé a un ami ou deux, invitez-les aussi.
- **Dans l'intimité ou pas :** certains vous recommanderont d'organiser quelque chose de confidentiel. Mais, si vous êtes membre d'une famille nombreuse, Bébé a l'habitude des foules. Ne l'envahissez pas d'inconnus ou de personnes auxquelles il n'est pas habitué.
- **À grignoter pour Bébé :** évidemment, vous n'allez pas proposer des bouts de banane à vos beaux-parents. Mais assurez-vous qu'il y aura tout ce qu'il faut pour Bébé et ses copains.

- **Des activités pour les enfants :** prévoyez des jeux pour vos petits invités (cadeaux à la clef!). Si le temps le permet, préférez le jardin : là, il y a de la place.
- **Des horaires appropriés :** pas la peine que ça dure toute la journée et encore moins toute la nuit. Tenez compte, par exemple, de la sieste de Bébé : il risque de ne pas se montrer très accueillant avec les invités s'il tombe de sommeil.
- **Le gâteau :** donnez-lui son propre petit gâteau ou une part d'un grand gâteau, et laissez-le s'amuser avec, plonger des deux mains dedans : qu'il puisse s'en mettre partout!

ASTUCES

Si Bébé en a envie, laissez-le ouvrir les cadeaux devant tout le monde. Mais s'il est occupé à courir partout avec ses amis, inutile de le forcer. Vous pourrez les ouvrir plus tard et faire une liste de qui a offert quoi : il faudra faire le courrier dans la semaine.

Quels jouets choisir ?

Maintenant que vous mettez au placard quelques jouets de Bébé, assurez-vous qu'il est préparé à entrer dans sa deuxième année avec des jeux intéressants et pédagogiques.

ASTUCES

Évidemment, il faut s'assurer que les jouets sont bons pour votre enfant et qu'ils ne le mettent pas en danger :

- **Les jeux sonores :** plus ça fait de bruit, mieux c'est. Batterie, synthétiseur, crécelle, etc.
- **Boîtes à formes** : les enfants de cet âge adorent mettre des choses les unes dans les autres. Non seulement Bébé va arriver à mettre toutes les formes dans la boîte, mais en plus, il développe ses capacités motrices. Brusquement, il va adorer faire le ménage! Mais oui, c'est super drôle de ramasser tous les jouets pour les mettre dans la boîte à jouets quand on a fini.
- **Les blocs (à empiler et emboîter) :** les très jeunes enfants adorent empiler. Ils jouent aussi avec le concept du dedans-dehors : pourquoi pas des poupées russes?
- **Des jouets à pousser :** ils sont larges et solides pour aider Bébé à tenir sur ses deux pieds.
- **Les jouets à traîner :** maintenant qu'il se débrouille comme un chef, il va adorer tirer son canard ou son chien derrière lui.
- **Les puzzles :** ses capacités motrices et cognitives vont se développer à toute vitesse. Les puzzles de quelques pièces font les délices de beaucoup de bébés.

- **Les tapis ou tables d'éveil** : ils tiennent leurs promesses – il y a des tas de choses à faire avec. Beaucoup ont aussi de la musique et des lumières. Hop, on appuie sur un bouton et cela produit un son, une lumière, un mouvement, etc.
- **Des jouets pour le bain :** Bébé ne déteste pas avoir de la compagnie dans son bain. Maintenant, on trouve des peluches qui ne craignent pas l'eau. On peut aussi se procurer des animaux en mousse, pour les coller au bord de la baignoire. Les bateaux et les jouets qui arrosent sont évidemment de grands classiques.
- **Une table et des crayons :** pour un enfant qui aime dessiner à un si jeune âge, cela va être un bonheur de pouvoir enfin s'en donner les moyens. D'ailleurs, « crayonner » est plus réaliste que dessiner à cet âge-là !
- **Des livres :** continuez à lui donner des livres colorés, pleins de dessins et en matériaux solides. Évitez les livres trop longs ou trop narratifs. On fait maintenant des petites choses très bien avec des cartons à déplier, des boutons à presser, etc.
- **Les jouets « pop-up » :** hop, on appuie dessus, et une petite tête bondit.
- **De la musique :** vous savez maintenant ce qu'il aime. Achetez-lui un CD, juste pour lui.
- **Des maisons de jeux :** les petits enfants adorent les petites maisons. Si vous avez de la place, installez-en une. Il appréciera autant une tente que vous pouvez planter dans votre jardin (si vous avez la chance d'en avoir un).
- **Les sets de jeux :** évidemment, la dînette est un grand classique : c'est une source de distraction presque infinie.
- **Les jouets pour la voiture :** on s'ennuie à l'arrière de la voiture ? Trouvez-lui quelques jouets, qui font de la musique et de la lumière (sans trop distraire le conducteur, bien sûr).

À RETENIR

Bébé a peut-être déjà ses séries télé préférées, mais évitez de le faire crouler sous les DVD lors de son premier anniversaire. À cet âge-là, on doit passer son temps à explorer le vaste monde et à apprendre des choses : pas devant la télévision.

Évidemment, ce ne sont que des suggestions. Personne ne connaît mieux votre enfant que vous et vous savez le type de jeux qu'il préfère. Il faut juste veiller à lui trouver des jouets qui correspondent à son âge. Bien sûr, vous rêvez peut-être de lui offrir sa première guitare, mais lui, il n'en rêve pas encore.

ASTUCES

Pas de surprise si Bébé est plus intéressé par vos casseroles et vos marmites que par ses jouets : ça brille, ça fait du bruit et on peut mettre des *tas* de choses dedans.

Les questions de sécurité

Bébé doit avoir des jouets qui correspondent à son âge. Lorsque vous en achetez, vérifiez l'étiquette. La plupart donnent une fourchette. Évitez les jouets prévus pour des enfants plus âgés. Par exemple, ne donnez pas à votre petit d'un an un jouet qui est indiqué pour les « 6-8 ans », même si Bébé a un coup de cœur et qu'il le veut absolument. Il vaut mieux d'ailleurs de ne pas faire les magasins de jouets avec lui.

Concernant les tout-petits, le risque d'étouffement est le plus grave. Les jouets pour enfants plus âgés contiennent souvent de petites pièces qui peuvent tomber et encombrer les voies respiratoires de Bébé s'il les avale : des roues, des yeux, des boutons, des morceaux de mousse, etc. Tous ces matériaux et beaucoup d'autres sont présents dans les jouets pour enfants plus âgés et présentent un véritable risque pour votre bébé. Méfiez-vous, si vous avez des aînés, que Bébé n'inhale pas une des pièces de jouets pour « grands » (Playmobil, par exemple).

Garçons et filles : même combat ?

À cet âge-ci, la majorité des jouets conviennent aux garçons comme aux filles. C'est seulement plus tard que la distinction se fera. Si vous avez fait au mieux pour que tous ses jouets soient neutres, vous serez peut-être surpris de constater que votre fille de 2 ans ne veut que du rose et que votre fils vous braque avec son pistolet imaginaire. (Mais souvent, vous constaterez aussi que votre fils est intéressé par les poupées, et votre fille par les voitures ! Ne paniquez pas pour autant : tout ceci est fréquent et tout à fait normal.)

Suivre le mouvement

Faut-il accepter que votre enfant soit fortement marqué par les stéréotypes liés à son sexe ? Votre petit garçon est-il très actif, votre petite fille très timide ? Bien sûr mais il ne faut pas être plus royaliste que le roi. Il ne faut pas non plus demander à un enfant de changer de personnalité : il suffit de lui apprendre à distinguer ce qui convient et ce qui ne convient pas. Oui, les garçons restent des garçons, mais un petit qui se bat systématiquement avec ses camarades doit être réprimandé : il faut faire la part des choses entre un instinct naturel et un comportement inadmissible. Si, à l'inverse, votre petite fille est constamment la tête de turc du groupe, vous devez évidemment lui apprendre à s'imposer.

À RETENIR

Même si, à cet âge, garçons et filles se ressemblent beaucoup, ils n'ont pas les mêmes hormones. Ces phénomènes chimiques sont en partie responsables du fait que votre petite fille va s'amuser à bichonner son ours en peluche tandis que votre petit garçon va lui faire faire le parachutiste jusque dans le jardin.

Maintenant, il n'y a aucun mal à offrir une dînette à votre petit garçon d'un an ou un camion à votre petite fille. Il y a des chances pour qu'ils adorent, du moins, jusqu'à ce que leurs amis et les publicités télévisées ne commencent à affecter leur jugement. Certains enfants n'en ont que faire ; d'autres vont adorer se caricaturer dans leurs propres rôles et marqueront leur mépris pour le sexe opposé.

ASTUCES

En bref, pour choisir des jouets, il faut penser aux choses suivantes :

- **Respectez les goûts de votre enfant.** Inutile de lui imposer des jouets avec lesquels il ne veut pas jouer. Si votre petit garçon ne porte décidément aucun intérêt à cette maison de poupées, vous ne pouvez pas le forcer.
- **Il est tout à fait possible d'élever un enfant et de le rendre poli, attentionné et gentil même s'il ne veut pas des jouets usuellement attribués à l'autre sexe.**
- **Votre comportement et votre point de vue ont plus d'importance que n'importe quel jouet pour déterminer l'attitude de Bébé.** Si vous répétez à votre petite fille qu'elle est forte et intelligente, il y a des chances pour qu'elle se voie ainsi.

Élever un enfant précoce

De nos jours, nous subissons une pression sociale qui nous pousse à démarquer nos enfants de la masse. Et même si l'enfant ne fait pas preuve d'un QI extraordinaire, on lui trouve des dons et des talents à cultiver. Évidemment, il est bon de l'amener à exploiter tout son potentiel : chaque talent doit être nourri et encouragé. Mais de fait, *chaque* enfant a ses propres talents et ses propres capacités, qu'il soit étiqueté « surdoué » ou pas. D'ailleurs, on n'utilise plutôt le terme d'enfant précoce.

Bien sûr, il faut encourager le développement intellectuel de votre enfant, mais n'oubliez pas que c'est encore un tout petit. Il a avant tout besoin d'être nourri. En d'autres termes, faites-lui confiance et résistez à l'envie de trop le pousser. Il vous dira en temps et en heure ce pour quoi il est prêt. Voici quelques indications pour stimuler son intelligence sans le mettre sous pression :

- **Procurez-lui des jouets appropriés à son niveau.** S'il est capable de résoudre un puzzle simple, trouvez-en des plus difficiles. Mais n'allez pas trop loin : un jeu doit rester un jeu ; pas question de le prendre trop au sérieux. Évidemment, vérifiez toujours qu'il n'y a pas de risque d'étouffement.

Bébé est-il précoce ?

« Précoce » : c'est un mot un peu lourd de nos jours. Certains parents brandissent leurs enfants pour prouver qu'ils sont supérieurs aux autres, les « normaux ». Quand on dit d'un bébé qu'il est précoce, on s'imagine un enfant brillant, dont le cerveau est même plus rapide que le nôtre ; un enfant que l'on ne comprendra jamais vraiment, qui grandira et changera le monde. Certains signes indiquent, même à cet âge, que vous avez un enfant extrêmement brillant. Comme :

- **Une tendance à se développer lentement sur le plan physique, mais précocement sur le plan des connaissances.** Il a marché un peu tard, mais parlé tôt, et son vocabulaire s'est très vite enrichi.
- **La capacité à relever les similitudes et les différences dans tout ce qui l'entoure.** Au parc, vous croisez un homme aux cheveux bruns et bouclés : Bébé dit « papa », parce que son père a exactement le même type de cheveux. Ou alors, vous cessez de porter vos lunettes et vous mettez des lentilles de contact : il vous apporte ce qui lui tombe sous la main, vos lunettes de soleil par exemple, pour que vous vous les mettiez sur le nez.
- **Il fait preuve d'humour : il comprend déjà que les différences sont drôles.** Mais il peut aussi avoir le comportement inverse et être une petite personne très sérieuse et très occupée à observer son monde.
- **Il est extrêmement attentif.** Il adore regarder les livres et que vous lui racontiez des histoires ; il « chante » sur ses musiques préférées.
- **Sa compréhension est excellente pour son âge.** Il comprend les concepts de « haut » et « bas » par exemple, ou « dedans » et « dehors », ou encore « allumer » et « éteindre ». Apparemment, il vous comprend assez bien. En tout cas, il comprend ce que vous lui dites, mais il comprend aussi les personnes qui ne s'adressent pas à lui.
- **Il gère sans problème les jouets prévus pour son âge et préfère même ceux adaptés aux enfants plus âgés.** À un an, il est capable de résoudre un puzzle prévu pour un enfant plus âgé de six mois sans problème.

Comme Bébé entre dans sa deuxième année, il continue à ce rythme : il deviendra peut-être un enfant capable de mémoriser un livre entier dès la première écoute, connaîtra son alphabet à l'âge de 2 ans, et saura compter jusqu'à 100 à 2 ans et demi. Encore faut-il qu'on l'aide un peu : il peut alors lire couramment à 3 ans. Inutile de vouloir lui apprendre à écrire à cet âge, il ne possède pas encore la coordination motrice pour ça (surtout s'il est vraiment précoce)

- **Trouvez-lui des occasions de voir du pays.** Pas la peine de sauter dans le premier jet pour Tombouctou : sortez-le régulièrement (au parc, au zoo, au musée, à des concerts ou des spectacles : histoire de voir et faire des choses nouvelles), et laissez-le prendre son temps pour explorer toutes ces nouveautés (cirques, marionnettes, par exemple).

- **Parlez-lui.** Cela lui donne l'occasion d'enrichir son vocabulaire. Vous pouvez comptez sur lui pour le saisir.
- **Encouragez-le à faire ce qu'il aime.** Lire. Écouter de la musique. Faire des puzzles. Bien sûr, vous pouvez essayer de diversifier un peu ses activités, mais respectez ses goûts. Si vous constatez qu'il a clairement un talent en matière de perception de l'espace (il fait des *constructions* avec ses Lego au lieu de les empiler simplement), laissez-le faire. Mais inutile de vous dire que c'est le prochain Jean Nouvel. Il peut aussi avoir *d'autres* talents. Encouragez-le à les développer sans pour autant lui confisquer ses Lego.

Bien élever son enfant

C'est le début de la petite enfance, où Bébé va acquérir encore plus d'indépendance et d'assurance. Bien sûr, c'est une bonne chose : Bébé développe ses propres idées et sa propre façon de voir les choses, même s'il vous rend un peu dingue, parfois, par sa façon de les exprimer.

À ce stade, votre rôle de parents commence à inclure un apprentissage de la discipline ; ce changement de rôle est souvent délicat, pour vous comme pour Bébé. Pas si facile que ça d'apprendre à stopper les comportements dont vous ne voulez pas et à encourager les autres : cela demande du temps, vous commettrez des erreurs, mais le jeu en vaut la chandelle.

À RETENIR

Lorsqu'il est question de discipline, il ne s'agit pas seulement d'apprendre à votre enfant que, chez vous, il y a des limites et des frontières ; le but est aussi de l'aider à prendre de bonnes décisions à l'avenir.

À chaque âge sa discipline

DÉTAIL TECHNIQUE

Un enfant d'un an n'a qu'une notion assez floue de ce qui est bien et de ce qui ne l'est pas. Il n'y a que ce qui a *l'air* bien, ce qui est agréable et ce qui l'est moins. Si, pour la troisième fois de la journée, votre fille a jeté son repas par terre, c'est surtout parce qu'elle trouve ça très drôle, en ce qui la concerne. Elle ne pense évidemment pas que vous allez devoir nettoyer tout ça, ni que vous avez mis du temps et beaucoup d'amour pour préparer ce dîner, lequel fait le régal du chien maintenant.

Mettez-vous à la place de Bébé et ajustez vos attentes en fonction de cela. Un bébé est un bébé et un enfant d'un an n'est qu'un grand bébé. Cela est injuste et irréaliste de lui demander d'avoir le même comportement qu'un grand. Mais cela ne veut pas dire non plus que votre enfant a le droit de courir dans toute la maison, chez vous ou chez vos amis.

Dites-vous que c'est beaucoup plus facile quand on commence tôt : d'entrée de jeu, il faut établir les règles. Maintenant et pas dans un an, lorsque Bébé traversera la *phase d'opposition* (une phase normale de l'enfance au cours de laquelle Bébé découvre qu'il a des opinions affirmées et bien souvent contraires à celles de ses parents). D'ailleurs, entre 1 an et 2 ans, son activité favorite sera de vous tester et de chercher vos limites.

Chaque parent a ses propres idées et ses propres manières ; dans tous les cas, il faut éviter d'être trop laxiste ou trop strict. Pour un petit enfant, le fait de poser des limites est stabilisateur : face à un monde aussi vaste, c'est rassurant. Si personne ne l'arrête jamais, cela veut dire que n'importe quoi peut arriver ; pour une si petite personne, c'est effrayant. C'est peut-être un peu ringard, mais tellement vrai : les enfants ont besoin de savoir qu'ils ont des limites, surtout au début de l'enfance.

Si vous êtes contre toute idée de discipline, sachez que c'est aussi l'avenir de votre enfant qui est en jeu : à l'école ou chez des amis, il sera brusquement confronté à une série de règles sociales qui différencient les comportements inacceptables des autres, distinctions qui lui sont jusqu'à maintenant totalement inconnues.

À l'inverse, une discipline trop rigoureuse peut faire de votre petit quelqu'un de timide et effrayé, inquiet d'explorer le monde comme il devrait le faire.

Voici quelques lignes de conduite éprouvées pour les tout jeunes enfants :

- **Choisissez bien vos combats.** Discernez ce qui est important de ce qui ne l'est pas. Il n'a pas le droit de dessiner sur le mur. C'est important, vous avez le droit de le penser. S'il désobéit, il mérite une punition plus sévère que s'il fait quelque chose de moins grave (s'il fait tomber les livres de l'étagère, par exemple).
- **Parfois, mieux vaut prévenir que guérir.** Si vous le voyez se diriger vers le mur avec un crayon, arrêtez-le avant qu'il ne teste ses talents de tagueur. Distrayez-le ; avec un peu de chance, cela ne lui viendra plus jamais à l'idée.
- **Soyez ferme et tenez bon.** Il est illogique de l'empêcher de dessiner sur les murs un jour et de le laisser faire le lendemain. À chaque fois, le même acte doit susciter la même réaction. Si ce n'est pas le cas, qu'un jour vous êtes très ferme et que le lendemain, vous le laissez faire, cela l'embrouille totalement.
- **À chaque bêtise sa punition.** S'il fait une première bêtise en dessinant sur le mur, réagissez en fonction de cela. Prenez-lui ses crayons, dites-lui « non » fermement et donnez-lui un tissu pour qu'il « aide » à nettoyer. Si c'est la quatorzième fois en trois jours, peut-être faut-il être plus ferme : déjà, on confisque le crayon et ensuite, on punit – à cet âge, inutile de faire plus qu'une petite tape sur la main. Il risque de réagir assez vivement à cette punition : c'est le but. Vous lui apprenez qu'un comportement négatif appelle des conséquences négatives. Puis exigez

qu'il vous aide à nettoyer le crayon sur le mur. Surtout pas de punition physiologique : privation de nourriture, de sommeil. Le priver de sortie n'est pas non plus une bonne idée.

Bébé n'a pas votre cerveau ! Il lui faut un petit peu de temps pour comprendre que tel comportement est inacceptable. Il se peut tout à fait qu'il reproduise un comportement que vous lui avez interdit dix fois mais, si vous avez toujours la même réaction et que vous vous en tenez aux mêmes punitions, il finira par comprendre.

Proposez à votre enfant des alternatives à ce comportement défendu. Certes, il n'a pas droit de dessiner au mur. Mais il peut dessiner sur du papier. Ne lui dites pas simplement que c'est interdit : montrez-lui comment faire les choses autrement.

Quelques gaffes à éviter :

- **Lui dire qu'il est méchant.** Il est beaucoup trop jeune pour comprendre la différence entre les « méchants » et les « gentils ». Et en plus, c'est faux : un bébé n'est pas méchant, alors inutile de le lui mettre dans la tête.
- **Vous mettre en fureur.** Encore une fois, il est trop jeune. Lorsqu'un parent se met à lui hurler dessus, l'enfant est simplement terrorisé, il se met à pleurer. Et vous, vous finirez probablement par le consoler, en réalisant que vous êtes sorti de vos gonds. Et paf, la leçon que vous espériez lui donner s'est envolée. Réservez les haussements de ton aux bêtises les plus graves.
- **Faire tout un plat de la moindre bourde.** En l'éduquant, vous essayez de faire comprendre à votre enfant les règles de la société : ce qui est acceptable chez vous l'est aussi ailleurs. Ce qui ne l'est pas chez vous ne l'est pas plus ailleurs. Mais plutôt que de le sermonner à la moindre peccadille, laissez faire autant que possible, du moins pour le moment.
- **Le frapper.** Reportez-vous à la partie suivante, « Eh, tu la vois celle-là ? » plus loin.
- Au final, c'est forcément à vous de décider ce que vous tolérez sous votre toit et ce que vous n'acceptez pas. Gardez simplement en tête que les enfants sont naturellement curieux et qu'ils ont parfois besoin d'être guidés : Bébé ne distingue pas instinctivement ce qui est dangereux de ce qui ne l'est pas, ce qui est bien de ce qui est mal. Les punitions doivent être réservées aux bêtises les plus graves, afin qu'elles ne perdent pas de leur impact.

Gérer une colère

Vous pouvez vous dire que votre bébé d'un an est un peu en avance si, dès maintenant, il se jette par terre et se met à hurler lorsque quelque chose lui déplaît. Vous espériez avoir encore un an devant vous avant le problème des caprices (c'est la fameuse *phase d'opposition)* ; vous êtes terrifié à l'idée de ce que cela va être dans douze mois.

Quelques motifs de grosses colères :

- **La fatigue ou la faim :** si Bébé vous semble particulièrement mécontent à certains moments de la journée, c'est peut-être qu'il a juste besoin d'un petit goûter ou d'une sieste. Lors de ces moments de tension, mettez-vous un petit peu en retrait pour l'observer. Est-il énervé et agressif? Redoublez de douceur avec lui, et essayez de comprendre ce qui lui arrive. Ou alors, si le déjeuner est déjà loin, proposez-lui un fruit ou quelques céréales. Avec un peu de chance, son humeur va changer du tout au tout (et heureusement).
- **La frustration :** lorsque Bébé n'arrive pas à accomplir une tâche ou à communiquer un besoin, c'est terriblement frustrant. Essayez de l'aider ou, le cas échéant, enlevez-lui doucement le jouet qui l'agace.
- **Bébé n'est pas très bien :** s'il a attrapé un rhume ou un virus quelconque, il est épuisé : il a besoin d'une double dose de câlins. Et de beaucoup de repos.
- **Il ne comprend pas pourquoi il ne peut pas avoir ce qu'il veut *maintenant* :** le cerveau en cours de développement de Bébé ne saisit pas encore le concept de récompense *a posteriori*. Il n'y a pas grand-chose à faire, à part attendre que ça passe.

DÉTAIL TECHNIQUE

Que de caractère ! L'hypersensibilité et les colères

Selon certains auteurs, un enfant qui a souffert de coliques a plus tendance à se mettre en colère. Certains chercheurs évoquent l'idée que ces enfants sont tout simplement hypersensibles au monde qui les entoure. Certaines choses, totalement anodines pour d'autres (une chaussette tirebouchonnée ou une odeur inhabituelle), suffisent parfois à rendre fou des enfants hypersensibles. Pour plus de détails à ce sujet, reportez-vous au chapitre 8.

Avant de décréter que Bébé est « difficile » ou « malheureux », tenez compte de cette sensibilité comme faisant partie de son caractère : c'est lui, il est comme ça. Vous ne pouvez pas plus changer sa sensibilité que la vôtre et, pour l'instant, il est trop jeune pour mesurer ses réactions. Mais peut-être aussi pouvez-vous d'autant mieux le comprendre que vous étiez comme lui, à son âge.

Ceci dit, un peu de prévention reste efficace : assurez-vous que ses vêtements sont confortables, que son doudou est dans son berceau au moment de la sieste et que ses horaires ne sont pas bousculés tous les deux jours. Ce genre de petites choses agace n'importe quel enfant d'un an, mais peut rendre fou un bébé hypersensible ; autant éviter que cela n'arrive, ça arrange tout le monde

- **Vous lui refusez le droit aux larmes.** C'est stupide de votre part, car les larmes refoulées sortiront tôt ou tard sous forme de rage. Quand il pleure, dites-lui que vous comprenez qu'il a du chagrin, et qu'il vienne vous faire un câlin quand il se sentira mieux. Ses larmes seront alors profondément résolutoires, et il se sentira merveilleusement bien d'avoir été compris ; son attachement pour vous ne fera que redoubler.

ASTUCES

La meilleure stratégie lorsqu'un enfant d'un an fait une colère, c'est de lui dire que vous le comprenez. Évidemment, plus facile à dire qu'à faire, mais en n'y prêtant pas trop d'attention, il y a des chances pour qu'il s'arrête vite et que les larmes viennent. Et là, gardez-vous de le morigéner sur son comportement : dès qu'il est calmé, câlinez-le. Si en revanche, il se met à casser des choses ou à vous frapper, punissez-le tout de suite. Faute de quoi il conclura qu'il vous fait peur : pour que vous lui cédiez, il suffit de se jeter par terre et de se mettre à hurler ; vous risquez d'en prendre plein les oreilles, et pendant longtemps, et vous perdez une grande partie de votre autorité éducative. Donc s'il se roule par terre en hurlant, dites-vous qu'il ne le fera que s'il y a un public (vous). Gardez votre calme (ne lui donnez pas le plaisir de vous faire sortir de vos gonds et de vous énerver du haut de ses 12 mois), quittez la pièce (si elle est sécurisée bien sûr) sans même lui jeter un regard, et vous serez surprise de voir que les pleurs ou les cris cesseront très vite.

ATTENTION !

Cela dit, avant d'ignorer totalement une colère, évaluez la situation. Si Bébé a quelques tendances à taper ou à jeter tout ce qui lui tombe sous la main, assurez-vous qu'il ne fasse pas de dégâts et qu'il ne se blesse pas (attention à la fenêtre, par exemple) s'il fait une colère. Il y a des chances pour qu'il ne soit pas encore assez fort pour se faire mal, mais on ne sait jamais.

Et la fessée ?

Si vous avez vécu dans une maison où l'on avait la main leste, vous n'aurez certainement pas de remords à administrer une fessée si nécessaire, bien au contraire.

ATTENTION !

Cela dit, la majorité des pédopsychiatres sont en désaccord avec ce genre d'idée. Mais il y a beaucoup de parents qui se disent que la fessée, à bon escient, c'est une application efficace de la discipline. Ce débat n'est pas récent et a, comme beaucoup de questions d'éducation, ses détracteurs et ses défenseurs.

Les experts déconseillent la fessée pour plusieurs raisons :

- Elle empêche peut-être l'enfant de commettre une bêtise, mais ne lui apprend pas ce qu'il est censé faire à la place.
- Elle porte une atteinte grave à l'estime de soi : l'enfant est honteux, perdu et en colère.

- Les enfants fessés régulièrement apprennent surtout à ne pas se faire attraper, au lieu d'apprendre à obéir.

Les défenseurs de la fessée, à l'inverse, pensent que les tout jeunes enfants doivent obéir de gré ou de force à certaines choses qu'ils jugent primordiales : la fessée est un moyen comme un autre de leur apprendre le bien et le mal. Beaucoup de parents (et certains experts) estiment que la fessée doit être utilisée avec parcimonie et *uniquement* dans les situations où Bébé s'est permis de vous défier directement, sciemment ; il reçoit ainsi le message immédiat qu'il ne doit pas recommencer. Lorsqu'il sera plus âgé et capable de comprendre pourquoi il ne faut pas jouer sur la route, vous pourrez lui expliquer.

ASTUCES

Essayez ces alternatives à la fessée :

- **Intervenez directement en déplaçant votre enfant.** Si, par exemple, c'est le moment de quitter l'aire de jeux et que votre enfant refuse d'obéir et de vous suivre, prenez-le dans vos bras et mettez-le dans la voiture. C'est ça, l'avantage d'être une grande personne.
- **Usez de stratégies de diversion ou de distraction.** Le déconnecter de ce qu'il est en train de faire (s'arrêter de jouer au trampoline sur le canapé pour s'amuser tranquillement au sol avec ses jouets) le fera peut-être s'arrêter de lui-même et s'ouvrir à une alternative qui lui plaît.
- **Mettez-vous à son niveau.** Pour des actes graves ou dangereux, comme de s'approcher d'un four brûlant, baissez-vous pour le voir face à face, tenez-lui fermement les mains et dites-lui « non » sérieusement. Le ton de votre voix suffira à lui faire comprendre que vous ne plaisantez pas.
- **Évitez de le mettre en situation d'échec.** C'est un enfant. Il a besoin d'être surveillé. Et votre maison doit être adaptée. Vous êtes terriblement injuste si vous laissez votre service à thé hors de prix sur la table et qu'ensuite, vous le frappez parce qu'il l'a renversé. Faites votre *mea culpa* et évitez de le mettre dans des situations où il aura forcément tort.

À RETENIR

Votre rôle, en tant que parents, est de lui apprendre à distinguer le bien du mal. Si la fessée est votre unique outil pédagogique et moyen de communication, il risque d'avoir à faire face à de graves problèmes comportementaux et d'estime de soi. Vous mettez aussi en péril votre relation avec lui. Et en plus, il n'apprend à résoudre les conflits que par les coups (ce qui posera des problèmes à la garderie ou plus tard à l'école).

Sixième Partie

La santé et la sécurité de Bébé

«Oui, effectivement, votre enfant est pleurnichard, insupportable, râleur. Pas de quoi s'inquiéter. ça devrait s'arranger d'ici, bof, dix-huit ans...»

Dans cette partie…

Ce n'est pas toujours évident de reconnaître les symptômes d'une maladie. Dans cette partie, nous vous expliquons les maladies courantes de la première année ; vous saurez quand il faut appeler le pédiatre et comment soigner Bébé. Vous trouverez des conseils sur les vaccins, ainsi que des détails sur les bébés qui ont besoin de soins spécifiques, handicapés ou malades. Vous saurez également à quoi vous attendre si votre enfant est hospitalisé en service de réanimation.

Vous trouverez aussi un chapitre sur la conduite à tenir en cas d'accident. Nous vous donnons des conseils pour gérer ces situations et aider au mieux votre enfant. Surtout : restez calme ! Nous vous expliquons ce qu'il faut avoir dans son kit de premiers secours. Vous apprendrez comment soigner les petites bosses, égratignures et brûlures. Nous vous indiquerons enfin quand appeler le médecin.

La santé de Bébé, c'est aussi sa sécurité : votre maison doit être sans danger. C'est un travail de longue haleine. Vous trouverez des conseils pour perfectionner cela.

Chapitre 18

La santé de Bébé

Dans ce chapitre

- Les vaccins
- Le top 10 des maladies de la première année
- Rhumes ou allergies ?
- Les enfants avec des besoins spécifiques

À sa naissance, le système immunitaire de Bébé n'est pas encore tout à fait au point. L'allaitement aide particulièrement à le renforcer (cela évite aussi un certain nombre de réactions allergiques au lait artificiel fabriqué à l'aide de lait de vache), mais c'est l'intolérance aux protéines du lait de vache (IPLV) qui peut se manifester par des réactions cutanées et/ou digestives. Malheureusement, il n'y a pas de formule magique pour protéger Bébé de toutes les bactéries et surtout de la multitude de virus qui nous entourent. Un jour ou l'autre, il aura son premier rhume ; c'est souvent aussi pénible en matière de stress pour les parents que pour l'enfant. Ce chapitre vous détaille les maladies communes de la première année ainsi que les traitements qui s'imposent.

Les vaccins : éviter les maladies graves

Au cours de la première année, la majorité des visites chez le médecin comporte *au moins* un vaccin. Si vous en avez la phobie, pas facile de voir Bébé pleurer. Peut-être aussi avez-vous lu des articles qui suggèrent que les vaccins peuvent faire plus de mal que de bien : vous en venez peut-être à l'idée de ne pas lui en faire.

Si c'est le cas, vous avez tort.

Même s'il arrive que l'on réagisse violemment à un vaccin, c'est assez rare. En revanche, il y a beaucoup plus de risques pour que Bébé attrape la maladie contre laquelle il n'a pas été vacciné. Si vous pensez que vous mettez votre enfant en danger en le vaccinant, vous vous trompez, c'est tout le contraire.

De l'eau a coulé sous les ponts depuis votre enfance : les vaccins les plus récents protègent de maladies qui étaient communes il n'y a pas si longtemps (rougeole, varicelle, oreillons). On peut se demander si la médecine moderne ne va pas trop loin : ne surprotège-t-on pas les enfants ? Non, au vu des dangers potentiels des maladies en question. La rougeole peut induire une encéphalite (inflammation cérébrale) avec souvent d'importantes séquelles neurologiques. Les oreillons peuvent provoquer une atteinte bilatérale de l'oreille interne avec un risque de surdité. Une méningite à pneumocoques peut aussi conduire à la surdité, voire à la mort.

Les effets secondaires des vaccins sont rarement sévères : il s'agit le plus souvent d'une petite douleur, de rougeurs au point d'infection. Bébé fait un petit peu de fièvre, est grognon et de mauvaise humeur. Votre médecin ou l'infirmière vous donneront des conseils pour apaiser la douleur et surveiller les effets secondaires desquels il faut s'inquiéter, et aussi la façon de les prévenir (paracétamol en sirop ou en suppositoires).

Bébé va recevoir une série de vaccins très bientôt. Le tableau 18-1 vous offre une liste des vaccins de base et de ce à quoi ils servent.

Tableau 18-1 Calendrier des vaccins de la première année

Vaccin	***Maladie***	***Âge des injections***
Engerix B* ou Genhevac*	Ce vaccin protège à vie de **l'hépatite B**, maladie qui s'attaque au foie et conduit parfois à la cirrhose du foie, voire au cancer du foie à l'âge adulte.	1 : de 0 à 2 mois 2 : de 1 à 4 mois 3 : de 6 à 18 mois
Pentavac* ou Infanrix Quinta*	Une piqûre « 3 en 1 », qui protégera Bébé de la diphtérie, du tétanos et de la coqueluche (**DTCoq Polio**). Ce vaccin protège également contre ***l'hémophilus influenzae* de type B**, potentiellement responsable d'infections bactériennes graves, voire mortelles, telle la méningite.	1 : 2 mois 2 : 3 mois 3 : 4 mois (1er rappel : 16 mois)

Vaccin	*Maladie*	*Âge des injections*
Prévenar*	Vaccin **pneumocoque** conjugué. Le pneumocoque provoque pneumonie, méningite et infection de l'oreille.	1 : 2 mois 2 : 4 mois 3 : 1 an (rappel)
Rer Vax* ou Priorix*	Protège contre **la rougeole, les oreillons et la rubéole**. Chacune de ces maladies a souvent des complications graves.	1 : 9-12 mois 2 : 24 mois
Varilrix* ou Varivax*	Ce vaccin immunise contre la **varicelle**.	12-15 mois

ASTUCES

En option : dans la mesure où la grippe peut avoir des complications sévères, notamment chez les très jeunes enfants et chez les enfants « à risques » (asthmatiques, diabétiques), les pédiatres encouragent fortement le vaccin contre la grippe chez les enfants entre 6 mois et 2 ans. Si Bébé a moins de 6 mois lorsque arrive la saison de la grippe, les médecins recommandent un vaccin à toute la famille pour éviter la maladie à la maison. Ceci est valable aussi bien pour la grippe saisonnière que pour la toute récente grippe A.

Les maladies de la première année

Ça y est, Bébé se réveille ce matin en toussant, le nez bouché. Avant la fin de la semaine, il est malade et a une grosse fièvre. Que se passe-t-il ? Que faire pour l'aider ? Malgré tous vos efforts, vous devez vous attendre à ce que Bébé soit malade de temps en temps. Les nourrissons ont aussi souvent des problèmes de peau : *vous* allez vous gratter la tête en essayant de comprendre ce qui peut bien se passer. Dans cette partie, vous trouverez des informations sur les maladies auxquelles vous pouvez vous attendre au cours de cette première année. Nous en décrivons les symptômes et vous expliquons quand appeler le médecin.

ASTUCES

Vous ne pourrez pas protéger Bébé de toutes les maladies, mais il est possible d'en éviter un certain nombre avec une bonne hygiène. N'oubliez pas que vos mains et votre nez grouillent de germes ! La meilleure mesure de prévention reste de se laver les mains régulièrement, d'éviter d'embrasser Bébé lorsque l'on est soi-même un peu enrhumé, de mettre sa main devant sa bouche lorsque l'on tousse et de se laver les mains ensuite, etc.

Les diagnostics courants

Au cours de la première année, Bébé sera exposé à toutes sortes de nouveaux germes. Il sera capable d'en combattre certains, mais d'autres prendront le dessus et le laisseront KO. Vous trouverez ci-dessous la liste des maladies que va probablement attraper Bébé, de leurs symptômes, du traitement qu'elles nécessitent et du moment où un coup de fil au pédiatre s'impose.

Le rhume classique

Il s'agit soit d'une rhinite (nez qui coule ou nez bouché) soit d'une rhinopharyngite (atteinte du nez mais aussi du pharynx), c'est-à-dire qu'à l'examen de Bébé, la gorge est rouge. Mais pas de panique, à cet âge-là, il n'a pas mal à la gorge lorsqu'il déglutit, comme le grand enfant qui présente une angine.

- **Symptômes :** le nez bouché ou qui coule, de la toux, une petite fièvre pendant les quarante-huit premières heures (38° ou à peine plus), une perte d'appétit parfois, un bébé un peu abattu. Attention : c'est contagieux.
- **Traitement :** il n'y a pas grand-chose à faire. On peut traiter le nez qui coule, la toux et la fièvre avec des médicaments sans ordonnance (appelez votre médecin toutefois pour qu'il vous prescrive un dosage approprié). Si vous avez un humidificateur d'air, cela peut aider Bébé, afin que ses fosses nasales ne se dessèchent pas. La désinfection rhinopharyngée est toutefois essentielle, car avec le nez bouché, Bébé a du mal à respirer (il ne sait pas respirer par la bouche). Vous devez vous munir d'un mouche-bébés pour aspirer les sécrétions nasales et désinfecter les fosses nasales à l'aide de sérum physiologique, avant chaque repas (pour que Bébé puisse téter) et aussi avant d'aller dormir. Une toux sèche, irritative, doit être traitée, car elle peut être douloureuse et empêche le sommeil lorsqu'elle est fréquente. Au contraire, une toux grasse, productive, doit être respectée.
- **Appelez le médecin :** si la température dépasse 38° et que Bébé a moins de 3 mois, si la température dépasse 38° pendant plus de trois jours chez un bébé de plus de 3 mois, s'il tousse constamment, si la perte d'appétit s'accentue ou persiste, si Bébé vous paraît abattu, voire somnolent, s'il ne sourit plus, s'il ne boit plus. En général, si la rhinopharyngite se complique, il y a des chances pour que ce soit une otite.

La conjonctivite

- **Symptômes :** Bébé a un œil rouge, ou qui coule. L'écoulement peut être clair ou déjà purulent. Parfois, Bébé se réveillera avec les yeux collés par de petites croûtes jaunâtres. Parfois, les deux yeux sont atteints. La conjonctivite survient surtout dans les suites d'un rhume et particulièrement dans les collectivités d'enfants. Apparemment, ça gratte. Attention, c'est très contagieux d'un œil à l'autre et d'une personne à l'autre.

- **Traitement :** appliquez des compresses d'eau tiède : ça nettoie et apaise l'irritation.
- **Appelez le médecin :** en général, la conjonctivite virale, avec écoulement clair, ne dure pas et se guérit d'elle-même. Toutefois, la conjonctivite purulente nécessite un traitement par collyre ou pommade antibiotique.

Deux remarques :

- Votre médecin peut vous préparer une ordonnance de collyre sans vous donner de vrai rendez-vous, après avoir juste jeté un coup d'œil (c'est le cas de le dire) sur Bébé : c'est du « service après-vente » que les pédiatres connaissent bien.
- Certains bébés présentent, pendant les premiers mois, des conjonctivites répétées, avec un œil qui suinte en permanence, toujours du même côté. Les collyres antibiotiques traitent l'infection, c'est-à-dire que le pus et les croûtes, ainsi que les rougeurs de l'œil disparaissent, mais l'écoulement persiste. Il s'agit d'une obstruction du canal lacrymal (le canal où coule les larmes), très étroit chez les bébés, et qui se bouche souvent. Le traitement consiste à déboucher ce canal par des massages de l'angle interne de l'œil (votre pédiatre vous montrera le mouvement). Si cela ne suffit pas, Bébé sera dirigé vers un ophtalmologiste qui devra introduire une petite sonde dans les voies lacrymales (pas avant 4 ou 6 mois) pour les désobstruer. Cela dure quelques secondes, mais nécessite une courte anesthésie.

La laryngite

- **Symptômes :** une toux sèche et rauque, la voie enrouée, des difficultés à respirer parfois, de la fièvre. Le virus entraîne une inflammation de la muqueuse du larynx, qui est un organe très étroit chez Bébé, et donc le passage de l'air se trouve obstrué. Bébé a du mal à inspirer et le fait bruyamment. La laryngite frappe généralement la nuit et panique autant les parents que les enfants. Attention, c'est contagieux.
- **Traitement :** ouvrez à fond les robinets d'eau chaude pour embuer la salle de bains. La vapeur d'eau fonctionne à merveille pour détendre les voies respiratoires de Bébé. Apaisez Bébé. S'il s'angoisse, cela risque d'aggraver la situation. Laissez un humidificateur d'air dans sa chambre jusqu'à ce qu'il soit guéri. Inclinez-le en surélevant le matelas (pour qu'il puisse mieux respirer).
- **Appelez le médecin :** *immédiatement* si Bébé a clairement du mal à respirer, si son thorax se creuse à l'inspiration, s'il a un bruit inspiratoire

(le cornage), si sa respiration devient rapide et superficielle, s'il a des sueurs, s'il est cyanosé (lèvres bleues). Dans tous ces cas, appelez le 15, et le médecin régulateur du Samu vous conseillera d'administrer un corticoïde d'action rapide (Célestène* : 10 gouttes par kilo. Par exemple, 70 gouttes si Bébé pèse 7 kilos). Si votre enfant présente une laryngite sévère, avec des signes de gravité, le Samu vous enverra une équipe et décidera peut-être d'emmener Bébé aux urgences pour une prise en charge plus appropriée.

- Conseil : ayez toujours du Célestène* à la maison, surtout si votre enfant a déjà eu une laryngite.

La gastro-entérite

- **Symptômes :** nausées voire vomissements (avec ou sans fièvre) précédant ou accompagnant une diarrhée (selles plus fréquentes, plus liquides et plus abondantes qu'habituellement).
- **Traitement :** prévenir la déshydratation et pour cela continuer l'allaitement si Bébé est au sein. Si Bébé prend du lait artificiel, il faut changer de lait, transitoirement, et lui offrir un lait sans lactose (Diargal, Olac, Diarinova), mais pas pendant les six heures qui suivent la première selle liquide. Pendant ces six heures, il faut lui offrir, souvent (toutes les 30 minutes, par exemple) et par petites quantités (pour ne pas qu'il les vomisse), des SRO (solutions de réhydratation orale). Ce sont des sachets que l'on mélange à 200 ml d'eau minérale, et qui, reconstituées, donnent un mélange d'eau et de sels minéraux, plus adaptés que de l'eau pure pour réhydrater Bébé. Au bout de six heures, il faut proposer du lait sans lactose à la place des biberons de lait habituel, et, si la diarrhée ou les vomissements se poursuivent, continuer à offrir les SRO entre les repas de lait. Parfois, il est opportun de proposer des médicaments contre les vomissements et contre la diarrhée.
- **Appelez le médecin :** si Bébé a les symptômes d'une déshydratation (apparemment, il a soif, sa bouche et sa langue sont sèches, il est irritable, ne mouille pas ses couches, a les yeux secs et enfoncés et ne bouge pas, sa fontanelle est creusée, sa peau est marbrée), appelez votre pédiatre immédiatement. Si votre pédiatre craint une déshydratation, ne soyez pas surprise qu'il vous propose de venir à son cabinet pour peser votre bébé. Une visite à domicile ne lui permettrait pas d'évaluer précisément la perte de poids. Il vaut mieux que Bébé soit pesé sur le même pèse-bébé que d'habitude, car c'est à la perte de poids qu'on mesure l'intensité de la déshydratation.

En général, lorsque Bébé a perdu moins de 5 % de son poids corporel, il ne présente pas de signes de déshydratation. Lorsqu'il a perdu entre 5 et 10 % de son poids corporel, les signes de déshydratation se voient (yeux creux, persistance du pli cutané, etc.) et l'hospitalisation se discute en fonction de l'âge du bébé et de la capacité des parents à bien le surveiller et à être réactifs (un bébé peut se déshydrater en quelques heures, voire en quelques minutes en cas de vomissements associés à une diarrhée profuse). Si Bébé a perdu plus de 10 % de son poids corporel, l'hospitalisation est impérative et urgente : votre pédiatre s'en occupera, Bébé sera perfusé de quelques heures à quelques jours et sera vite tiré d'affaire.

Si Bébé urine moins fréquemment que d'habitude, appelez immédiatement le médecin.

Le syndrome pieds-mains-bouche ou la maladie mains-pieds-bouche

- **Symptômes :** parfois de la fièvre (modérée), parfois la gorge sèche, une perte d'appétit. De petites vésicules apparaissent sur les paumes, la plante des pieds et/ou l'intérieur de la bouche de Bébé (parfois aussi sur les fesses ou d'autres parties du corps). Les lésions buccales sont particulièrement douloureuses. Attention, c'est contagieux. Le coxsackie, virus responsable de ce syndrome, sévit par petites épidémies dans les collectivités d'enfants (crèches ou garderies).
- **Traitement :** lorsqu'il y a des lésions buccales, il n'y a malheureusement rien à faire. On peut essayer les analgésiques. Pour un bébé qui a déjà commencé les solides, tenez-vous-en à des aliments mous et frais. Traitez la fièvre éventuelle si la température dépasse 38°. Votre pédiatre vous prescrira peut-être un anti-inflammatoire à visée ORL.
- **Appelez le médecin :** appelez pour décrire les symptômes de Bébé et être sûr qu'il ne s'agit pas d'une autre maladie.

La grippe

- **Symptômes :** toux sèche, d'apparition rapide, et brusque poussée de fièvre, frissons, léthargie. Bébé *a l'air* malade. Il a les yeux vitreux et cernés ; il est pâle, il manque visiblement d'énergie. Il fait peine à voir. Attention, c'est contagieux.
- **Traitement :** il n'y a pas grand-chose à faire. Donnez-lui beaucoup d'eau, un bébé se déshydrate très vite lorsqu'il a de la fièvre. Découvrez-le, s'il a plus de 39°, n'hésitez pas à le laisser en couche ou en « body ».
- **Appelez le médecin :** prenez rendez-vous si Bébé est complètement abattu (il pleure et n'a aucune énergie). Votre pédiatre évaluera la gravité de la situation : il fera la distinction entre une grippe (virale) ou une infection bactérienne qui peut donner les mêmes symptômes (pneumonie, infection urinaire, voire méningite).

L'otite (infection de l'oreille)

- **Symptômes :** en général, elle suit un rhume. C'est une complication de la rhinite ou de la rhinopharyngite. Elle se manifeste par de la fièvre, chez un bébé grognon, qui se réveille brusquement en pleurant. À partir de 6 mois, Bébé peut localiser la douleur et porte la main à son oreille douloureuse. Dans l'otite aiguë, la pression du liquide infecté derrière le tympan fait que Bébé est mieux en position assise ou debout qu'allongé, où la douleur est vive. Bébé a de la fièvre et a du mal à s'endormir. Ce n'est pas contagieux.
- **Traitement :** antalgiques et antipyrétiques (contre la douleur et la fièvre), parfois anti-inflammatoires, la plupart du temps antibiotiques (car l'otite aiguë est le plus souvent une infection bactérienne). Des gouttes antalgiques peuvent être utiles en début de traitement, en attendant que les antibiotiques agissent. Parfois, l'otite se révèle par une otorrhée (écoulement de pus par l'oreille). Le tympan s'est ouvert, sous la pression du pus : en général, Bébé est soulagé, mais paradoxalement, ces otites sont les plus embêtantes, car il faut aspirer les sécrétions en faisant des lavages d'oreilles en plus du traitement habituel. Il vaut mieux, lorsque du pus s'est écoulé, conduire l'enfant directement chez l'ORL qui sera le plus à même de faire des soins locaux puis de vérifier, à la fin du traitement, que le tympan a bien cicatrisé.
- **Appelez le médecin :** appelez le médecin en cas de fièvre chez un bébé grognon qui se réveille souvent, ou qui se touche de façon insistante une oreille, ou chez qui l'oreille a coulé.

À noter que l'otite aiguë est rare avant 2 mois et demi ou 3 mois et touche surtout les enfants gardés en collectivité (crèches collectives).

La pneumopathie (bactérienne ou virale)

- **Symptômes :** Bébé commence par un rhume, qui s'aggrave. Il a de la fièvre. La toux persiste et devient grasse. Il a parfois du mal à respirer. Il y a deux types de pneumonie : virale, qui est contagieuse ; ou bactérienne, qui ne l'est pas toujours. C'est surtout la persistance de la fièvre et de la toux, associée ou non à des difficultés respiratoires, qui doit alerter.
- **Traitement :** il faut :
  - aspirer les sécrétions nasales pour prévenir l'otite ;
  - administrer les antipyrétiques ;
  - si la toux est sèche et irritative, non quinteuse, des antitussifs pourront être prescris de façon transitoire. Si la toux devient plus grasse et productive, il faudra les arrêter. Si Bébé est très encombré, il sera soulagé par quelques séances de kinésithérapie respiratoire (à effectuer exclusivement par un kiné spécialisé

en pédiatrie, qui ne fait que de la kiné respiratoire. Le kiné qui s'occupe de votre dos ou de votre rééducation périnéale n'est pas forcément compétent en la matière).

- **Appelez le médecin :** appelez si la respiration est difficile, rapide ou sifflante. Demandez bien avant de lui donner un sirop antitussif surtout si la toux est sèche (on vous recommandera probablement de ne lui en administrer que le soir). Donnez-lui beaucoup à boire. Le médecin vous prescrira peut-être un antibiotique s'il suspecte une pneumopathie bactérienne. Si la fièvre dépasse trois ou quatre jours, peut-être vous demandera-t-il d'effectuer un prélèvement sanguin ou une radiographie du thorax, à la recherche d'un « foyer pulmonaire », c'est-à-dire d'une infection bactérienne (à traiter par les antibiotiques).

La bronchiolite

Il s'agit d'une infection des petites bronches (appelées bronchioles) situées juste avant les alvéoles pulmonaires où se font les échanges gazeux (c'est là que l'oxygène de l'air passe dans le sang). Les bronchioles sont obstruées par l'inflammation et empêchent Bébé de bien respirer. La bronchiolite est souvent due au VRS (virus respiratoire syncitial), mais d'autres virus peuvent la provoquer. C'est une affection très contagieuse.

- **Symptômes :** apparition d'une toux chez un bébé enrhumé, avec respiration rapide et/ou sifflante. Parfois, le thorax se creuse : c'est le tirage. Bébé est grognon, il peut ou non avoir de la fièvre. Il boit moins bien (il est étouffé pendant la tétée). Les quintes de toux (sèche ou grasse) et l'essoufflement doivent attirer l'attention. Les bronchiolites sont très fréquentes en période automne-hiver, surtout dans les collectivités d'enfants. Elles sont très contagieuses. Les bébés prématurés ayant une fragilité bronchique sont très sensibles et risquent de développer une bronchiolite sévère.
- **Traitement :**
  - d'abord, traitement préventif en période d'épidémie : se laver les mains, ne pas tousser à proximité de Bébé, pas de tabagisme passif, etc. ;
  - traitement de la fièvre éventuelle ;
  - aspirer les sécrétions nasales, coucher le bébé en position inclinée en surélevant le matelas pour qu'il respire mieux, humidifier l'atmosphère de la pièce.
- **Appelez toujours le médecin** si vous suspectez une bronchiolite : celui-ci examinera Bébé et pourra prescrire, en fonction du degré de gravité de la bronchiolite, et de l'âge du bébé, des broncho-dilatateurs (Ventoline spray) à l'aide d'une chambre d'inhalation (sorte de bouteille en plastique branchée sur le spray et munie d'un masque que l'on met sur le nez et la bouche de Bébé), et éventuellement, là encore, des

séances de kinésithérapie respiratoire. Si votre pédiatre découvre des signes de gravité (Bébé s'épuise, est apathique, très essoufflé), avec un battement des ailes du nez (BAN) ou même une cyanose, ou si Bébé est très jeune (moins de 3 mois), il optera pour une hospitalisation. Si cela arrive, sachez que Bébé est là-bas en sécurité, que son état sera surveillé heure par heure, et que dès que la phase aiguë sera passée, il vous sera rendu en pleine forme.

La roséole infantile (ou exanthème subit)

- **Symptômes :** fièvre à 39-40° isolée (parfois le nez coule un peu) chez un bébé en pleine forme, qui reste souriant et s'alimente normalement, la fièvre dure soixante-douze heures. Au quatrième jour, la fièvre tombe brutalement, et une éruption rosée apparaît sur le tronc. Le visage est épargné : cette éruption est très fugace (quelques heures). Bébé est contagieux tant qu'il est fébrile. L'éruption signe la disparition du virus de l'organisme de Bébé (car là encore, c'est une maladie virale).
- **Traitement :** uniquement des antipyrétiques.
- **Appelez votre médecin :** en général, il faut l'appeler au bout de trente-six à quarante-huit heures de fièvre. Si le comportement de Bébé est normal, il vous rassurera. Si vous ne l'appelez que lorsque l'éruption sera apparue, il vous confirmera le diagnostic de roséole et vous rassurera.

Il y a bien sûr tout un tas d'autres maladies qui traînent (sur la poignée du caddy du supermarché, dans la salle d'attente du pédiatre et jusque sur la table du petit déjeuner). N'ayez pas honte d'appeler votre médecin quand Bébé est malade, même si c'est pour vous entendre dire que ce n'est rien. Cela ne fera que confirmer, aux yeux de votre pédiatre, que vous êtes une bonne maman et il ne vous en voudra pas d'avoir la santé de votre enfant à cœur.

DÉTAIL TECHNIQUE

Le pédiatre de Bébé ne lui prescrira pas d'antibiotiques si l'infection est virale. Une infection bactérienne résulte parfois de la complication d'une infection virale (dans le cas d'une otite, Bébé tombe malade à cause d'un virus, mais l'infection conduit à l'apparition de bactéries dans l'oreille). Un antibiotique ne soigne pas une infection virale ; elle se guérit d'elle-même. Si l'on utilise trop d'antibiotiques, les bactéries finissent par y devenir résistantes. Veillez-y. Si Bébé n'a pas d'infection bactérienne, votre médecin ne doit pas lui prescrire d'antibiotiques : souvenez-vous de la campagne radio-télévisée « Les antibiotiques, c'est pas automatique ». Elle a eu beaucoup d'impact sur les patients (moins demandeurs d'antibiotiques) et sur les prescriptions des médecins !

Ça gratte, ça pique, ça démange

Comme si les poussées de fièvre et le nez qui coule n'étaient pas suffisants, Bébé se retrouve, en plus, avec des problèmes de peau. Les mamans apprennent en tâtonnant que les problèmes de peau sont parfois aggravés par un traitement inadapté. Souvent, la meilleure chose à faire est de ne rien faire (pour un cas d'acné du nourrisson par exemple). Ci-après, vous trouverez une liste de problèmes de peau courants et la meilleure façon de les traiter.

La croûte de lait

- **Aspect :** plaques de croûtes ou de pellicules de peaux mortes sur la tête de Bébé, parfois assez épaisses. Ce n'est pas contagieux, mais peu esthétique. Parfois, ça gratte.
- **Traitement :** essayez la vaseline salicylée à 1 % que votre pharmacien vous préparera, et appliquez-la en couche épaisse le soir, au coucher (pendant trois ou quatre soirs). Puis le matin, retirez la vaseline avec un gant de toilette humide sans tirer sur les croûtes : au bout de trois-quatre jours, elles auront disparu. Si la croûte est plus épaisse, on trouve dans le commerce des shampooings et des crèmes spéciales. Pour plus de détails sur la croûte de lait, voir chapitre 6.

L'érythème fessier

- **Aspect :** ce sont des rougeurs sur la zone des couches. Il s'agit d'une dermite de contact, favorisé par l'acidité des urines et des selles, et la macération. Parfois, cet érythème fessier, qui n'est plus qu'une irritation cutanée, se complique de rougeurs et de suintements au niveau des plis de l'aine et autour de l'anus : il s'agit d'un champignon (le *Candida albicans*) responsable de la candidose.
- **Traitement :** changes plus fréquents, et moins occlusifs (couches moins serrées), antiseptiques locaux non agressifs, crèmes à la fois apaisantes, hydratantes et cicatrisantes, enfin pommade antimycosique en cas de candidose (à appliquer deux ou trois fois par jour pendant au moins dix jours) car le champignon reste présent sur la peau à une taille microscopique au moins huit-dix jours, même si les rougeurs ont disparu. Le traitement préventif consiste à changer Bébé souvent, dès que sa couche est souillée, surtout en période de diarrhée ou de poussée dentaire.

L'eczéma

- **Aspect :** plaques rouges et sèches, qui peuvent démanger Bébé. Les zones de prédilection sont les joues et le menton, mais aussi sous et derrière les oreilles, les plis du coude et les creux poplités (derrière les genoux). L'eczéma peut devenir suintant (il démange alors beaucoup) et peut même se surinfecter.
- **Traitement :** consultez un médecin si l'eczéma persiste. Il suffit parfois d'appliquer une crème hydratante non parfumée, de changer de lessive,

de donner moins de bains ou de donner des bains moins chauds et plus courts (uniquement savonner et rincer Bébé en période aiguë), de changer le régime de Bébé et/ou d'utiliser à très petites doses une crème aux corticoïdes.

Les boutons de chaleur

- **Aspect :** irritation rouge vif dans le cou, sous les aisselles ou à l'aine. Cela survient soit en été, quand Bébé a transpiré (si vous l'avez insuffisamment découvert) soit en période de fièvre.
- **Traitement :** rafraîchissez Bébé en lui enlevant une couche de vêtement ou en lui donnant un bain d'eau tiède. Les brumisateurs d'eau minérale sont particulièrement adaptés en prévention des boutons de chaleur.

L'urticaire

- **Aspect :** plaques rouges et boursouflées, donc en relief (aspect de piqûre d'ortie), parfois avec un aspect en cocarde ; l'urticaire démange en général, et la localisation des plaques varie d'une heure à l'autre, pouvant s'étendre à tout le corps et prendre alors un aspect impressionnant.
- **Traitement :** l'urticaire est souvent lié à une allergie ; on n'en détermine pas toujours la cause. Appelez votre pédiatre pour en parler. Il peut s'agir d'une allergie à un médicament ou à un aliment, ou bien d'une réaction à une maladie virale, par exemple. À partir du deuxième épisode d'urticaire, un bilan allergologique (tests cutanés) sera réalisé chez un allergologue.

L'impétigo

- **Aspect :** cloques jaunâtres qui forment une croûte et finissent par éclater ; la peau en dessous suinte. C'est très contagieux si ce n'est pas soigné. Il s'agit d'une infection bactérienne à streptocoque ou à staphylocoque, qui touche surtout le visage et les membres inférieurs. Cela démange en général.
- **Traitement :** appelez votre médecin si vous craignez un impétigo chez votre bébé. Il vous prescrira une crème antibiotique, après avoir appliqué une solution antiseptique et conseillé de couper les ongles de Bébé (pour éviter une auto-infestation, par le grattage, sur d'autres parties du corps). En cas d'impétigo étendu, un traitement antibiotique par voie générale (sirop) pourra être prescrit. Changez et lavez tous les vêtements et la literie qui ont pu être exposés aux cloques.

Milia (ou « grains de milium »)

- **Aspect :** des petits grains jaunes ou blancs sur le visage de Bébé (en général autour du nez) apparaissent généralement au cours des deux premières semaines vie.
- **Traitement :** rien à faire. Ça s'en va tout seul.
- Dans le même cadre, l'érythème toxi-allergique du nouveau-né (éruption disséminée visible dès les premiers jours de vie) est observé par les pédiatres de maternité et disparaît sans traitement en quelques heures ou jours.

L'acné néonatal

- **Aspect :** petits boutons sur le visage de Bébé qui apparaissent généralement entre 2 semaines et 6 mois. Parfois, l'acné déborde sur le cou et la partie supérieure du thorax.
- **Traitement :** rien à faire. Même si ce n'est pas très beau à voir, laissez la nature faire son œuvre. Ça s'en ira tout seul. Ce n'est pas en frottant les boutons avec du savon que vous vous en débarrasserez, bien au contraire, cela aggrave la situation. En revanche, vous pouvez utiliser une solution à base de zinc, aux vertus anti-inflammatoires (Sérozinc, de La Roche Posay), puis une crème hydratante, en deux ou trois applications par jour, pour accélérer la disparition de l'acné (eh oui, Bébé doit être beau sur les photos !).

Prendre la température de Bébé

Tôt ou tard, il faudra bien sortir le thermomètre de la salle de bains pour s'en servir avec Bébé. Là, vous avez le choix : par voie rectale ou sous l'aisselle (votre médecin parlera de *température axillaire*).

La température rectale est la plus précise dans la mesure où elle vous donne la température à l'intérieur du corps. Les mesures axillaires ont une marge d'erreur d'un demi-degré voire plus, selon vos talents d'infirmière. Pour un bébé de moins de 3 mois, ce n'est pas assez précis. Plus tard, vous pourrez avoir recours à ce moyen, mais *dites toujours à votre pédiatre comment vous avez pris la température.* Il saura comment interpréter votre chiffre en ajoutant un demi-degré si vous avez pris la température axillaire.

ASTUCES

Bon, alors, comment s'y prendre ? Avant tout, soyez calme. Bébé est malade, il se sent mal, il a besoin d'un papa et d'une maman détendus et sereins pour le rassurer et lui faire comprendre que tout va bien. Pour des raisons évidentes, n'utilisez ce thermomètre qu'à cet usage précis. Pour prendre la température à l'aide du thermomètre électronique :

1. **Nettoyez le bout du thermomètre au savon et lubrifiez-le.**
2. **Allongez Bébé sur le côté et sur une surface de laquelle il ne peut pas tomber.**
3. **Insérez le thermomètre d'environ 1 cm.** Surtout, ne forcez pas.
4. **Lorsque le thermomètre bipe, vous pouvez l'enlever.** Lisez la température.

Pour une mesure axillaire, Bébé doit être calme et détendu. Voici comment s'y prendre :

1. **Allongez-le et ôtez-lui son haut.**
2. **Placez le thermomètre au milieu de l'aisselle puis maintenez-lui le bras bien serré le long du corps.** Il est important que l'aisselle soit bien serrée, afin que la mesure soit la plus précise possible.
3. **Maintenez Bébé dans cette position pendant plusieurs minutes (quatre à cinq en fonction de la marque que vous utilisez).** Le thermomètre va biper avant; ignorez-le et montrez-vous créatif pour occuper Bébé et ne pas à avoir à tout recommencer.
4. **Au bout de quatre à cinq minutes, enlevez le thermomètre et lisez la température.**

Bébé n'est pas assez grand pour une mesure orale (dans la bouche). Pour prendre sa température, vous avez besoin d'un minimum de coopération. Pour le moment, il n'est pas capable de se tenir assis tranquillement en gardant le thermomètre sous sa langue.

Si vous n'en avez pas encore et que vous devez sortir pour vous procurer un thermomètre, vous allez avoir le choix. C'est important, il ne faut pas se tromper. Voici ce que vous allez trouver :

- **Thermomètre à affichage numérique :** c'est le plus efficace pour la première année de Bébé. Extrêmement facile d'utilisation et assez fiable. Choisissez de préférence une marque connue et gardez-en deux ou trois sous la main. Mettez-en un de côté pour les prises de température rectales.
- **Thermomètre auriculaire :** très à la mode car très facile d'utilisation. Toutefois, un enfant doit déjà savoir se tenir assis sans bouger pour faire une mesure précise; en outre, le conduit auditif de Bébé est trop étroit, et donc la mesure se fait trop loin du tympan : elle n'est donc pas fiable avant l'âge de 2 ou 3 ans. Pour ces raisons, mieux vaut ne pas utiliser de thermomètre auriculaire avant l'âge requis.

- **Thermomètre au mercure :** il n'est plus commercialisé depuis quelques années en raison du risque d'intoxication au mercure si le verre se casse (sans oublier les éventuelles blessures dues au verre brisé).
- **Thermomètre frontal :** pas du tout fiable, donc pas très recommandé.
- **Thermomètre-tétine :** encore une fois, le problème est que Bébé doit se montrer coopératif. S'il hurle de douleur à cause d'une infection de l'oreille, il va envoyer promener la tétine (parce que toute succion augmente la douleur) et le thermomètre avec.

Respiration sifflante et éternuements : lorsque l'asthme ou les allergies entrent dans la danse

Si vous-même avez des problèmes respiratoires, guettez des signes d'asthme ou d'allergies chez votre enfant, surtout si vous avez développé des allergies au cours de votre enfance. Il y a probablement des questions d'hérédité en jeu. La bonne nouvelle, c'est qu'en grandissant, allergies et asthme s'estompent en général ; la mauvaise, c'est que ce n'est pas très facile à soigner. Dans cette partie, nous vous expliquons quels signes il faut guetter et comment les gérer.

Allergies à l'environnement

Bébé renifle depuis des semaines. Est-il malade, est-ce une allergie saisonnière ou domestique ? Même quand cela vous arrive à vous, vous avez du mal à différencier les deux. En général, les signes révélateurs d'une allergie sont :

- **La durée :** un rhume disparaît en dix à quinze jours ; une allergie, ça traîne, parfois toute la saison (si c'est une allergie saisonnière, au pollen par exemple), voire plus (si c'est lié à un animal ou à la poussière). Cela dit, les rhinites allergiques apparaissent rarement au cours de la première année de vie (plutôt vers 4-5 ans).
- **Des éternuements (salves d'éternuements au réveil).**
- **Un écoulement du nez clair et liquide :** pour les rhumes, c'est souvent plus jaune et plus épais. En cas de rhinite allergique, le nez coule comme une fontaine, ou bien le nez est très bouché (on parle de rhinite obstructive).
- **Des cernes sous les yeux :** parfois, les yeux sont aussi rouges et irrités, et démangent Bébé : C'est la conjonctivite allergique.

- **Des démangeaisons du nez :** vous voyez Bébé se gratter le nez ou utiliser toutes sortes d'objets pour le faire.
- **Une toux sèche :** à cause des écoulements du nez dans la gorge et les voies respiratoires.
- **Des irritations de la peau de type eczéma :** elles indiquent souvent la présence d'un allergène dans l'environnement (allergie de contact ou allergie alimentaire).
- **Une tendance à respirer par la bouche :** le pauvre petit nez de Bébé est tout bouché.

Dans la majorité des cas, les phénomènes allergiques sont familiaux et transmissibles génétiquement. À l'interrogatoire, un, voire les deux parents, ont ou ont eu des allergies Les allergies se développent sur des périodes de plusieurs mois (et par expositions répétées) : les allergies environnementales ne sont pas aussi répandues chez les bébés que les allergies alimentaires dans les campagnes ou les zones peu polluées. En revanche, dans les grandes villes, l'asthme du nourrisson est fréquent, et l'un des facteurs favorisants, outre l'exposition répétée à des virus, est justement cette pollution atmosphérique.

Si vous avez l'impression que Bébé fait une réaction allergique et que vous ne savez pas à quoi, appelez votre pédiatre. Il vous recommandera peut-être d'emmenez Bébé chez un allergologue.

À la chasse aux allergies alimentaires

L'une des étapes importantes de la première année est bien sûr le passage aux aliments solides ; il ne faut pas perdre de vue le risque des allergies alimentaires et le type de symptômes qui y sont liés. Les aliments qui provoquent le plus d'allergies sont le lait de vache, les fraises, le blanc d'œuf, la farine de blé (gluten) et le soja. Les fruits de mer et les noix provoquent aussi des allergies et des réactions parfois graves (voire mortelles) ; la majorité des médecins recommande d'éviter ces aliments pendant les deux ou trois premières années de vie. Pour plus de détails sur les allergies alimentaires, reportez-vous au chapitre 11.

Une allergie alimentaire se signale généralement par :

- Une éruption cutanée (autour de la bouche, s'il s'agit d'une allergie immédiate, juste après avoir mangé l'aliment suspect)
- Des aphtes dans la bouche, sur la langue et l'intérieur des joues
- Des symptômes gastro-intestinaux (douleurs abdominales, diarrhée, vomissement)
- Des problèmes respiratoires (nez qui coule ou nez bouché, difficulté respiratoire de type laryngite ou crise d'asthme)

- De l'urticaire
- Une stagnation de la courbe de poids lors du sevrage chez le bébé intolérant au lait (IPLV)
- Un nez qui coule
- Des pleurs fréquents chez un bébé qui sourit peu, et qui est souvent grognon, sans raison apparente.

L'œdème de Quincke et le choc anaphylactique sont deux manifestations gravissimes d'une allergie. On observe les symptômes : urticaire, œdème du visage et des voies respiratoires entraînant une détresse respiratoire et parfois une perte de conscience pouvant conduire au décès. Il faut donc, en cas de suspicion d'allergie grave, appeler le Samu (15).

Une réaction allergique plus grave appelée *choc anaphylactique* se manifeste par certains des symptômes précédents (des crampes, de l'urticaire, une gêne dans la bouche) ainsi que par des difficultés respiratoires, une perte de conscience et parfois la mort. Si vous remarquez que votre enfant réagit violemment à un aliment, emmenez-le à l'hôpital sans attendre.

Certaines études suggèrent qu'en introduisant trop tôt des solides dans le régime alimentaire de Bébé (avant 4 à 6 mois), on provoque des réactions allergiques parce que le système digestif de l'enfant n'est pas encore prêt à traiter ces aliments. Dans tous les cas, introduisez les nouveaux aliments un par un, avec plusieurs jours d'écart : s'il fait une réaction, l'aliment responsable sera facile à identifier.

Reconnaître une crise d'asthme

Les problèmes respiratoires ont toute sorte de causes ; ce n'est pas parce que Bébé se met à tousser un peu qu'il est asthmatique. Beaucoup de virus provoquent un rétrécissement des voies respiratoires qui, chez certains enfants, sont déjà très étroites : il a alors du mal à respirer. Toutefois, *l'asthme* du nourrisson (une affection pulmonaire au cours de laquelle les voies respiratoires sont rétrécies, par contraction des muscles péribronchiques) est de plus en plus répandu ; que ce soit pour des causes environnementales (la pollution) ou parce qu'il est diagnostiqué mieux et plus tôt, de fait, il apparaît comme la maladie chronique la plus répandue chez les tout-petits.

Parce que la capacité respiratoire des très jeunes enfants ne peut être véritablement mesurée, il est difficile de diagnostiquer l'asthme tant que l'enfant n'est pas un peu plus âgé et capable de coopérer à un test de ses fonctions respiratoires. Les problèmes respiratoires sont des symptômes assez fréquents. Une respiration rapide et sifflante, accompagné d'un tirage (creusement du thorax et des muscles intercostaux), sont souvent

Les réactions au lait

On a souvent tendance à confondre allergies au lait et intolérance au lactose. Une *allergie au lait* est une réaction du système immunitaire aux protéines contenues dans le lait. L'*intolérance au lactose* est liée à l'absence d'une enzyme nécessaire à la digestion du sucre contenu dans le lait de vache ou le lait maternisé. Si Bébé est allergique au lait, il fait de l'urticaire, de l'eczéma, est ballonné, a la diarrhée, parfois même du sang dans les selles, des nausées et des vomissements ou des signes de reflux gastro-œsophagien (RGO). Parfois, l'allergie au lait ne donne aucun autre symptôme qu'une cassure de la courbe de poids au moment du sevrage. L'intolérance au lactose cause des problèmes gastro-intestinaux mais aucun problème de peau. La bonne nouvelle, c'est que la majorité des enfants n'a plus d'allergies au lait à partir d'environ 18 mois-2 ans. En revanche, l'intolérance au lactose, elle, persiste souvent chez le grand enfant et même à l'âge adulte (elle peut se manifester par un dégoût des produits laitiers, et par une diarrhée si ces produits sont tout de même consommés).

des symptômes de l'asthme. Beaucoup de médecins prennent en compte l'histoire familiale pour décoder les symptômes de Bébé : les parents de l'enfant font-ils de l'asthme ? L'enfant a-t-il développé d'autres allergies ? Il est d'usage de faire le diagnostic d'asthme du nourrisson au bout de trois épisodes aigues entraînant des difficultés respiratoires de cet ordre (trois bronchiolites par exemple).

Pour soigner un enfant qui a de l'asthme, on a généralement recours à un *nébuliseur*, une machine qui vaporise des médicaments broncho-dilatateurs et anti-inflammatoires afin que l'enfant puisse facilement les inhaler à l'aide d'un masque facial.

Il ne faut pas oublier que l'asthme n'est pas l'unique maladie qui provoque des problèmes respiratoires. Les bébés ont des voies respiratoires plus étroites que leurs aînés : un petit virus qui s'attaque aux voies respiratoires peut suffire à rendre la respiration sifflante. Toutefois, lorsque vous remarquez ces symptômes, appelez votre pédiatre : il sera à même d'en déterminer la cause.

Corriger un strabisme ou un problème de vue

Lors des bilans mensuels de Bébé, le pédiatre va lui faire passer les examens habituels pour les yeux : le *strabisme* (Bébé louche) et l'*amblyopie*. Pour un exemple de ce qu'est un strabisme, voir la figure 18-1.

Figure 18-1 : Strabisme chez un bébé.

On remarque parfois une « coquetterie » dans le regard de Bébé. Il a un œil qui louche ou qui est plus lent à suivre un objet que l'autre. Si cela vous inquiète, parlez-en à votre pédiatre lors de votre prochain rendez-vous. En fonction de l'âge de Bébé et de la gravité du symptôme, il vous recommandera peut-être un rendez-vous chez un ophtalmologiste, qui l'examinera plus en détail.

Dès l'âge de 3 ou 4 mois, le dépistage du strabisme doit être effectué par votre pédiatre. Il fera suivre des yeux par Bébé sa petite lampe torche. En général, la lueur se reflète au milieu de chaque pupille. En cas de strabisme, la lueur sera observée du côté sain sur la pupille, mais le reflet se fera sur l'iris (c'est-à-dire sur la partie colorée de l'œil) du côté du strabisme : c'est le test des reflets visuels. En cas de dépistage précoce, l'ophtalmologiste prescrira des lunettes qui sont très bien supportées à cet âge. En revanche, à l'âge de 1 ou 2 mois, Bébé essaie de fixer avec ses deux yeux mais n'y arrive pas et se met à loucher. Il s'agit d'un strabisme intermittent, tout à fait banal et inhabituel, qui disparaît en quelques semaines. Certains enfants donnent une impression de strabisme alors que le test des reflets visuels est normal. Cela est dû à la forme de leur visage et à la distance anormale entre les deux yeux. C'est ce que l'on appelle un épicanthus, qui ne nécessite pas de traitement. Mais un vrai strabisme non traité peut occasionner une amblyopie par atrophie du nerf optique : il faut donc être très vigilant.

S'occuper d'un bébé handicapé ou malade

Parfois, on entre en salle de travail en sachant que la grossesse n'a pas été facile et que l'enfant à naître sera handicapé ou malade. Pour d'autres, un défaut à la naissance ou un accouchement prématuré sera un vrai choc, totalement inattendu. Dans tous les cas, c'est souvent très difficile d'admettre cette réalité. C'est la pire angoisse des parents.

Prévenu ou non, vous ne pouvez jamais vraiment vous préparer à cette expérience. Vous vous sentirez probablement dévasté, terrifié, en colère ou coupable ; vous penserez que vous auriez pu faire quelque chose pour empêcher cela. Acceptez ce que vous ressentez. Autorisez-vous à être triste ou en colère, mais ne vous forcez pas à gérer tout cela tout seul. Demandez de l'aide au père, à votre famille, à un groupe de soutien, à un thérapeute ou à un conseiller, voire déjà au futur pédiatre de votre bébé.

Au cours de ces instants difficiles, n'oubliez pas que, dans tous les cas, donner la vie est une expérience forte, voire violente, même avec un enfant en parfaite santé. Lorsque l'on sait que son enfant, dont on se sent totalement responsable, va devoir endurer même sur une courte période une maladie, on a l'impression que le monde s'effondre. Ce n'est pas ce à quoi on s'attendait. C'est injuste. Si l'on pouvait, on donnerait tout pour souffrir à la place de son enfant.

Informez-vous sur sa maladie. Cela aide toujours de savoir à quoi s'attendre ; souvent, on s'imagine le pire. Demandez à votre médecin ou au personnel de l'unité néonatale de soins intensifs (voir plus bas pour UNSI) de vous conseiller des groupes ou des associations de parents qui ont vécu la même chose. Regardez à la bibliothèque ou sur Internet, si vous en avez la possibilité.

Après le choc initial de l'annonce de la maladie ou du handicap et l'angoisse, vous sentirez se développer le lien qui existe entre tous les parents et leur enfant ; ne laissez pas la peur prendre le dessus et vous empêcher de serrer Bébé dans vos bras, de lui parler et, surtout, de l'aimer. Quel que soit son avenir, c'est votre enfant, et c'est votre expérience. C'est parfaitement inutile de le comparer à ce que vous attendiez (même les parents de nouveau-nés en pleine santé subissent des désillusions). Chérissez-le pour ce qu'il est : votre bébé.

Les anomalies de naissance

Beaucoup de ces anomalies peuvent être évitées. Par exemple : l'acide folique est une mesure préventive redoutablement efficace : certains estiment que jusqu'à 75 % des malformations du tube neural (dont le spina-bifida) peuvent être évités grâce à la prise d'acide folique au cours de la grossesse. Il y a d'autres consignes simples à suivre :

- Soyez sûre, avant d'entreprendre une grossesse, de bien maîtriser vos problèmes de santé (problèmes cardiaques, diabète, asthme, épilepsie, problèmes thyroïdiens).
- Évitez l'alcool et le tabac avant et pendant la grossesse.

- Supprimez totalement toutes prises de stupéfiants (eh oui, beaucoup s'imaginent que la marijuana est sans effet).
- Menez une vie saine pendant votre grossesse. Mangez bien, reposez-vous et faites de l'exercice.
- Avant de prendre tout médicament sans ordonnance, parlez-en à votre gynécologue-obstétricien. Même des pastilles au menthol (Valda, Pulmoll) réputées inoffensives peuvent être tératogènes, c'est-à-dire qu'elles peuvent provoquer des malformations sévères si elles sont prises pendant les trois ou quatre premiers mois de grossesse.

Toutefois, toutes les malformations ne sont pas prévisibles. Lorsque son enfant naît différent, on n'a qu'une envie, c'est de pouvoir rentrer sous terre et disparaître. Mais il faut faire face. Même si votre enfant est entre de bonnes mains avec le personnel hospitalier, vous êtes son premier défenseur. C'est d'abord à vous de trouver ce qui peut être fait pour réduire les effets de son anomalie.

En fonction de celle-ci, il aura sans doute besoin de l'intervention de plusieurs spécialistes. En commençant tôt, on peut améliorer considérablement sa qualité de vie. Par exemple, un enfant né avec un pied bot aura moins de séquelles s'il est traité le plus tôt possible, dès les premières semaines et les premiers mois, à la fois par des moyens orthopédiques que par de la kinésithérapie. Sans cela, le pied risque de ne pas se développer correctement ; l'enfant sera entravé et il souffrira de l'exclusion qui risque d'en résulter.

D'autres problèmes à la naissance sont plus graves et ont des conséquences à long terme, beaucoup plus dévastatrices, comme certains cas de spina-bifida. Cela dit, beaucoup d'enfants peuvent apprendre à être autonomes ; plus on commence tôt, plus il y a de chances d'être efficace. De cette autonomie dépendra les retentissements psychologiques de la maladie ou du handicap. Plus un handicap ou une malformation est prise en charge rapidement, moins les séquelles seront lourdes et plus l'enfant sera autonome. Donc, malgré les difficultés d'accepter le diagnostic initial, il ne faut pas baisser les yeux, ni surtout baisser les bras, au contraire.

Les bébés prématurés

On dit d'un bébé qu'il est prématuré quand il naît avant 37 semaines d'aménorrhée (c'est-à-dire avant huit mois de grossesse). Il y a donc différents degrés de prématurité : un enfant né à 35 semaines de grossesse sera beaucoup moins touché qu'un bébé né à 30 semaines. En clair, plus Bébé reste dans l'utérus, plus il a de temps pour finir sa maturation pulmonaire digestive, hépatique, rénale et neurologique.

Le poids de naissance (PN) d'un bébé né prématuré est variable, entre 500 g pour les plus chétifs et 2,5 kg. Plus le poids de naissance est élevé, mieux Bébé pourra assurer son isolation thermique. En effet, l'un des problèmes majeurs d'une naissance prématurée est l'absence de graisse, dont nous avons tous besoin pour assurer son isolation thermique. Un bébé prématuré est incapable de réguler la température de son corps, même bien couvert. C'est pourquoi on les met souvent dans des incubateurs (appelés « couveuses » dans le langage courant). Sinon, dans les régions où les couveuses ne sont pas disponibles, on recommande à la maman de tenir en permanence son bébé contre elle, peau contre peau : les résultats sont souvent excellents.

L'autre problème posé par une naissance prématurée est celui de la nourriture. Un enfant né avant 32 à 34 semaines n'a pas le réflexe de succion nécessaire pour téter au sein ou au biberon. En plus, son système digestif n'est pas encore mature et il pourra être sujet à des infections intestinales (entérocolite du prématuré). Souvent, il faut nourrir un prématuré par une sonde insérée dans le nez : c'est un tube qui descend jusqu'à l'estomac, que l'on appelle « sonde gastrique » : Bébé est nourri par l'intermédiaire de cette sonde, c'est ce que l'on appelle le « gavage gastrique ».

Un bébé né avant terme va mettre un certain temps à rattraper son retard aussi bien sur le plan de la croissance staturo-pondérale que sur le plan des développements psychomoteurs. Observez un enfant né avec deux mois d'avance : pour déterminer son développement mental, les parents devront soustraire deux mois à son âge réel. Par exemple, à 4 mois, Bébé aura un développement correspondant à celui d'un petit de 2 mois. Les bébés sont plus ou moins lents à rattraper ce retard, selon l'importance de la prématurité et les facteurs environnementaux présents après la naissance. Certains rattraperont le retard en moins de deux ans, d'autres resteront marqués toute leur vie par des séquelles de cette prématurité. En revanche, si vous faites partie de la grande majorité des parents de prématurés qui se développeront sans séquelles et qui auront vite rattrapé leur retards, dites-vous que votre enfant est normal. Il est né plus tôt que prévu, mais il peut grandir sereinement, sans être surprotégé. Son statut d'enfant prématuré ne doit pas revenir à tout bout de champ, à la moindre maladie infectieuse ou à la moindre mauvaise note en classe. Nombre d'enfants prématurés ont raté leur vie affective ou professionnelle parce que, trop « couvés » (le terme n'est pas anodin) et donc peu autonomes, ils n'ont pas pu s'épanouir. Donc si Bébé a rattrapé son retard en un an ou deux, oubliez ce terme de « prématuré » et considérez-le comme un enfant normal : c'est d'ailleurs bien ce qu'il est.

Au sujet de l'UNSI (Unité Néonatale de Soins Intensifs)

Évidemment, quand on est père ou mère pour la première fois, on ne s'attend pas à passer les premiers jours et les premières semaines de Bébé à l'unité néonatale de soins intensifs ; cela arrive pourtant en cas de problème grave à la naissance ou de naissance prématurée. Avec toutes ces machines, ces technologies et ce jargon médical, on se sent parfois un peu désemparé. Les bébés sont reliés à des moniteurs et nourris par des sondes, parfois dans des couveuses. Dans certains cas, on ne vous accorde même pas le droit de le prendre dans vos bras, pour des motifs d'hygiène. Exigez des médecins qu'ils vous expliquent exactement pourquoi.

Même si les nouveaux parents ont toujours beaucoup de questions à poser à leurs médecins et à leurs infirmières, lorsque l'enfant se retrouve à l'unité néonatale de soins intensifs, le choc est trop fort pour poser la moindre question. Le personnel aidera toute la famille à traverser cette épreuve ; il sait combien il est difficile et angoissant d'avoir un nouveau-né hospitalisé. Ils accueilleront vos questions et feront de leur mieux pour y répondre : n'ayez pas peur de les poser, même si cela vous demande un effort. Plus vous aurez de renseignements et moins vous serez angoissés. Si vous tombez sur quelqu'un qui n'a pas l'air de vouloir vous répondre, demandez à quelqu'un d'autre. Et demandez jusqu'à ce que vous ayez une réponse satisfaisante. Après tout, vous êtes les parents et vous avez le droit de tout savoir sur l'état de santé de votre bébé. En revanche, si l'équipe soignante vous paraît débordée, attendez que le calme revienne dans le service pour poser vos questions. Le médecin référent vous proposera un rendez-vous dans son bureau, au calme, pour vous fournir toutes les explications concernant Bébé.

La bonne nouvelle, c'est que l'on a fait d'importants progrès dans tous les domaines de la prématurité et des pathologies néonatales. Au début de la dernière décennie, on ne pouvait sauver un bébé de moins de 27 semaines ; maintenant, c'est 23 semaines. Et les progrès continuent. Votre enfant est en sécurité avec un personnel compétent et attentionné. Cela dit, sauver une vie ne veut pas dire éviter les séquelles, notamment neurologiques, et il faut aussi considérer le devenir à long terme des grands prématurés.

Votre néonatalogue est un pédiatre qui a passé sept ans à l'école de médecine, quatre ans en pédiatrie. Il a pu également faire un à deux ans de néonatalogie. La plupart des unités néonatales de soins intensifs ont une équipe de néonatalogues 24 heures sur 24, avec des dizaines d'infirmières compétentes et des médecins spécialisés dans les maladies respiratoires, digestives et neurologiques, ainsi qu'un diététicien. Votre enfant sera assisté par plusieurs personnes et recevra tous les soins dont il a besoin.

La majorité des unités néonatales de soins intensifs autorisent les parents à venir 24 heures sur 24, mais ont des restrictions concernant les autres membres de la famille, notamment les jeunes enfants. Posez la question avant d'amener le grand frère ou la grande sœur.

Établir le lien

Les parents d'un nouveau-né qui a des problèmes de santé se sentent parfois mis de côté ou déçus ; ce n'est pas ce qu'ils attendaient. Évidemment, vous n'allez pas vivre exactement la même chose que les parents ordinaires que vous croisez dans la rue. En plus, personnellement, la situation va être difficile. Mais vous n'êtes pas seuls. Ce paragraphe va vous donner une idée de ce à quoi vous pouvez vous attendre et de la façon dont on peut gérer ces épreuves.

Maintenant, vous avez probablement accepté la maladie et trouvé des façons d'aider votre enfant. Si ce n'est pas le cas, et que vous vous enfoncez chaque jour un peu plus dans vos idées noires, vous devez demander de l'aide professionnelle à un thérapeute, à un conseiller ou à un groupe de soutien. Personne ne saurait vous reprocher votre état, mais vous devez, petit à petit, accepter la situation, pour vous comme pour votre enfant.

Lorsque l'on a un enfant qui a besoin de soins particuliers, c'est très facile de se laisser déborder et de perdre les pédales ; c'est tout à fait normal d'être triste ou en colère. Parfois, on en arrive même à se demander si on aime son enfant autant que s'il était né en bonne santé.

C'est parfois très difficile d'abandonner les clichés que vous vous étiez forgés tout au long de la grossesse. Vous aviez le bébé parfait, dans la maison parfaite, et tout le monde était très heureux. Mais c'était un *cliché :* même les parents d'enfants en pleine santé traversent des moments difficiles. Il faut apprendre à vivre à fond la situation présente. Voilà, c'est comme ça : et maintenant, qu'est-ce qu'on fait ?

La dépression est une réaction classique, surtout si votre enfant a besoin de soins constants, ou d'interventions chirurgicales. Faites la part des choses entre ce que vous pouvez gérer et ce qu'il faut demander à des professionnels. Vous n'avez rien à perdre et tout à gagner.

Vous ne savez où trouver un bon thérapeute ou un conseiller ? Commencez par demander à votre médecin de famille ou à votre pédiatre. Vous pouvez aussi demander à votre assurance maladie de vous fournir une liste, puis demandez conseil à votre médecin en fonction de cette liste. Votre pédiatre sera probablement en mesure de vous indiquer un groupe de soutien.

Il est aussi très important de souder votre couple, surtout si l'un d'entre vous s'occupe à temps plein de Bébé. Cherchez des solutions pour vous aider mutuellement, acceptez de l'aide extérieure et surtout, communiquez sur ce que vous ressentez. Le cas échéant, entamez une thérapie de couple. En y réfléchissant, on arrive à surmonter les doutes et la tristesse, ensemble.

Affronter le regard des autres

« Ben alors, qu'est-ce qu'il a, ce gamin ? » Votre estomac se noue et vos cheveux se dressent sur la tête, non ? Même si cela ne vous étonne plus, surtout si le handicap de votre bébé est visible, les différences entre votre bébé et les autres enfants vont s'accentuer avec le temps. Un jour ou l'autre, il faudra répondre à des questions. Ce qui énerve encore plus, c'est que l'indiscret n'est même pas un abruti complet. Vous vous demandez comment quelqu'un qui a l'air aussi normal peut être aussi indélicat (parce qu'en fait, vous savez que votre bébé n'est pas moins bien que les autres. Il a des problèmes de santé que les autres n'ont pas. Et cela le rend différent).

Alors comment répondre à cette question ? Cela dépend de plusieurs choses :

- **Qui pose la question :** évidemment, il faut se montrer un peu plus diplomate avec la famille et les amis proches. Vous savez que vos proches vous posent la question parce qu'ils portent un véritable intérêt à votre enfant. Vous savez aussi qu'ils accepteront sans broncher les réponses que vous donnerez.
- **Jusqu'à quel point vous vous sentez en mesure de donner des détails :** un inconnu n'a pas besoin de tout savoir de l'état de santé de votre enfant, à moins que vous vous sentiez vraiment en confiance et que cette personne ait l'air désintéressée. Sachez que cela peut n'être qu'une question de politesse : inutile de tout lui raconter en détail pendant des heures.
- **Votre propre capacité à répondre :** vous ne devez rien à personne ; en aucun cas vous n'êtes obligé(e) de donner des détails à qui que ce soit. En revanche, sachez que moins vous en dites, plus vous prêtez le flanc à des suppositions farfelues. Le mieux est de répondre de manière concise.

Cela ne pose pas de problème majeur si vous parlez à quelqu'un d'un petit peu sensible et réceptif ; mais que dire lorsque l'on vous demande ce que *vous* avez fait pour que votre enfant soit dans cet état ? Ou, dans le cas d'une adoption, comment répondre à quelqu'un qui vous demande ce qui vous a pris d'adopter un bébé pareil ? Dans tous les cas, n'acceptez pas de vous faire culpabiliser.

Dans ce cas, vous êtes parfaitement en droit de répondre la vérité : malgré les problèmes de votre enfant et peut-être *grâce* à eux (après tout, ils font partie de lui), vous l'aimez. En fonction de la situation, on peut être tenté de sermonner un peu la personne, pour lui faire distinguer la réalité du handicap ou de la maladie, de l'idée qu'elle se faisait de la personne handicapée. N'hésitez pas si c'est quelqu'un de votre famille qui va voir régulièrement votre enfant. Cela dit, vous êtes aussi tout à fait en droit de passer votre chemin (si vous ne connaissez pas vraiment la personne ou que vous savez qu'il est inutile de discuter).

À RETENIR

Vous avez tout à fait le droit de tourner les talons. Même si l'information est la meilleure façon de briser les malentendus et les fausses idées sur les handicaps, certaines personnes passent leurs journées à juger les gens, votre enfant comme les autres. Traitez-les comme ils le méritent, ignorez-les. C'est leur problème, pas le vôtre.

Chapitre 19

Un bisou et c'est fini : les bobos de Bébé

Dans ce chapitre

- Garder son calme quand Bébé se fait mal
- La trousse de premiers secours
- Évaluer la gravité des coupures, égratignures, bosses et autres bleus
- Soigner piqûres et morsures
- Apaiser les brûlures

Lorsque l'on a un enfant, on n'a pas forcément envie de lire tout un chapitre sur les blessures *potentielles* de Bébé (rien que l'idée de le voir saigner… ah non, ce n'est pas possible). Si vous nous lisez en ce moment, il y a des chances que vous soyez confronté à cette situation. Voici une liste des petits bobos courants et de la conduite à tenir.

APPELEZ LE MÉDECIN

Évidemment, ce chapitre ne remplacera jamais votre intuition de parent. Si Bébé est tombé ou s'est fait mal et qu'il n'arrête pas de pleurer, qu'il est anormalement apathique ou que vous sentez que quelque chose ne va pas, appelez votre pédiatre sans attendre. Certaines blessures peuvent occasionner des lésions internes qui ne sautent pas forcément aux yeux.

Le calme avant tout

Il est parfois très difficile de garder son sang-froid lorsque son enfant est blessé. Vous ressentez presque sa douleur et sa réaction de peur est très difficile à assumer. C'est exactement pour cela qu'il est important que vous mettiez vos propres inquiétudes de côté pour l'apaiser. Soyez instinctive et basez-vous sur le comportement de votre bébé.

C'est avant tout en vous imitant que Bébé apprend la vie. Sa première réaction, s'il se coupe, c'est probablement de pleurer – après tout, ça fait mal. Mais c'est *votre* réaction qui va faire qu'il s'arrêtera (ou non) de pleurer et qui déterminera sa réaction la prochaine fois. Imaginez deux scénarios : dans le premier, vous le prenez tranquillement dans vos bras, vous chantonnez à son oreille en rinçant la plaie, avant de la sécher et de mettre un pansement. En fonction de son tempérament, Bébé continuera à pleurer ou sera assez content de votre nonchalance et se rendra compte que, finalement, ce n'est pas la fin du monde. Dans ce cas-ci, vous lui avez prouvé que vous êtes certaine que tout va bien.

Dans le second scénario, la vue du sang de votre enfant vous fait paniquer. Vous appelez au secours votre compagnon, votre voisine, votre mère, le facteur, n'importe qui susceptible de rincer la plaie et de poser un pansement. Bébé, lui, lit la panique dans vos yeux et en conclut immédiatement qu'il est *très, très* mal en point. Il devient fou de terreur et se met à hurler pour de bon.

Évidemment, personne ne peut blâmer un parent de réagir violemment lorsque son enfant se blesse. Mais il est souvent préférable de contenir ses émotions, du moins temporairement. Avec le temps, vous apprendrez à faire la différence entre les blessures graves (immobilité d'un membre, coupure profonde ou brûlure étendue, saignements abondants et prolongés) et celles qui ne le sont pas (égratignures et petits bleus). Vous apprendrez aussi à économiser de l'énergie pour les moments où ce sera vraiment nécessaire (certes, il faut soigner un enfant qui a fait une sérieuse chute, mais pas la peine d'appliquer des compresses et des glaçons sur le moindre bobo). Et en plus, si vous avez un enfant très actif et casse-cou, vous finirez par vous habituer…

Lorsque Bébé se blesse, il apprend : il est alors d'autant plus important d'avoir une réaction calme. Bébé a besoin d'espace et de confiance pour tester ses nouvelles capacités ; sinon, la moindre chute finira par l'effrayer et il n'osera plus rien tenter. Cela ne veut pas dire qu'il ne faut pas le protéger en cas de danger : s'il décide de se suspendre à une étagère bancale et surchargée de dictionnaires, vous avez raison de le tirer de là pour lui épargner la chute de vingt kilos de livres sur le crâne. Mais si vous le retenez à chaque fois qu'il fait un pas tout seul, il ne risque pas d'apprendre à marcher.

La trousse de premiers secours

Il doit y en avoir une dans chaque maison, complète et prête à servir. Ce n'est pas exactement le contenu de votre armoire à pharmacie (thermomètre, sirop pour la toux, etc.) : la trousse de premiers secours doit être facile à transporter et accessible. Prenez-la avec vous lorsque vous partez en pique-nique ou en vacances.

Elle doit contenir :

- Des pansements de toutes les tailles
- Une solution ou un spray antiseptique
- De la gaze stérile (en rouleau et en compresse)
- Un rouleau de sparadrap (pour faire tenir la gaze)
- Des ciseaux (qui coupent, de préférence)
- Du savon liquide (pour nettoyer les plaies)
- Des lingettes de solution antiseptique (si vous n'avez pas d'eau pour nettoyer la plaie)
- Une pince à épiler (pour enlever les échardes, le gravier, les épines, etc.)
- Un antalgique (paracétamol ou ibuprofène) en sirop
- De la crème solaire (indice 30 ou 50)
- Une lotion ou un spray antimoustique adapté à l'âge de votre enfant
- De la crème hydrocortisone à 1 % (pour soigner les allergies aux piqûres d'insecte)
- Le numéro de téléphone de votre médecin

On trouve des trousses de premiers secours toutes prêtes dans la plupart des supermarchés et des pharmacies. Avant d'en acheter une, assurez-vous qu'elle contient tout ce qui est cité sur la liste ci-dessus et ajoutez immédiatement le numéro du pédiatre.

Docteur Maman ? Présente !

Bosses, coupures, égratignures : la première année, Bébé y aura forcément droit, surtout lorsqu'il se mettra à bouger. Ramper, marcher à quatre pattes, se tenir debout, marcher : toutes ces étapes sont merveilleuses mais chacune comporte une part de risques. La majorité des accidents sont des petits bobos qui ne vous empêcheront pas de dormir. Mais parfois, vous allez vous demander si vous auriez dû l'emmener aux urgences. Cette partie vous explique comment traiter les petits bobos et estimer la gravité d'un accident.

Égratignures, coupures et bleus

Bébé est de plus en plus indépendant : il a donc de plus en plus de risques de se blesser. Maintenant, il est très important de savoir évaluer la gravité d'une blessure. Évidemment, elles ne sont pas toutes sévères. Mais toutes les blessures graves n'apparaissent pas comme telles immédiatement. En d'autres termes, ce petit rien du tout est peut-être, dans certains cas, plus grave qu'on ne le pense. Heureusement, la majorité des enfants se sortent de leurs premières blessures sans problèmes majeurs.

Les égratignures

En général, rien de bien grave, même si ce n'est pas forcément très joli. Nettoyez la plaie le plus tôt possible. Ça va piquer : le mieux est de se servir d'eau tiède savonneuse et de distraire Bébé en chantant et ou en lui parlant. Évidemment, il faut être très doux. Prenez autant de temps que Bébé vous en laisse et nettoyez du mieux possible, avant d'appliquer une solution antiseptique et un pansement.

Si Bébé est tombé dans des gravillons ou de la poussière, vous aurez peut-être à enlever des petits cailloux, ou d'autres menus objets collés à la plaie. Si vous êtes à la maison (ou lorsque vous rentrerez à la maison), laissez Bébé barboter un moment dans son bain pour faire partir les petits cailloux ou la saleté que vous n'avez pas réussi à enlever. Servez-vous d'une pince à épiler si Bébé vous laisse faire. Si vous n'êtes pas chez vous, trouvez une source d'eau propre (un évier, très bien ; une flaque d'eau : beaucoup moins bien) et nettoyez soigneusement la plaie dès que possible.

Les coupures

Il n'est pas évident d'évaluer la profondeur d'une coupure. Nettoyez-la avec de l'eau tiède savonneuse. Si cela ne saigne pas beaucoup, appliquez un pansement et Bébé peut retourner jouer. Changez le pansement au moins une fois par jour, ou plus souvent s'il se salit vite. Si vous avez du mal à le décoller, frottez avec de l'éther. Cela enlèvera toute trace de colle. Dès qu'une coupure est recouverte d'une croûte, il n'y a plus besoin de pansement. Cela dit, si la plaie devient rouge, gonflée et qu'elle chauffe, appelez votre pédiatre. La plupart des coupures se soignent toutes seules sans aucun besoin d'intervention médicale (autre qu'un bisou de docteur Maman).

Les petites coupures ne nécessitent pas toujours un pansement ; en fait, elles se soignent souvent plus vite lorsqu'elles sont exposées à l'air libre.

Si la coupure saigne abondamment, il faut la *surélever* (au-dessus du niveau du cœur) si possible, et appuyer doucement avec une serviette en papier propre ou de la gaze stérile, si vous en avez sous la main (voir la figure 19-1) : c'est ce que l'on appelle un point de compression. Par exemple, si Bébé s'est coupé à la main, tenez-la au-dessus de sa tête en appuyant doucement sur la plaie. Si c'est son pied qui est blessé, allongez Bébé et soulevez son pied. Une légère pression doit suffire à arrêter le saignement en moins de dix minutes. S'il continue, appelez votre médecin. Bébé a peut-être besoin de points de suture.

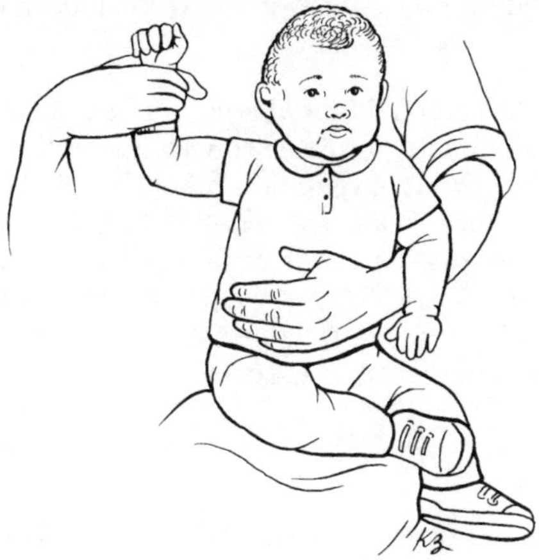

Figure 19-1 : Une plaie qui saigne beaucoup doit être surélevée.

Surtout, il ne faut jamais faire de garrot à un bébé ! Cela peut être très dangereux et ne doit être utilisé que dans les situations extrêmes où rien d'autre ne peut arrêter l'hémorragie. Une pression ferme arrêtera le saignement dans la grande majorité des cas.

Pour savoir s'il y a besoin de suture, examinez les points suivants :

- **La plaie est large.** Les berges de la plaie ne vont pas se refermer d'elles-mêmes, ce qui laisse la plaie ouverte aux risques d'infections et aux problèmes de cicatrisation.
- **La plaie est d'une profondeur supérieure à 5 millimètres.** C'est trop profond pour une cicatrisation sans suture.
- **Les berges de la plaie sont déchiquetées.** Une plaie bien nette se referme beaucoup plus facilement et laisse une cicatrice moins visible.
- **La plaie est profonde et située sur le visage.** Évidemment, vous ne pouvez pas empêcher Bébé de se gratter le visage, mais les coupures profondes à la face risquent de laisser des cicatrices plus importante si elles ne sont pas suturées.
- **La plaie est profonde et située à un endroit difficile à cicatriser.** Menton, genoux, doigts ou endroits quelconques où la peau ne peut rester lisse sans un petit peu d'aide.

Les perforations

Les perforations sont difficiles à nettoyer : il y a risque d'infection. Nettoyez la plaie à l'eau tiède et savonneuse pendant plusieurs minutes et évaluez l'état du saignement. Il faut se faire du souci si, en surélevant la plaie et en appuyant dessus, le saignement ne s'arrête pas. Appelez immédiatement votre médecin pour savoir s'il faut amener l'enfant se faire faire des points de suture.

Si le coupable est l'animal d'un voisin, il faut absolument s'assurer (et le voir écrit noir sur blanc) que l'animal est à jour de ses vaccins, notamment du vaccin contre la rage. N'hésitez pas à le réclamer même si cela fait… enrager (!) votre voisin. De toute façon, *appelez votre pédiatre.* Si Bébé s'est fait mal avec un clou rouillé ou quoi que ce soit d'autre de dangereux, appelez immédiatement votre pédiatre. Vérifiez qu'il n'y a pas de corps étranger dans la blessure (écharde, épine). S'ils y restent, ils provoqueront une infection. Bébé aura éventuellement besoin d'antibiotiques.

Les bleus

En général, ils ne méritent aucun traitement spécial. Normalement, lorsque les enfants apprennent à se tenir debout et à marcher, ils ramassent quelques bûches. Une fois qu'ils sauront marcher, ils auront encore plus de bleus parce qu'ils prendront encore plus de risques. À cet âge-là, les bleus sont plutôt le signe d'un enfant vigoureux et très actif.

Cela dit, si vous voyez apparaître brusquement des bleus et une poussée de fièvre, et qu'il n'a pas eu de chute ou de traumatisme, il faut emmener Bébé chez le médecin (qui vérifiera sa formule sanguine et sa coagulation).

Les blessures à la tête

Les blessures à la tête saignent *beaucoup*. En effet, le crâne est très irrigué : on a souvent l'impression que la blessure est plus grave qu'elle ne l'est en réalité. Vous pouvez penser que Bébé est en train de se vider de son sang, avant de vous rendre compte que la coupure n'est que superficielle. Là encore, c'est la même règle que pour tout autre blessure : appuyez dessus fermement. Normalement, au bout de dix minutes, le saignement devrait se tarir. Toutefois, une blessure profonde, déchiquetée ou les deux, ou encore située sur le visage, demande un examen par un médecin.

Les bosses sont de petits bobos assez courants chez tous les bébés ; cela n'empêche pas les parents du monde entier de s'en inquiéter. C'est toujours traumatisant de voir son enfant tomber et se faire mal. S'il se relève immédiatement et a l'air en pleine forme, comme c'est souvent le cas, il n'y a probablement pas lieu de s'inquiéter, même s'il a un énorme œuf sur la tête. Ces grosses bosses sont la preuve de blessures légères infligées aux vaisseaux sanguins situés sur le cuir chevelu. De tels « œufs », aussi laids soient-ils, n'indiquent rien de grave pour le cerveau de votre enfant. Néanmoins, pour en limiter l'extension, vous pouvez appuyer un gant de toilette, contenant des glaçons, sur la bosse fermement et pendant au moins dix minutes.

Une *chute sur la tête,* appelée dans le jargon « traumatisme crânien » (tomber d'une table, se cogner à un mur, dégringoler les escaliers, surtout dans un trotteur), est généralement plus grave : il y a plus de risques pour qu'elle provoque une commotion cérébrale ou même un hématome cérébral : là, Bébé a fait une chute beaucoup plus importante que lorsqu'il tombe de sa hauteur.

Une *commotion* est une contusion sévère du cerveau de Bébé. Si Bébé a subi un choc sur la tête, surveillez les symptômes de commotion pendant vingt-quatre heures et contactez immédiatement votre pédiatre si vous remarquez un ou plusieurs des symptômes suivants :

- perte de conscience immédiate après le choc, ou dans les heures qui suivent
- pâleur inhabituelle
- pupilles dilatées (une pupille est parfois plus large que l'autre et ne réagit pas lorsqu'elle est éclairée, alors qu'habituellement, elle se contracte sous l'effet de la lumière. C'est le réflexe photomoteur)
- irritabilité (pleurs incessants) ou léthargie
- vomissements
- perte de coordination physique (incapacité à marcher à quatre pattes ou se déplacer comme il le faisait avant l'accident)
- suintement par l'oreille d'un écoulement clair ou sanguinolent (qui peut être un signe de fracture du crâne)

Si Bébé se cogne la tête au cours de la soirée, laissez-le aller se coucher, mais surveillez-le durant la nuit, au moins toutes les deux heures. Assurez-vous qu'il respire normalement, qu'il n'a aucun problème et qu'il vous reconnaît si vous le réveillez. Si le choc a eu lieu dans la matinée, vous avez toute la journée pour le surveiller, et si tout va bien en fin de journée, n'allez pas le réveiller la nuit.

Les blessures à la bouche

Comme les blessures à la tête, celles de la bouche saignent souvent beaucoup, car il s'agit d'une zone très vascularisée. Heureusement, lorsque la blessure se résume à une coupure ou une écorchure, il est très facile de contenir le flot du sang. Un glaçon suffit en général à arrêter le saignement.

Toutefois, il arrive que des dents soient touchées : par exemple Bébé tombe, se cogne à la table basse et y laisse un éclat de dent, voire une dent entière. Hélas, une fois qu'elle est tombée, c'est pour de bon. Le risque majeur est celui d'une infection de la gencive (rouge, enflée ou suintant du pus).

Évidemment, il y a aussi le problème de l'esthétique (un bébé édenté, c'est mignon jusqu'à 8 ou 9 mois).

Si Bébé s'est abîmé les dents ou les gencives, appelez votre pédiatre pendant les horaires habituels. Il faut s'assurer que la dent va bien et que rien d'autre n'a été touché. Votre pédiatre vous dira si Bébé doit voir un dentiste. Si la dent devient marron ou grise, cela peut vouloir dire que la racine est morte, que la dent est dévitalisée. Si la dent est enfoncée dans la gencive, le dentiste fera une radio pour s'assurer que l'ébauche de dent définitive n'a pas été touchée. Dans ce cas, appelez directement votre dentiste.

Surmonter les entorses et les fractures

Même si les os des bébés sont plus souples que ceux des adultes (de véritables *fractures* sont donc rares), leurs petits os contiennent des cartilages de croissance, très fragiles. Les os les plus longs du squelette de Bébé sont susceptibles de subir ce que l'on appelle une *fracture en bois vert* (elle porte bien son nom : essayez de briser une branche de bois vert, elle ne casse pas proprement, mais se fendille en morceaux).

Si Bébé tombe de haut, il arrive qu'il se fasse une *entorse* (un ligament tordu ou distendu) ou une *fracture* (un os cassé ou fêlé). Ces deux blessures ont des symptômes en commun, notamment :

- Un hématome (en regard du siège de l'entorse ou de la fracture)
- Un gonflement (l'œdème)
- Une violente douleur
- L'incapacité à se servir de la jambe ou du bras touché, et à s'appuyer dessus. C'est ce qu'on appelle médicalement une « impotence fonctionnelle »

Une fracture a aussi les symptômes suivants :

- Courbure ou difformité du membre ou de l'extrémité touchée (il arrive que l'os forme une protubérance)
- Tout mouvement de la zone touchée augmente la douleur

Posez des glaçons (non pas à même la peau mais dans un gant ou dans une serviette de toilette) sur la zone traumatisée et douloureuse, et surélevez le membre touché si vous avez des doutes ; appelez immédiatement votre pédiatre. Toute blessure douloureuse et gonflée au niveau de l'os doit être examinée le plus tôt possible. Votre pédiatre vous demandera probablement de tâter la blessure pour localiser les endroits les plus douloureux. S'il y a une plaie ouverte, décrivez-la-lui : en cas de fracture ouverte, il vous dirigera vers les urgences chirurgicales de l'hôpital le plus proche.

La pronation douloureuse du coude

Les papas adorent jouer avec leurs enfants en les tenant par les mains ou les poignets pour les faire tourner. Cela conduit parfois à un petit problème très répandu que l'on appelle la pronation douloureuse du coude (nom officiel : « subluxation de la tête du radius »). Lorsqu'une traction violente est exercée sur le bras tendu d'un enfant, cela conduit parfois à un certain inconfort, à des pleurs voire un refus total de l'enfant de se servir du bras (votre enfant, pour attraper un jouet, par exemple, refuse de tendre le bras et garde l'avant-bras collé au torse). Cela arrive aussi si l'on tire sur les bras d'un enfant qui apprend à marcher ou lorsqu'on veut le hisser sur le trottoir en lui tirant sur l'avant-bras. Heureusement, il est très facile de remettre cela en place : votre pédiatre fera ça très bien et, en plus, c'est indolore. Un petit claquement parfois perçu prouvera que sa luxation est réduite, c'est-à-dire que tout est rentré dans l'ordre, et Bébé pourra au bout de quelques secondes se servir à nouveau de son bras.

Piqûres et morsures

Petite sieste estivale avec Bébé dans un pré ensoleillé lorsque, sans prévenir, Bébé se met à hurler de douleur. Aïe, sa première piqûre. Si Bébé est vraiment dans tous ses états, consolez-le avec son doudou, sa tétine, un biberon d'eau ou un gâteau.

ASTUCES

Servez-vous d'une arête émoussée (votre ongle, un couteau à beurre, un morceau de papier) pour retirer le dard. *Évitez les pinces à épiler* et n'essayez pas de saisir le dard entre vos ongles : cela risque de diffuser plus de venin dans l'épiderme de votre enfant. Grattez le dard jusqu'à ce qu'il sorte, nettoyez à l'eau savonneuse et appliquez un glaçon. Cela dit, en général, le dard quitte les lieux avec son propriétaire.

ASTUCES

Une recette de bonne femme très efficace contre les piqûres de guêpe ou d'abeille : de la pâte de bicarbonate de soude mélangée à de l'eau. Il faut essayer, ou s'en remettre à la lotion à la calamine.

Le risque majeur d'une piqûre est celui d'une réaction allergique. Certains enfants auront déjà fait preuve d'hypersensibilité avant de développer une véritable allergie aux piqûres d'insecte; dans ce cas, cela signifie qu'ils ont développé une allergie au venin : à l'avenir, toute piqûre risque d'être grave voire mortelle. Dans la mesure où les signes d'hypersensibilité ne sont pas toujours spectaculaires, et parce que vous n'étiez pas forcément là lorsque votre enfant s'est fait piquer, il arrive que l'on ne remarque pas ces signes. Dans ce cas, vous ne saurez même pas que votre enfant risque de faire une réaction allergique très violente à la prochaine piqûre. En gros, voilà ce que cela veut dire : votre enfant peut tout à fait se faire piquer plusieurs fois sans que cela ne lui fasse grand-chose. Mais s'il est hypersensibilisé au venin (d'hyménoptère par exemple), la prochaine piqûre pourrait provoquer une réaction très grave, même s'il n'en a jamais fait avant. Si vous n'avez remarqué aucun signe d'hypersensibilité, vous ne pourrez pas prévoir la réaction allergique.

Si, après s'être fait piquer, votre enfant a du mal à respirer, éprouve une violente douleur ou gonfle très rapidement, appelez rapidement votre médecin. Ce sont les signes d'une hypersensibilité au venin ; un *choc anaphylactique* (réaction allergique très grave, parfois mortelle) est peut-être en train de se produire. Dirigez-vous immédiatement vers les urgences si Bébé a l'un des symptômes suivants :

- Une éruption urticarienne (semblable aux piqûres d'orties) rapidement extensive
- Des nausées et/ou des vomissements
- Un enrouement et/ou des quintes de toux spasmodique
- Des difficultés à respirer
- Un gonflement du visage, de la langue, des lèvres, des oreilles, des paupières, des paumes, de la plante des pieds ou des muqueuses
- Des maux de tête, des vertiges, une forte pâleur

Un enfant diagnostiqué hypersensible aux piqûres d'insecte se verra prescrire une seringue d'épinéphrine d'urgence, qu'il faudra garder sous la main à chaque fois que vous sortez. Ce produit annule temporairement les effets du venin et évite le choc anaphylactique. À chaque sortie, il faudra prévoir l'Aspivenin et une seringue d'Anapen.

Les tiques

Les tiques sauvages sont vecteurs la *maladie de Lyme,* causée par une toxine qui est transmissible de la tique à l'homme. Elle a des effets à long terme : raideur des articulations, problèmes de peau et symptômes grippaux, voire une atteinte cardiaque (myocardite), en fait, beaucoup de complications sur différents organes.

Si Bébé a une tique, commencez par la badigeonner de vaseline pour la tuer puis essayez de l'enlever avec une pince à épiler (la vaseline doit aider). Visez la tête et tirez tout droit d'un coup sec. N'essayez pas de la pincer entre vos doigts ou de l'enlever en la tordant. Évitez aussi d'utiliser une tête d'allumette éteinte ou de mettre de l'essence ou de l'éther pour endormir la tique. Ces produits sont trop dangereux.

Le but est qu'il ne reste plus rien sous la peau. Dans le cas contraire, Bébé risque une infection et le développement de la maladie de Lyme.

Après avoir enlevé la tique, tuez-la et conservez-la dans un petit sac en plastique avant d'appeler votre pédiatre. Il commencera par vous dire si c'est une tique dangereuse puis, le cas échéant, vous indiquera le traitement à suivre. Certains pédiatres, un peu angoissés, prescrivent des antibiotiques à tout enfant qui a eu une tique. Mais la majorité est plus détendue et attend de voir si l'enfant développe un érythème en œil-de-bœuf caractéristique de la maladie (une irritation autour de la piqûre qui porte bien son nom) avant de prescrire un quelconque traitement.

Avec la maladie de Lyme, il n'y a qu'un maître mot : la prévention. Si vous faites une balade dans les bois et que Bébé joue dans l'herbe, couvrez-le au maximum : jambes de pantalon coincées dans les chaussettes et manches longues. Au moment du bain, inspectez-le bien, surtout la tête.

ATTENTION !

Dès que vous l'avez repérée, enlevez la tique. Il lui faut vingt-quatre heures pour transmettre à l'homme la maladie de Lyme.

Les brûlures

Les brûlures peuvent occasionner des cloques, qui, lorsqu'elles se rompent, risquent de s'infecter. Il est important de bien évaluer une brûlure et de la soigner convenablement. Dans l'idéal, évidemment, il vaut mieux les prévenir. Au chapitre 20, vous trouverez des conseils pour éviter les brûlures à Bébé. Cette partie vous donne un aperçu de ce à quoi les brûlures peuvent ressembler, comment les soigner et quand est-ce qu'il faut appeler le médecin.

Les brûlures thermiques

La plupart du temps, lorsqu'on parle de brûlures, il s'agit de *brûlures thermiques :* elles sont provoquées directement par le feu ou par un objet brûlant. Leur degré de gravité dépend du nombre de couches de peau affectées'. Vous trouverez les symptômes listés dans le tableau 19-1 (les symptômes des premier et second degrés servent aussi à classifier les coups de soleil).

Tableau 19-1 Classification des brûlures et leurs symptômes

Brûlures	*Symptômes*
Premier degré ou brûlure superficielle	Seul l'épiderme est touché. Normalement, la zone touchée est sèche, rose ou rouge et un peu douloureuse. Pas de cloques.
Deuxième degré ou brûlure profonde	L'épiderme n'est pas la seule couche touchée. Le derme est aussi atteint. La zone brûlée est rouge sombre, enflée, très douloureuse et comporte des cloques. La peau suinte ou paraît humide.
Troisième degré ou brûlure complète	Toutes les couches de la peau sont affectées. La peau prend un aspect blanc nacré ou carbonisé ; les terminaisons nerveuses étant détruites, Bébé ne sent rien.

Lorsque Bébé se brûle légèrement à la maison, ôtez-lui ses vêtements et rafraîchissez l'endroit brûlé. Si c'est la main, remplissez un grand bol d'eau froide et baignez la main dedans (ou mettez Bébé dans un bain frais, faites ce qui lui conviendra le mieux) pendant vingt minutes. S'il s'est brûlé le visage, posez une compresse humide et fraîche. Les brûlures aux mains ou au visage doivent de toute façon être soumises à l'examen du pédiatre.

Évitez tout remède de bonne femme qui comporte du beurre ou de l'huile. Ces produits emprisonnent la chaleur et aggravent la brûlure. Abreuvez-le abondamment et, s'il pleure beaucoup et semble avoir mal, donnez-lui du paracétamol. S'il y a des cloques, pulvérisez un spray antiseptique non alcoolisé. Surtout, ne faites pas éclater les cloques. Non seulement cela augmente le risque d'infection, mais en plus, cela interrompt le processus de cicatrisation. N'hésitez pas à appeler votre pédiatre pour des conseils ou un examen. Il y a un risque de choc si la brûlure est très étendue.

Si Bébé a les symptômes d'une brûlure au troisième degré (peau carbonisée ou nacrée), emmenez-le immédiatement à l'hôpital. Même chose en cas de brûlure moins profonde, mais étendue (à tout un membre par exemple), ou touchant les mains, les yeux, le visage.

Les coups de soleil

Maintenant, tout le monde sait qu'il ne faut pas se mettre au soleil sans protection. Idéalement, des enfants de moins de 1 an ne devraient pas être exposés du tout : leur peau est trop sensible. Mais nous savons bien sûr que quelquefois les bébés *vont* dehors, au soleil. Et si vous lisez ces lignes alors que Bébé vient de passer l'après-midi en plein soleil et que, visiblement, la crème solaire n'a servi à rien, voici comment réagir.

Quelques trucs pour protéger Bébé des coups de soleil :

- Protégez un bébé de plus de 6 mois avec une crème solaire d'indice au moins 30 (idéalement indice 50).
- Appliquez la crème solaire généreusement et au moins vingt minutes avant d'exposer Bébé, afin que la peau ait le temps d'absorber la crème. Réappliquez en fonction des instructions (en général, toutes les deux heures et après s'être baigné).
- Peu importe ce que dit l'étiquette, si votre enfant *est* rouge et brûlé, même si c'est de l'indice 45, cela ne va pas s'améliorer. Rentrez-le, le bain de soleil est terminé.
- Trouvez-lui un chapeau et faites le maximum pour qu'il le garde sur la tête. Pour de meilleurs résultats, arrangez-vous pour qu'il ait une large visière qui lui garde le visage et la nuque à l'ombre (un bob ou une casquette évite des problèmes de réverbération, car à cet âge, Bébé ne gardera pas longtemps ses lunettes de soleil).

Évitez la crème solaire sur les bébés de moins de 6 mois. À cet âge, ils mettent les mains à la bouche en permanence. En plus, ils ne sont pas encore très mobiles : c'est assez facile de les garder à l'ombre ou avec des vêtements couvrants, ce qui reste la meilleure solution.

Si vous n'avez pas pu éviter le coup de soleil, Bébé risque d'être très grognon. Sa peau est rouge et chaude. Quelques trucs pour soulager Bébé :

- Faites-le boire beaucoup pour éviter la déshydratation.
- Donnez-lui un bain frais.
- Administrez-lui des antalgiques (paracétamol ou ibuprofène).
- Appliquez-lui une crème ou une lotion à base d'*aloe vera*, qui apaise et rafraîchit en s'évaporant. Évitez une crème normale, qui ne fera que « piéger » la chaleur et empirer les choses.
- Gardez-le à l'ombre en permanence.

Il se peut qu'un coup de soleil entraîne une brûlure du second degré : ne touchez pas aux cloques, vous risquez l'infection. Respectez-les et appelez votre pédiatre. Appelez aussi si votre bébé a les symptômes d'une insolation (vomissement ou perte de conscience avec fièvre élevée) très fugace, également appelé « coup de chaleur ».

Brûlures chimiques ou électriques

Les produits d'entretien sont aussi susceptibles de causer de graves brûlures, sur la peau ou les muqueuses. Si Bébé a réussi à se faufiler dans le placard sous l'évier, sortez-le de là, époussetez-le pour enlever toute substance poudreuse puis faites-lui prendre un bon bain. Si vous savez quel produit il a touché, lisez l'étiquette : souvent, elle indique les consignes à suivre en cas de contact avec les yeux ou la peau (le centre antipoison a aussi cette information ; vous trouverez le numéro au début du livre). Suivez ces instructions et appelez votre pédiatre immédiatement. Le mieux reste de conserver tous les produits détergents et les poisons à un endroit où Bébé n'a aucune chance de les trouver : en hauteur ou dans le garage, par exemple.

Si Bébé souffre d'une brûlure électrique (les doigts dans la prise ou un fil mal isolé), demandez un avis médical le plus rapidement possible. Ces brûlures n'ont souvent l'air de rien mais comportent un risque de choc électrique, avec troubles du rythme cardiaque, qui surviennent en général au moment de l'électrisation.

Chapitre 20

Éviter les accidents domestiques

Dans ce chapitre

- Bébé en sécurité chez lui
- Les animaux domestiques : du balai !
- Bébé en sécurité dans son berceau
- Les risques liés à l'eau
- Se promener
- Les risques d'étouffement
- Les bébés secoués

Quand il s'agit des risques domestiques, les parents ont tendance à tomber dans l'un des deux pièges suivants :

- Le risque est partout ou
- Cela n'arrive qu'aux autres

Quel que soit votre point de vue, si vous tombez dans l'un de ces deux extrêmes, vous aurez des problèmes en conséquence. Par exemple, si vous considérez le monde extérieur comme un espace qui ne peut que faire du mal à votre enfant, vous allez devenir *beaucoup trop* protecteur et ce, pour toute la vie de votre enfant. Pour lui, de deux choses l'une : il aura le choix entre devenir froussard et se rebeller violemment contre vous. Dans les deux cas… bonjour l'ambiance !

Mais *a contrario*, si vous pensez que rien n'arrivera jamais à votre enfant (après tout, il y a des millions d'enfants dans ce pays et ils vivent très heureux), c'est un peu se voiler la face. Eh oui, il y a des dangers ! C'est à vous de les écarter et d'éviter que Bébé y soit exposé. Si vous ne le faites pas, vous mettez votre enfant en danger et lui donnez le sentiment qu'il fait ce qu'il veut, ce qui, à son âge, est très effrayant.

ASTUCES

Pour s'en sortir, il faut trouver un compromis entre les véritables risques que court Bébé, et faire preuve de bon sens.

Le bébé est curieux et rapide : il ne peut échapper à un bobo de temps en temps. En revanche, vous pouvez lui éviter les accidents les plus graves. Prenez les devants et évaluez les dangers que Bébé court à la maison avant qu'il n'y soit confronté. Mettez-vous à quatre pattes et essayez de vous mettre à sa place quelques instants. Vous serez probablement surpris de découvrir les choses sous un autre angle.

La maison, un havre de paix ?

Il n'est pas évident que Bébé soit en sécurité à la maison. Au cours de la première année, le nourrisson sans défense va devenir une vraie terreur, du moins en ce qui concerne vos objets précieux. Bébé ne va pas faire la différence entre le service à thé de mamie et les casseroles Ikea : car enfin, tout cela fait un joyeux tintamarre quand on les jette par terre.

C'est une chose que de vouloir protéger ses bibelots. C'en est une autre, beaucoup plus importante, de protéger Bébé s'il fait tomber une tasse, tente d'introduire ses doigts dans une prise ou tire sur une nappe pour essayer de se mettre debout et, par la même occasion, se fait dégringoler sur le crâne tout ce qui est sur la table (y compris la tasse de thé brûlant…).

À RETENIR

Lorsque l'on revient avec un enfant à la maison, il faut faire certaines concessions. Cela fait partie du jeu. Personne ne rêve de refaire sa déco avec des verrous et des vitres de cheminée, mais dites-vous bien que ces objets sont temporaires. Avant que vous ne vous en rendiez compte, votre bébé sera un grand enfant, qui aura largement passé l'âge d'aller se cacher sous l'évier pour jouer avec la poubelle et qui fera désormais une moue dégoûtée quand vous lui demanderez de la descendre.

Cela dit, effectivement, il faut refaire sa déco : enlever certaines choses et en ajouter d'autres. Maintenant, on trouve dans le commerce tout ce qui est nécessaire pour faire de votre maison un endroit sécurisé pour Bébé. Chaque objet a une raison d'être : un jour, un enfant, quelque part, s'est fait mal d'une certaine façon. On en a tiré un produit pour que cela ne se reproduise pas. Puisqu'il est tout à fait possible de fermer la porte de la salle de bains, par exemple, a-t-on vraiment besoin de ce verrou pour le siège des toilettes ? Pas vraiment, mais qu'est-ce que cela vous coûte de l'installer, simplement au cas où ? Mieux vaut prévenir que guérir.

À RETENIR

En commençant à sécuriser votre maison, vous aurez probablement l'impression d'entreprendre les douze travaux d'Hercule. Rassurez-vous, lorsque vous aurez commencé, les dangers les plus évidents vous sauteront aux yeux.

Un train d'avance

N'attendez pas que Bébé se promène partout à quatre pattes pour songer à sécuriser la maison. Commencez dès que possible, dès le dernier trimestre de votre grossesse ou lorsque vous ramenez Bébé à la maison. Faites-en une priorité. Même si vous avez l'impression d'avoir tout votre temps avant que Bébé n'approche de ce qui pourrait ressembler à de l'indépendance, il va tout explorer à quatre pattes, et vous allez vous faire des sueurs froides à cacher les prises, fermer la cheminée et bloquer l'accès aux escaliers, tout en essayant de garder un œil sur lui. Faites les changements qui s'imposent avant d'avoir à galoper derrière votre petit aventurier dans toute la maison.

À RETENIR

Il ne faut jamais se dire : ça y est, la maison ne présente plus aucun danger pour Bébé. C'est un travail incessant. Après avoir balayé toute la maison, bloqué l'accès à certains objets, en avoir enlevé d'autres, asseyez-vous et observez Bébé. Vous avez probablement oublié des choses (il y en a tellement, ce n'est pas difficile). Et n'oubliez pas que chaque progrès de Bébé demande une réévaluation de votre « plan Vigibébé ».

Vérification pas à pas

Tout doit être revu avec, en tête, la sécurité de votre enfant. Il faut s'attacher en particulier à tout ce qui présente un risque de blessure et tout ce à quoi Bébé a accès : ce qui traîne par terre, ce qui est à portée de main de Bébé et ce sur quoi il peut grimper.

Le sol

Mettez-vous à quatre pattes et regardez ce qu'un petit bébé a sous le nez. Pensez à :

- Enlever tous les petits objets qui présentent un risque d'étouffement.
- Placer les plantes, qui peuvent être toxiques, en hauteur afin que Bébé ne puisse les atteindre.
- Mettre les poubelles au garage ou à un tout autre endroit auquel Bébé n'a pas accès, pour qu'il ne joue pas avec les détritus.
- Bloquer l'accès aux meubles bas, sous lesquels Bébé risque de rester coincé.
- Installer un portail ou un gros coussin pour bloquer l'accès à la cheminée.
- Bloquer entièrement l'accès aux poêles et, de manière générale, éviter leur utilisation. Ils causent de graves brûlures. Ils sont encore utilisés, surtout à la campagne.

- Enlever ou rembourrer les meubles qui ont des angles pointus, avec des « arrondisseurs d'angle » que l'on trouve dans tous les magasins de puériculture.
- Poser un portail en haut et en bas des escaliers, en bannissant le portail à pression en haut : il risque de se défaire si Bébé s'appuie dessus. Votre portail doit être solidement vissé au mur.
- Vous procurer une grille pour éviter toute chute, si votre palier possède une balustrade.
- Recoller les moquettes qui se détachent pour éviter les croche-pieds (pour vous comme pour Bébé, d'ailleurs !).

Dans la maison

Demandez-vous ce que Bébé est susceptible d'attraper. Il a accès à toutes les prises et fils électriques, les portes de placard et de tiroir cachant toutes sortes de choses… la liste est longue.

ASTUCES

Commencez par l'essentiel :

- **Procurez-vous des caches pour les prises électriques.** Choisissez un modèle qui se referme automatiquement lorsqu'on enlève la prise. Mettez-en partout.
- **Coincez les fils électriques derrière les meubles quand c'est possible.**
- **Mettez des verrous aux placards, tiroirs et portes des toilettes.**
- **Soupesez tables et chaises, pour voir si elles glissent facilement ou sont très lourdes.** Lorsque Bébé essaiera de se redresser, il s'en servira un jour ou l'autre.
- **Enlevez les nappes et tout ce qui pendouille de la table.** Bébé n'arrivera pas à se redresser en tirant dessus, mais il balancera par terre votre superbe vase.
- **Fixez les grands meubles lourds au mur, comme les étagères, les vaisseliers et les armoires.** Bébé se servira de tout ce qu'il a sous la main pour s'appuyer dessus et se mettre debout. Protégez-le en vous assurant qu'il peut le faire sans danger.
- **Ôtez les petites cales de porte pour en préférer de plus grosses.** Les petites avec un bout en caoutchouc présentent un risque d'étouffement. Optez pour celles qui sont en bas.
- **Installez des protège-doigts aux portes.**
- **Coupez les fils des stores vénitiens pour qu'ils ne forment plus une boucle et soient totalement hors de portée de Bébé.** Ou alors arrangez-vous pour qu'ils ne pendent pas. Un doigt peut vite se coincer dans un fil.

- **Baissez la température de votre chauffe-eau pour éviter les brûlures.**
- **Procurez-vous un cache en caoutchouc pour le robinet de la baignoire afin que Bébé ne se fasse pas mal en s'y cognant.**
- **Les télévisions sont parfois très lourdes et souvent instables : il faut qu'elles restent hors de portée de Bébé et non sur une table.** Attachez, à l'aide de lanières adéquates vendues dans les magasins de hi-fi vidéo, votre écran plat à la table ou au meuble sur lequel il est posé.
- **Évitez de tenir Bébé d'une main et une tasse de café de l'autre.** Et de manière générale, évitez d'approcher un liquide brûlant de votre enfant. On ne sait jamais : il peut tout à fait faire un geste brusque pour attraper la tasse et risquer de vous brûler tous les deux.
- **Ne tenez pas Bébé dans vos bras lorsque vous faites la cuisine : mieux vaut le laisser pleurer cinq minutes que de le tremper dans la friteuse !**

Les dangers du quotidien

Certains bébés sont assez forts… et malins pour ouvrir un réfrigérateur, un four, un lave-vaisselle, une machine à laver, un sèche-linge, etc. Un bébé coincé dans un réfrigérateur risque de s'étouffer, de se brûler près d'un four, de se couper avec un lave-vaisselle ou de se coincer dans un sèche-linge ou une machine à laver.

ASTUCES

Au cours de la première année, Bébé apprend à grimper et à attraper des objets. Soyez prête à le protéger en prenant certaines précautions :

- **Installez des petits verrous pour l'empêcher d'ouvrir un four ou un réfrigérateur.**
- **Protégez votre cuisinière en vous procurant des caches pour les brûleurs et pour les boutons, afin d'éviter que votre petit marmiton ne se brûle.**
- **Ne laissez pas un manche de poêle ou une queue de casserole dépasser de votre plaque électrique ou du brûleur :** Bébé pourra, dès qu'il se tiendra debout, les heurter et tout faire dégringoler en risquant de se brûler gravement.
- **Enlevez les meubles, chaises ou tabourets placés sous une fenêtre.** Un bébé peut grimper dessus et tomber par la fenêtre. Les canapés placés devant une fenêtre sont particulièrement dangereux.
- **Assurez-vous que la porte du garage a une fonction d'arrêt automatique si un objet se met en travers (la porte se rouvre si elle heurte quelque chose en se fermant).** Les portes les plus anciennes n'en ont pas : un enfant risque d'être écrasé s'il se trouve en dessous. Testez la porte avec une poubelle pour vérifier que cette fonction est en état de marche. Normalement, si elle heurte la poubelle, elle se rouvre.

- **Si vous avez une fenêtre coulissante, ayez un dispositif pour la bloquer (surtout s'il y a un meuble ou un canapé en dessous).**
- **Si vous pensiez installer un système de sécurité ou que vous en avez déjà un, prenez l'option avec alarme qui sonne si une porte ou une fenêtre est ouverte.** Laissez-la allumée même lorsque vous êtes chez vous. Ainsi, si Bébé s'échappe dans le jardin lorsque vous préparez le déjeuner, vous serez averti(e).

Les produits chimiques

Et non, ce n'est pas encore fini. N'oubliez pas que les produits que vous avez rangés dans vos placards peuvent être dangereux et que vous devez être certain que vos détecteurs de fumée fonctionnent bien. Ces détecteurs, assez discrets (même si vous ne les auriez pas choisi pour votre décoration) doivent être installés dans toutes les pièces. Si vous avez une chaudière à gaz, pensez aussi à installer un détecteur de monoxyde de carbone. Pensez à changer (une fois par an environ) les piles de ces détecteurs : ils font tellement partie du décors que l'on ne s'aperçoit pas toujours qu'ils ont cessé de fonctionner, faute de piles.

ASTUCES

Dressez une liste de ce qu'il y a à faire, notamment :

- **Rangez les produits chimiques dangereux hors de la maison.** Gardez-les au garage ou dans la cave dans un placard verrouillé.
- **Installez des détecteurs de fumée.**
- **Installez des détecteurs de monoxyde de carbone.** Posez-en un à côté de votre four et un autre près des chambres.
- **Vérifiez que la peinture ne contient pas de plomb.** Si Bébé vient à ingérer des morceaux de peinture contenant du plomb, et si cette ingestion se fait de façon répétée, il y a un risque de saturnisme (intoxication par le plomb). Pour plus de détails, reportez-vous à la partie « Sans plomb : attention, peinture ! ».
- **Conservez vos articles de toilette totalement hors de la portée de Bébé.** En grande quantité, le dentifrice est dangereux, ainsi que les médicaments quotidiens. Ils doivent être rangés sur la plus haute étagère de votre salle de bains, car les intoxications médicamenteuses sont particulièrement redoutables à cet âge. Ne laissez jamais traîner des comprimés sur la table basse !

Sans plomb : attention, peinture !

Maintenant que Bébé se promène dans toute la maison, et qu'il a en permanence les mains dans la bouche, le problème du plomb devient essentiel. La peinture elle-même n'est pas dangereuse : c'est la poussière qui s'en dégage. Des enfants qui inhalent de la poussière de plomb risquent de développer une anémie et de gros problèmes neurologiques qui les affecteront pour le restant de leurs jours. Il s'agira par exemple d'une incapacité à se concentrer, d'hyperactivité ou de retards de développement mental. La poussière de plomb n'est pas sans effet sur les adultes, mais les enfants y sont particulièrement sensibles dans la mesure où leur cerveau est en cours de développement. C'est ce que l'on appelle le saturnisme.

La majorité des experts vous dira qu'il est beaucoup plus dangereux de poncer la peinture que de la laisser telle quelle : cela va créer beaucoup plus de poussière. La meilleure chose à faire est de s'assurer que la peinture ne s'écaille pas et de nettoyer régulièrement les zones exposées (rebords de fenêtre et dessous de porte). Il faut éviter que Bébé joue à ces endroits-là. En règle générale, pour la santé de Bébé, la maison doit être propre et bien entretenue.

On trouve facilement dans le commerce des kits pour tester le plomb chez vous. Vous pouvez aussi demander une expertise.

Sachez également que les murs de votre maison ne sont pas les seuls à être peints avec du plomb. Il y a quelques années, on a découvert que certains volets de fenêtres en contenaient. On en trouve aussi dans des jouets fabriqués à l'étranger.

Si votre maison a été construite après 1948, année où la peinture à base de plomb a été interdite, il y a peu de chances pour qu'il y en ait chez vous. Mais cela ne veut pas dire non plus qu'une maison construite avant contienne forcément du plomb.

Les risques d'étouffement

Les bébés portent à la bouche tout ce qui leur tombe sous la main : l'étouffement est un danger majeur. Lorsqu'un enfant atteint le stade oral, il se lance à la découverte du monde à l'aide de sa bouche : c'est ainsi qu'il découvre les textures, les formes et les goûts. N'oubliez pas qu'un petit bébé n'est pas encore très coordonné : il lui est beaucoup plus facile d'attraper quelque chose et de le mettre dans sa bouche que d'en saisir les contours du bout des doigts. Cela dure parfois jusqu'à l'âge de 3 ans. C'est le moment d'enlever tous les petits objets de sa portée. Pensez aussi à examiner soigneusement le sol quand Bébé y est. Mais il faut également être très vigilant dans ce que vous lui donnez, la majorité des étouffements a lieu à cause de jouets ou de nourriture. Dans cette partie, vous trouverez des conseils pour éviter que Bébé ne s'étouffe. Nous vous expliquerons aussi en quoi consiste la manœuvre de Heimlich et la réanimation cardio-pulmonaire. Nous vous recommandons vivement de suivre une formation à ce sujet.

Manger sans danger

Il est très facile d'éliminer le risque d'étouffement lorsque l'on sait quels aliments présentent un danger. Parmi ceux-ci :

- Les raisins (les gros grains de raisin blanc italien peuvent s'enclaver dans la trachée)
- Les raisins secs
- Les noix et, d'une façon générale, tous les fruits secs à coque (pistaches, cacahuètes, etc.)
- Les gros morceaux de nourriture solide (légumes, fromages, viandes ou fruits, par exemple)
- Les morceaux de pain, les boudoirs
- Certaines crudités (grains de maïs, morceaux de betterave ou de concombre)
- Le pop-corn

La plupart de ces aliments ne sont de toute façon pas indiqués pour un bébé mais ils peuvent piquer dans les assiettes des grands !

Il faut aussi prendre quelques précautions pour éviter que Bébé ne s'étouffe en mangeant :

- Lorsqu'il mange, Bébé doit être assis bien droit ; évitez de le faire rire ou trop parler.
- Tous les aliments doivent être coupés en petits morceaux.
- Coupez les aliments ronds en petits morceaux (saucisses, raisins, carottes) avant de les offrir à Bébé.
- Évitez les trop grosses bouchées.
- Évitez les aliments durs ou collants (les noix, les bonbons durs ou mous). De toute façon, Bébé n'en a pas besoin.

Il faut aussi avoir des notions précises sur la manœuvre de Heimlich et la réanimation cardio-pulmonaire, au cas où. Pour plus de détails, reportez-vous aux parties concernées.

La manœuvre de Heimlich

Si Bébé s'étouffe, il faut appeler le 15 (Samu) ou le 18 (pompiers). Mais, si vous connaissez la manœuvre de Heimlich, cela peut sauver la vie de votre enfant. Cette manoeuvre est à tenter en cas d'asphyxie, si l'enfant ne peut ni parler, ni crier, ni tousser : le corps étranger est obstructif et probablement pharyngo-laryngé.

Voici comment s'y prendre :

1. **Allongez Bébé sur le ventre sur votre avant-bras, en soutenant son cou avec votre main.** Pour visualiser, voir la figure 20-1A.

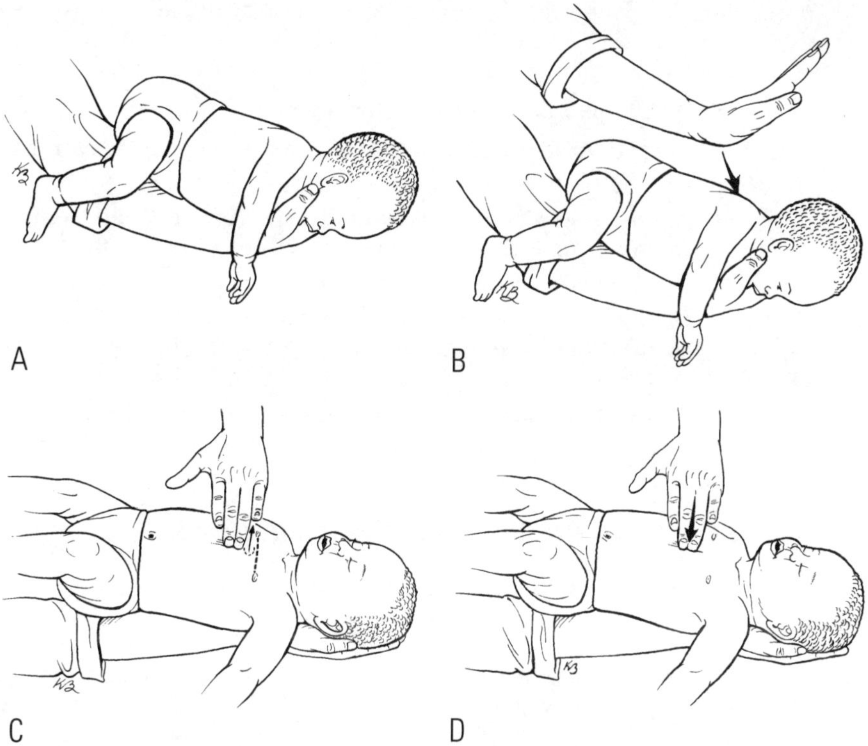

Figure 20-1 : La manœuvre de Heimlich lorsqu'un bébé s'étouffe.

2. **Donnez trois coups secs avec le poignet dans le haut du dos, entre les omoplates.** Pour visualiser, voir la figure 20-1B.
3. **Si ça ne fonctionne pas, retournez-le et positionnez votre majeur et votre annulaire.** Pour visualiser, voir la figure 20-1C.
4. **Donnez cinq poussées avec l'index et le majeur.** Pour visualiser, voir la figure 20-1D.
5. **Répétez la manœuvre.**

En cas d'échec, l'équipe du SAMU fera une laryngoscopie pour visualiser le corps étranger : s'il est dans le pharyngo-larynx, il sera retiré à la pince, s'il est plus profondément enclavé (corps étranger sous-glottique), l'enfant sera oxygéné au masque, puis intubé (ce qui peut repousser dans une bronche le corps étranger, et donc être salvateur). En cas de nouvel échec, une mesure d'exception, la trachéotomie, sera pratiquée par l'équipe du SAMU.

La réanimation cardio-pulmonaire

Bien sûr, si Bébé est inconscient et qu'il ne respire plus, composez le 15 ou le 18. Allongez-le sur une surface plane, penchez sa tête en arrière et regardez dans la bouche. Si vous voyez l'objet, essayez de l'atteindre et de l'enlever avec l'index. S'il ne respire toujours pas et que vous n'arrivez pas à distinguer d'objet obstructif, commencez la réanimation cardio-pulmonaire.

1. **Allongez Bébé sur une surface plane.**
2. **Inclinez le menton et la tête en arrière pour dégager les voies respiratoires.**
3. **Couvrez sa bouche et son nez avec votre bouche. Soufflez doucement, deux fois (deux secondes à chaque fois).** Son thorax doit se soulever à chaque fois.
4. **Placez votre index et votre majeur au milieu de la poitrine, 2,5 cm environ en dessous des tétons.** Appuyez cinq fois fermement de 1 ou 2 cm.
5. **Répétez la manœuvre avec une expiration et cinq pressions, jusqu'à ce que Bébé reprenne conscience ou que les secours arrivent.**

Éradiquer les autres dangers

C'est une occupation à temps plein que d'éviter qu'un bébé ne s'étouffe : il est très actif, se promène et met tout dans sa bouche. Avant de laisser Bébé dans une pièce, nettoyez le sol, les tables, les coussins du canapé et tous les endroits auxquels Bébé a accès (sous la chaise longue par exemple, il peut y avoir des pièces oubliées).

Il faut avoir à l'œil les choses dangereuses suivantes :

- Les pièces de monnaie
- Les boutons
- Les petites piles rondes (pour les montres, les commandes électroniques de voiture, les sonotones, etc.)
- Les capuchons de bouteille
- Les capuchons de stylo
- Les punaises
- Les trombones et les agrafes
- Les petits jouets compressibles (les balles de mousse, par exemple) qui peuvent se dégrader en laissant se détacher des fragments que Bébé pourra inhaler
- Les raisins, noisettes, fruits secs, cacahouètes, gâteaux d'apéritif, friandises de toutes sortes

- Les jouets composés de petits objets (les roues de petites voitures sont particulièrement dangereuses, ainsi que les yeux des poupées)
- Les jouets du chien… ou ses croquettes !

Cette liste n'est qu'un début : dans une maison, il y a énormément de petits objets avec lesquels Bébé risque de s'étouffer. Soyez toujours sur le qui-vive, afin qu'aucune pièce ne se détache d'un jouet ou d'un objet. Cela peut paraître sans danger, par exemple, si Bébé mâchonne une bouteille de soda ; la capsule risque de se défaire et d'étouffer Bébé.

Deux règles d'or :

- **Si un jouet passe à travers un rouleau de Sopalin, il est trop petit pour que Bébé joue avec.** La largeur du tube est plus grande que celle des voies respiratoires de Bébé, mais le corps étranger (jouet ou autre) peut s'enclaver dans le pharynx et provoquer un accident asphyxique. Le rouleau de Sopalin est donc un bon témoin de ce qu'il faut mettre hors de portée de Bébé.
- **Ne vous imaginez pas que parce qu'un objet a mauvais goût (comme une pièce de monnaie) ou qu'il est pointu (comme une punaise) Bébé ne va pas le mettre dans sa bouche.** Pour l'instant, sa bouche lui sert surtout à explorer le monde : c'est à vous de faire en sorte que cela ne soit pas dangereux en maintenant les petits objets hors de sa portée.

Médor : à la niche !

Si vous avez déjà un animal domestique, l'arrivée de Bébé risque de le rendre jaloux. Il est possible que son comportement change du tout au tout, et qu'il devienne dépressif, hyperactif, voire méchant. Vous finirez par vous demander s'il est bien prudent de l'avoir dans la même pièce que Bébé.

Vous avez raison de vous inquiéter. Un animal domestique est souvent aussi précieux qu'un enfant aux yeux de son maître (du moins jusqu'à ce que celui-ci découvre vraiment ce que c'est que d'avoir un enfant) et, même si vous aimez votre animal et que vous lui faites entièrement confiance, tout change avec l'arrivée d'un bébé. Votre animal, autrefois si obéissant, fera preuve d'un comportement que vous ignoriez possible.

Une règle d'or : ne jamais faire confiance à un animal à côté de votre enfant. Soyez toujours entre les deux. Pour votre toutou, Bébé n'est qu'un animal plus petit que lui, qui fait des bruits bizarres. Et même si vous savez qu'il vous sauverait la vie (et qu'il vous a déjà tiré d'un immeuble en flammes), Bébé, lui, est un étranger. Et les animaux domestiques, ça n'aime pas les étrangers, surtout les tout petits, qui pleurent, qui sentent bizarre et monopolisent toute votre attention.

ATTENTION !

Même lorsque votre enfant grandit, pas question de le laisser seul avec un animal. On sait qu'un enfant ne maîtrise pas sa force et qu'il a tendance à tirer sur les poils, à mordre ou à câliner sans beaucoup de tendresse. Votre animal ne réagira pas forcément en partant la queue entre les pattes ; il peut aussi décider de donner à Bébé une bonne leçon, une fois pour toutes, en le mordant. Certains chiens détestent particulièrement qu'on leur mette les doigts dans les oreilles, et peuvent réagir violemment, notamment par une morsure.

« Fais de beaux rêves... »

Parfois, lorsque vous couchez Bébé, vous avez le sentiment de l'ôter des griffes de ce monde, de le mettre enfin en lieu sûr, où personne ne lui fera de mal. Mais pour bien dormir, il faut que vous n'ayez aucun doute sur la sécurité de Bébé dans son lit et dans sa chambre. Assurez-vous que tout lemonde passera une bonne nuit en sécurisant bien celle de Bébé.

À propos du berceau

ASTUCES

Le berceau, comme tout autre endroit, peut être le lieu d'un accident. Assurez-vous que le vôtre est au top et que Bébé y est en parfaite sécurité en appliquant les conseils suivants :

- **N'utilisez que des lits à barreaux.** Ceux fabriqués avant 1992 ne répondent pas aux standards de sécurité en vigueur et ne doivent pas être utilisés.
- **Assurez-vous que le lit est solide.** S'il a été démonté et remonté douze fois et trimballé dans toute la famille, assurez-vous que les vis et les écrous tiennent encore. Évitez les attaches autobloquantes (bande de plastique parfois utilisée en remplacement) pour faire tenir le tout.
- **Mesurez la distance entre les lattes.** Si l'écart est de plus de 7,5 cm, Bébé risque de s'y coincer la tête.
- **Achetez un matelas ferme bien ajusté à la taille du lit.** Si vous passez plus d'un doigt entre le matelas et la paroi du lit, le matelas est trop petit, achetez-en un plus large. Bébé risquerait de s'y coincer, sur le côté.
- **Mettez le berceau dans un endroit sûr.** Les cordelettes de stores vénitiens comportent un risque de strangulation ; maintenez-les à distance du berceau ou coupez-les pour enlever la boucle.
- **Tenez les mobiles suspendus hors de portée de Bébé et enlevez-les dès qu'il commence à s'appuyer sur les rebords du berceau.**
- **Mettez un « tour de lit » molletonné pendant les premiers mois, puis vers 8-9 mois, ôtez-le (dès que Bébé commence à se mettre debout) afin qu'il ne s'en serve pas comme marchepied vers la liberté.**

- **Si vous teignez ou repeignez le lit, utilisez un produit dont vous êtes sûre qu'il n'est pas toxique.** Très bientôt Bébé va se tenir assis et mordiller les barreaux de son berceau. Mieux vaut éviter qu'il n'ingère du poison. Surveillez les barreaux auxquels Bébé s'accroche et qu'il mordille. Vérifiez qu'ils sont bien lisses, afin que Bébé ne se blesse pas ou ne s'étouffe pas.
- **Utilisez un lit sans colonnettes d'angle.** Les vêtements de Bébé risquent de s'y accrocher et de l'étouffer. Même chose pour les évidements décoratifs creusés dans la tête du berceau : si vous tenez absolument à vous servir du berceau de votre bisaïeule, veillez à ce que les décorations soient lisses. Sinon, préférez un berceau tout simple.

À RETENIR

Pour réduire le risque de MSN (mort subite du nourrisson : pour plus de détails, voir ci-dessous), Bébé doit être allongé sur le dos. En outre, le berceau doit être vide. Il n'a besoin ni d'oreiller, ni d'ours en peluche, ni de grosses couvertures : il pourrait s'étouffer avec.

Gardez toujours le matelas à son niveau le plus bas pour éviter qu'il ne tombe lorsqu'il arrivera à se redresser ou qu'il ne passe par-dessus bord, une fois qu'il saura se relever : les normes de sécurité prescrivent des barreaux d'au moins 60 cm de hauteur.

Éviter le syndrome de la mort subite du nourrisson (MSN)

ATTENTION !

La *mort subite du nourrisson* désigne la mort d'un bébé qui semblait, par ailleurs, en parfaite santé. La MSN frappe généralement les bébés de moins de 6 mois, pendant la sieste ou la nuit. Il y a un certain nombre de mesures à prendre pour diminuer ce risque de MSN.

- **Utilisez un matelas ferme et des couvertures légères.** Une literie moelleuse ou en peluche risque de couvrir le visage de l'enfant et de le priver d'air. En outre, tous les médecins vous diront qu'un matelas mou ne soutient pas assez le dos de l'enfant. Imaginez, si vous étiez une petite chose fragile étendue sur un matelas d'eau. Vous seriez plus à l'aise pour respirer sur quelque chose de ferme.
- **Couchez Bébé sur le dos.** Mais cela n'élimine pas la nécessité d'un matelas ferme. Si Bébé se retourne du dos sur le ventre avant l'âge de 5 mois, et qu'il semble préférer dormir sur le ventre, repositionnez-le sur le dos (ou au moins sur le côté). Après 5-6 mois, vous pouvez le laisser dormir sur le ventre.
- **Évitez de surchauffer.** Une chambre surchauffée et un excès de couvertures sont peut-être des facteurs de MSN. Réglez votre thermostat à une température raisonnable, on n'est pas au hammam. Une couche de vêtements et une couverture légère suffisent largement dans le berceau. La température idéale dans la chambre est de 19 à 20°.
- **Interdiction de fumer!** Le tabagisme passif contribue probablement à la MSN.

- **Allaiter, c'est mieux.** L'allaitement offre à Bébé des anticorps qui le protègent de certaines maladies infectieuses, respiratoires et gastro-intestinales, qui peuvent avoir un lien avec certains cas de MSN.

Certains bébés risquent plus que d'autres la MSN, surtout s'ils ont un frère ou une sœur qui en est mort, si la mère a subi un traitement médical lourd ou consommé des drogues, s'ils étaient trop légers à la naissance ou qu'ils ont déjà connu des épisodes de détresse respiratoire. Si votre pédiatre diagnostique un véritable risque de MSN, il vous recommandera probablement l'utilisation d'un moniteur pour suivre la respiration et le rythme cardiaque de votre enfant. Il vous recommandera aussi de faire dormir Bébé dans la chambre des parents jusqu'à l'âge de 5-6 mois. En effet, une fois sur deux, dans les cas avérés de MSN, l'enfant a eu, avant l'épisode fatal, un épisode d'apnée qui a pu être remarqué par les parents ou un des parents. Votre subconscient a enregistré le rythme respiratoire de Bébé, et vous alertera la plupart du temps s'il fait une apnée inhabituellement prolongée et que Bébé dort dans votre chambre.

Pyjama, mon amour

Récemment encore, tous les pyjamas d'enfant devaient correspondre à des règles de sécurité. Tous les pyjamas de bébé et d'enfant étaient en tissu ignifuge. Cette règle a été quelque peu modifiée et s'est assouplie : onrecommande maintenant pour les enfants de plus de 9 mois de porter des pyjamas ajustés en fibres naturelles ou en tissus ignifuges.

L'idée, c'est qu'un vêtement bien ajusté ne laisse pas passer suffisamment d'oxygène pour nourrir une flamme. Un enfant de moins de 9 mois ne bouge pas assez pour attiser le feu par ses mouvements ; on considère donc qu'il est moins en danger qu'un bébé plus âgé en cas de contact avec une flamme.

Le pyjama de Bébé doit être bien ajusté, mais pas trop serré. Un pyjama trop large présente un risque en cas d'incendie mais aussi un risque de strangulation pour un bébé plus grand (si le pyjama se coince dans le berceau).

Bonne nuit, les petits…

Quand Bébé se met à faire (rarement avant un an, il est vrai) de régulières escapades hors de son lit à barreaux, vous allez être tenté(e) de le mettre dans un vrai lit. Résistez à cette envie. La plupart des enfants restent dans un berceau au moins la première année, et souvent la deuxième : pas de précipitation. Un lit à barreaux, c'est un espace où Bébé est en sécurité : vous savez où il est, ce qu'il peut lui arriver lorsqu'il y est. En le mettant dans un grand lit, ce n'est plus le cas. Il est encore trop jeune pour être abandonné sans surveillance et totalement libre d'explorer tous les recoins de sa chambre (ce qui pourrait arriver à l'heure de la sieste ou pendant la nuit). Pour qu'il soit en sécurité, laissez-le dans son lit de bébé.

Au lieu d'acheter un grand lit, abaissez le matelas au maximum et remontez les barreaux. Avec un peu de chance, cela rendra l'escalade trop difficile et Bébé abandonnera, au moins pour le moment.

S'il continue à escalader les barreaux de son lit, il est préférable d'acheter un filet en forme de tente pour couvrir le berceau. Ces filets sont prévus pour que votre petit aventurier reste bien en sécurité. Reportez-vous au chapitre 16 pour voir à quoi ça ressemble.

Ne laissez pas Bébé dormir dans un grand lit, même s'il a des barreaux. Un lit, c'est dangereux pour un bébé : il risque de glisser et de se coincer la tête entre les barreaux ou contre le mur. Si vous rendez visite à mamie et qu'il n'y a pas de lit de bébé sur place, mieux vaut le laisser faire sa sieste dans sa poussette ou sur une couverture à même le sol à côté de vous. Bébé ne doit pas dormir avec son papa ou entre ses parents ; le papa, même s'il est gâteux devant son enfant, reste un papa : il risque de l'étouffer en l'écrasant ou lui rabattant les couvertures sur la tête. Les matelas à eau sont trop mous et donc dangereux. Les lits « parapluie » sont particulièrement pratiques dans ces cas. Ils peuvent être montés et démontés en deux minutes, mais doivent être aussi utilisés avec un matelas suffisamment ferme.

Comme un bébé dans l'eau

Il suffit d'une minute et de quelques centimètres d'eau pour noyer un bébé. Pour qu'il soit en sécurité lorsqu'il y a de l'eau à proximité, il faut le surveiller en permanence. Les baignoires et les piscines sont dangereuses pour un bébé, ainsi que les étangs, les jacuzzis, les bassins, les bacs à glace, les rigoles d'irrigation. En plus, les risques de noyade ne sont pas forcément prévisibles : il suffit d'un seau ou de la cuvette des toilettes.

Pour ne pas prendre de risques lorsque Bébé est à côté de l'eau, le mieux, c'est de rester près de lui, en contact physique permanent. C'est très facile avec un nourrisson, mais cela reste vraiment nécessaire lorsque Bébé grandit et devient plus indépendant.

Pour éviter une noyade :

- **Videz tous les seaux, bacs à glace et autres contenants dès que possib le et *rangez-les*.** Les bidons d'eau de pluie sont aussi dangereux.
- **N'autorisez jamais un enfant plus âgé à surveiller Bébé dans la baignoire ou à la piscine.** Non seulement un enfant est facilement distrait mais en plus, il n'est pas forcément capable de sauver Bébé en cas d'urgence.

- **Gardez votre nourrisson éloigné de l'océan ou de la mer.** Les grosses vagues surprennent les surfeurs les plus aguerris. Bébé est trop petit pour résister à un courant violent.
- **Ne laissez jamais Bébé seul dans la baignoire, ne serait-ce qu'une minute, sous aucun prétexte.** S'il faut répondre au téléphone ou à la porte, enveloppez-le dans une serviette et prenez-le avec vous. Sinon, laissez sonner.
- **Rabattez le couvercle des toilettes ou installez-y un petit verrou.**
- **Maintenez verrouillés le jacuzzi et le spa.**
- **Installez une alarme à votre piscine, qui vous avertira si quelque chose ou quelqu'un tombe dedans.**
- **Ne comptez pas sur des flotteurs pour que Bébé soit en sécurité.** Les flotteurs, même pour Bébé, ne remplacent pas la surveillance d'un adulte. Bébé peut se retrouver la tête à l'envers sous l'eau par inadvertance et, si vous n'êtes pas là pour le remettre à l'endroit, il se noiera en quelques instants.
- **Apprenez la réanimation cardio-pulmonaire.**

ATTENTION !

Les baignoires présentent un autre risque : les brûlures. Assurez-vous que votre chauffe-eau ne dépasse pas la température de 37°, et vérifiez toujours la température du bain avant d'y tremper Bébé. Ne laissez jamais un bébé plus âgé ou un enfant jouer avec les robinets (ou avec le mitigeur) : il pourrait accidentellement augmenter le débit d'eau chaude et risquer de brûler Bébé (et de se brûler lui-même).

Les dangers de la route

Eh non, vous ne pouvez pas mettre Bébé dans une bulle pour le protéger de tout : d'ailleurs, serait-ce si bien que cela ? Cela dit, on peut prendre des précautions pour éviter les accidents les plus courants, comme ceux provoqués par la voiture ou par des jouets de déambulation. Vous ne pouvez pas non plus visser de casque sur sa petite tête pour le protéger ; d'ailleurs, il n'en existe pas à sa taille. La seule solution, c'est la surveillance.

En voiture !

Le premier trajet en voiture avec Bébé est souvent… déroutant : vous n'allez pas vous reconnaître. Vous le petit pilote chevronné, quadruple vainqueur du rallye du village, vous allez rouler à 30, obsédé par le petit bout qui gigote derrière vous. C'est normal : après tout, vous êtes responsable de la vie de votre enfant. Toutefois, il ne suffit pas de conduire au pas pour que Bébé soit en sécurité (parfois, c'est même le contraire). Ce paragraphe vous suggère quelques conseils pour que tout le monde arrive sain et sauf à destination.

Si vous n'avez aucune idée de la façon dont il faut installer le siège auto de Bébé, demandez à votre garagiste, à votre pédiatre, à la maternité ou encore à la police. Il n'y a pas de quoi avoir honte : beaucoup d'études montrent qu'un grand nombre de sièges auto sont mal installés. Vous veillez simplement à la sécurité de votre enfant. Cela dit, les notices du magasin de puériculture où vous achetez votre siège auto sont assez explicites sur la façon d'installer celui-ci. Mais en cas de doute, n'hésitez pas à interroger des parents expérimentés.

Un siège auto reste un siège auto, il ne remplace pas une bonne ceinture de sécurité. Tout le monde doit être attaché lorsque la voiture est en marche, y compris papa et maman. Montrez l'exemple en vous attachant systématiquement, que vous alliez au supermarché, au parc ou en vacances.

Le siège auto doit être tourné vers l'arrière si Bébé a moins de 1 an et pèse moins de 9 kg (les *deux* critères sont à prendre en compte). Des études ont montré qu'un bébé de moins de 1 an ne tient pas suffisamment son cou pour survivre à un impact significatif s'il est tourné vers l'avant, même s'il est attaché dans un siège auto. Bébé est plus en sécurité à l'arrière, à la place du milieu (en cas de collision latérale), tourné vers l'arrière de la voiture.

Ne mettez jamais Bébé à l'avant, surtout si cette place comporte un airbag. D'ailleurs, si c'est le cas, vous avez normalement une petite étiquette qui vous avertit du danger pour un bébé à cet endroit. Le déploiement de l'airbag est tellement rapide et violent que le siège auto ne suffira pas à protéger Bébé ; de fait, il pourrait devenir lui-même une arme fatale, même en cas d'impact léger. Pas d'excuse, pas d'exception : Bébé doit être à l'arrière à chaque fois qu'il monte en voiture.

Concentrez-vous sur la route. Parfois, Bébé se met à gazouiller, à pleurer ou à crier alors que vous êtes au volant ; pas le choix, vous ne pouvez rien faire, si ce n'est garder les yeux rivés sur la route avant d'arriver à destination ou de trouver un endroit où vous garer (en espérant que vous n'étiez pas partis pour traverser le pays). Si vous êtes près à craquer, respirez lentement une dizaine de fois et dites-vous que Bébé va se calmer, lui aussi. N'essayez pas d'attraper la tétine sous le siège du passager ou de faire un biberon d'une main, tout en conduisant. C'est de la folie furieuse et, surtout, le meilleur moyen de griller un feu rouge ou une priorité. Si vous vous servez d'un miroir pour surveiller le siège arrière, ne le regardez pas trop : l'essentiel, ça reste le rétroviseur.

Pour ce genre de situation, gardez un CD de la musique préférée de Bébé sous la main. Assurez-vous qu'il a tous les doudous qu'il lui faut lorsque vous l'installez. Donnez-lui sa tétine, sa couverture, son biberon, bref, tout ce qu'il lui faut pour que vous puissiez conduire tranquille.

Lorsque vous installez Bébé dans son siège auto, ajustez soigneusement les sangles : elles doivent être suffisamment serrées pour bien le maintenir en cas d'accident.

Promener Bébé

Les trottoirs, les parkings et autres passages piétons sont aussi dangereux que la route : après tout, il suffit d'une voiture pour blesser votre bébé ou votre enfant. Suivez les consignes suivantes pour assurer sa sécurité :

- **Si vous quittez la maison en voiture sans votre enfant, vérifiez toujours qu'il n'est pas placé derrière la voiture avant de démarrer.** Vérifiez avant de monter en voiture, car le coup d'œil dans le rétroviseur n'est pas suffisant (Bébé est trop petit pour être vu dans le rétroviseur). Quand vous serez arrivé à destination, même si vous êtes distrait et que Bébé dort, ne l'oubliez pas dans son siège auto… De même, si vous devez faire une course rapide et quitter la voiture, même une minute ou deux, pas question de le laisser tout seul (même s'il s'est endormi).
- **Tenez-lui fermement la main lorsque vous traversez un parking.** Les conducteurs sont parfois distraits et Bébé, tout petit, n'est pas très visible. Vous pouvez aussi, même s'il marche déjà, le prendre dans vos bras.
- **Tenez-lui fermement la main en traversant les passages piétons.** Même si les automobilistes sont censés s'arrêter, ils ne le font pas systématiquement. Dans ce cas, mieux vaut éviter de laisser Bébé traverser en courant devant vous.

Dès son plus jeune âge, apprenez-lui à s'arrêter, à écouter et regarder à droite et à gauche avant de traverser la rue. Faites-le avec lui systématiquement.

Ça roule ! Les trotteurs et les jouets de déambulation

La roue : quel grand pas vers l'indépendance! Mais aussi quelle source d'angoisse pour les parents. Les jouets sur roues font un tabac auprès des plus grands et les trotteurs sont encore à la mode. Ces véhicules sont-ils sans danger?

Certains pédiatres sont un peu réservés en ce qui concerne le trotteur (siège ou plateau sur roues). Ils auraient causé des blessures graves dans les escaliers : ils ne sont pas faits pour ça, effectivement. Bébé peut traverser la cuisine et accéder aux escaliers de la cave avant que vous ne vous soyez rendue compte de quoi que ce soit. Quant à l'anneau à ressort (un siège qui saute et tourne mais ne se déplace pas), est-il inoffensif pour la colonne vertébrale de votre enfant ? Oui, si votre bébé n'a pas de malformation vertébrale ou de déformation vertébrale (cyphose ou scoliose). En tout cas, vous savez exactement où est Bébé et ce qu'il fait : il se dépense autant qu'il veut.

Si Bébé ne tient pas sur son camion à roulettes, enlevez-le-lui. Sinon, il va glisser et se cogner la tête. En intérieur, ces jouets sont aussi dangereux que les trotteurs ; en extérieur, on peut s'en servir, mais toujours sous la surveillance d'un adulte (d'ici que Bébé aille faire la course avec les vrais camions sur la route…). Vérifiez régulièrement les roues pour être sûr qu'elles tiennent bien en place.

Bébé l'aventurier

Lorsque Bébé commence à marcher, puis à courir vers son indépendance, votre boulot de garde du corps se complique. Votre enfant veut en faire plus, en voir plus, en savoir plus ; le problème, c'est qu'il n'a peur de rien et a du mal à distinguer ce qui est dangereux de ce qui ne l'est pas : il n'a pas encore la notion du danger.

À RETENIR

À partir du moment où il est mobile, un enfant doit être sous surveillance constante, surtout à l'extérieur. Dans la salle de jeu, vous êtes à peu près sûr qu'il est en sécurité mais, une fois sorti du cocon que vous lui avez aménagé, on ne peut pas savoir quel danger va surgir. Par exemple, mieux vaut ne pas le perdre de vue dans le jardin. Il peut lui prendre la fantaisie de goûter une crotte de chat ou de jouer avec un tesson de bouteille ou avec un mégot.

Jeux de mains, jeux de vilains

Grand-père adore faire sauter Bébé sur ses genoux. Oncle Henri fait glousser Bébé en le lançant en l'air et en le rattrapant. Vous, vous êtes un peu tendue. Où faut-il s'arrêter ?

En général, les jeux un petit peu violents avec un tout-petit sont à proscrire. Son cou ne supporte pas encore les mouvements brusques (comme lorsqu'il est lancé et rattrapé, par exemple) ; inutile de prendre des risques. En plus, lorsqu'on lance Bébé en l'air, on n'est pas sûr à 100 % qu'il va bien atterrir dans les bras de son oncle ; dites à Henri de se calmer un peu. Mais grand-père ne met pas la vie de Bébé en danger en le faisant sauter sur ses genoux, tant qu'il y va doucement.

Comme Bébé progresse vers la petite enfance, il devient plus curieux et plus téméraire : à vous d'être plus vigilant (eh oui, personne ne vous l'avait dit, ça). Pour évaluer les dangers d'un espace quel qu'il soit, essayez de vous mettre à la place de votre enfant. Maintenant, quand vous verrez une cage à poules, vous vous demanderez immédiatement comment réagir si vous retrouvez Bébé suspendu aux plus hauts barreaux. Sachez simplement que les risques auxquels vous n'avez pas pensé sont souvent les plus dangereux : servez-vous de votre imagination et demandez-vous quelle bêtise à laquelle vous n'avez pas pensé Bébé pourrait bien commettre (pour ça, ils sont bien plus doués que nous !).

Attention, fragile !

On parle de SBS (syndrome du bébé secoué) lorsqu'un nourrisson ou un tout petit enfant est secoué violemment et intentionnellement (y compris lors de jeux). Cela risque d'endommager à vie son cerveau (car les vaisseaux cérébraux des tous jeunes nourrissons sont fragiles, et peuvent, sous l'effet de secousses brutales, se rompre) et sa colonne vertébrale. La majorité des SBS ont lieu lorsque l'une des personnes qui s'occupe de lui est à bout de nerfs et a franchi son seuil de saturation face à un bébé qui hurle ; ce sont en général des hommes.

Ne secouez JAMAIS un bébé. Bien sûr, il est tout à fait normal et compréhensible que l'on soit à bout de nerfs lorsque l'on s'occupe d'un bébé qui pleure depuis plusieurs heures. Mais vous ne pouvez pas le lui reprocher. Devenir parent, c'est aussi découvrir une patience que l'on ignorait jusque-là. C'est aussi, et on ne le dit pas assez, apprendre à faire une pause.

ASTUCES

Si Bébé vous pousse à bout de nerfs et que vous sentez que vous allez craquer, mettez-le en sécurité – dans son berceau ou son parc – et laissez-le quelques minutes. Inutile d'aller très loin ; trouvez-vous un endroit où vous l'entendrez moins pour prendre quelques minutes et respirer un bon coup. Buvez un verre d'eau. Appelez votre mère ou votre meilleure amie pour vider un peu votre sac. Lorsque vous vous sentez à nouveau prête, vous pouvez y retourner. Il ne sera peut-être pas beaucoup plus heureux que lorsque vous l'avez quitté, mais vous, ça ira mieux. Et ça, ça fait toute la différence.

ATTENTION !

Ne laissez jamais Bébé avec une baby-sitter ou un parent connu pour son tempérament colérique. Même vous, qui aimez inconditionnellement votre enfant, vous avez parfois du mal à tenir ; imaginez la réaction de quelqu'un qui n'est pas sa mère. Sa sécurité est primordiale. Si vous avez le choix entre le prendre avec vous pour faire vos courses ou le laisser à votre jeune frère un peu nerveux, pas de questions à se poser : on boucle Bébé dans le siège auto, et c'est parti.

Septième partie

La partie des Dix

«Il me faudrait un objectif suffisamment lourd pour contrebalancer le poids que j'ai sur le dos.»

Dans cette partie...

Vous avez le sentiment d'avoir besoin d'un stage intensif pour survivre aux premières semaines avec Bébé ? Cette partie propose quelques conseils utiles pour de tout nouveaux parents, ainsi qu'une liste de trucs pour les papas. Vous trouverez aussi une liste des bonnes raisons pour appeler votre pédiatre au milieu de la nuit, et une autre pour attendre jusqu'au matin. Si seulement on pouvait ainsi résumer toute l'éducation d'un enfant !

Chapitre 21

Dix trucs pour survivre aux premières semaines

Dans ce chapitre

- Accepter l'aide que l'on vous propose
- Renvoyer gentiment les visiteurs
- S'écouter
- Avoir des attentes réalistes

On ne peut pas vraiment prédire ce que seront les premières semaines avec Bébé : les plus beaux jours de votre vie ou votre pire cauchemar, parce que personne ne vous a jamais dit que vous vous trouveriez aussi laide, que vos hormones joueraient au yo-yo, que vos seins seraient atrocement douloureux, que vous seriez épuisée et que Bébé n'aurait pas l'air de comprendre que la nuit, on dort.

À RETENIR

La majorité des femmes a du mal à admettre que ramener un bébé à la maison, ce n'est pas simple. La meilleure chose à faire au cours de cette période est d'être compréhensif avec soi-même. Ce chapitre contient quelques conseils pour vous faciliter les premières semaines (et donc les faciliter pour Bébé et pour son père par la même occasion). Pour les câlins et les moments de tendresse, vous n'avez pas besoin de conseils : c'est instinctif. Ce chapitre, c'est avant tout pour *vous*.

Écouter son corps

À RETENIR

Ce que vous avez traversé ? Bof, la bagatelle de quelques heures de travail, la naissance, la cicatrisation (si vous avez subi une césarienne ou une épisiotomie) et, accessoirement, neuf mois de grossesse. Évidemment, votre corps est différent ! Il fait des choses dont vous ne l'auriez jamais imaginé capable, comme secréter du lait quand Bébé pleure. Mais votre corps est *fatigué.* S'il y a un effort à faire, c'est avant tout pour se reposer. Ne vous dites pas que c'est de la paresse, si vous prenez quelques heures pour vous allonger. Vous avez besoin de sommeil autant que de nourriture. Et si vous n'arrivez pas à dormir, allongez-vous quand même lorsque Bébé est tranquille.

Au revoir, Médor !

Vous adorez votre animal, mais vous n'avez vraiment pas besoin d'aller le promener tous les jours, en plus de vous occuper de votre épisiotomie et de commencer l'allaitement. À moins que vous n'ayez une petite bestiole qui n'a besoin de rien d'autre que de dormir dans son coin toute la journée (et qui n'a pas besoin d'attention, jusqu'à ce que papa vienne vous prêter main forte, faites-le garder par un proche, ou si vous n'avez pas cette possibilité, demandez à votre vétérinaire l'adresse d'une institution qui pourra s'occuper de votre animal pour la semaine où vous sortez de la maternité. Bien sûr, vous allez culpabiliser un peu… jusqu'au moment où vous allez goûter une bonne sieste lorsque Bébé s'endormira (au lieu d'écouter le chien aboyer après les chats errants et les passants). Surtout, ne laissez jamais Bébé seul avec votre animal. Il faudra peu de temps pour que celui-ci se familiarise avec Bébé : ils deviendront vite de vrais copains.

À la douche !

Rien de plus déshumanisant (et donc de plus déprimant) que de réaliser que l'on sent le lait, le vomi et, hélas, le caca de Bébé. Lorsque le papa rentre à la maison à la fin de la journée ou que votre maman vient à la pause déjeuner, profitez-en pour vous dorloter un peu sous une douche (c'est drôle de constater que des gestes d'hygiène basiques deviennent un luxe incroyable lorsque l'on est mère). Ça va vous ravigoter et vous rappeler le bon vieux temps, ou presque.

À emporter, s'il vous plaît !

ASTUCES

Peut-être tenez-vous à manger bio à tous les repas et à lutter contre les magnats de l'industrie agroalimentaire. C'est peut-être le moment de mettre ces opinions de côté et de réaliser que, lorsque l'on ramène un bébé à la maison, on a bien du mal à faire autre chose que de s'occuper de lui ;

et lorsque vous n'êtes pas complètement centrée sur lui, vous pensez à vous, au père, et à tous les changements que vous venez de subir, en quelques jours. Bref, ce n'est pas trop le moment de faire de la grande cuisine, du moins jusqu'à ce que vous trouviez une nouvelle routine. Demandez au papa de passer acheter quelque chose en rentrant du travail.

La poussière peut attendre

Vous ne la dérangez pas, elle ne vous dérange pas. Vous avez d'autres soucis en tête ; peu importe si l'on peut écrire des romans sur la poussière qui recouvre vos étagères. Tant pis. Lorsque Bébé sera installé, que vous serez de nouveau sur pied et que vous vous sentirez d'attaque pour faire le grand ménage, promettez-vous de ne le faire qu'une fois par semaine, et de préférence un jour où le père pourra vous prêter main-forte. Si vous ne supportez pas le désordre, laissez votre mère passer un coup de balai, ou engagez une femme de ménage qui fera ça très bien.

Utiliser le répondeur

ASTUCES

Y a-t-il vraiment quelqu'un à qui vous avez besoin de parler et que vous n'avez pas encore appelé ? Pensez-y : vous êtes en congé maternité. Vous avez besoin de repos. Vous n'avez pas besoin de répondre aux appels publicitaires, ni aux amies bien intentionnées qui ne savent pas ce que c'est que de se lever quatre fois par nuit pour une tétée ou un biberon. Lorsque vous faites une sieste pendant la journée, coupez le téléphone. Si vous voulez être joignable pour le père de votre bébé ou votre mère, dites-leur d'appeler sur le portable et mettez-le sur vibreur.

Acceptez quand on vous propose de l'aide

En temps normal, vous n'auriez jamais laissé votre mère plier les caleçons de votre mari ou votre beau-père faire la vaisselle chez vous. Au cours des semaines après la naissance, vous serez probablement assaillie de toutes parts par des bonnes volontés. Acceptez ! Après tout, ces bonnes âmes allègent vos tâches ; cela vous laisse le temps de vous reposer et de vous consacrer à Bébé. Surtout, dites-leur bien que vous n'avez pas besoin d'aide pour vous occuper de Bébé ; vous avez besoin d'aide pour tenir la maison. Bien assez tôt, ce sera *vous* qui ferez le ménage pendant que vos parents et vos beaux-parents gazouilleront avec Bébé.

Soyez directive

Il ne faut pas hésiter à marquer des limites. Vous avez besoin de repos et Bébé aussi. Toute personne qui a des enfants comprendra que, dans certaines circonstances, la meilleure chose à faire est de vous ficher la paix. Malheureusement, certaines personnes ont tendance à oublier ce que c'était, ou ne l'ont jamais connu. N'hésitez pas à dire aux gens que, même si vous appréciez beaucoup leur sollicitude, Bébé et vous avez besoin de calme et de repos. Et si ce sont vos beaux-parents qui posent problème, demandez à leur fils de les gérer.

Laissez-vous du temps

Bien sûr, vous êtes heureuse d'être à la maison avec Bébé, mais vous avez peut-être le sentiment de devoir en faire plus, surtout si, habituellement, vous travaillez beaucoup. Vous avez envie d'assister aux réunions par téléphone, de répondre aux questions professionnelles, de jeter un œil à tel projet en suspens… Stop. Faites un break et laissez-vous le temps de devenir mère. C'est vraiment le plus beau métier du monde : jouissez de chaque minute. Si vous pouvez vous offrir le luxe de rester à la maison avec Bébé plusieurs semaines, savourez chaque instant sans culpabiliser.

La perfection n'existe pas

Il y a quelque chose de gênant dans certaines émissions de télé : les jeunes accouchées y sont plus épanouies que jamais ; on peine à imaginer qu'elles tombent d'épuisement. Leur maison est impeccable ; elles ont l'air incroyablement heureuses ; apparemment, Bébé dort toute la journée ; elles retrouvent leur silhouette de jeune fille en une semaine. Eh bien, ce n'est pas la vraie vie. C'est à se demander si c'est vous qui avez fait quelque chose de travers. Non. Il faut du temps pour que Bébé trouve son rythme, pour que votre corps s'adapte à l'allaitement et se refasse une silhouette ; il faut d'ailleurs s'attendre à ne jamais retrouver celle d'avant. Il y aura forcément des moments où vous aurez envie de fondre en larmes : trop de fatigue et les hormones qui partent dans tous les sens. Laissez-vous aller, c'est normal.

Chapitre 22

Assistance-Papa, bonjour ?

Dans ce chapitre

- S'adapter à ce nouveau rôle
- Faire sa part dans la vie de famille
- Prendre son temps avec sa compagne et son bébé
- Se faciliter la vie

Apparemment, toute l'attention se concentre sur la jeune maman, depuis l'arrivée de Bébé. Papa, quant à lui, est supposé avoir plus ou moins sa place, c'est-à-dire celle que la maman (ou la grand-mère) veut bien lui laisser. Et cela reste vrai pour un couple marié comme pour des parents qui ne vivent pas sous le même toit. D'une certaine façon, on attend de lui qu'il glane par lui-même suffisamment d'informations dans son entourage pour devenir un parfait papa.

Même si beaucoup d'hommes attaquent la première année de Bébé avec enthousiasme, d'autres sont mal à l'aise et ne savent pas trop comment se positionner. Ce chapitre est destiné aux nouveaux papas qui ont un peu de mal à se sentir dans le coup.

Accepter ce nouveau rôle

ATTENTION !

Vous avez reçu le plus beau cadeau du monde. Le lien entre un père et son enfant n'a pas de prix et c'est quelque chose dont tous les enfants ont besoin. Ne passez pas votre journée à vous morfondre en pensant à votre vie d'avant, lorsque vous n'aviez pas de responsabilités et que vous auriez pu vous offrir une voiture fabuleuse : aujourd'hui, il faut mettre de l'argent de côté pour les études du petit. L'arrivée de Bébé métamorphose radicalement votre vie. Il faut maintenant accepter que votre enfant et votre famille soient une priorité et que vos propres désirs passent après. Rien de plus déprimant que de vouloir nier cette réalité ; en plus, vous ne trouverez pas beaucoup de soutien dans votre entourage et votre famille si vous prenez le parti de rester centré sur vous-même sans vous préoccuper des besoins de votre enfant et de sa maman.

Aider la maman

On dit souvent que, si maman va bien, tout va bien. C'est très vrai, surtout lorsqu'il s'agit de la première année d'un enfant. Votre partenaire apprend à s'occuper de Bébé tout en gérant la vie de la maison (inutile de se leurrer, même au XXIe siècle, ce sont souvent les femmes qui tiennent leur maison). Qu'elles travaillent à l'extérieur ou non, il y a beaucoup à faire : investissez-vous. Préparez le dîner. Passez un coup de balai. Pliez le linge. Proposez-lui de faire les courses ou de passer l'aspirateur. Demandez-vous comment lui faciliter la vie, sans attendre qu'elle ait à vous le demander. Faites-lui la surprise de prendre une journée pour garder Bébé et lui offrir un moment de liberté.

On se retrousse les manches, et sans faire la grimace !

Changer les couches. Se lever la nuit. Calmer des coliques. Certes, ce n'est pas très drôle, mais ça ne dure pas. Vous ne verrez pas le temps passer. Demain, Bébé sera propre et en route pour l'école. En mettant la main à la pâte, la transition de l'état d'homme libre sans attaches à l'état de papa se fait beaucoup plus naturellement que si vous attendez que Bébé ait 1 an pour vous approcher de la table à langer. Pour créer un vrai lien avec votre enfant, il faut mettre les mains dans le cambouis, et le plus tôt possible.

Bof ou papa ?

Ce n'est pas en restant vautré sur le canapé devant la télé pendant que la maman console Bébé qui pleure que vous allez vous faire apprécier. Même s'il n'y a pas grand-chose à faire, on attend simplement de vous que vous fassiez un petit effort. Conclusion : on éteint la télé et on se tourne vers sa femme. Là, vous pouvez être sûr qu'elle ne va pas vous bouder pendant une semaine (ou un mois !).

Prenez la parole

Lorsque l'on est papa pour la première fois, on a parfois un petit peu de mal à parler à son bébé : c'est vrai, pour vous ça a l'air un peu ridicule. Passez du temps seul avec votre enfant et parlez-lui, chantez pour lui. Au début, c'est sûr, vous allez vous sentir complètement stupide mais, très vite, cela va devenir très naturel. Il se peut – observez-le bien – qu'il reconnaisse votre voix dès la naissance ; aussi va-t-il être particulièrement attentif si vous faites l'effort de lui parler. Une fois qu'il vous aura repéré, c'en est fait de vous. Il vous aura conquis pour la vie.

Faire une croix sur les sorties

Vous avez vu ça cent fois : la femme d'un copain a un bébé et, ça y est, on ne revoit plus le copain. Vous aviez juré que ça ne vous arriverait jamais. Après tout, on peut avoir une famille et prendre un pot avec ses potes de temps en temps, non ? Eh bien, malheureusement, pas si souvent que ça. Pas tant que l'on a un bébé à la maison. Votre compagne a besoin de votre aide, et votre bébé a besoin de son papa ; si vous privilégiez les sorties aux besoins de votre famille, vous allez finir dans la niche du chien. Pas drôle. En plus, c'est un cercle vicieux : vous sortez avec les copains, vous rentrez tard, vous êtes fatigué le lendemain et donc incapable d'aider votre compagne comme elle en aurait besoin. Faites une croix sur les sorties pendant les mois qui suivent la naissance de Bébé. Allez, un petit effort, ce n'est pas définitif.

Faire un break

Apprenez à laisser Bébé dans son berceau pour faire une petite pause. Ce n'est pas facile de gérer un bébé qui a la colique ou qui fait ses dents. Il pleure des heures durant et c'est très pénible, surtout si vous avez fait ce qui était en votre pouvoir pour l'aider et que cela n'a rien changé. Parfois, il suffit de le mettre dans son berceau ou dans son parc et de vous éloigner deux minutes pour *vous* calmer. Tant que cela ne dure pas, Bébé ne vous en voudra pas et vous, cela vous aura fait suffisamment de bien pour reprendre patience.

Et, bien sûr, il ne faut *jamais, jamais* secouer un enfant. Il suffit d'une fois pour lui démolir les vertèbres cervicales.

Place à la famille

Vos parents sont peut-être pénibles. Vos beaux-parents, n'en parlons pas ! Et depuis que Bébé est à la maison, tout le monde vient le voir ; mais *vous*, vous n'avez aucune envie de les voir. Il faut admettre qu'ils font partie de la famille de Bébé et que, quels que soient vos sentiments à leur égard, vous ne pouvez pas enlever à Bébé ses grands-parents, oncles, tantes et cousins. À moins que ce ne soient de dangereux criminels, faites taire votre sensibilité au profit de votre enfant. Vous verrez, ce n'est pas désagréable d'avoir un peu d'aide au cours de la première année.

Veiller sur son couple

ASTUCES

Prenez le temps de soigner votre relation avec votre femme. La première année avec Bébé est un temps d'adaptation : elle a eu tellement à faire avec Bébé qu'elle vous a peut-être mis un peu de côté. Vous êtes tous les deux très fatigués et n'avez ni l'un ni l'autre la tête à une partie de jambes en l'air. En plus, madame ne fait confiance à personne pour garder Bébé : pas question de se faire un petit resto en amoureux. Attention, si cela dure trop longtemps, votre relation risque de tourner au vinaigre : vous aurez le sentiment de vivre plus en colocataires qu'en couple – montrez-vous entreprenant et créatif. Si votre compagne ne veut pas sortir, faites-vous un petit dîner à la maison une fois que Bébé est endormi (et c'est vous qui êtes aux fourneaux !). Parlez d'autre chose que de Bébé. Et rappelez-lui souvent que, même si votre fille est la prunelle de vos yeux, votre femme, elle, c'est l'amour de votre vie. Cela fera toute la différence : vous vous sentirez tous les deux en sécurité dans votre relation.

Mon papa, c'est le plus fort

Il y aura des jours où vous vous sentirez complètement idiot (lorsque vous mettrez à Bébé sa couche à l'envers, par exemple) et vous vous demanderez comment on a pu vous confier cette responsabilité. Oui, vous êtes responsable de cet enfant depuis le jour de sa naissance, mais cela prend un peu de temps de se *sentir* père. Vous êtes si fort, il est si faible : vous êtes là pour le défendre, pour assurer sa sécurité contre les infirmières surmenées, les chauffards irresponsables, les baby-sitters hystériques ; montrez-leur que ce petit être innocent a un protecteur bourré de biscoteaux, qui reste vigilant. Et distribuez des cigares à vos copains : ce gosse, c'est vous qui l'avez fait !

Chapitre 23

Dix bonnes raisons d'appeler votre pédiatre

Dans ce chapitre

- Résister à la tentation de décrire chaque reniflement
- Faire la différence entre les petits bobos et les maladies graves
- Les symptômes à prendre au sérieux

Il n'est pas toujours évident de savoir à quel moment appeler le pédiatre, surtout tant que Bébé est incapable de vous dire où il a mal – et particulièrement si c'est votre premier enfant (évidemment, pas de moyen de comparer). Ce chapitre vous détaille les urgences auxquelles on peut avoir à faire face au cours de la première année. Pour des informations plus détaillées sur la santé de Bébé, reportez-vous à la sixième partie de ce livre.

Si vous avez le moindre doute et que vous hésitez à appeler, *faites-le*. Mieux vaut être sûr que tout va bien.

Fièvre

Pas besoin de se mettre dans tous ses états : c'est le symptôme d'une infection ou d'une inflammation et ce n'est généralement pas dangereux. Appelez le médecin aux heures d'ouverture pour prendre rendez-vous ; en attendant, administrez-lui du paracétamol (Doliprane ou Efferalgan pédiatrique), pour faire baisser la température si elle dépasse 38-38,5°. Pour plus d'informations sur la prise de température, voir le chapitre 20.

Appelez le médecin lorsque :

- Votre bébé de trois mois ou moins a une température (rectale) qui dépasse 38,5°, à moins qu'il n'ait subi une injection de Pentavac* ou

Infanrix* depuis moins de vingt-quatre heures. Certains vaccins peuvent provoquer une poussée de fièvre.

- Bébé a une fièvre élevée (supérieure à 39°) et est apathique (il est difficile de le réveiller) ou il fait une crise convulsive fébrile (il n'en a jamais fait auparavant).
- Bébé a de la fièvre avec une fontanelle bombée, il est mou, hypotonique, ou au contraire, une nuque raide (il crie de douleur lorsque l'on abaisse le menton vers le torse) : cela peut être une méningite.
- Bébé a de la fièvre associée à des vomissements, de la diarrhée ainsi que des symptômes de déshydratation (plus de détails dans la suite du chapitre).
- Bébé a une fièvre bien tolérée, parfois peu élevée (38° C) mais traînante (plus de 4 ou 5 jours) ou même prolongée (plus d'une semaine).

Problèmes respiratoires

Beaucoup d'infections rhino-pharyngées provoquent une respiration nasale bruyante. Cela n'est pas forcément grave, sauf s'il y a d'autres symptômes. Si sa respiration est sifflante et qu'il a visiblement du mal à respirer (on voit ses côtes et son thorax se creuser lorsqu'il respire, il perd ses couleurs, il respire vite, il boit moins bien, il tousse), appelez immédiatement le médecin. Comptez le nombre de respirations par minute en dehors des pleurs, quand Bébé est calme : au-delà de 40 à 60 mouvements respiratoires par minute (en fonction de l'âge de Bébé), c'est ce que l'on appelle une polypnée, témoignant d'un problème respiratoire. Reportez-vous au chapitre 20 pour plus d'informations quant aux diverses maladies dont il peut s'agir.

Vomissements

Bébé a souvent de petits renvois et de petits vomissements. En temps normal, cela ressemble beaucoup au lait qu'il vient d'ingérer, en plus épais, à cause du mucus. Si le jet de vomi est particulièrement violent (il traverse la moitié de la pièce) ou qu'il est de couleur sombre, appelez immédiatement votre médecin. Il peut s'agir d'une invagination intestinale, surtout si les vomissements sont répétés et que bébé hurle de douleur, ou, s'il s'agit d'un garçon de 3 semaines, d'une sténose du pylore (qui nécessite un traitement chirurgical).

Déshydratation

Un nouveau-né nourri au sein risque la déshydratation (et surtout la dénutrition) s'il ne tète pas suffisamment. Un bébé plus âgé se déshydrate à cause d'une diarrhée ou de vomissements. Dans tous les cas, guettez les symptômes suivants :

- Bébé ne mouille pas ses couches (normalement, c'est six fois par jour).
- Il pleure mais vous ne voyez pas de larmes.
- Ses yeux sont enfoncés dans les orbites, on dit qu'il a les « yeux creux ».
- Il est de mauvaise humeur.
- Il a la bouche sèche. Sa fontanelle est creuse, sa peau paraît fripée.
- Il est moins actif et beaucoup moins tonique.

Si Bébé a ces symptômes, appelez immédiatement le médecin. La déshydratation peut provoquer un déséquilibre électrolytique (sodium, potassium, bicarbonate) pouvant conduire à des convulsions ou à des troubles du rythme cardiaque.

Nez bouché et toux constante

Les bébés sont souvent enrhumés. Inutile de se ruer chez le pédiatre au moindre virus. Toutefois, si Bébé a une toux grasse qui persiste au-delà de huit ou dix jours et qui semble s'aggraver, mieux vaut l'emmener chez le médecin pour être sûr qu'il n'y a pas une complication respiratoire. Même chose pour le nez bouché : si, au bout de deux semaines, ça ne s'arrange pas et que l'état de Bébé empire (il est irritable, somnolent, manque d'appétit), prenez un rendez-vous pour soigner cette infection ORL traînante et vérifier les tympans.

Blessures à la tête

La moindre bosse ne mérite pas une visite chez le pédiatre. Mais si Bébé a perdu connaissance après s'être cogné ou qu'il a tous les symptômes d'une commotion (extrême pâleur, perte des capacités motrices, extrême irritabilité ou léthargie, vomissement, pupilles dilatées) ou d'une fracture (écoulement de sang ou de liquide clair par une oreille), appelez votre médecin qui vous conseillera d'appeler le Samu, ou de le conduire rapidement vers un service d'urgences pédiatriques compétent. Pour plus d'informations sur les blessures à la tête, voir le chapitre 19.

Plaies profondes

Un bébé un peu plus âgé et actif aura sa part de petits bobos : la plupart sont sans gravité et faciles à soigner. Appelez le médecin si :

- Le saignement est abondant.
- Vous n'arrivez pas à ralentir le saignement après une pression directe pendant dix minutes.
- La blessure est profonde (faite par un clou, par exemple, ou une morsure d'animal).
- Les berges de la plaie ne sont pas nettes (la cicatrisation sera donc difficile).
- La blessure est profonde sur le visage ou à un tout autre endroit où il y a peu de chance qu'elle reste fermée (le coude ou le genou, par exemple).

Bébé aura peut-être besoin de quelques points de suture pour fermer la plaie. Pour plus d'informations sur les coupures, voir le chapitre 19.

Changements de comportement

Une modification radicale du comportement peut indiquer que quelque chose ne tourne pas rond, qu'il s'agisse d'une blessure ou d'une maladie. Appelez immédiatement le médecin si votre enfant :

- Ne s'éveille qu'avec beaucoup de difficulté
- Pleure sans cesse
- N'arrive plus à faire ce qu'il fait d'habitude (il s'amusait la moitié de la journée à se lever en s'appuyant sur la table basse : il n'arrive même plus à marcher à quatre pattes)

Éruptions cutanées

Les enfants ont souvent des éruptions cutanées. Certaines sont contagieuses, d'autres non (érythème fessier, urticaire, eczéma). En général, ce n'est pas très agréable pour Bébé. Si votre enfant se couvre de boutons, a une éruption ou des démangeaisons, appelez votre médecin pour *confirmer le diagnostic* et avoir quelques conseils. En général, les éruptions liées aux couches ne sont pas graves. La plupart du temps, il suffit d'une petite crème apaisante et cicatrisante. Mais si ça devient rouge et en relief, surtout au niveau des plis de l'aine, enflé et épais (vous comprendrez dès que vous le verrez), il peut s'agir d'une candidose (même pour un petit garçon). Appelez le médecin afin qu'il confirme votre diagnostic et vous prescrive une pommade antimycosique. Pour plus d'informations sur les éruptions cutanées, voir le chapitre 18.

Crise convulsive fébrile ou épilepsie

Une crise convulsive est très impressionnante, surtout pour des parents : votre enfant est par terre ou dans son berceau, le corps entièrement tendu, les yeux révulsés. Il n'y a rien d'autre à faire que de l'allonger sur le côté pour éviter qu'il ne s'étouffe en vomissant ou avec sa salive, et dégager les abords afin qu'il ne se blesse pas. Si votre enfant a déjà fait ce genre de crise (lors d'accès de fièvre, par exemple), on vous a déjà expliqué ce qu'il faut faire. Si c'est la première fois, appelez immédiatement le médecin.

Chapitre 24

Dix bonnes raisons de NE PAS courir chez le pédiatre

Dans ce chapitre

- Reconnaître une maladie bénigne
- Soigner des égratignures et des bosses
- Docteur Maman garde son calme

Certes, il faut savoir à quel moment appeler le médecin. Mais il faut aussi savoir à quel moment *ne pas* l'appeler ou tout simplement attendre jusqu'au matin. Bien souvent, le meilleur des remèdes reste l'amour de maman. Il suffit d'attendre un peu, surtout pour les petites maladies comme les rhumes. Dans ces cas-là, mieux vaut ne pas bouger et laisser la nature faire son œuvre.

N'oubliez pas que, même si votre médecin est disponible et qu'il vous a donné son numéro de portable, il est en famille, aide ses enfants à faire leurs devoirs, à prendre leur bain ; il les met au lit et tente de se reposer lui-même. N'appelez qu'en cas d'urgence et certainement pas pour des questions de routine ! Pour plus d'informations sur la santé de Bébé, reportez-vous à la sixième partie de ce livre.

Fièvre légère

À RETENIR

Chez un enfant de moins de 3 mois, une poussée de fièvre doit toujours être prise au sérieux. Mais chez un bébé plus âgé, si la température excède la normale (37°) et reste en dessous de 38,3°, il n'y a rien de grave. Après 3 mois, la plupart des poussées de fièvre peuvent attendre un jour ou deux avant que l'on n'amène Bébé chez le médecin, surtout s'il n'y a pas d'autres symptômes (toux, perte d'appétit, difficulté à respirer, douleurs aux oreilles).

Appelez pendant les heures d'ouverture du cabinet pour que l'on vous conseille sur le dosage des analgésiques. La fièvre se résorbera toute seule. Si, après plusieurs jours, ce n'est pas le cas, prenez rendez-vous chez votre pédiatre. Pour plus d'informations sur les cas graves de fièvre, reportez-vous au chapitre 23. Plus que la fièvre, c'est le comportement de Bébé qui doit vous rassurer (ou vous inquiéter) : s'il boit bien, s'il sourit, s'il joue normalement malgré la fièvre, pas d'inquiétude. Là encore, faites confiance à votre instinct !

Souvent, les vaccins donnent lieu à une poussée de fièvre. Si elle n'est pas accompagnée par d'autres symptômes graves (difficultés à respirer, apathie inhabituelle), une fièvre après une injection vaccinale ne doit pas vous inquiéter. Pour prendre la température de Bébé, reportez-vous au chapitre 18.

Légère irritabilité

Certains bébés, lorsqu'ils sont malades, manifestent leur inconfort en se montrant irritables. Si vous n'avez pas trop de mal à calmer Bébé (en le berçant, ou simplement en le gardant dans vos bras), c'est simplement qu'il n'est pas en très grande forme. Si, au bout d'une heure, rien ne le console, qu'il continue à pleurer, appelez votre pédiatre.

Nez qui coule

ASTUCES

Inutile d'amener Bébé chez le pédiatre pour un simple rhume. Si Bébé a le nez bouché ou qui coule, ainsi qu'une petite toux et pas de fièvre, laissez faire la nature. Il faut appeler le pédiatre si le rhume persiste au-delà de dix jours, qu'il est accompagné d'une toux fréquente ou quinteuse, de difficultés à respirer et d'une forte fièvre.

Petit coup de fatigue

Si Bébé est enrhumé ou « grippé », c'est normal qu'il soit un peu moins actif. Il faut s'inquiéter si vous n'arrivez pas à le réveiller ou qu'il est totalement apathique. Rien d'anormal s'il ne grimpe pas aux rideaux quand il a un rhume.

À RETENIR

Vous non plus, lorsque vous êtes malade, vous ne mettez ni la même énergie, ni le même enthousiasme dans vos activités quotidiennes (même si vous les accomplissez tout de même, une maman reste une maman).

Perte d'appétit

Un nourrisson nourri au sein n'attend généralement pas plus de trois ou quatre heures entre chaque tétée ; c'est un peu plus long pour un bébé nourri au biberon. Lorsque Bébé devient plus actif (qu'il apprend à bouger, découvre qu'il peut manipuler des jouets, explore les placards de la cuisine), il est normal que son appétit baisse un peu. Il a tout simplement autre chose à faire. S'il a l'air en pleine forme et qu'il mange un tout petit peu moins que d'habitude, c'est peut-être qu'il a des tas de choses plus intéressantes à faire. Ne le gavez pas de force : ce n'est pas une oie.

Lorsqu'ils sont malades, les bébés peuvent avoir un peu moins d'appétit, tout comme vous. Tant qu'il mouille sa couche toutes les 4 à 6 heures, tout va bien.

Augmentation de l'appétit

À RETENIR

Comme Bébé grandit, il a besoin de manger plus pour rester actif. Ne vous étonnez pas, et surtout ne le restreignez pas, s'il tète brusquement plus à 3 semaines, 6 semaines ou 3 mois. Ce sont des périodes de pic de croissance. Lorsqu'il passera aux solides, faites confiance à son pédiatre pour adapter, en fonction de l'âge, de la corpulence de Bébé (et donc de sa capacité gastrique), de sa maturité digestive, un régime alimentaire équilibré. Mais inutile de l'appeler au secours si Bébé a faim : augmentez modérément ses quantités en attendant la prochaine visite.

Constipation

En grandissant, les bébés ont moins de selles, c'est normal ; il arrive même qu'il y ait un ou deux jours sans. Rien d'étonnant aussi si Bébé grogne, pousse et devient tout rouge lorsqu'il « fait » ; c'est vrai, après tout, essayez allongé, vous ! Pas facile ! Si Bébé n'est pas allé à la selle depuis quarante-huit heures et n'a pas l'air très en forme (il lève les jambes, pleure et a moins d'appétit), essayez un suppositoire glycériné pour stimuler le transit. En général, cela suffit. Appelez le médecin pour savoir comment éviter que cela ne se reproduise, ou bien si la constipation persiste un jour de plus (c'est-à-dire trois jours).

Les dents

Votre pédiatre ne peut pas faire grand-chose pour soulager les gencives de Bébé, si ce n'est vous donner les mêmes conseils que ceux que vous trouverez dans les livres : les analgésiques ; les anneaux de dentition et, surtout, beaucoup d'amour et de patience.

Égratignures, bleus, bosses

La majorité des blessures d'enfants ne sont pas très graves. Rincer une égratignure. Mettre un glaçon sur une bosse, pas directement, mais à travers un linge ou un gant de toilette. Poser un pansement sur une plaie. Inutile d'appeler le médecin pour ce genre de blessure mineure. Toutefois, si vous n'arrivez pas à arrêter le saignement ou que la plaie est profonde, ou encore que Bébé s'est cogné la tête et semble sérieusement blessé (perte de conscience, vomissement, pupilles dilatées, perte des fonctions motrices), appelez immédiatement le médecin. Pour plus de détails sur les petits bobos, voir le chapitre 19.

Réactions allergiques légères

À moins que votre enfant ne fasse des réactions graves à quelque chose de précis (une éruption sur tout le corps, gonflement des yeux et des lèvres, difficulté à respirer), il suffit d'éviter l'allergène en cause pour que la réaction se calme toute seule. Si, par exemple, vous avez fait une lessive avec de la lessive normale et que Bébé a une petite éruption sur le ventre, changez de produit. Si vous essayez un nouveau légume et que ses joues deviennent écarlates, arrêtez de lui en donner. Mais si Bébé développe les symptômes d'une réaction allergique grave, appelez immédiatement votre médecin. Pour plus de détails sur les réactions allergiques, reportez-vous au chapitre 18.

Annexe

Les bonnes adresses

Sigles et adresses utiles

Assurance maladies : Aller à la rubrique « Maternité » pour tout savoir sur vos droits (congés, indemnités journalières, prise en charge des frais médicaux, ...). www.ameli.fr

Bureau d'aide sociale de votre mairie : c'est le premier endroit que vous devez connaître pour tous renseignements concernant vos droits, les lieux de garde d'enfants (crèches, assistantes maternelles, ...), l'école,...

CAF : Caisse d'allocations familiales. www.caf.fr

CIRA : Centre interministériel des renseignements administratifs.

CNIDFF : Centre national d'information et de documentation des femmes et des familles. www.cnidff.fr

CPAM : Caisse primaire d'assurance maladie (Sécurité Sociale). www.securite-sociale.fr

Direction du travail, de l'emploi et de la formation professionnelle : Pour tous renseignements concernant votre travail et vos droits.

Fédération nationale de jumeaux et plus : présente dans 65 départements, cette association répond aux questions concernant les grossesses multiples. www.jumeaux-et-plus.fr

FEPEM : Fédération nationale des particuliers employeurs d'employés de maison. www.fepem.fr

Ministère du Travail, des Relations sociales, de la Famille, de la Solidarité et de la Ville : Vous trouverez dans la rubrique Fiche pratique une sous-catégorie Maternité/Paternité/Adoption. www.travail-solidarite.gouv.fr

MSA : Protection sociale du monde agricole et rural. www.msa.fr

PAJE : Prestation d'accueil du jeune enfant. Prestation versée par la CAF et la MSA, destinée à remplacer et simplifier les différentes aides déjà existantes, à savoir l'APJE (Allocation pour jeune enfant), l'AFEAMA (Aide à la famille pour l'emploi d'une assistante maternelle agréée), l'AGED (Allocation de garde d'enfant à domicile) et encore l'APE (Allocation parentale d'éducation).

Planning familial : www.planning-familial.org

PMI : Protection maternelle et infantile. La PMI est un service public chargé de la protection médicale des futures mères et de leurs enfants de moins de six ans. Très efficace, elle peut, grâce à un personnel spécialisé et compétent, vous aider à domicile (envoi de sages-femmes ou de puéricultrices, ...) ou encore à travers les consultations médicales prénatales ou infantiles.

RSI : site de la caisse nationale d'assurance-maladie des professions indépendantes. www.le-rsi.fr

SNPAAM : Syndicat National Professionnel des Assistants et Assistantes Maternels. www.assistante-maternelle.org

URSSAF : www.ursaff.fr

Sites internet pour les (futures) mamans (et papas)

www.aufeminin.com : de nombreuses rubriques, des adresses de blogs, des forums, ...

www.babycenter.fr : de l'envie de bébé à la première année en passant par la grossesse !

www.babyfrance.com : calendrier de grossesse, guide des prénoms, forums, ...

www.etreenceinte.com : des articles santé, pratique, des rubriques pour le papa...

www.gyneweb.fr : pour connaître le point de vue des gynécologues et obstétriciens.

www.manger-bouger.fr : une rubrique spécifique pour la femme enceinte et la maman vous donnera de bons conseils.

Sites médicaux

www.vulgaris-medical.com : l'encyclopédie médicale dans un langage accessible à tous.

Sites concernant les addictions

Alcool et grossesse : www.anpaa.asso.fr

Tabac et grossesse : www.tabac-info-services.fr

Drogues et grossesse : www.drogues.gouv.fr

Sites divers

www.sosprema.com : association de parents prématurés.

www.solidaritefemmes.asso.fr : site de la fédération nationale pour la solidarité des femmes.

www.maman-blues.org : site non médical de soutien, d'écoute et de conseils dans le cadre de la difficulté maternelle.

Sites sur l'allaitement

www.info-allaitement.org

www.monallaitement.com

www.allaitement-jumeaux.com

www.lllfrance.org : site de la Leche league.

Sites dédiés aux parents touchés par une perte anténatale ou périnatale

www.agapa.fr

http://nostoutpetits.free.fr

Index

D

E

M

N

O

P

Q

R

S

T

U

V

Y

« Pour les Nuls »,
la collection de tous
les savoirs !

Disponibles dans la collection « Pour les Nuls »

Culture générale

Histoire

Titre	*Auteur*	*ISBN*
Versailles	Mathieu da Vinha, Raphaël Masson	978-2-7540-1552-3
La Seconde Guerre mondiale	Robert Belot, Klaus-Peter Sick	978-2-7540-0818-1
L’Histoire du monde	Philippe Moreau Defarges	978-2-7540-1265-2
L’Histoire de la Belgique	Fred Stevens, Axel Tixhon	978-2-7540-1482-3
La Préhistoire	Gilles Gaucher	978-2-7540-2185-2
La Rome antique	Guy de la Bédoyère, Catherine Salles	978-2-7540-1822-7
La Grèce antique	Stephen Batchelor, Marie-Dominique et Marc Porée	978-2-7540-1602-5
Le Gaullisme	Chantal Morelle	978-2-7540-0821-1
La Chine	Angélina Boulesteix	978-2-7540-1145-7
La Culture générale, 2e édition	Florence Braunstein, Jean-François Pépin	978-2-7540-1628-5
La Culture générale illustrée, 2e édition	Florence Braunstein, Jean-François Pépin	978-2-7540-1275-1
La Révolution française	Alain-Jacques Czouz-Tornare	978-2-7540-0811-2
Les Années 60	Stéphane Benhamou	978-2-7540-0610-1
La Mythologie illustrée	Collectif	978-2-7540-0989-8
Les Grandes Civilisations	Florence Braunstein, Jean-François Pépin	978-2-7540-0605-7
La Première Guerre mondiale	Jean-Yves Le Naour	978-2-7540-0616-3
La Ve République	Nicolas Charbonneau, Laurent Guimier	978-2-7540-0620-0
Le Moyen Âge	Pierre Langevin	978-2-7540-0563-0
Paris	Danielle Chadych, Dominique Leborgne	978-2-7540-0168-7
L’Égypte ancienne	Florence Maruéjol	978-2-7540-0256-1
La Mythologie	Christopher W. Blackwell, Amy Hackney Blackwell	978-2-7540-0257-8
L’Histoire de France illustrée	Jean-Joseph Julaud	978-2-7540-0110-6
L’Histoire de France	Jean-Joseph Julaud	978-2-8769-1941-9

Religions et spiritualité

Titre	*Auteur*	*ISBN*
Le Coran	Malek Chebel, Sohaib Sultan	978-2-7540-0982-9
La Torah	Arthur Kurzweil, Victor Malka	978-2-7540-0978-2
Le Christianisme	Richard Wagner, Père Denis Metzinger	978-2-7540-0991-1
L'Islam	Malcolm Clark, Malek Chebel	978-2-7540-0531-9
Le Judaïsme	Josy Eisenberg	978-2-7540-0596-8
La Bible illustrée	Éric Denimal	978-2-7540-0274-5
Le Catholicisme	John Trigilio, Père Pierre Lartigue	978-2-7540-0182-3
Le Bouddhisme	Jonathan Landaw, Stephan Bodian	978-2-7540-0062-8
La Bible	Éric Denimal	978-2-8769-1800-9
Zen ! La Méditation, 2e édition	Stephan Bodian	978-2-7540-0322-3
Sagesse et Spiritualité	Sharon Janis	978-2-8769-1769-9

Ésotérisme

Titre	*Auteur*	*ISBN*
Le Tarot divinatoire	Didier Colin	978-2-7540-1826-5
La Franc-Maçonnerie	Christopher Hodapp, Philippe Benhamou	978-2-7540-0150-2

Société

Titre	*Auteur*	*ISBN*
L'ONU	Yves Berthelot, Jean-Michel Jakobowicz	978-2-7540-1411-3
La Mondialisation	Francis Fontaine, Sylvie Goulard, Brune de Bodman	978-2-7540-0778-8
L'Instruction civique	Guillaume Bernard, Frédéric Monera	978-2-7540-0979-9
L'Europe, 2e édition	Sylvie Goulard	978-2-7540-1213-3
L'Écologie	Franck Courchamp	978-2-7540-0554-8
La Géopolitique	Philippe Moreau Defarges	978-2-7540-0623-1
La Justice	Emmanuel Pierrat	978-2-7540-0553-1
La Philosophie, 2e édition	Christian Godin	978-2-7540-0460-2
L'Économie	Michel Musolino	978-2-7540-0351-3
La Politique	Philippe Reinhard	978-2-7540-0335-3
La Géographie française	Jean-Joseph Julaud	978-2-7540-0245-5

Sciences et techniques

Titre	*Auteur*	*ISBN*
L'Histoire de l'aviation	Philippe Benhamou	978-2-7540-1146-4
L'Histoire des sciences	Vincent Jullien	978-2-7540-0977-5
La Physique	Dominique Meier (sous la dir. de)	978-2-7540-0915-7
La Conquête spatiale	Michel Polacco	978-2-7540-1143-3
Les Maths	Jean-Louis Boursin	978-2-7540-0093-2
L'Astronomie	Stephen Maran, Pascal Bordé	978-2-8769-1634-0

Beaux-arts

Titre	*Auteur*	*ISBN*
L'Humour	Gordon Zola	978-2-7540-1956-9
Le Louvre	Daniel Soulié	978-2-7540-1404-5
La Télévision	Marie Lherault, François Tron	978-2-7540-0976-8
Les Séries télé	Marjolaine Boutet	978-2-7540-0912-6
Le Rock	Nicolas Dupuy	978-2-7540-0819-8
L'Histoire de la peinture	Jean-Jacques Breton, Dominique Williatte	978-2-7540-0812-9
La Danse classique	Evelyne Cisneros, Scott Speck, Florence Balique	978-2-7540-1045-0
L'Histoire du cinéma	Vincent Mirabel	978-2-7540-0609-5
Le Jazz	Dirk Sutro, Stéphane Koechlin	978-2-7540-0779-5
L'Histoire de l'art illustrée	Jean-Jacques Breton, Philippe Cachau, Dominique Williatte	978-2-7540-0493-0
L'Histoire de l'art	Jean-Jacques Breton, Philippe Cachau, Dominique Williatte	978-2-7540-0229-5
L'Opéra	David Pogue, Claire Delamarche	978-2-7540-0244-8
La Musique classique	David Pogue, Claire Delamarche	978-2-7540-0151-9

Langue française

Titre	*Auteur*	*ISBN*
La Dictée	Jean-Joseph Julaud	978-2-7540-2415-0
La Poésie française	Jean-Joseph Julaud	978-2-7540-1700-8
La Littérature française	Jean-Joseph Julaud	978-2-7540-0061-1
Le Français correct	Jean-Joseph Julaud	978-2-8769-1640-1

Régions

Titre	*Auteur*	*ISBN*
L'Alsace	Pierre Kretz, Astrid Ruff	978-2-7540-1994-1
La Corse	Thierry Ottaviani	978-2-7540-1546-2

… en Poche

Titre	*Auteur*	*ISBN*
La Musique classique	David Pogue, Claire Delamarche	978-2-7540-2417-4
L'Histoire de la Suisse – tome 1 Des origines à 1815	Georges Andrey	978-2-7540-2262-0
L'Histoire de la Suisse – tome 2 De 1815 à nos jours	Georges Andrey	978-2-7540-2263-7
Zen ! La Méditation	Stephan Bodian	978-2-7540-0000-0
Sagesse et Spiritualité	Sharon Janis	978-2-7540-1758-9
L'Égypte ancienne	Florence Maruéjol	978-2-7540-1739-8
L'Histoire de France – tome 1 Des origines à 1789	Jean-Joseph Julaud	978-2-7540-0180-9
L'Histoire de France – tome 2 De 1789 à nos jours	Jean-Joseph Julaud	978-2-7540-0181-6
Paris Rive droite	Danielle Chadych, Dominique Leborgne	978-2-7540-0694-1
Paris Rive gauche	Danielle Chadych, Dominique Leborgne	978-2-7540-0695-8
La Culture générale – tome 1 Histoire, géographie, art et littérature	Florence Braunstein, Jean-François Pépin	978-2-7540-0798-6
La Culture générale – tome 2 Sciences, sports, loisirs et spiritualité	Florence Braunstein, Jean-François Pépin	978-2-7540-0799-3
La Franc-Maçonnerie	Philippe Benhamou	978-2-7540-0696-5
Le Bouddhisme	Jonathan Landraw, Stephan Bodian	978-2-7540-03148
La Philosophie – tome 1 Antiquité, Moyen Âge et Renaissance	Christian Godin	978-2-7540-0796-2
La Philosophie – tome 2 Du XVIIe siècle à nos jours	Christian Godin	978-2-7540-0797-9
L'Astrologie	Rae Orion	978-2-8769-1999-0
La Littérature française – tome 1 Du Moyen Âge au XVIIIe siècle	Jean-Joseph Julaud	978-2-7540-0611-8

Titre	*Auteur*	*ISBN*
La Littérature française – tome 2 Du XVIIIe siècle à nos jours	Jean-Joseph Julaud	978-2-7540-0612-5
Le Français correct	Jean-Joseph Julaud	978-2-8769-1924-2

Vie pratique

Cuisine

Titre	*Auteur*	*ISBN*
Coffret Cuisine	Collectif	978-2-7540-2055-8
La Cuisine, 2e édition	Bryan Miller, Hélène Darroze	978-2-7540-1989-7
Le Vin, 5e édition	Ed McCarthy, Mary Ewing-Mulligan, Éric Beaumard	978-2-7540-1547-9
Les Cuisines du monde	Philippe Chavanne	978-2-7540-0103-8

Santé

Titre	*Auteur*	*ISBN*
Maigrir avec la méthode Montignac + livret	Michel Montignac	978-2-7540-2435-8
Maigrir avec la méthode Montignac	Michel Montignac	978-2-7540-1586-8
Le Cancer	Pr Jean-François Morere, Dr Thierry Bouillet, Pr Laurent Zelek, Pr Michel Crépin	978-2-7540-2131-9
Contrôler son cholestérol	Carol Ann Rinzler, Pr Éric Bruckert	978-2-7540-1751-0
Le Cerveau	Dr Frédéric Sedel, Pr Olivier Lyon-Caen	978-2-7540-2072-5
L'Homéopathie	Dr Daniel Scimeca	978-2-7540-1761-9
Les Maladies cardiovasculaires	Dr Philippe Abastado	978-2-7540-1591-2
Le Sexe, 2e édition	Dr Ruth K. Westheimer, Dr Marianne Pauti	978-2-7540-1497-7
Le Corps humain	Dr Patrick Gepner	978-2-7540-1121-1
La Maladie d'Alzheimer	Christian Derouesne, Jacques Selmes	978-2-7540-1058-0
Améliorer sa mémoire	John B. Arden	978-2-7540-0323-0
Maigrir	Jane Kirby, Dr Jocelyne Raison	978-2-7540-0005-5
Bien s'alimenter	Carol Ann Rinzler	978-2-8769-1897-9

Bien-être

Titre	*Auteur*	*ISBN*
Coffret Massages	Collectif	978-2-7540-2064-0
Les Huiles essentielles	Elske Miles	978-2-7540-1596-7
Shiatsu et Réflexologie	Synthia Andrews, Bobbi Dempsey, Michel Odoul	978-2-7540-0981-2
Le Tai-Chi	Therèse Iknoian	978-2-7540-0137-3
Les Massages	Steve Capellini, Michel Van Welden	978-2-7540-0060-4
La Méthode Pilates	Ellie Herman	978-2-8769-1767-5
Le Yoga	Georg Feuerstein	978-2-8769-1752-1
Le Feng Shui	David Kennedy	978-2-8769-1687-6

Psychologie

Titre	*Auteur*	*ISBN*
Le Développement personnel	Collectif	978-2-7540-0865-5
L'Interprétation des rêves	Didier Colin	978-2-7540-2318-4
L'EFT (Technique de libération émotionnelle)	Helena Fone, Jean-Michel Gurret	978-2-7540-2067-1
La Pensée positive	Averil Leimon, Gladeana McMahon, Béatrice Millêtre	978-2-7540-1821-0
L'Adolescence	Michel Fize	978-2-7540-1412-0
Exercices de programmation neuro-linguistique	Romilla Ready, Kate Burton, Béatrice Millêtre	978-2-7540-1593-6
Exercices de thérapies comportementales et cognitives	Rhena Branch, Rob Willson, Béatrice Millêtre	978-2-7540-1592-9
Les Relations amoureuses	Florence Escaravage, Kate M. Wachs	978-2-7540-1499-1
Apprendre mieux	Marie Joseph Chalvin	978-2-7540-1261-4
Le Langage des gestes	Joseph Messinger	978-2-7540-0597-5
La Confiance en soi	Kate Burton	978-2-7540-0647-7
Le Coaching	Jeni Mumford	978-2-7540-0353-7
La PNL	Romilla Ready, Kate Burton	978-2-7540-0169-4
L'Hypnothérapie	Mike Bryant, Peter Mabbutt	978-2-7540-0504-3
Les Thérapies comportementales et cognitives	Rob Willson, Rhena Branch	978-2-7540-0246-2
La Psychologie	Dr Adam Cash	978-2-8769-1802-3

Puériculture

Titre	*Auteur*	*ISBN*
Choisir un prénom	Héloïse Martel	978-2-7540-1463-2
La 1re année de Bébé	James Gaylord, Michelle Hagen, Dr Éric Saban	978-2-7540-1511-0
La Grossesse, 2e édition	Dr Eddleman, Dr J. Stone, Dr Joëlle Bensimhon	978-2-7540-1429-8

Droit pratique

Titre	*Auteur*	*ISBN*
Le Droit du travail	Me Julien Boutiron, Jean-Philippe Élie	978-2-7540-1422-9
Organiser son mariage	Peggy Mignot-Paillet, Peggy Frey	978-2-7540-1676-6
L'Assurance	Laurence de Percin	978-2-7540-1073-3
Le Divorce	Me Martine Valot-Forest	978-2-7540-1479-3
L'Immobilier, 2e édition	Laurence Boccara, Catherine Sabbah	978-2-7540-0530-2

Finances personnelles

Titre	*Auteur*	*ISBN*
Payer moins d'impôts, 4e édition	Robert Matthieu	978-2-7540-2397-9
La Bourse	Gérard Horny	978-2-7540-0637-8
Les Finances personnelles	Pascale Micoleau-Marcel (sous la dir. de)	978-2-7540-0630-9

Maison

Titre	*Auteur*	*ISBN*
La Décoration	Kareen Perrin Debock, Frank Lecor	978-2-7540-2264-4
Un potager	Charlie Nardozzi, Philippe Collignon	978-2-7540-1675-9
Le Bricolage, 2e édition	G. et K. Hamilton, Frank Lecor	978-2-7540-1426-7
Vivre écolo	Liz Barclay, Michael Grosvenor, Franck Laval	978-2-7540-0707-8

… En Poche

Titre	*Auteur*	*ISBN*
Le Code de la route, édition 2011	Permisecole	978-2-7540-2387-0

Titre	Auteur	ISBN
La Table des calories	Jean-Paul Blanc, Catherine Poggi	978-2-7540-2087-9
Améliorer sa mémoire	John B. Arden	978-2-7540-2388-7
La Cuisine pas chère	Héloïse Martel, André Le Letty	978-2-7540-1772-5
L'Armagnac	Chantal Armagnac	978-2-7540-1613-1
Le Diabète	Dr Alan Rubin, Dr Marc Levy	978-2-7540-1436-6
Les Massages	Steve Capellini, Jocelyne Rolland, Michel Van Welden	978-2-7540-1330-7
S'arrêter de fumer	Pr B. Dautzenberg, Dr D. Brizer	978-2-7540-1293-5
Les Tests du Code de la route	DFC Production	978-2-7540-0751-1
Le Vin	Laure Liger, Yvan-Paul Cassetari	978-2-7540-0087-1
La Cuisine	Brian Miller, Alain Le Courtois	978-2-8769-1872-6
Le Sexe	Dr Ruth K. Westheimer	978-2-8769-1956-3
Maigrir	Jane Kirby	978-2-8769-1870-2
Le Feng Shui	David D. Kennedy	978-2-8769-1871-9
Un bureau feng shui	Holly Ziegler, Jennifer Lawler	978-2-8769-1949-5
La Méthode Pilates	Ellie Herman	978-2-7540-0223-3
Le Yoga	Georg Feuerstein, Larry Pane	978-2-7540-0063-5
Guérir l'anxiété	Dr Martine André, Dr Charles Eliott, Dr Laura Smith	978-2-7540-1195-2
Les Thérapies comportementales et cognitives	Rob Willson, Rhena Branch	978-2-7540-1074-0
La PNL	Romilla Ready, Kate Burton	978-2-7540-0879-2
La Psychologie	Dr Adam Cash	978-2-8769-1957-0
Le Bricolage	Gene Hamilton, Katie Hamilton	978-2-7540-0373-5

Business

Titre	Auteur	ISBN
Communiquer efficacement	Marty Brounstein, Florence Balique	978-2-7540-2229-3
Les Ressources humaines	Sabine Wojtas	978-2-7540-1627-8
Les Marques	Bill Chiaravalle, Barbara Findlay Schenck, Benoît Heilbrunn	978-2-7540-2127-2

Titre	Auteur	ISBN
Le Marketing opérationnel	Alexander Hiam, Benoît Heilbrunn	978-2-7540-1981-1
Le Service client	Keith Bailey, Karen Leland, Ralph Hababou	978-2-7540-1827-2
Trouver un job	Joyce Lain Kennedy, Nicolas Barrier	978-2-7540-1092-4
Le Marketing, 2e édition	Alexander Hiam	978-2-7540-0688-0
La Comptabilité	Laurence Thibault-Le Gallo	978-2-7540-0617-0
Créer sa boîte	Laurence de Percin	978-2-7540-0492-3
Le Management	Bob Nelson	978-2-8769-1952-5
Business Plans	Paul Tifany, Steven D. Peterson	978-2-8769-1712-5
La Vente	Tom Hopkins	978-2-8769-1670-8

… en Poche

Titre	Auteur	ISBN
L'Auto-entrepreneur	Grégoire Leclercq, Marie Gouilly-Frossard	978-2-7540-2025-1
Le Marketing	Alexander Hiam	978-2-7540-1598-1
Le Management	Bob Nelson	978-2-7540-0454-1
Business Plans	Paul Tiffany, Steven D. Peterson	978-2-7540-0094-9
La Vente	Tom Hopkins	978-2-8769-1950-1

Loisirs

Sports

Titre	Auteur	ISBN
Le Tennis	Patrick McEnroe, Peter Bodo, Guy Tambon	978-2-7540-1757-2
Les Arts martiaux	Jennifer Lawler, Nicolas Dupuy, Éric Le Cam	978-2-7540-1052-8
Courir	Tere Stouffer Drenth, Philippe Maquat	978-2-7540-1044-3
Gym et Musculation	Cyndi Targosz, Jean-Pierre Clémenceau	978-2-7540-1059-7
L'Équitation	Audrey Pavia, Marie Martin	978-2-7540-0732-0
Le Golf	Gary McCord	978-2-7540-0078-9
La Voile	J.-J. Isler, Peter Isler	978-2-7540-0059-8

Musique

Titre	*Auteur*	*ISBN*
Improviser à la guitare	Antoine Polin	978-2-7540-2019-0
Accords de guitare	Antoine Polin	978-2-7540-1009-2
Exercices de piano	David Pearl, Marc Rozenbaum	978-2-7540-1337-6
Exercices de guitare	John Chappell, Mark Phillips, Antoine Polin	978-2-7540-1336-9
L'Harmonica	Winslow Yerxa, Jean-Jacques Milteau	978-2-7540-1210-2
DJ	John Steventon, Nicolas Dambre	978-2-7540-1198-3
La Batterie	Jeff Strong, Laurent Bataille	978-2-7540-0352-0
Le Chant	Pamela S. Phillips, Mariette Jost	978-2-7540-0462-6
Le Solfège	Michael Pilhofer, Jean-Clément Jollet	978-2-7540-0586-9
La Guitare basse	Patrick Pfeiffer	978-2-7540-0288-2
Claviers et Synthétiseurs	Christophe Martin de Montagu	978-2-7540-0118-2
La Guitare, 2e édition	Mark Phillips, Jon Chappel	978-2-7540-0124-3
Le Piano	Blake Neely, Marc Rozenbaum	978-2-7540-0102-1
La Guitare électrique	John Chappell	978-2-8769-1983-9

Loisirs créatifs

Titre	*Auteur*	*ISBN*
Coffret Dessin	Collectif	978-2-7540-2056-5
Créer une BD	Gérald Gorridge	978-2-7540-1883-8
Dessiner des personnages	Kensuke Okabayashi	978-2-7540-1322-2
L'Aquarelle	Colette Pitcher	978-2-7540-0934-8
La Peinture à l'huile	Anita Giddings, Cherry Stone Clifton	978-2-7540-0935-5
Dessiner des mangas	Kensuke Okabayashi, Nobuyuki Anzai	978-2-7540-0494-7
La Couture	Janice Saunders Maresh	978-2-7540-0193-9
Le Dessin	Brenda Hoddinott	978-2-7540-0185-4
Le Tricot	Pam Allen	978-2-8769-1705-7

Nature

Titre	*Auteur*	*ISBN*
Un aquarium	Maddy Hargrove, Mic Hargrove	978-2-7540-0917-1
Le Cheval	Audrey Pavia, Marie Martin	978-2-7540-0367-4

Titre	*Auteur*	*ISBN*
Éduquer son chiot	Sarah Hodgson	978-2-7540-0372-8
Éduquer son chien	Jack Volahrd, Wendy Volahrd	978-2-7540-0152-6

Jeux

Titre	*Auteur*	*ISBN*
Pack Gym cérébrale	Stéphanie Boyron, Nicolas Conti	978-2-7540-2073-2
Le Scrabble	Eugénie Michel	978-2-7540-1698-8
Les Échecs, 2e édition	James Eade, Vincent Moret	978-2-7540-1870-8
Dungeons & Dragons®	Richard Baker, Bill Slavicsek	978-2-7540-1390-1
Le Casino	Kevin Blackwood, François Montmirel	978-2-7540-0447-3
Le Poker Texas Hold'em	Mark Harlan, François Montmirel	978-2-7540-0448-0
La Magie	David Pogue, Bernard Bilis	978-2-7540-0453-4
Le Bridge, 2e édition	Eddie Kantar, Jacques Delorme	978-2-7540-0276-9
Le Poker	Richard D. Harroch, Lou Krieger, François Montmirel	978-2-7540-0123-6

… en Poche

Titre	*Auteur*	*ISBN*
Dessiner des mangas	Kensuke Okabayashi	978-2-7540-1601-8
Le Poker en ligne	Mark Harlan, Chris Derossi, François Montmirel	978-2-7540-1871-5
Le Chant	Mariette Jost, Pamelia S. Philips	978-2-7540-1597-4
Le Poker	François Montmirel	978-2-7540-1548-6
La Couture	Janice Saunders Maresh	978-2-7540-1600-1
Un chien	Gina Spadafori, Catherine Collignon	978-2-7540-1320-8
Un chat	Gina Spadafori, Monique Bourdin	978-2-7540-1321-5
Le Tricot	Pam Allen	978-2-7540-0135-9
Le Dessin	Brenda Hoddinott	978-2-7540-0889-1
La Généalogie	Francis Christian	978-2-7540-0565-4

Langues

Méga kit audio

Titre	*Auteur*	*ISBN*
L'espagnol	Collectif	978-2-7540-2024-4
L'anglais	Collectif	978-2-7540-2023-7

Lexiques

Titre	*Auteur*	*ISBN*
Lexique anglais	Brigitte Lallement, Nathalie Pierret	978-2-7540-2243-9
Lexique espagnol	David Tarradas Agea	978-2-7540-2244-6

Méthodes de langues

Titre	*Auteur*	*ISBN*
L'hébreu	Jil Jacobs, Shifra Jacquet-Svironi	978-2-7540-1752-7
Le latin	Clifford Hull, Steven Perkins, Tracy Barr, Danièle Robert	978-2-7540-0881-5
La Grammaire anglaise	Géraldine Woods, Claude Raimond	978-2-7540-0564-7
Le russe	Vincent Bénet, Oleg Chinkarouk, Serafima Gettys, Andrew Kaufman	978-2-7540-0813-6
Le portugais	Karen Keller, Ricardo Rodrigues	978-2-7540-0831-0
L'arabe	Amine Bouchentouf, Sylvie Chraibi, Aboubakar Chraibi	978-2-7540-0312-4
Le japonais	Eriko Sato, Vincent Grépinet	978-2-7540-0495-4
Le néerlandais	Margreet Kwakernaak, Michael Hofland, Annick Christiaens	978-2-7540-0313-1
Le chinois	Wendy Abraham, Joël Bellassen	978-2-7540-0212-7
L'allemand	Paulina Christensen, Claude Raimond	978-2-7540-0038-3
L'anglais	Gail Brenner, Claude Raimond	978-2-8769-1973-0
L'espagnol	Suzanna Wald, Anne-Carole Grillot	978-2-8769-1974-7
L'italien	Francesca Onufri, Sylvie Le Bras	978-2-7540-0039-0

Guides de conversation

Titre	*Auteur*	*ISBN*
L'espagnol des affaires	David Terradas Agea	978-2-7540-1708-4
L'alsacien	Bénédicte Keck, Léon Daul	978-2-7540-1848-7

Titre	*Auteur*	*ISBN*
Le corse	Jean Chiorboli	978-2-7540-1843-2
L'espagnol du voyageur	David Tarradas Agea	978-2-7540-1709-1
L'anglais des affaires	Claude Raimond	978-2-7540-1519-6
L'anglais du voyageur	Claude Raimond	978-2-7540-1520-2
Le Parler québécois	Marie-Pierre Gazaille, Marie-Lou Guévin, Yannick Resch	978-2-7540-1476-2
Le chti	Pierre-Marie Gryson	978-2-7540-1475-5
Le basque	Jean-Baptiste Coyos, Jasone Salaberria	978-2-7540-1239-3
Le breton	Hervé Le Bihan, Gwendal Denis, Martial Ménard	978-2-7540-1240-9
Le japonais	Eriko Sato, Vincent Grépinet	978-2-7540-0653-8
L'arabe	Amine Bouchentouf, Sylvie Chraïbi, Aboubakr Chraïbi	978-2-7540-0839-6
Le portugais	Karen Keller, Ricardo Rodrigues	978-2-7540-1016-0
Le russe	Vincent Bénet, Oleg Chinkarouk, Serafima Gettys, Andrew Kaufman	978-2-7540-1010-8
L'allemand	Paulina Christensen, Claude Raimond	978-2-7540-0324-7
L'italien	Francesca Onofri, Sylvie Le Bras	978-2-7540-0325-4
Le chinois	Wendy Abraham, Joël Bellassen	978-2-7540-0485-5
Le néerlandais	Margreet Kwakernaak, Michael Hofland, Annick Christiaens	978-2-7540-0484-8
L'espagnol	Suzanna Wald, Anne-Carole Grillot	978-2-7540-0178-6
L'anglais	Gail Brenner, Claude Raimond	978-2-7540-0177-9

Kits audio

Titre	*Auteur*	*ISBN*
L'allemand	Edward Swick	978-2-7540-1625-4
Le japonais	Eriko Sato, Vincent Grépinet	978-2-7540-1624-7
Le néerlandais	Michaël Hofland	978-2-7540-1623-0
L'italien	Teresa L. Picarazzi	978-2-7540-1328-4
Le chinois	Mengjun Liu, Mike Packevics	978-2-7540-1329-1
L'anglais	Gail Brenner	978-2-7540-0963-8
L'espagnol	Jessica Langemeier	978-2-7540-0964-5